国际经济规则中的安全例外问题

基于国际协定和适用的分析

沈 伟 ◎著

Security Exception in
International Economic Law in
Light of the Analysis of
International Instruments and
their Application

上海交通大学出版社
SHANGHAI JIAO TONG UNIVERSITY PRESS

内容提要

安全议题是近年来国际经济贸易投资活动中频繁出现的议题。安全议题突破了传统上与国际经济规则并行的二分界限，侵蚀和介入国际经济规则，对现有国际贸易投资规则构成挑战。本书聚焦国际贸易、投资和金融规则中的安全例外条款及其适用，梳理了安全例外条款适用的难点、争议和困境，凸显了安全例外条款的多面性和复杂性。可以预见的是，随着传统国家安全问题向非传统国家安全问题延伸，国际经济规则中的安全例外条款和规则及其适用将更加复杂。本书读者对象包括国际经济法、国际政治和国际关系理论界和实务界人士。

图书在版编目(CIP)数据

国际经济规则中的安全例外问题：基于国际协定和适用的分析/ 沈伟著. —上海：上海交通大学出版社，2022.10(2025.3 重印)

ISBN　978 - 7 - 313 - 25882 - 3

Ⅰ.①国…　Ⅱ.①沈…　Ⅲ.①国际贸易－贸易法－研究　Ⅳ.①D996.1

中国版本图书馆 CIP 数据核字(2021)第 272838 号

国际经济规则中的安全例外问题：

基于国际协定和适用的分析

GUOJIJINGJIGUIZEZHONG DE ANQUANLIWAIWENTI：
JIYU GUOJIXIEDING HE SHIYONG DE FENXI

著　　者：沈　伟			
出版发行：上海交通大学出版社		地　　址：上海市番禺路 951 号
邮政编码：200030		电　　话：021 - 64071208
印　　制：上海万卷印刷股份有限公司		经　　销：全国新华书店
开　　本：710 mm×1000 mm　1/16		印　　张：25.25
字　　数：436 千字		
版　　次：2022 年 10 月第 1 版		印　　次：2025 年 3 月第 2 次印刷
书　　号：ISBN 978 - 7 - 313 - 25882 - 3		
定　　价：98.00 元		

前言 | Foreword

　　安全议题是近年来国际经贸投资规则中出现的突出议题。之前,安全议题也有出现,但是频率和重要程度都没有凸显。在中美贸易摩擦中,美国政府频繁使用国家安全概念和审查机制打压中国企业,并且大幅度修改了外资国家安全审查制度。不仅如此,美国政府还鼓动欧盟在外资领域建立国家安全审查制度,对中国企业在欧盟的并购活动加以限制。拜登执政之后,仍然延续了特朗普的政策,在国际经贸规则中内嵌国家安全议题,提出供应链安全等概念,为其收缩性和保守性的对外经贸政策寻找合理化和正当性的理由。

　　国际经济规则中的安全议题既有历史性的一面,又有复杂性的一面,不能一言以蔽之。本书截取了国家安全议题的不同维度,试图呈现国际经贸规则中安全议题的多元性。但是即使如此,本书也无法涵盖安全议题的全部。本书主要立足于国际经济规则本身及其适用,因此并不以政治经济学对国家安全议题进行学理剖析;主要从国际贸易法、国际投资法和国际金融法的视角对国际经济规则中的安全议题进行分析。

　　第一章主要概述和分析中美贸易摩擦中出现的安全议题。中美贸易摩擦涉及美国201调查、301调查和232调查在WTO协定下的合法性问题。相关法律争议越来越集中在美国是否成功援引GATT第21条项下的安全例外条款。长期以来,诸如专家组对安全事项是否享有管辖权,以及应采取何种标准审查安全例外等问题一直困扰着理论界和实务界。与欧盟、加拿大等WTO成员不同,中国并未积极利用GATT第21条质疑美国贸易措施的合法性。这不仅因为国家安全涉及主权核心利益,WTO争端解决机构本不适合解决此类纠纷,而且因为强行在WTO体制内解决国家安全事项可能反而最终削减WTO的权威。当前,通过谈判磋商机制解决WTO成员国家安全关切仍是最佳选择。

　　长期以来,中国一直通过缔结自贸协定的方式推进金融服务自由化。为保证缔约方拥有足够规制主权、防范金融风险和维护金融稳定,此类自贸协定大多包含审慎例外条款。这就是第二章的主题。在当前继续扩大开放的背景下,自贸协定关于金融服务的承诺将更为自由化,审慎例外条款也更为重要。然而,中国现有自贸协定中的审慎例外条款存在问题,直接影响法律争端的解决。WTO"阿根廷金融服务案"的相关裁决可为审慎例外条款的再造和完善提供有益经验。为了增强金融市场开放承诺的可信度和法律适用的稳定性,中国自贸协定应当优化审慎例外条款,在防止缔约方滥用审慎例外的同时,维护其正当金融规制主权。

第三章主要聚焦国际投资法中的非传统安全议题。公共卫生安全、网络数据安全等非传统国家安全议题对于双边投资协定(BIT)中国家安全条款的制定、适用和解释提出了新的挑战。BIT中国家安全条款的不同设计在不同程度上影响了该条款的适用范围和裁判模式。作为具有资本输入国和资本输出国双重身份的国家,中国应当综合考虑国家安全条款的适用效果。面对非传统国家安全议题,中国未来签订BIT、修改原有BIT或者制定BIT范本时应当纳入规范的国家安全条款,以保障国家安全概念的开放性和发展性,通过非穷尽式列举的方式纳入非传统国家安全议题,确定采取自主判断模式,以平衡东道国和投资者的利益,更好地引进外资和推动对外投资。

国际投资协定在保护外国投资者和东道规制权之间有失平衡,更倾向于对外国投资者利益的保护。在扭转这种失衡方面,根本安全例外条款成为BIT保护和扩张国家规制权的一种手段。第四章首先研究了国家根本安全例外条款兴起的原因及其功能。在对我国已签订的BIT文本中根本安全例外条款进行统计的基础上,通过对不同类型的根本安全例外条款中根本安全利益范围这一要件进行分析,可见我国对于根本安全利益定位限于传统的军事国防利益。本章对这一定位可能产生的问题进行了类型化讨论,并提出了相关建议。

第五章主要聚焦RCEP的根本例外条款。目前的投资者—国家争端解决机制和主流双边投资协定在价值取向上往往倾向于投资者,在这一理念下的投资保护机制在当前推动社会公共利益保护的趋势下亟须更新。投资者和东道国在投资保护上的权益再平衡成为当前一项长期重要议题,这也是第六章的核心内容,以其为目标的ISDS的重点是对国际投资协定的实质条款进行改革。投资协定中的一般例外条款不仅在理论上是保护东道国规制空间的重要保障之一，而且在现实中也呈现出愈发普遍的发展趋势。一方面，投资协定中的一般例外应在责任阻却层面同间接征收规定相配合，以明确一般例外适用的补偿责任；另一方面，对国际投资条约中的一般例外条款应通过具体设计，以避免与习惯国际法上的传统投资保护义务冲突，防止一般例外旨在保存的规制权之滥用。一般例外条款可以成为东道国规制权和投资者权利保护再平衡的有效工具。

第七章纵观国内法和国际法规范，可以看到国家投资法中的国家安全原则至少有两个走向：一方面，促进和保护投资不再是各国政府制定投资政策的唯一因素，各国在本国立法和签订双边投资协定中越来越多地注重促进外资和保护本国国家安全的平衡。各国仍然通过完善投资法律体系和投资协定鼓励和促进外国投资，同时又普遍引入或强化国家安全相关的规定。另一方面，国家安全原则具有明显的政治化趋势，在东道国的外资立法中，立法机关的国际政治关系意识对国家安全审查规则具有指引作用；在具体的外资审查过程中，审查人员也很容易受到政治因素的干扰，导致审查结果带有明显的政治化色彩。

国际投资法中国家安全原则的发展受多方面影响。从外国投资本身来讲，外国投资对本国的经济社会可能产生负面影响，随着国际投资的发展，外资的负面影响更加广泛和突出。从国家安全的角度来讲，在经济全球化、科技革命、国际竞争等背景之下，国家安全的概念不断发展，形成了一个多层次、多目标、多内容、全方位的国家安全体系，外国投资更加容易与国家安全产生联系。

面对国际投资法中国家安全原则的新发展格局，我国要加强国际合作，打通我国企业对外投资中的沟通交流机制、问题解决机制；建立、健全对外投资保障机制。投资者要谨慎选择投资目的国与投资领域，尽量避开东道国审查的敏感行业。同时，投资者要深入学习研究东道国法律法规，善于利用当地救济和国际仲裁的手段维护自身利益。

第八章主要分析当下国际投资中公私冲突的矛盾。公私冲突矛盾是指外国投资者和东道国之间的冲突，本质是东道国公共利益和外国投资者私人利益之间的冲突。"公私冲突"中"公"的范围本身只是相对确定的，原因在于公共利益本身的内涵是相对抽象的，并且公共利益的范畴受到众多因素的影响，例如政治制度、社会制度、经济发展水平、文化环境、发展利益等。因此，"公私冲突"是一个在特定历史时期相对稳定、随着时代变迁而不断动态变化的议题。

投资者和东道国之间的冲突是多种多样的,在不同时期,两者之间冲突的主要形式和议题有所不同。特别是自20世纪80年代以来,在新自由主义思潮的主导下,国际投资迅速发展,西方发达国家迫切需要建立自由、开放的国际投资秩序并因此达成了华盛顿共识,跨国投资在彼时得到了巨大发展,国际投资中的公私冲突逐渐增多。早先的公私冲突主要聚焦于东道国的征收行为、财产转移、最惠国待遇、国民待遇等方面。近年来,以中国、印度、巴西等为代表的发展中国家在国际投资中的作用越来越突出,西方发达国家不再仅是重要的资本输出国,而且也是重要的资本输入国,并且随着国际社会中国家所关注的议题变化,早先基于资本输出国的定位形成的国际投资秩序已难以满足当下国际投资活动的发展需要。因此,公私冲突议题有了新的发展,例如近年来各国普遍关注的国家安全、环境保护、人权保障、公共卫生健康、可持续发展等议题。

国际投资规则中有关公私冲突的议题和解决"公私冲突"的规则常见于双边投资协定(BITs)、多边投资协定(MAIs)和自由贸易协定(FTAs)之中。第八章就传统的公私冲突和公私冲突的新近发展展开论述,进一步厘清当下公私冲突的主要议题和形式,有针对性地提出解决公私冲突的路径。在公私冲突的解决方面,公私冲突的解决机制也是多样化的,包括外交途径、国际仲裁、国内法化解、国际投资法庭等。

第九章着重研究新一代双边投资协定中的安全例外条款。新一代双边投资协定对根本安全例外条款文本内容的关注源于国际投资法与国际贸易法中的安全例外条款在国际投资纠纷中的实践,其中世界贸易组织的前身GATT的第21条是安全例外条款最具代表性的国际仲裁与司法实践蓝本,WTO也沿用了该条款的内容,对后续其他区域、多边、国家间与双边国际投资协定中安全例外条款的设置影响深远。GATT第21条准许成员国在其国家核心安全利益有遭到损害之虞的特定情况下,采取一定的保护措施,而排除其行为之违法性,甚至免去其赔偿责任。然而,国际形势的诡谲多变与时代的动态变化都昭示着旧时安全的例外条款已存在滞后性,对该条款进行改革已势在必行。"俄罗斯过境运输措施案"虽然对GATT第21条的适用问题通过专家组报告作出了阐释,但其中仍有不够明确的缺憾,在各国对专家组报告各执一词的情况下,对安全例外条款的具体适用也众说纷纭,难以达成共识。

中美贸易战的爆发引发了我国乃至国际社会对根本安全利益如何进行妥善适用的思考,各经济体对该条款认知的差异也足以使得国际投资纠纷更为纷繁复杂,投资自由化的趋势与保护主义的逆潮裹挟下新一代的国际投资协定,如何在寻求符合各经济体利益的解释方法与适用规则中达到平衡,是国际司法与仲裁实践、各经济体之间不断探索的重要追求。

双边投资协定是国际投资协定中的重要部分,对于推动投资自由化以及维护国际投资秩序具有潜移默化的作用,虽然缔约经济体各异,但是双边投资协定中的内容既存在共同之处,在具体条款上也有一定的分歧。我国虽签署了为数众多的双边投资协定,且正在协商谈判的也不在少数,但国际投资协定中的安全例外条款普遍存在具体性不足等诸多缺陷,故对新一代双边投资协定中的安全例外条款进行分析与探究兼具理论与实践的重大意义。

第十章则是从正当性原则考察外资安全审查法,以期对外资安全审查的目的有所平衡。

第十一章考察国际投资法领域的争端解决机制。外资一直是我国经济发展的重要驱动力,如何更好地处理外国投资者与我国政府之间的关系是我国继续深化对外开放必须关注的话题。目前,针对如何有效解决外国投资者与东道国间的投资者争端,国内外学者更多地关注于投资者争端解决机制。然而,投资者争端解决机制作为事后机制尚不能理想地解决投资者—东道国纠纷,既面临正当性危机,又显现出一定的疲软态势,处于改革的十字路口。为了应对近年来国际投资环境动荡的大环境,我国正在建设相关争端预防制度,以更好地应对国际投资争端,努力营造我国良好的外商投资软环境。

《中华人民共和国外商投资法》第 26 条确立了我国的投资争端预防机制——外商投资企业投诉工作机制,并形成了"一法一条例一办法"的立法结构。但该立法结构还不能满足外商投资企业投诉工作机制有效运作的需求。本章认为应当在我国投资争端预防机制的信息共享功能、投诉机构建设以及为投诉程序"去诉讼化"三个方面加强我国投资争端预防机制的构建。

第十二章重点讨论了全球数据流动过程中安全问题。截至目前,国际法层面对跨境电子数据流动的规制尚未形成全球统一的法律框架,出现了以欧盟为代表主张数据本地化和以美国为代表追求数据流动自由之间的价值对立。多年来,欧美之间就数据跨境流动达成的两次共识均告破裂。除了立法价值取向冲突,对跨境电子数据流动进行监管时要负担巨大的时间、人力成本,监管机构与监管责任的分离也伴随着国家间的信任问题,进一步加剧了法律规制的难度。

虽然 WTO 早在 1998 年就通过了与电子商务相关的宣言,相关规则也散见于诸多贸易文件当中,但目前尚未有一个较为成熟的电子商务规则框架,未能发挥作为各国间展开国际对话、谈判的平台作用,未来 WTO 应当打破带有重商主义色彩的谈判思路,引导各国国内监管机构进行改革,借鉴其他国家行之有效的方法,通过调整监管目标,找出合适的监管方案以力争减少各国对数据跨境流动的限制。在 WTO 未能发挥作用的同时,一些国家在许多特惠贸易协定、自由贸易协定中就数据的跨境流动已经达成了区域性共识,例如环太平洋国家的 CPTPP、北美 USMCA 和亚太的 CBPR。虽然新规则体现出碎片化的特点,但是通过对这些规则特殊性与普遍性的研究,可以对未来如何进一步促进和完善国家间、区域间就跨境电子数据流动的监管合作得出经验。

仅寻求政府对贸易协议中数据自由流动的承诺并不是解决方案,因为数据源国家不会接受对其隐私保护权的单方面限制。通过协调和相互承认进行传统的监管合作不仅不可能,而且还不够,哪怕各国之间法规相同也无法解决以下问题:监管机构无法控制位于其管辖范围之外的数据处理实体的行为,并且其他辖区的监管机构也没有被授权维护外国公民的利益。为了兼顾各国、地区间经济发展水平,规则制订的差异在总结已有的国际经验的前提下,可以抽象出六种方案供各国挑选出符合现实国情的制度设计,以更好地就规制跨境电子数据流动,达成合作共识。

种种现实表明我国参与对电子数据跨境流动的法律规制迫在眉睫。事实上,上海临港新区已经开始了对跨境数据分类监管的尝试。在国际上,中国发出的《全球数据安全倡议》也已经得到了阿拉伯国家联盟的响应。不过我国国内跨境数据流动的立法较为散乱、薄弱,在国际行动中参与感不强的现实也无法回避,这是未来我国对电子数据跨境流动进行法律规制首先需要回应的问题。

本章主要分为四部分。第一部分是安全例外条款概述。该部分首先引入该条款的历史演进与缔约实践,而后对该条款文本内容作出了解释与分析,通过对包括"基本安全利益""国家安全""其认为"等术语的剖析,对安全例外条款纳入BITs的必要性进行阐述,其"安全阀""风险适配器""利益平衡尺"的功能作用是促使各缔约国将安全例外条款置入BITs的重要助推力,并指出不论是居于东道国抑或是投资者母国的身份,基于我国国情,将安全例外条款规定于BITs中至关重要。

第二部分是安全例外条款的司法实践。该部分首先对俄罗斯过境运输措施案,即DS512案进行简述,并阐明该案争议焦点,并对相应的争议焦点结合专家组报告对该案管辖争议作出明确化的同时,又对"战争或国际关系中的其他紧急情况"以及GATT第21(b)条起首条件之文本解释进行拆分理解。

第三部分是BITs中安全例外条款的实践现状及不足。国际投资条约对安全例外条款的规定在多边、区域、国家间的投资协定以及新一代的BITs中各异,新近签署以及谈判中的RCEP、CPTPP、USMCA中安全例外条款都对新一代BITs对应条款的设置具有潜移默化的影响及参考作用。新一代BITs诸如CETA、EUSFTA、EVFTA、CECAI等的安全例外条款同样对BITs中安全例外条款的发展呈现出承继与革新的态势。但新一代BITs中安全例外条款仍然存在不足之处,自裁决权的行使缺乏客观限制、"必要性"审查尚需拭目以待、"国家安全"概念解释扩大化等都将为引发国际投资纠纷埋下伏笔。

第四部分主要讨论完善中外BITs中安全例外条款的对策。明晰安全例外条款适用范围、确定安全例外条款管辖权归属、精细安全例外条款审查标准、优化安全例外条款告知程序、区别安全例外条款赔偿责任、提高国内群体谈判参与程度方为应有之义。

从国际经贸规则入手,系统分析安全问题和安全例外条款的研究并不多见。但是,议题的重要性不言而喻。本书的内容只是这一宏大主题的一部分。本书的任务不在于全面,而在于开始。

是为序。

沈　伟

于2021年12月3日初稿

于2022年8月9日再稿

目录 | Contents

第一章
中美贸易战中的安全例外问题研究

第一节 引 言

2017年1月,美国贸易政策发生了大的转向,中美贸易摩擦随之愈演愈烈,似有进入长期贸易战的迹象。短期来看,中美贸易战的爆发与特朗普"美国优先"的执政理念密切相关;长期来看,中美贸易战是历史长河中不断上演的守成大国与崛起大国权力结构动态调整的阶段性产物。[①]

与此前贸易争端不同,除继续利用201条款和301条款等调查工具之外,美国政府开始频繁以保护国家安全为由,对他国进口产品征收高额关税或实施经济制裁。该行为不仅损害了其他 WTO 成员方的利益,而且还影响了WTO 体制的权威性。WTO 体制为中国经济崛起提供了制度支持,中国应在该体制下抵制美国滥用国家安全调查行为,维护 WTO 的权威性。可以预见,随着中美贸易战的深入,WTO 安全例外条款的重要性将日益凸显。考虑到该条款所涉内容横跨贸易领域与政治领域,采取简化主义的政治权力分析或形式主义的法律权利分析均难以揭示争议的实质。[②]因此,在传统裁判者视角之外,本章还以参与者视角,从国际权威决策过程解析贸易战背后的制度逻辑,探讨 WTO 成员适用安全例外条款的前提与效果,并对中国当前法律策略作出评价。

---

① 王义桅. 中美贸易战的美方逻辑、本质及中方应对[J]. 新疆师范大学学报(哲学社会科学版),2019(1).

② Andrew Emmerson. Conceptualizing Security Exceptions: Legal Doctrine or Political Excuse? [J]. Journal of International Economic Law,2008,11(1).

第二节　中美贸易战中的美国
措施与中国应对

从美国角度来看,中美贸易战仅是其全球贸易战的一部分。由于中美两国贸易体量巨大、意识形态相异,与同期美欧、美日、美墨等贸易争端相比,中美贸易争端更令全球瞩目。

一、美国 201 调查及中国应对

201 条款是美国《1974 年贸易法》201—204 节的统称。该条授权美国国际贸易委员会(USITC)对输美产品实施全球保障措施调查,并向总统提交报告和建议,由后者作出最终决定。由于全球保障措施打击面过宽,容易引起各国集体反对,美国总统很少依据 201 条款采取贸易限制措施。

2017 年年初,美国产业界重新激活 201 条款,要求 USITC 对输美光伏产品、家用大型洗衣机启动 201 调查。2018 年 1 月 22 日,特朗普决定对该两类进口产品分别加征 85 亿美元和 18 亿美元的进口关税,由此揭开了美国全球贸易战的序幕。针对美国保障措施,韩国分别就光伏产品和大型洗衣机诉诸 WTO,要求与美国磋商。中国则在与美国经贸磋商未果后,于 2018 年 8 月将美国光伏产品 201 措施诉诸 WTO。

二、美国 232 调查及中国应对

232 条款规定在《1962 年贸易扩展法》之中,该条款授权美国商务部对特定产品进口是否威胁美国国家安全进行立案调查,并向总统提交报告,由总统决定是否采取最终措施。2017 年 4 月 20 日,特朗普总统指示商务部启动钢铁与铝产品 232 调查。2018 年 3 月 1 日,美国政府宣布对进口钢铁和铝产品分别加征 25% 和 10% 的关税,所涉产品价值高达 480 亿美元。为回应传统盟友的利益诉求,美国一方面宣布钢铁和铝产品关税于 2018 年 3 月 23 日生效;另一方面提出了临时豁免计划:加拿大和墨西哥产品的豁免视北美自由贸易区(NAFTA)重启谈判结果而定;其他贸易伙伴可同美国贸易代表(USTR)谈判,确定可否豁免关税;公司可向商务部长提起申请,将特定产品排除在关税之外。2018 年 3 月 22 日,美国将欧盟、韩国、巴西、阿根廷和澳大利亚的关税豁免延长至 5 月 1 日。

4 月 30 日,特朗普政府将给予欧盟、加拿大和墨西哥的关税豁免再次延长至 6 月 1 日。

特朗普的分化策略取得了一定的效果。2018 年 3 月 28 日,韩国率先妥协,承诺减少钢铁出口以换取永久钢铁关税豁免。6 月 1 日,阿根廷承诺就钢铁和铝产品实施出口配额,换取永久关税豁免;巴西则仅对钢铁产品实施出口配额。同日,美国开始对来自欧盟、加拿大和墨西哥的钢铁和铝产品征收关税,而澳大利亚成为唯一的在钢铁和铝产品方面不受贸易限制的美国伙伴。

面对美国 232 调查,中国采用"WTO 诉讼＋关税报复"模式加以应对。2018 年 4 月 5 日,中国率先将美国钢铁和铝产品 232 措施诉诸 WTO。随着关税豁免期届满,欧盟、加拿大和墨西哥等国纷纷要求与美国进行 WTO 磋商。截至 2018 年 8 月 31 日,已有 9 个 WTO 成员向 WTO 起诉美国钢铝 232 措施。4 月 2 日,中国开始对价值 24 亿美元的美国输华产品中止关税减让义务,并加征关税,以再平衡美国 232 措施造成的损失。此后,欧盟、加拿大、墨西哥和土耳其等国也采取类似反制措施,所涉价值达 240 亿美元。

在他国纷纷实施贸易报复行为的情况下,USTR 在 WTO 提起诉讼,指责加拿大、中国、欧盟、墨西哥、土耳其、俄罗斯等国针对美国产品加征关税的行为违反 WTO 协定。美国全球贸易战全面打响。

三、美国 301 调查及中国应对

301 条款是美国《1974 年贸易法》第 301—310 节的统称,包括"一般 301 条款"、关于知识产权的"特别 301 条款"以及关于贸易自由化"超级 301 条款"。根据 301 条款规定,当 USTR 办公室确认某贸易伙伴的某项政策违反贸易协定,或被美国单方认定为不公平、不公正或不合理时,可启动单边性、强制性的报复措施。与 201 调查和 232 调查不同,特朗普政府近期发动的 301 调查主要针对中国,所涉产品价值总额从 500 亿美元逐步升级到 2 500 亿美元。

（一）初始阶段

2018 年 3 月 22 日,USTR 办公室发布报告,认定中国关于技术转让、知识产权、创新行为等做法构成第 301 条款项下的不公平贸易行为。4 月 3 日,USTR 办公室公布建议清单,拟对价值约 500 亿美元的中国输美商品征收 25% 关税。次日,中国公布价值 500 亿美元的美国输华产品清单,同样将征收 25% 关税。同时,中国要求与美国进行 WTO 磋商。由此,中美开启了 301 条款下针

锋相对的贸易战模式。6月15日，美国政府宣布将于2018年7月6日对价值约340亿美元的中国产品收额外关税。对于其余160亿美元产品，将根据进一步审查情况最终决定。次日，中国国务院关税税则委员会决定对原产于美国的约500亿美元进口商品加征25%的关税。其中，约340亿美元商品自2018年7月6日起实施加征关税，对其余商品加征关税的实施时间另行公布。2018年8月7日，USTR办公室宣布将自8月23日起对价值160亿美元中国进口商品加征25%的关税。由此，6月15日所宣布的500亿美元征税计划全部实施到位。次日，中国商务部宣布，中方决定对160亿美元自美进口产品加征25%的关税，并与美方同步实施。

（二）升级阶段

面对中国的强硬态度，2018年8月1日，USTR宣布，将价值2 000亿美元的中国商品税率由10%提高到25%。8月3日，中国国务院关税税则委员会决定，对原产于美国的约600亿美元商品加征25%、20%、10%、5%不等的关税，具体实施日期视美方行动而定。8月23日，中国提请与美国进行WTO磋商。9月17日，美国将中美贸易战规模升级。USTR办公室发布消息称自9月24日起，美国将对2 000亿美元中国商品加征10%的关税，2019年1月1日起关税税率将提高至25%。次日，中国商务部宣布，自2018年9月24日起，将对600亿美元美国商品加征10%或5%的关税。

第三节　中美贸易战中相关措施所涉WTO法律争议

中美两国均是WTO贸易争端解决机制的常客。截至2018年8月31日，两国之间登记在册的WTO争端解决实体（Dispute Settlement Body,DSB）案件共38起——美国作为被诉方的案件15起，中国作为被诉方的案件23起。在2018年的案件中，美国被诉案件高达5起。从中可以看出，中国政府倾向于利用WTO争端解决机制化解双方的贸易争端。

一、201调查所涉WTO法律争议及相关裁决

与双反措施相比，美国201条款采取的全球性保障措施更能限制贸易转移，有助于全面维护美国产业利益。正是因为打击面广，该条款受到他国集体指责。

受其影响的 WTO 成员大多会利用《关税及贸易总协定》第 19 条和《保障措施协定》的相关规定维护自身权利。根据既往裁决,美国 201 调查很难符合《保障措施协定》关于因果关系和平行原则的规定。

就因果关系来看,《保障措施协定》第 4.2(b)条规定,调查应根据客观证据证明产品增加的进口与严重损害或严重损害威胁之间存在因果关系。在"美国小麦面筋案"中,上诉机构认为,为确定原因和结果之间存在"真实和实质关系",调查机构应当将其他因素造成的损害与进口增加造成的损害区别开来。而 USITC 在调查过程中并没有审查国内产能增加是否同时造成损害,因此违反了《保障措施协定》第 4.2(b)条的规定。① 在"美国羔羊肉案"中,上诉机构指出,如果若干因素同时造成损害,则只有在不同因素被辨别和区分的情况下,才能认定进口增加造成损害后果。而 USITC 未能区分不同因素,也未能解释其他因素造成损害的性质和程度,因此违反第 4.2(b)条的规定。②

就平行原则来看,《保障措施协定》第 2.1 条注释 1 规定,关税同盟可作为单独整体或代表成员国实施保障措施。如果关税同盟作为单独整体实施保证措施,则确定严重损害或严重损害威胁的所有要求应以整个关税同盟中存在的条件为基础。如果代表成员实施保障措施,则应以该成员国中存在的条件为基础,且保障措施应仅限于该成员国,例如在"美国小麦面筋案"中,上诉机构认为,USITC 在调查阶段包括加拿大,但在实施阶段排除加拿大的做法违反《保障措施协定》第 2.1 和 4.14 条。因为调查阶段的所有进口应当与实施阶段的进口保持一致。在美国钢铁保障案中,上诉机构指出,USITC 应将所有实施阶段排除的进口视为造成损害的"其他因素",并就自由贸易协定伙伴之外的进口是否符合使用保障措施做出综合认定,而非将贸易伙伴分为不同组别进行认定。③

《保障措施协定》中的因果关系和平行原则有助于限制一国在调查阶段随意归责,在实施阶段随意豁免。如果美国意图以 201 调查为手段对特定 WTO 成员进行经济压迫,则极有可能违反《保障措施协定》的上述规定。参照此前的判例,美国很难在此类保障措施案件中胜诉。

---

① WTO. WTO Dispute Settlement:One-Page Case Summaries 1995 - 2016[R]. Geneva:World Trade Organization,2017.

② WTO. WTO Dispute Settlement:One-Page Case Summaries 1995 - 2016[R]. Geneva:World Trade Organization,2017.

③ WTO. WTO Dispute Settlement:One-Page Case Summaries 1995 - 2016[R]. Geneva:World Trade Organization,2017.

二、301 调查所涉 WTO 法律争议及相关裁决

自《1974 年贸易法》生效以来，301 条款一直就是美国政府打开外国市场、解决贸易赤字的主要成文法手段。在乌拉圭回合谈判中，美国贸易伙伴希望将此攻击性的单边主义行为纳入 WTO 多边条款之下，成果之一即体现在《关于争端解决规制与程序的谅解》（DSU）第 23 条中。

然而，WTO 的成立并没有阻止美国继续发动或威胁发动 301 调查。1998 年，欧盟就 301 条款本身的合法性要求与美国进行 WTO 磋商。欧盟认为，美国《1974 年贸易法》对单边措施设置了严格的时间限制，USTR 办公室很难遵守 DSU 关于多边体制的相关规定。虽然该案专家组基本认可欧盟的观点，但基于以下两个原因，并不认为美国 304 节的规定违反 DSU：① 美国已经利用行政措施声明（SAA）的综合效果合法移除了单边决定的威胁；② 美国已向专家组作出声明，将以符合 WTO 义务的方式作出 304 节项下的决定。对此结论，专家组附加一个说明，即如果美国拒绝或移除其在 SAA 中的承诺，或未能遵守向专家组作出的声明，专家组的上述认定将不再保证有效。①

美国 301 条款贸易法案专家组因在报告中回避了若干重要法律问题而饱受诟病。有学者指出，经验证明，美国 301 条款的威力恰恰在于威胁采取贸易制裁，而非制裁本身。例如，在该案专家报告出台之前，USTR 办公室共发起 119 次 301 调查，仅有 15 起最终被施加贸易制裁。究其原因，大多数贸易伙伴往往会在美国贸易制裁的威胁之下自愿开放市场，或者与美国达成解决其贸易争端的双边协定。如果认为美国的 301 调查仅构成贸易制裁威胁而不受 DSU 的约束，则相当于赋予美国一项利用单边威胁措施打开他国市场的特权。②

美国针对中国产品发起 301 调查在很大程度上延续了美国此前的做法。由于相关威胁未能在中国奏效，故美国转而将贸易制裁威胁转化为制裁措施。问题在于，一旦相关制裁措施落实，美国的行为将直接违反美国 301 条贸易法案中专家组设置的红线。参照该案法理，美国很难说服专家组或上诉机构其单边贸易制裁行为符合 DSU 第 23 条的规定。

---

① WTO. WTO Dispute Settlement: One-Page Case Summaries 1995 - 2016[R]. Geneva: World Trade Organization, 2017.

② Seung Wha Chang. Taming Unilateralism under the Multilateral Trading System: Unfinished Job in the WTO Panel Ruling on U. S. Sections 301 - 310 of the Trade Act of 1974[J]. Law and Policy of International Business, 2000, 31(4).

三、232 调查所涉 WTO 法律争议及审查难题

美国《1962 年贸易扩展法》第 232 条授予总统几乎不受限制的行政裁量权，总统可以国家安全保护为由对进口作出"调整"。不同国际关系理论从不同角度认可了该特权的合理性。例如，根据新自由主义理论，在某些情形下，特定产品的进口会对进口国经济或特定产业造成负面效应，可能威胁该国基本经济安全或特定战争产品的生产能力。① 因此，赋予总统行政特权，由其平衡国内和国外利益，然后再就是否存在国家安全威胁作出判断有其合理性。根据现实主义理论，国家最大限度地攫取国际权力有助于维系国家安全，赋予总统行政特权可以有效实现外交政策目标。相对而言，新自由主义理论强调贸易政策与外交政策的平衡，现实主义理论认为贸易政策应服从于外交政策。

根据所涉政策目的之不同，232 调查可分为三类：一是经济安全考量。如果某一进口产品的突然中断或削减会对美国经济造成严重破坏，则可以推断美国存在进口依赖，为经济安全考虑，美国总统可采用进口限制措施降低或消除美国经济的脆弱性。二是国防工业考量。如果美国公司有被外国竞争者驱离出军事设备研究和生产领域之虞，美国总统可认定哪些行业正受到严重损害，并采取贸易限制措施，防止情形继续恶化或扭转不利趋势。三是外交政策考量。总统可将贸易限制措施作为经济制裁手段之一，对他国施压，实现其政治目的。② 除有限例外，历任美国总统大多对 232 条款采取了备而不用的策略。

然而，随着美国政治风向从新自由主义转向现实主义，232 条款很快成为美国实施经济压迫或制裁的利器。当前，除价值 449 亿美元的进口钢铝产品之外，美国商务部还于 2018 年 5 月对进口汽车和零部件发动了 232 调查，仅汽车一项所涉价值就高达 2 080 亿美元。种种迹象表明，美国政府发动 232 调查并非维护国家安全，而是希望通过经济制裁寻求贸易利益的再平衡。

由于 232 调查直指国家安全事项，并且《关税及贸易总协定》（GATT）第 21 条、《服务贸易协定》（GATS）第 14 条之二以及《与贸易有关的知识产权协定》（TRIPs）第 73 条等均就安全例外作出规定，一个合乎逻辑的推论是，出口

---

① 罗伯特·吉尔平. 全球政治经济学：解读国际经济秩序[M]. 杨宇光，杨炯译. 上海：上海人民出版社，2006.

② Craig Anderson Lewis. Waiting for the Big One：Principle，Policy and the Restriction of Imports under Section 232[J]. Law and Policy of International business，1991，22(2).

国可充分利用 WTO 争端解决机制来质疑 232 调查的合法性。然而,在所有针对美国 232 条款的磋商请求书中,中国、印度、欧盟、加拿大等 9 个 WTO 成员无一例外均优先将美国 232 调查视为保障措施,进而指责美国行为违反《保障措施协定》相关规定。美国则采用了结构和措辞几乎完全一致的方式来答复磋商请求:① 美国 232 调查涉及国家安全事项,WTO 争端解决机制无权审查或无能力处理此类政治问题。② 232 调查不同于 201 调查,请求国要求磋商解决保障措施争端的基础不存在。③ 因为不存在美国保障措施,如果请求国依据《保障措施协定》第 8.2 条采取关税反制措施,该反制措施缺乏法律依据。①

在 WTO 争端中,不同的措施对应着不同的义务,争端各方就某一特定措施的法律属性存在争议实属正常。然而,如果美国关于 WTO 争端解决机制无权审查或无能力处理国家安全事项的命题为真,则当前贸易战很可能会有步步深入、全面扩展的趋势。一是如果国家安全措施不能被质疑,会刺激美国扩大适用 232 条款。相较于 201 条款和 301 条款,232 条款的适用条件更为宽松,总统拥有的裁量权更大,更适合作为贸易战的政策工具。二是如果国家安全措施不能被质疑,会引发常规贸易措施向国家安全措施的"大迁移"。当前,美国 201 条款和 301 条款均受到 WTO 协定严格限制,为防止他国挑战本国措施的合法性,美国自然有动力以 232 调查代替 201 调查和 301 调查。三是如果国家安全措施不能被质疑,会吸引越来越多的国家援引国家安全例外对美国实施贸易反制。这意味着即使他国不能将美国国家安全措施"降维"为保障措施,它们仍可以选择将反制措施"升级"为国家安全措施,从而规避WTO 争端解决机制的审查。四是如果国家安全措施不能被质疑,则美国以外的其他 WTO 成员之间也可以国家安全为由相互采取或实施贸易限制措施,进而弱化 WTO 体制。

基于上述四点,仅从后果论的角度而言,美国认为国家安全事项完全不受WTO 管辖的观点很可能造成 WTO 体制的崩溃。问题在于,为何包括中国在内的 9 个 WTO 成员仍优先将美国的国家安全措施认定为保障措施? 为此,有必要考察 WTO 协定中安全例外条款的含义、功能和应用,探寻各国采取避实击虚、避重就轻应对策略的合理性。

---

① United States - Certain Measures on Steel and Aluminum Products: Communication from the United States, WT/DS544/2, WT/552/9, WT548/13.

第四节　裁判者与参与者视阈下的
安全例外条款

在国际法领域,裁判者与参与者的身份界定之所以重要,与国际法体系的脆弱性密切相关。哈特认为,国际法不仅缺乏提供给立法者和法院的变更规则和裁判规则等次级规则,而且还缺乏"统一"的承认规则,为确定初级规则提供一般性标准。然而,即使按照"初级规则与次级规则的结合构成法律体系"这一命题,①也不能全然否定国际法的体系性。这不仅因为缺乏"统一"承认规则与缺乏承认规则存在本质区别,而且还因为国际法中存在类似于立法、司法和行政功能的机制。WTO 不仅设立 DSB,而且还明确要求裁决者采用内在视角适用WTO 协定(DSU 第3.2 条)。问题是,与国内法参与者相比,国际法参与者创造、脱离或转换法律体系的成本相对较低。相对于国内法律体系而言,国际法律体系的稳定性更容易受到参与者不遵从的影响。国家安全事项恰恰最能考验某一国际法体系的稳定性。一旦专家组不能妥当处理国家安全事项,很可能会引发 WTO 成员的普遍不满。

一、专家组对安全例外条款的解释

如前所述,GATT、GATS 和 TRIPs 规定了内容相似的安全例外条款。既往的案例大多聚焦 GATT 第 21 条,在此仅分析裁判者如何解释和适用 GATT安全例外条款。

GATT 第 21 条标题为"安全例外",结构上分为前言和子项两个部分,内容如下。

本协定的任何规定不得解释为:

……

(b) 阻止任何缔约方采取其认为对保护其基本安全利益所必需的任何行动:

ⓘ 与裂变物质或衍生裂变物质的原料有关;

ⓘⓘ 与武器、弹药和军火贸易或直接或间接提供军事机构用的其他货物和物

---

① H.L.A. Hart. The Concept of Law[M]. Oxford: Oxford University Press, 1997.

质的贸易有关;

　　⑪ 战时或国际关系中的其他紧急情况时采取;

　　……

　　GATT 时代,共有 7 起案件涉及 GATT 第 21 条。在最终提交专家小组报告的 3 起案件中,缔约方全体仅采纳了 1 起。WTO 时代,共有 3 起案件涉及 GATT 第 21 条,虽然当时成立了专家组,但均未结案。从争议内容来看,大多涉及如何解释第 21(b)⑪条,具体包括两大法律争议。

　　一是如何解释上述条款中的"其认为……基本安全利益"? 立法者之所以采用"其认为……基本安全利益"措辞,大多有两层考虑:"一方面,我们不能限制太严,因为我们不可能禁止纯粹基于安全原因而需要的措施。另一方面,我们不能放得过宽,因为在安全名义下,一国可能会施加实际上具有商业目的的措施。"①

　　在 GATT 时代,关于安全例外条款的法律争议有两个显著特征:一是争端各方对于 GATT 缔约方全体是否有权审查国家安全事项的观点极为对立,很难找到共同点。例如在 1982 年"欧盟对阿根廷贸易限制案"中,作为被诉方的欧盟认为,每一缔约国有权自己判定是否行使国家安全权利。作为起诉方的阿根廷则认为,为证成限制性措施,援引第 21 条的缔约方应被特别要求声明国家安全的理由……不应采取未经通知、讨论和证成的贸易限制(C/M/157;C/M/159)。二是国家安全事项通常被排除在专家小组的职能范围之外。例如在 1985 年美国对尼加拉瓜贸易限制案中,专家小组的职能范围被限定为:"不能裁判美国援引第 21(b)⑪的有效性或动机"。该案起诉方尼加拉瓜认为,专家小组应当根据国际法基本原则以及与联合国和国际法院决定相一致的方式解释第 21(b)⑪条,即该条应当被理解为仅允许受到侵略的缔约方行使自卫权。而美国认为,第 21 条适用于任何缔约方采取的其认为保护其基本安全利益所必需的行为,根据第 21 条,专家组无权审查美国援引第 21 条的有效性。就此争议,囿于职权范围,专家小组未加考察(L/6053)。

　　到了 WTO 时代,虽然就涉及 GATT 第 21 条的争议成立了专家组,但专家组一直没有机会行使解释权。例如,在《古巴自由和民主团结法》中,欧美双方最终通过非正式协议的方式解决了美国法的域外效力问题,而非继续授权专家组审理案件。值得注意的是,在中国原材料案中,为解释 GATT 第 11.2(a)条,专

---

　　① Petros C. Mavroidis. Guide to GATT Law and Practice: Analytical Index[M]. Maryland: Bernan Assco, 1995.

家组曾将第 21 条的措辞作为参照物。该案专家组认为,第 11.2 条的措辞与GATT 第 21(b)条的措辞不同,不能认为前者赋予 WTO 成员方自我决定的权利(Panel Report,China-Raw Materials),但该案专家组并未讨论其是否有权审查国家安全事项。

二是如何解释"战时或国际关系中的其他紧急情况时采取"? 战时或其他紧急情况涉及采取国际安全措施的适当时机。如果某一缔约方采取的时机明显与常识相违背,则很可能遭受其他缔约方的普遍反对。例如 1975 年瑞典曾经就特定鞋类设置全球进口配额。瑞典政府认为,该体系符合 GATT 第 21 条的精神,是因为国内生产的减少将对正在形成的、构成国家安全政策的一部分的瑞典经济防卫计划造成重大威胁。基于该政策,必须维持至关重要工业之最低国内生产能力。该能力对于确保提供基本产品、满足战时或其他国际关系中其他紧急情况时的基本需求不可或缺。对此,GATT 理事会诸多成员对于瑞典的措施是否符合总协定的规定表示关切。最终,瑞典撤销了相关措施。

但是,如果某些措施的采取与特定国际事件有关,则很难从字面判断时机的适当性,例如上述 1985 年"美国对尼加拉瓜贸易限制案"有明确的国际背景,尼加拉瓜认为,该措施违反了 GATT 的基本原则,它并不涉及国家安全问题,而是一种制裁。美国则认为,其措施基于国家安全理由而采取,受 GATT 第 21(b)ⅲ条的调整,缔约国有权自我决定何种行为属于其认为保护基本安全利益所需要的行为。

综上所述,在援引 GATT 第 21 条为贸易限制措施辩护的案件中,争端双方的立场与观点较为明确。起诉方会认为,援引一方应说明其措施符合安全例外的理由,且相关措施应受专家小组的客观审查;被诉一方则坚持,援引国家有权自我认定相关贸易措施是否保护国家安全所需,且专家小组无权审查。在 GATT 时代,作为裁判者的专家小组囿于职权范围,对此类争议采取了回避态度。

二、贸易战中各国对安全例外条款的应用

纵观 GATT 第 21 条的争议史,美国是援引该条最多、立场最鲜明的国家。在 GATT 时代,尽管美国认为专家小组无权审理涉及国际安全事项的案件,但通常会通过限定其职权范围的方式避开这一敏感话题。① 到了 WTO 时代,成员

---

① Hannes L. Schloemann, Stefan Ohlhoff. Constitutionalization and Dispute Settlement in the WTO: National Security as an Issue of Competence[J]. American Journal of International Law,1999,93(2).

单方控制专家组职权的能力受到限制,当美国以国家安全为由对输美产品加征关税时,受到影响的其他 WTO 成员完全可以要求成立专家组,审查美国措施的正当性。尽管如此,在近期关于 232 调查贸易争端中,要求与美国进行磋商的 WTO 成员无一例外优先将美国行为视为保障措施,并采取相应的反制措施,仅有部分 WTO 成员就 232 调查提起了非违反之诉,或直接质疑 232 条款本身的合法性。这些不同的选择策略折射出 WTO 成员对安全例外条款的矛盾态度。

(一) 将 232 调查视为保障措施

在针对美国钢铁和铝产品 232 调查的磋商请求中,中国、欧盟等 WTO 成员之所以优先将 232 调查定性为保障措施,与《保障措施协定》第 8.1 和 8.2 条的规定有关。根据第 8.1 条规定,提倡实施保障措施或寻求延长保障措施的成员应按照第 12.3 条的规定,努力在它与可能受该措施影响的出口成员之间维持针对 GATT 的实质相当的减让和其他义务水平。根据第 8.2 条规定,如果磋商未能达成协议,则受影响的出口成员国有权对实施保障措施成员的贸易中止实施 GATT 项下实质相等的减让或其他义务。第 12.3 条要求,实施或延长保障措施的成员应当向出口方提供事先磋商的充分机会。

尽管上述规定较为明确,但在实际争端中,采取保障措施的国家往往怠于提供充分机会用于磋商,例如在“美国小麦面筋案”中,专家组和上诉机构认为,美国未能按照第 12.3 条之规定,在实施保障措施之前,给予其他成员方事先磋商的充分机会。因此,美国未能努力在它和出口成员之间维持实质相等的减让和其他义务水平。[①] 之后,“美国焊接碳钢管案”(Appellate Body Report,US-Line Pipe)和“乌克兰客车案”(Panel Report,Ukraine-Passenger Cars)的被诉方均因未能为出口方成员提供事先磋商的充分机会而败诉。

就近期贸易战而言,美国拒绝将 232 调查视为保障措施,自然不会按照第 8.1条的要求与其他成员进行磋商以再平衡在 GATT 项下的义务。如果 232 调查能够被认定为保障措施,则中国、欧盟等 WTO 成员自然可依据第 8.2 条对美国实施实质相等的减让或其他义务。由此,相关法律争议就转化为如何认定一项措施是保障措施。

理论上,对国内措施的国际定性存在着国内标准和国际标准、主观论和客观论之分。实践中,“印度尼西亚钢铁产品保障措施案”(Panel Report,Indonesia-

---

① WTO. WTO Dispute Settlement: One-Page Case Summaries 1995 – 2016. Geneva: World Trade Organization,2017.

Indonesia—Safeguard on Certain Iron or Steel Products) 提供了有益借鉴。该案专家组采取客观国际标准，认为尽管印度尼西亚根据本国保障措施立法就镀铝锌板征收关税，但该措施未能满足所有《保障措施协定》关于施加保障措施的条件，故不构成保障措施。上诉审中，美国主张采取主观国内标准——如果行为国宣称某项措施是保障措施，则该措施只能是保障措施。上诉机构认为，为构成一项属于 GATT 第 19 条项下的保障措施，相关措施需满足两个要件：① 该措施必须部分或全部中止 GATT 义务或撤销、修改 GATT 减让；② 该中止、撤销或修改必须用于防止或救济进口产品对成员国国内产业的严重损害或严重损害威胁。最终，在认可客观国际标准的同时，上诉机构认为，专家组将一项措施是否构成保障措施与一项措施是否可允许的保障措施相混淆，不应支持。

根据"印度尼西亚钢铁产品保障案"中上诉机构的思路，美国国内法如何界定 232 调查并不重要，重要的是该措施是否整体构成 GATT 第 19 条意义上的保障措施。而一旦构成保障措施，中国、欧盟等 WTO 成员自然可依据《保障措施协定》第 8.2 条的规定进行义务的再平衡。

问题在于，《保障措施协定》第 11(c) 条似乎为美国的主张——232 调查构成安全例外提供了依据。该条规定，"本协定不适用于一成员根据除第 19 条以外的 GATT 其他条款……所寻求、采取或维持的措施"。显然，GATT 第 21 条恰恰属于这一例外。一旦美国坚持认为第 232 调查构成安全例外，则问题转化为《保障措施协定》是否与 GATT 第 21 条并存。如果答案为"是"，则中国、欧盟等 WTO 成员所采取的诉讼策略依然奏效，它们仍可利用《保障措施协定》第 8 条项下的再平衡机制维护自身利益；如果答案为"否"，则争议回到了未决原点——美国 232 调查是否符合 GATT 第 21 条，进而可以排除《保障措施协定》的适用。

(二) 提起非违反之诉

在 9 起针对美国 232 调查的磋商请求中，印度、墨西哥、瑞士和土耳其等 4 国还依据 GATT 第 23.1(b) 条提起非违反之诉，认为美国措施导致本国获得的利益丧失、减损或妨碍协定目标的实现。

理论上，与违反之诉相比，印度、墨西哥等国提起非违反之诉具有如下优势：一是在此前的争端中，美国曾经承认，一项措施即使没有违反 GATT 项下的义务，仍可被认为导致利益的丧失或减损。援引 GATT 第 21 条并不阻碍缔约方寻求第 23.1(b) 项下的救济 (L/6053)。二是起诉方可在避免直接冲突的情况下得到补救。美国一直坚持，根据 GATT 第 21 条规定，援引国有权自我认定相关措施是否保护基本安全所需，且此认定不受 WTO 的管辖。如果起诉方仅提出违反之诉,美国的主张又最终得到支持,则可能面临救济无门的窘境。反之,如果提出非违反之诉,根据 DSU 第 26.1 条,起诉方仍有权要求被诉方作出使双方满意的调整,包括补偿。三是有助于维护规则导向的贸易体系。GATT 第 21条是一个连接贸易政策和安全政策的条款。各成员之所以很少援引安全例外条款,并很少就相关措施提起 DSB 裁决,一个非常重要的原因是,无论专家组作出何种判决均会产生体系性影响。如果专家组认定其有权审查援引国国际安全理由,则有 WTO 干涉国家主权之嫌;如果专家组认为国家安全例外不可裁判,则相当于正式承认 WTO 成员可基于国家安全实现采取任何措施而不受《WTO协定》的约束。非违反之诉可回避国家安全例外裁决引发的 WTO 法律体系震荡。

然而,即使是非违反之诉也不能摆脱 GATT 第 21 条的影响,这不仅是因为作为参与者的美国所持有的观点无论对于自身、其他参与者还是对于裁判者均不具有法律拘束力,而且也因为美国在针对印度、墨西哥、瑞士和土耳其 4 国的答复中强调,基于第 232 条加征的关税属于国家安全事项,WTO 无权审查或超出其能力范围。按此思路,美国已改变此前观点,并主张 GATT 第 21 条可排除他国依据 GATT 第 23.1(b)寻求补偿。

(三) 质疑 232 条款本身的合法性

在美国钢铁和铝产品保障措施争端中,欧盟、加拿大、墨西哥、挪威、瑞士和土耳其等国还就第 232 条本身是否符合《WTO 协定》提出磋商请求,认为美国《1962 年贸易扩展法》第 232 条要求美国考虑经济福利或其他并非保护其基本安全利益所需的要素,违反了《WTO 协定》第 16.4 条关于"每一成员应保证其法律、法规和行政程序与所附各协定对其规定的义务相一致"的规定。

具体而言,第 232 条(d)项的标题是"用于国防的国内生产;外国竞争对于国内产业经济福利的影响"。就何为"外国竞争对国内产业经济福利的影响",该条款规定,商务部长和总统应当认识到国家经济福利与国家安全之间的密切关系,应当考虑到外国竞争对于个别国内产业经济福利之影响;任何实质性失业、政府财政收入减少、技能或投资丧失、或其他因过度进口替代国内产品而导致的严重后果均应予以考虑,在不排除其他因素的情况下,确定此类国内经济的削弱是否损害了国家安全。我们可以看出,几乎所有事项均可被纳入外国竞争对国内经济福利影响的评估之中。理论上,商务部长和总统可基于上述因素认定外国进口产品是否构成国家安全威胁,并采取相应的贸易限制措施。

从法律体系角度而言,美国 232 条款本质上是美国法的一部分,该国内法规定是否构成国际法体系中的安全事项仍有待 GATT 第 21 条的认定。正因为如此,欧盟、加拿大等才会主张利用 WTO 贸易争端解决机制澄清第 232 条款本身在 GATT 项下的合法性问题。由此,问题又回到了原点——专家组或上诉机构对安全例外是否有管辖权? 如果有管辖权,应以何种标准判断安全例外被滥用?

第五节　中国关于安全例外的政策考量

成员方自我认定相关措施是否构成保护本国基本安全利益所必需引发了诸多理论争议。正如以赛亚·伯林(Isaiah Berlin)所言,政治术语必然是模糊的,试图使政治的词汇变得太精确便有可能使之变得无用。但让词的用法宽泛到超出必要的程度,对真理也是无益的。[①] GATT 第 21 条所涉词汇恰有此特点,不同的是,它们同时也是法律术语。在成熟的法律制度中,总会预设一个或若干权威决策者将模糊词汇具体化,进而解决法律争议。由此,词汇之争也会转化为权限分配之争。其中,权威决策者的利益、立场和考察视角将影响安全例外条款的应用。就中国政府而言,面对美国滥用国家安全调查的行为,是否援引以及如何援引 GATT 第 21 条涉及以下两方面的考量。

一、权限之争的体系意义

在法律性质上,措施本身是否合法与相关裁决机构对争议是否具有管辖权或相关事项是否受裁判存在本质区别。逻辑上,只有解决了相关裁决机构具有管辖权以及相关事项可受裁判的问题之后,才会涉及依何标准审查措施的合法性问题。如上所述,无论是 GATT 时代还是 WTO 时代,安全例外争端双方难以就权限问题达成一致。双方均努力从"其认为……基本安全利益"的文义分析中获得有利于己方的结论。只不过,被诉方强调国家安全对于主权的不可分性,起诉方主张维护国家安全利益应遵守相应的国际体制义务。由于专家组或上诉机构鲜有机会对权限之争表达自身的观点,致使谁是该问题的权威决策者一直悬而未决。

值得注意的是,权限之争并非 WTO 法律体制所独有。因此,国际法院积累

---

① 以赛亚·伯林. 自由论[M]. 胡传胜译. 南京:译林出版社,2003.

了大量的案例和法理。^① 其中，有两起关于安全例外管辖权的判决极具参考价值。

第一起案件涉及美国和尼加拉瓜《友好通商航海条约》的安全例外条款是否足以排除国际法院的管辖权。就该问题，国际法院从两个方面作出肯定回答。一是《友好通商航海条约》第 24 条规定，任何关于本条约"解释或适用"的争议均在法院管辖之下。安全例外条款为条约的一部分，应受法院管辖。二是本案条约关于安全例外的措辞与 GATT 第 21 条不同，缺少"其认为……"的表述。在国际法院看来，这一显著差别足以说明，其对安全例外争议拥有管辖权。按此思路，似乎可以推定，国际法院认为 GATT 第 21 条不受专家组管辖。

然而，在涉及自我认定条款的另外一起案件中，国际法院的观点有所改变。^② 本案原告吉布提要求法国按两国《刑事互助公约》移交证据，法国则以公约第 2(a) 条的规定拒绝提交。根据该条规定，"如果被请求国认为，执行该请求有可能损害其主权、安全、公共秩序或基本利益的其他方面"，可以拒绝协助。参照上述尼加拉瓜案中国际法院的思路，《刑事互助公约》第 2(c) 条的规定似乎足以排除法院管辖。但是，一方面，国际法院指出本条所设条件是否满足不能完全依赖于当事国自由裁量，一国行使裁量权应受制于 1969 年《维也纳条约法》第 26 条关于善意履行义务的约束；另一方面，国际法院援引其在上述案件以及石油平台中的判决来佐证其正当性。由此，国际法院在尼加拉瓜案中就非自我认定与自我认定条款所作的区别并不影响法院对国家安全事项的管辖权，该区别仅在审查当事国自由裁量权的行使方面具有法律意义。

当然，基于法律体系之不同，将国际法院关于自我认定条款的解读移植到 DSB 的权限分析上之上存在诸多限制。不可否认，根据相关条约规定，国际法院和专家组均被赋予了较为广泛的管辖权。例如《国际法院规约》第 36 条规定："法院之管辖包括各当事国提交之一切案件，及联合国宪章或现行条约及协约中所特定之一切案件……关于法院有无管辖权之争端，由法院裁决之"。这一表述与 DSU 关于专家组的职权范围有类似之处。DSU 第 7 条规定，除非另有约定，专家组的职权范围包括按照有关规定，审查争端方提交 DSB 的事项，并提出调

---

① Thomas J. Pax. Nicaragua v. United States in the International Court of Justice: Compulsory Jurisdiction or Just Compulsion? [J]. Boston College International and Comparative Law Review, 1985, 8(2).

② Robyn Briese, Stephan Schill. Djibouti v France: Self-Judging Clauses before the International Court of Justice[J]. Melbourne Journal of International Law, 2009, 10(1).

查结果。并且，"专家组应处理争端各方引用的任何适用协定的有关规定"。但是，如果考虑到国际法院的自愿管辖原则与 DSB 的强制管辖原则存在本质区别，且国际法院和 DSB 分属国际政治组织和国际贸易组织，不加区别地将国际法院管辖权理论和实践移植到 DSB 可能会减损 WTO 的权威性。一方面，WTO 主要从外部的、参与者的角度来限制一国采取具有域外影响的贸易限制措施，[①]本身无意干涉一国内政；另一方面，DSB 强制管辖权原则涵盖范围广泛，其制度设计无法通过当事人特别协定的方式将某些不适合国际贸易机构处理的争议排除在外。两相结合，某些关于安全例外的争议很可能超出 DSB 的权能范围。如果不考虑这一制度特点，将所有争议"塞入"DSB 议程，反而会降低 WTO 争端解决机制的权威性。

自正式成为 WTO 成员以来，中国经济取得了举世瞩目的成就。在今后的一段时间内，中国仍需借助 WTO 创设的多边贸易体制发展本国经济，改良贸易体制。面对美国单边主义措施的调整，中国既应利用 WTO 争端解决机制维护自身权利，也应注意某些事项处于法律灰色地带，并可能超出 WTO 权限。在此情况下，中国应秉持务实主义，区分形式权限与有效权限，将某些可能为 WTO 形式权限所涵盖但缺乏有效权限予以处理的事项留待政治解决，而非司法裁判。否则，过度扩张 WTO 关于安全事项的管辖权将不利于维护 WTO 的权威。

二、中国加入议定书的特殊问题

除维护 WTO 权威这一体系性考虑之外，由于中国加入议定书相关规定可能会限制中国援引 GATT 第 21 条，中国更应持谨慎态度。具体而言，GATT 第 21 条将基本安全例外限定在"本协定的任何规定"之内。理论上，对于违反其他协定相关义务的行为，WTO 成员不得援引 GATT 第 21 条。中国在加入 WTO 时，签订了承担额外义务（WTO Plus）的加入议定书。由此引发的争议是：如何理解中国加入议定书与其他 WTO 诸协定之间关系，以及在何种情况下，中国能就其议定书项下的义务援引 WTO 诸协定，特别是 GATT 项下的例外？

"中国音像制品案"是第一起涉及此类问题的案件。该案中，中国援引 GATT 第 20 条关于一般例外的规定，证成其有权偏离加入议定书第 5.1 条的特别承诺，美国则认为中国无权援引该条。对此争议，专家组先是假定中国可援引

---

① Peter M. Gerhart. The Two Constitutional Visons of the World Trade Organization[J]. University of Pennsylvania Journal of International Economic Law，2003，24(1).

第 20 条,然后指出中国的措施不符合其中的"必需"要件。上诉机构不同意专家组的做法,转而直接审查中国加入议定书第 5.1 条的引言——"在不损害中国以与符合《WTO 协定》的方式管理贸易的权利的情况下……"的含义。上述机构指出,如果中国措施违反了议定书项下的承诺,只要该措施与中国关于相关产品的贸易规制之间存在着清晰可辨、客观的联系,中国就可以依据 GATT 第 20 条予以证成。

上诉机构之所以在中国音像制品案中认为中国可援引 GATT 第 20 条的一个重要的原因是加入议定书第 5.1 条明确提及了《WTO 协定》,而《WTO 协定》包含 GATT 第 20 条。问题是,如果加入议定书条款未提及了《WTO 协定》或特别协定,是否意味着中国无权援引相关例外条款? 就此,中国原材料案给出了相对确定的答案。该案所涉中国加入议定书第 11.3 条规定:"中国应取消适用于出口产品的全部税费,除非本议定书附件 6 中有明确规定或按照 GATT 第 8 条的规定适用。"专家组和上诉机构认为,第 11.3 条的措辞局限于 GATT 第 8 条,并未指向整个 GATT 协定,故中国无权就该条援引 GATT 第 20 条。① 根据这一解读,至少就某些加入议定书的承诺而言,中国被剥夺了其他 WTO 成员所能享有的规制自主权。

在其后的中国稀土案中,中国能否援引 GATT 第 20 条再次成为焦点。与中国原材料案的分析不同,专家组转而根据上诉机构在美国不锈钢案的观点分析问题,即为确保 DUS 第 3.2 条所要求的贸易争端体制的可靠性和可预测性,在缺乏使人信服理由的情况下,裁决机构在后续案件中应当采用同样的方式解决同样的法律问题。专家组认为,本案中国未能提出令人信服的理由,故仍认定中国不得就加入议定书第 11.3 条援引 GATT 第 20 条。值得注意的是,该观点并非专家组一致意见。持异议的专家组成员认为,应将 WTO 诸协定的组成和功能视为"单一事业"。当一项争议涉及加入议定书中的额外义务条款时,专家组应确定该条款是否构成特定《WTO 协定》(GATT)之一部分,或构成《WTO 协定》或成员减让表之一部分,或属于 WTO 诸协定,即 WTO 权利和义务整体之一部分。该专家组成员认为,中国加入议定书第 11.3 条构成 GATT 之一部分,故中国可以援引 GATT 第 20 条的例外。就上述争议,上诉机构支持了多数观点,认为分析应从中国议定书中相关条款的条文起步,同时也应考虑 WTO 体

---

① WTO. WTO Dispute Settlement: One-Page Case Summaries 1995 - 2016 [R]. Geneva: World Trade Organization, 2017.

系由一系列权利和义务构成。[①]

尽管关于中国就哪些议定书条款可援引 GATT 第 20 条的例外争议告一段落，但相关法律分析和法律结论可否直接适用 GATT 第 21 条仍存在法律上的不确定性。与 GATT 第 20 条所涉的规制权不同，GATT 第 21 条所涉安全例外对于一国主权的维护具有重要性，两者在性质上存在本质差异。GATT 第 20 条与 21 条在结构和措辞方面的相似性并不构成类推适用的充分条件。值得注意的是，专家组和上诉机构在中国音像制品案、原材料案和稀土案的系列裁决中并未区分 GATT 第 20 和 21 条，而是整体讨论 GATT 与相关议定书条款之间的关系。因此，在涉及议定书中的特定条款时，中国仍有可能被认定为不能援引 GATT 第 21 条。

综上所述，GATT 第 21 条具有何种法律含义与该条可否涵盖中国加入议定书特定条款是两个性质不同的问题。然而，如果将安全例外等同于一般例外，并认为只有在符合特定条件时，中国方可就加入议定书特定条款寻求例外保护则显然会损害中国核心主权利益。在 GATT 第 21 条适用范围尚不明确的情况下，避免过早澄清其法律含义不失为一种审慎之举。由此，避免利用 GATT 第 21 条质疑美国 232 措施的合法性也就具有了合理性。

第六节　结　　语

在本轮中美贸易战中，美国动用了几乎所有调查武器来对他国实施经济压迫。其中，201 调查立足稳固本国市场，301 调查意在开拓海外市场，232 调查注重灵活性。根据既往 WTO 判例，美国 201 调查和 301 调查极有可能被专家组和上诉机构认定为违反 WTO 协定。而美国 232 调查因涉及国家安全事项而具有极大的法律不确定性。随着贸易战的深入，在 WTO 体制内，美国将会越来越倚重 232 调查推行其单边主义贸易政策。

就美国滥用安全例外的行为，欧盟、加拿大、墨西哥等 WTO 成员已经向美国提请 WTO 磋商，希望利用 WTO 争端解决机制澄清若干法律争议，包括 GATT 第 21 条的自我认定规定是否排除 WTO 的管辖，以及如果 WTO 有权管

---

① WTO. WTO Dispute Settlement：One-Page Case Summaries 1995 – 2016［R］. Geneva：World Trade Organization，2017.

辖,应当采用何类审查标准等。与之形成对比,中国对美国232调查采取了相当克制的策略。究其原因,一方面,是因为通过WTO争端解决机制处理国家安全事项很可能超出DSB的有效权限,会产生所谓"无能为力之案",相关争议不仅于事无补,而且反而有损WTO体制的权威。[①]另一方面,是因为即使关于安全例外条款本身的法律问题得以澄清,对中国而言仍存在能否就加入议定书援引此类条款的复杂问题。因此,中国在磋商请求中并未直接质疑美国232条款本身在WTO项下的合法性问题有其合理性。

更为重要的是,与美国类似,中国同样认为,经济安全是国家安全重要组成部分,中国在未来也可能会处理当前美国所面临的问题。在不排除中国可能会援引安全例外条款证成其贸易限制措施可能性的情况下,我们应认识到安全例外条款可发挥"建设性模糊"的功能。作为连接贸易世界与政治世界的桥梁,安全例外条款在解释和应用方面必然存在限度。一方面,它不能被解释得太精确,否则可能会过度限制一国主权;另一方面,它不能被解释的太宽泛,否则会冲击WTO多边贸易体制的根基。如何在两者之间寻求平衡?这涉及形式主权和有效主权的良性互动问题,显然超出了专家组的裁决权限,最好由当事各国通过协商方式加以解决。

---

① C. O'Neal Taylor. Impossible Cases: Lesson from the First Decade of WTO Dispute Settlement [J]. University of Pennsylvania Journal of International Economic Law, 2007, 28(2).

第二章
审慎例外条款实证分析
——以中国自贸协定为例

第一节　引　　言

自20世纪90年代以来,经济全球化呈现出全球价值链与优惠贸易协定互动演进的新趋势,国际贸易竞争更多地体现为全球价值链关键节点的竞争。[1] 其中,高效金融服务构成一国比较优势不可或缺的要素。为适应这一经济全球化新趋势,提高本国金融服务业国际竞争力,中国政府一直通过自贸区战略积极稳妥地推动金融服务自由化,力图实现"以对外开放的主动赢得经济发展的主动、赢得国际竞争的主动。"[2] 近年来,中国政府明确表示要继续扩大开放,特别是要大幅度放宽金融市场准入。[3] 该积极开放政策能否真正落地,有待国内法机制和国际法机制的完善和配合。其中,与他国签订更加自由化的自贸协定仍是重要一环。不过,金融业的高度复杂性、脆弱性和外部性决定了金融风险无处无时不在,而金融市场的开放无疑会增加金融风险发生的概率、规模和破坏程度。因此,缔约方越是就金融市场开放作出承诺,就

---

① See Hofmann C., A. Osnago, M. Ruta. Horizontal Depth: A New Database on the Content of Deep Agreements. Policy Research Working Paper No. 7981 (2017).

② 习近平. 加快实施自由贸易区战略　加快构建开放型经济新体制[EB/OL]. [2018 - 04 - 07]. http://fta.mofcom.gov.cn/article/zhengwugk/201412/19394_1.html.

③ 在2018年4月10日博鳌亚洲论坛开幕式主旨演讲中,国家主席习近平提出了4类10项对外开放举措。其中,前两项举措涉及金融业开放,即"去年年底宣布的放宽银行、证券、保险行业外资股比限制的重大措施要确保落实,同时要加快保险行业开放进程,放宽外资金融机构设立限制,扩大外资金融机构在华业务范围,拓宽中外金融市场合作领域"。参见习近平出席博鳌亚洲论坛2018年年会开幕式并发表主旨演讲[EB/OL]. [2018 - 04 - 11]. http://www.xinhuanet.com/politics/leaders/2018-04/10/c_1122660064.htm.

越有必要保留足够的规制主权,以防范未来的金融风险和维护金融稳定。这意味着自贸协定中专门为金融规制主权预留空间的审慎例外条款将愈发重要。

由于审慎例外条款可以限制乃至排除其他实体条款的适用,进而影响金融服务自由化承诺的实施,它自然成为自贸协定中最具争议性的条款之一。理论上,为保证各自贸协定之间的协调一致以减少法律适用上的不确定性,中国应在自贸协定中采取同一或类似审慎例外条款。然而,或是出于刻意为之或是源于无意疏漏,无论是章节安排还是内容表述,中国自贸协定审慎例外条款却呈现出形式多样、表述各异的特征。由此造成的法律适用难题是,这些不同规定是否具有法律意义? 随之而来的另一个问题是,在当前继续扩大开放金融市场的形势下,相关规定是否有改进的空间?

针对上述疑问,本章首先梳理中国自贸协定关于审慎例外的规定,总结不同类型和不同表述之间差异;其次,考察 WTO 关于审慎例外条款的争端,分析具体案件涉及的法律问题及解决思路;再次,借助 WTO 案件的分析思路澄清中国自贸区审慎例外条款的含义;最后,从"推进更高水平的对外开放、加快实施自由贸易区战略、加快构建开放型经济新体制"的角度,[①]就如何改进自贸区协定审慎例外条款提出具体建议。

第二节　中国自贸协定关于审慎例外条款的规定

早在正式成为 WTO 成员之前,中国政府已经着手研究并推动自贸区的建设。[②] 2002 年 11 月,中国与东盟 10 国签署了《中国与东盟全面经济合作框架协议》,决定到 2010 年建成中国—东盟自由贸易区,此为中国第一个自贸协定。此后,中国陆续与智利、巴基斯坦、新西兰、新加坡、秘鲁、哥斯达黎加、冰岛、瑞士、韩国、澳大利亚、格鲁吉亚、马尔代夫等国签署自贸协定,由此形成一个涉及 24 个国家和地区,总数达到 16 个的自贸协定网络。[③] 这些自贸协定或直接或间接

---

① 习近平. 加快实施自由贸易区战略　加快构建开放型经济新体制[EB/OL]. [2018 - 04 - 07]. http://fta.mofcom.gov.cn/article/zhengwugk/201412/19394_1.html.

② 陈文敬. 我国自由贸易区战略及未来发展探析[J]. 理论前沿, 2008(17): 9 - 10.

③ 2017 年 12 月 7 日, 中国与马尔代夫签署了自由贸易协定。这是中国商签的第 16 个自贸协定。相关文本尚未在"中国自由贸易区服务网"(http://http://fta.mofcom.gov.cn/index.shtml)上公布。

涉及金融服务自由化事项,焦点之一是如何在促进金融市场开放的同时保留缔约方的规制主权。

一、中国自贸协定审慎例外条款的特点

通说认为,WTO 协定项下《关税与贸易总协定》(GATT 1994)第 24 条和《服务贸易总协定》(GATS)第 5 条构成了 WTO 各成员签署自贸协定、设立自由贸易区的国际法依据。[①] 金融服务自由化是 WTO 成员实现服务贸易自由化的重要组成部分,理应受到鼓励。GATS 第 5.1 条明文规定,服务贸易自由化不阻碍缔约方采取或维持第 11 条(支付与转移)、第 12 条(保障国际收支的限制)、第 14 条(一般例外)以及第 14 条之二(安全例外)允许的措施。其中,第 11 条规定了排除 GATS 适用的情况,第 12、14 和 14 条之二规定了限制 GATS 承诺和义务适用的条件。根据这一"原则+例外"的规制合作思路,如果 WTO 成员签署的自贸协定中涵盖金融服务,则相关自由化条款同样不应阻碍缔约方采取或维持相关例外措施。[②]

在 WTO 体例下,审慎例外条款特指"GATS 金融附件"第 2(a)条。该条专门针对金融服务贸易而设,构成对 GATS 项下金融服务承诺或义务的例外。[③] 就其结构而言,第 2(a)条由两句构成。第一句从正面肯定成员有权为审慎原因而采取措施,第二句从反面要求相关措施不得用作逃避 GATS 项下承诺和义务的手段。与 GATS 第 14 条项下一般例外条款相比,审慎例外条款的规定相对抽象和模糊,可为成员争取更多的规制空间。因此,各自贸协定缔约方大多倾向于并入或复制 GATS 审慎例外条款。中国自贸协定也不例外。从形式上看,中国自贸协定审慎例外条款有如下特点。

第一,各自贸协定关于是否规定审慎例外条款存在不同。① 相关协定排除了审慎例外条款。此类协定明确排除对金融服务的适用,自然就不包括针对金融服务的审慎例外条款。[④] ② 相关协定默示规定审慎例外条款。此类协定整体并入"GATS 金融附件",自然包括其中的审慎例外条款。只不过,并入条款大多

---

① 韩立余. 自由贸易协定基本关系论[J]. 吉林大学社会科学学报,2015(5):58.

② See Eric H. Leroux. Trade in Financial Services under the World Trade Organization[J]. World Trade,2002(36):413.

③ See Mamiko Yokoi-Arai. "GATS" Prudential Carve Out in Financial Services and its relation with Prudential Regulation. 57 Int'l & Comp. L. Q.613-648 (2008).

④ 例如《中国—智利自由贸易协定关于服务贸易的补充协定》第 1.2(a)条;《中国—哥斯达黎加自由贸易协定》第 91.3(e)条。

强调相关规定"经必要调整后"方可适用。① ③ 相关协定明确规定了审慎例外条款。②

第二,各自贸协定关于如何安置审慎例外条款存在不同。在一定程度上,这与相关自贸协定是否一揽子达成有关。非一揽子自贸协定一般较为重视框架安排和货物贸易,服务贸易协定往往作为原框架协议的补充协议而出现,相应地,关于审慎例外条款多出现在补充协议之中。③ 而一揽子自贸协定一般包括服务贸易章节,甚至是金融服务专章。④ 审慎例外条款多出现在于这些专门章节有关的附件之中。⑤ 更为一体化的自贸协定则将审慎例外条款一并纳入例外章节,与一般例外、安全例外、保障国际受制平衡等例外条款相并列。⑥

第三,各自贸协定关于如何表述审慎例外条款存在不同。① 相关条款复制"GATS 金融附件"第 2(a)条,只不过在形式上略有变动。⑦ ② 相关条款仅复制"GATS 金融附件"第 2(a)条第一句,未提及第二句。⑧ ③ 相关条款基本复制"GATS 金融附件"第 2(a)的表述,但在关键之处有所变动。⑨

基于条约有效解释原则,上述章节安排和具体表述方面的不同很可能影响

---

① 例如《中国—东盟全面经济合作框架协议服务贸易协议》第 28.1 条;《中国—巴基斯坦自由贸易区服务贸易协定》第 22.1 条;《中国—新加坡自由贸易协定》第 76 条;《中国—冰岛自由贸易协定》第 79 条。值得注意的是,在表述方面《中国—冰岛自由贸易协定》就并入"GATS 金融附件"未作调整要求,而前三个自贸协定均规定,"经必要调整后",纳入或适用于本协定。

② 例如《中国—新西兰自由贸易协定》第 203 条;《中国—秘鲁自由贸易协定》第 197 条;《中国—瑞士自由贸易协定》附件 6(服务贸易)第 11 条;《中国—韩国自由贸易协定》第 9.5 条;《中国—澳大利亚自由贸易协定》第 8 章附件 2(金融服务)第 3 条;《中国—格鲁吉亚自由贸易协定》附件 8 - A(金融服务)第 3 条;《〈内地与澳门关于建立更紧密经贸关系的安排〉服务贸易协议》第 6.1 条;《〈内地与香港关于建立更紧密经贸关系的安排〉关于内地在广东与香港基本事项服务贸易自由化的协议》第 5.1 条。

③ 例如《中国—东盟全面经济合作框架协议服务贸易协议》第 28.1 条;《〈内地与澳门关于建立更紧密经贸关系的安排〉服务贸易协议》第 6.1 条;《〈内地与香港关于建立更紧密经贸关系的安排〉关于内地在广东与香港基本事项服务贸易自由化的协议》第 5.1 条。

④ 例如《中国—韩国自由贸易协定》第 9 章即为"金融服务"。

⑤ 例如《中国—瑞士自由贸易协定》附件 6(服务贸易)第 11 条;《中国—韩国自由贸易协定》第 9.5 条;《中国—澳大利亚自由贸易协定》第 8 章附件 2(金融服务)第 3 条;《中国—格鲁吉亚自由贸易协定》附件 8 - A(金融服务)第 3 条。

⑥ 例如《中国秘鲁自由贸易协定》第 197 条;《中国新西兰自由贸易协定》第 203 条。

⑦ 例如《中国—新西兰自由贸易协定》第 203 条(审慎措施);《中国—秘鲁自由贸易协定》第 197 条(审慎措施);《中国—韩国自由贸易协定》第 9.5 条(审慎例外)。其中,《中国—新西兰自由贸易协定》第 203 条在形式上也采用了"GATS 金融附件"第 2(a)条的方式,而后两者将第 2(a)条的两句话分为两个条款进行表述。

⑧ 例如《〈内地与澳门关于建立更紧密经贸关系的安排〉服务贸易协议》第 6.1 条;《〈内地与香港关于建立更紧密经贸关系的安排〉服务贸易协议》第 6.1 条;《〈内地与香港关于建立更紧密经贸关系的安排〉关于内地在广东与香港基本事项服务贸易自由化的协议》第 5.1 条。

⑨ 例如《中国—瑞士自由贸易协定》附件 6(服务贸易)第 11 条;《中国—澳大利亚自由贸易协定》第 8 章附件 2(金融服务)第 3 条;《中国—格鲁吉亚自由贸易协定》附件 8 - A(金融服务)第 3 条。

对审慎例外条款的解读。① 例如,就该条款的性质,学界存在"例外说"和"排除说"之争,而如何定性将直接影响举证责任的分配。② 一般情况下,如果自贸协定将审慎例外条款规定在例外章节之中,则可以认为应由主张例外的一方负举证责任,但是,如果自贸协定将审慎例外条款列入附件或补充协定之中,则仍需先界定该条款是"例外"还是"排除"。如果认为此类审慎例外条款具有排除其他条款适用的功能则原则上应由起诉方负举证责任,说明不应适用审慎例外条款。③ 另外,如果无特别限制,将审慎例外条款安排在金融服务一章,服务贸易作为例外一章将可能影响审慎例外的适用范围。在具体争端中,这会直接决定一方能否成功援引审慎例外。

二、中国自贸协定审慎例外条款的具体内容

从条约适用的角度而言,自贸协定关于审慎例外条款的不同表述应予以特别关注。如果将中国签署自贸协定的实践大致区分为前、中、后三个时期,可以发现,在前期,相关自贸协定主要通过并入的方式引进审慎例外条款;在中期,相关自贸协定开始逐字逐句复制"GATS 金融附件"第2(a)条,只是有的协定审慎例外条款删除了第2(a)条的第二句;在后期,越来越多的自贸协定开始对第"GATS 金融附件"第2(a)条的表述方式作出实质调整。因此,仅用缔约疏忽已经不能充分解释这一具有明显规律性的立法模式。并且,缔约疏忽也不构成一国终止条约项下义务的合法抗辩。④ 为探寻不同表述之间所包含的法律政策意图以及相应法律效果,有必要分析审慎例外条款的具体内容。与"GATS 金融附件"第2(a)条具体相对比,中国自贸协定审慎例外条款可分为两类。

第一类审慎例外条款的内容与第2(a)条的规定完全一致,只不过在表现形式方面有所不同。其中,有的自由贸易协定以并入的方式原封不动地引入第2(a)条的规定,即"《服务贸易总协定》的《关于金融服务附件》被纳入本协定并成为本协定的一部分"。⑤ 有的自由贸易协定具体列明了审慎例外条款,基本复制

---

① See Richard Gardiner. Treaty Interpretation[M]. Oxford University Press, 2008: 182, 200.

② See Carlo Maria Cantore. "Shelter from the Strom": Exploring the Scope of Application and Legal Function of the GATS Prudential Carve-Out[J]. World Trade, 2014(48): 1223, 1230.

③ See Anne van Aaken and Jurgen Kurtz. Prudence or Discrimination: Emergency Measures[J]. The Global Financial Crisis and International Economic Law, 2009(12): 859, 876; Panagiotis Delimasis and Pierre Sauve. Financial Services Trade after the Crisis: Policy and Legal Conjectures[J]. The Global Financial Crisis and International Economic Law, 2010(13): 837, 851.

④ 安托尼·奥斯特. 现代条约法与实践[M]. 江国清译. 北京: 中国人民大学出版社, 2005: 242.

⑤ 例如《中国—冰岛自由贸易协定》第79条。

第 2(a)条的表述。① 从条约解释的角度而言,并入和列明存在差异。并入意味着被并入条款所属条约的相关内容将构成自贸协定审慎例外条款的上下文,在解释条款用语时,应根据《维也纳条约法公约》第 31 条之规定,按照"GATS 金融附件"的含义界定审慎例外条款。单独列明意味着审慎例外条款是自贸协定的内在组成部分之一,除非自贸协定缔约方均为 WTO 成员,否则,不能将"GATS 金融附件"视为上下文,应按照自成一体的方式解释自贸协定中的审慎例外条款。鉴于与中国签署自贸协定的国家和地区均为 WTO 成员,上述并入和列明在条约解释方面的差异可以忽略不计。

第二类审慎例外条款的内容与第 2(a)条的规定有所出入,有的不同较为模糊,有的不同较为明显。前者指的是在并入"GATS 金融附件"时,自贸协定规定,该附件"经必要调整后,适用于本协议(定)"。② 然而,就如何进行"必要调整",自贸协定没有明确。后者指的是自贸协定列明了审慎例外条款,但与"GATS 金融附件"第 2(a)条的规定相比,或是放宽了构成要件,或是施加了额外限制。

宽松型规定主要出现在内地与港澳自贸协定之中。此类自贸协定仅采用了第 2(a)条第一句内容,并将之拆分为两句:"尽管本协议有其他规定,一方不应被阻止出于审慎原因而采取或维持与金融服务有关的措施。这些审慎原因包括保护投资者、存款人、投保人或金融服务提供者对其负有信托义务的人或确保金融系统的完整与稳定"。③ 而限制权力滥用的第 2(a)条的第二句:"如此类措施不符合本协定的规定,则不得用于逃避该成员在本协定项下的承诺或义务的手段"未被列明。

限制型规定主要出现在新近签署的自贸协定之中。④ 此类自贸协定将第 2(a)条第一句分解为"前言"和"子项"两部分,在形式上更类似于 GATS 第 14 条的一般例外。另外,相关条款还在"措施"之前加入了"合理"一词。与宽松型

---

① 例如《中国—新西兰自由贸易协定》第 203 条;《中国—秘鲁自由贸易协定》第 197 条;《中国—韩国自由贸易协定》第 9.5 条。

② 例如《中国—东盟全面经济合作框架协议服务贸易协议》第 28.1 条;《中国—巴基斯坦自由贸易区服务贸易协定》第 22.1 条;《中国—新加坡自由贸易协定》第 76 条。

③ 就何为"审慎原因",《〈内地与澳门关于建立更紧密经贸关系的安排〉服务贸易协议》第 6.1 条、《〈内地与香港关于建立更紧密经贸关系的安排〉服务贸易协议》第 6.1 条以及《〈内地与香港关于建立更紧密经贸关系的安排〉关于内地在广东与香港基本事项服务贸易自由化的协议》第 5.1 条的脚注均规定:"审慎原因"这一用语理应理解为包括维持单个金融机构或金融体系的安全、稳固、稳健和财务责任,以及维持支付和清算系统的安全以及财务和运营的稳健性。

④ 一个显著的例外是《中国—韩国自由贸易协定》第 9.5 条。该条照抄 GATS"关于金融服务的附件"第 2(a)条,内容未加变动,只是在形式上分别列明权力保留和防止滥用两个子项。

规定不同,限制型不仅列明第 2(a)条第二句,还施加了额外限制,即此类措施不得构成对服务贸易的变相限制,与一方国内的同类金融服务和金融服务提供者相比,不得歧视另一方的金融服务和金融服务提供者。

不管是将审慎例外条款的功能界定为排除了其他条款的适用,还是构成其他条款适用的例外,中国自贸协定关于审慎例外条款的多样化表述给法律适用带来了难题。考虑到协定各方均为 WTO 成员,问题将更为复杂。根据《维也纳条约法公约》第 31.3(c)条确立的体系化解释原则,即"适用于当事国之间关系之任何有关国际法规则"应与上下文一并考虑,无论自贸协定以何种方式引入、复制或修改"GATS 金融附件"第 2(a)条,澄清第 2(a)条的含义无疑有助于解释自贸协定中的审慎例外条款。有鉴于此,本书将在下文集中分析 GATS 审慎例外条款的含义。

第三节　"阿根廷金融服务案"对 GATS 审慎例外条款的解读

从条约解释的角度,为确定中国自贸协定中审慎例外条款的含义,先考察"GATS 金融附件"第 2(a)条有其合理性。迄今为止,"阿根廷金融服务案"是唯一对第 2(a)条进行深入分析的案件,专家组和上诉机构的观点对于如何解读自贸协定中的审慎例外条款具有重要的启示意义。

一、"阿根廷金融服务案"所涉条款及双方观点

"GATS 金融附件"第 2 条标题为"国内法规",下辖两个条款。其中,第 2(a)条第一句旨在确认成员的规制主权:"尽管有本协定的任何其他规定,但是不得阻止一成员为审慎原因而采取措施,包括为保护投资人、存款人、保单持有人或金融服务提供者对其负有信托责任的人而采取的措施,或为保证金融体系完整和稳定而采取的措施。"第二句旨在限制成员滥用该规制主权:"如此类措施不符合本协定的规定,则不得用作逃避该成员在本协定项下的承诺或义务的手段"。

在"阿根廷金融服务案"中,为促进税收情报交换,阿根廷将相关国家分为合作国家和非合作国家。其中,合作国家包括与阿根廷签订协议并进行税收情报交换的国家,以及官方认定的尚未缔结税收交换协定或尚未进行税收情报交换

但与阿根廷就此进行磋商的国家；非合作国家指的是所有其他国家。对于来自非合作国家的金融服务和服务提供者，阿根廷采取"防御性措施"，施加较为严格要求。非合作国家巴拿马认为，①阿根廷的两项措施——再保险服务要求以及阿根廷资本市场准入要求违反了 GATS 第 2.1 条（最惠国待遇）、第 16 条（市场准入）义务。阿根廷则主张，即使该两项措施违反 GATS 项下义务，仍符合"GATS 金融附件"第 2(a) 条，因此可获义务豁免。②

就如何解读第 2(a) 条，阿根廷提出三步分析法：一是专家组应确定相关措施是否"GATS 金融附件"第 1(a) 条项下的"影响金融服务提供的措施"；二是专家组应确定该措施是否"为审慎原因"而采取，即措施与审慎目标之间存在"合理联系"（rational relationship）；三是专家组应审查相关措施是否被用作逃避协定承诺或义务的手段。③ 就第一个问题，阿根廷认为，"GATS 金融附件"第 5(a) 明确规定，"再保险和转分保"以及"可转让证券"属于金融服务，本案相关措施构成"影响金融服务提供的措施"。第二个问题，阿根廷认为，第 2(a) 条第一句并未穷尽列举所有审慎原因，如果某一措施旨在预防一结果发生，而该结果无法实现相关权威机关事先客观确定的或预见的目标，可能造成不利或有害后果，则构成"为审慎原因"而采取的措施。④ 在阿根廷看来，本案所涉预防性措施均旨在保护被保险人和金融服务消费者，防止破坏公众信心和影响阿根廷资本市场的运转，属于"审慎原因"的范畴。对于第三个问题，阿根廷认为，第 2(a) 条的第二句在功能上类似于 GATS 第 14 条的导言，"旨在确定相关措施是否以与审慎目标相一致的方式被真诚实施"。本案措施针对非合作国家交易所带来的系统风险，符合比例性，不存在逃避 GATS 项下的承诺或义务的目的。⑤

与阿根廷观点不同，就第 2(a) 条，巴拿马提出了四步分析法，即在阿根廷三步分析法的基础上加入一个新的步骤——相关措施是否属于"国内法规"。巴拿马认为，"GATS 金融附件"第 2 条的标题是"国内法规"，其含义与 GATS 第 6 条的标题"国内法规"相同。这意味着，只有那些构成 GATS 第 6 条项下"国内法规"的措施才能援引"GATS 金融附件"第 2(a) 条寻求例外，而不属于 GATS

---

① 在争端解决过程中，尽管巴拿马并未基于税收情报交换与阿根廷签订协议，或开启相关谈判，但是阿根廷仍将巴拿马更新为合作国家。

② Panel Report, Argentina - Financial Services (2015)，para.7.97，7.781.

③ Panel Report, Argentina - Financial Services (2015)，para.7.783.

④ Panel Report, Argentina - Financial Services (2015)，para.7.785.

⑤ Panel Report, Argentina - Financial Services (2015)，para.7.783，7.791 - 7.792.

第 6 条的非"国内法规"措施,可寻求其他例外。① 对于相关措施是否"为审慎原因"而采取,巴拿马认为应满足两个要件:① 事件本身成功的概率,涉及真实可信的程度、风险的实际存在以及发生的可能性等;② 延迟的危害,涉及因不采取或延迟采取措施而导致的真实且迫近的风险。基于此狭义解释,巴拿马主张,既然相关措施针对迫近的危害而采取,必然具有过渡性、临时性和短期性。最后,巴拿马认为,第 2(a)条第二句的目的是限制成员为审慎原因而自由采取措施,以防止损害其他成员在 GATS 项下的实体性权利。为此,专家组应当审查相关措施的设计、结构和架构或其适用是否符合其宣称的审慎原因。易言之,在措施和其宣称目标之间应存在着真实的手段与目的联系。②

二、专家组和上诉机构的法律分析

专家组认为巴拿马和阿根廷关于第 2(a)条的法律争议涉及两大事项:一是对第 2(a)条法律性质的认定,涉及证明责任的分担;二是对第 2(a)条构成要件的认定,涉及"措施""为审慎原因"等关键用语的解释。

就第一项争议,专家组认为,第 2(a)条构成例外,由阿根廷承担举证责任,证明相关措施适用并符合第 2(a)条的规定。③ 就第二项争议,专家组先是分析第 2(a)条"国内法规"在范围上是否等于 GATS 第 6 条的"国内法规",以确定措施的性质。基于 WTO 案例所确立的有效解释原则,④专家组认为,不能因为两个条款均采用"国内法规"作为标题而推定两者范围必然等同,第 2(a)条项下的措施无须是 GATS 第 6 条意义上的"国内法规"。在此基础上,专家组继续分析阿根廷是否"为审慎原因"而采取措施。

首先,就"审慎原因"的含义,专家组注意到,不仅巴拿马将"为审慎原因而采取的措施"等同于"审慎措施",而且阿根廷也在混用两个概念。专家组指出,第 2(a)条采用"为审慎原因而采取措施"这一概念有其特有含义,它既不专指那些被巴塞尔银行监管委员会(BCBS)界定的审慎措施,也无需参照国际标准加以确定。申言之,第 2(a)关注的是"审慎原因",而非措施的类型。⑤ 在专家组看来,"审慎原因"的含义及重要性可依成员对不用要素的考量随时而变,包括对不同

---

① Panel Report. Argentina - Financial Services (2015), para.7.796.

② Panel Report. Argentina - Financial Services (2015), paras.7.803 - 805.

③ Panel Report. Argentina - Financial Services (2015), para.7.816.

④ See Appellate Body Report. US - Gasoline (1996):23; Appellate Body Report. US-Offset (Byrd Amendment) (2003), para.271.

⑤ Panel Report. Argentina - Financial Services (2015), para.7.861.

时间点相关风险的认知。例如,不同时期金融监管的性质和范围往往反映出当时政府所拥有的知识、经验以及所持有价值尺度等。因此,WTO 成员应有足够空间来界定支撑措施的审慎原因。[①]

其次,就"为"(for)的含义,专家组基本赞同阿根廷的观点,即措施与审慎目标之间应存在"合理联系"。专家组认为,采取措施的成员应证明,措施与审慎原因之间存在合理的因果联系。该合理因果联系的核心方面体现为措施对于审慎原因的充分性,即通过其设计、结构和架构,相关措施应有助于达成预期效果,而这只能通过个案最终确定。[②]

在确定完"措施""为审慎原因"等关键用语的含义之后,专家组将其适用于本案两项措施。专家组认为,阿根廷两项措施均构成"GATS 金融附件"第 2(a)条项下的"措施",并且相关理由在本质上是"审慎"的。[③] 但是,由于阿根廷并未从要求那些名为合作国家但实际上未能与阿根廷签订情报交换协定或进行有效交换的 WTO 成员提供情报,或未对来自这些国家的证券市场从业者施加特别要求,因此,此类措施与阿根廷界定的审慎原因之间缺乏合理的因果联系。[④] 据此,专家组认为,阿根廷的两项措施未能满足第 2(a)条第一句的要求,因为它们并非为审慎原因而采取的。基于司法经济原则,专家组不再继续审查阿根廷的措施是否符合第 2(a)条第二句。

由于不满专家组的裁决,巴拿马要求上诉机构审查第 2(a)条是否"涵盖所有第 1(a)条项下影响金融服务提供的措施"。其真实意图仍然是要将第 2(a)条的措施限定在第 6 条"国内法规"所辖范围之内。对此,上诉机构基本认可专家组的分析和裁定,认为应采取阿根廷建议的三步分析法确定第 2(a)条的含义。然而囿于权限,上诉机构未能根据三部分析法进一步审查专家组关于第 2(a)条的裁决。[⑤] 在此情况下,"阿根廷金融服务案"得以结案。

---

① Panel Report. Argentina - Financial Services (2015),para.7.871.

② Panel Report. Argentina - Financial Services (2015),para.7.891.

③ 对于再保险监管措施,专家组注意到,国际保险监管协会(IAIS)在一份名为"体系风险与保险部门"的报告提及,"当保险市场的能力降低或消失时,可在保险部门产生体系风险"。同一份报告还指出,"再保险人的破产可能直接导致保险人的直接保险失去保护,从而经受金融压力"。对于证券监管措施,专家组注意到,国际证券监管组织(IOSCO)在一份名为"关于跨境监管合作原则"的文件中提及,"证券监管者长期以来利用信息交换安排——以谅解备忘录(MOU s)最为典型——便利证券执法的磋商、合作和交换情报"。Panel Report. Argentina - Financial Services (2015),paras.7.902,7.926.

④ Panel Report. Argentina - Financial Services (2015),paras.7.919.

⑤ 关于上诉机构的权限,可参见戴维·帕尔米特,佩特罗斯·C. 马弗鲁斯. WTO 中的争端解决:实践与程序[M]. 罗培新,李春林译. 北京:北京大学出版社,2005:185.

第四节　后"阿根廷金融服务案"时代中国 自贸协定审慎例外条款的澄清

"阿根廷金融服务案"关于"GATS 金融附件"第 2(a)条的法律分析影响深远,这不仅因为一些自贸协定引入或复制了第 2(a)条,而且还因为某些自贸协定在 2(a)条规定的基础上有所调整,分析后者有助于揭示相关调整的法律意义,从而凸显自贸协定审慎例外条款的特殊含义。此外,到目前为止,中国自贸协定中的审慎例外条款尚未经历国际争端洗礼,"阿根廷金融服务案"可使我们预先了解可能存在的法律争议以及 WTO 贸易争端解决机构的权威观点,无论对防止潜在的自贸协定争端,还是为进一步完善审慎例外条款均有积极意义。以上述"阿根廷金融服务案"三步分析法所涉法律问题为参照,中国自贸协定审慎例外条款在以下三个方面需要进一步澄清。

一、审慎例外条款的适用范围

如上所述,中国自贸协定关于审慎例外条款的章节安排存在不同。它们或是出现在特定章节之中,或是作为附件列在服务贸易协定之后,或是被规定在整个自贸协定的例外一章之中。一般情况下,如果审慎例外条款仅出现在特定章节或列为服务贸易附件之中,则意味其适用范围仅限于该章节或服务贸易协定。反之,则意味着构成整个协定的例外条款。当然,当相关自贸协定仅简单并入"GATS 金融附件"时,更可能意味着审慎例外条款的适用范围与该附件的规定完全一致。

在"阿根廷金融服务案"中,阿根廷和巴拿马的争议之一就是第 2(a)条的适用范围。巴拿马希望利用第 2 条的标题——"国内法规",将相关措施限定在 GATS第 6 条所界定的范围之内,而阿根廷则主张第 2(a)条项下的审慎例外,可以证成任何违反 GATS 的行为。尽管阿根廷最终选择了较为稳妥的方案,即仅利用第 2(a)条证明两项限制金融服务贸易的措施具有正当性,但是这一做法并没有消除以下两个疑问:① 审慎例外条款是否可适用为审慎原因而采取针对非金融部门的措施,而此类措施的确满足第 1(a)条的要求,即"影响金融服务提供"?[①] ② 审慎例

[①] 在"墨西哥电信案"中,专家组并不愿意过于倚重"关于金融服务的附件"来解释"关于电信服务的附件"。Panel Report, Mexico—Telecoms, paras.7.282‑7.283。类似地,在"韩国商船案"中,专家组认为,"关于金融服务的附件"与解释《补贴与反补贴措施协定》之间不存在关联性。Panel Report, Korea—Commercial Vessels, para.7.47。

外条款是否可以保护那些针对金融部门采取的但同时会影响其他部门的措施？由于审慎例外构成要件要比 GATT 第 20 条、GATS 第 14 条的一般例外构成要件更为宽松，前者适用范围越大，意味着 WTO 成员自主规制的空间就越大。

"阿根廷金融服务案"专家组注意到，"GATS 金融附件"第 1(a) 条将其适用范围限定在"影响金融服务提供的措施"，所谓"影响"并不必然要求直接"管理"或"规制"服务贸易。① 按此广义理解，一项限制对冲基金广告的措施可影响对冲基金服务提供、一项反洗钱措施可影响商业银行服务提供、一项针对能源市场的措施可影响能源衍生品市场交易和金融衍生品服务提供等，它们均可构成附件调整的措施。因此，有观点认为，一项措施是否可寻求审慎例外条款保护的关键不在于是否"影响金融服务提供"，而在于是否"为审慎原因而采取"。② 尽管如此，"影响金融服务提供的措施"仍有其法律意义，毕竟相关措施必须首先与金融服务提供存在某种合理关系，方可继续寻求审慎例外条款的保护。反观中国自贸协定关于审慎例外的规定可以发现，其章节安排并不必然限于金融服务领域，由此导致在某些情况下，即使某项措施并非"影响金融服务提供的措施"，依然可主张审慎例外。

以《中国—新西兰自由贸易协定》为例，该协定共计十八章，实体方面涉及货物贸易、服务贸易和投资等事项，程序方面包括管理与机制、争端解决等议题。其中，第九章（服务贸易）未专设"金融服务"一节。然而，协定第十七章（例外）却将审慎例外与一般例外、安全例外、保障国际收支平衡措施、税收措施等并列。其中，第 203 条完全复制"GATS 金融附件"第 2(a) 条，即"本协定的任何其他规定不得阻止一方为审慎原因而采取措施……"。不同的是，第 2(a) 条中的"本协定"显然意指 GATS 协定，并且相关措施以"影响金融服务提供"为限。但是，《中国—新西兰自由贸易协定》第 203 条中的"本协定"则不仅包括服务贸易，而且还包括货物贸易和投资等，其范围显然更大。鉴于审慎例外构成要件相较于一般例外更为宽松，如此不加限制的在例外章节中列入审慎例外是否妥当？③ 这是中国在议定和修改自贸协定时需要考量的一个问题。

---

① Panel Report. Argentina - Financial Services (2015)，para.7.100.

② See Andrew D. Mitchell，Jennifer K. Hawkins and Neha MIshra. Dear Prudence：Allowances under International Trade and Investment Law for Prudential Regulation in the Financial Services Sector，19 J. Int'l Econ. L. 787，809 (2016).

③ 值得注意的是，《中国—新西兰自由贸易协定》第 203 条的内容复制了"GATS 金融附件"第 2(a) 条，但标题采用了"审慎措施"。"阿根廷金融服务案"已明确，为审慎原因而采取的措施不同于审慎措施。由此引发的一个未决问题是，第 203 条的标题是否会影响第 203 条的适用范围，以及影响到什么程度？

二、为审慎原因而采取措施的构成要件

对于为审慎原因而采取措施的构成要件,中国各自贸协定表述不完全一致。有的自贸协定基本复制"GATS 金融附件"第 2(a)条第一句,有的则加以修改。理论上,前者可借鉴"阿根廷金融服务案"的裁决进行分析;而后者则要特别注意修改之处。如上所述,以修改效果为标准,中国自贸协定可分为两种:一种是宽松型修改;另一种是限制型修改。

宽松型修改的目的是放宽构成要件,或将处于边缘地带的状况纳入审慎原因之列。例如《内地与澳门建立更紧密的经贸关系的安排》(以下简称经贸安排)第 6 条(金融审慎原则)基本复制"GATS 金融附件"第 2(a)条的规定。该条的脚注特别说明:"审慎原因"这一用语应理解为包括维持单个金融机构或金融体系的安全、稳固、稳健和财务责任,以及维护支付和清算系统的安全以及财务和运营的稳健性。纵观各类国际贸易和投资协定,该脚注所提及的"审慎原因"并不鲜见。① 相关协定之所以坚持将其明文列出,一个非常重要的原因是,它涉及对特定金融机构的保护问题。理论上,金融服务自由化主要体现为金融机构竞争的自由化,而竞争自由化意味着主要应通过市场淘汰机制吐故纳新。因此,如果仅着眼于维护某一金融机构的安全、稳固、稳健和财务责任,可能会根本性地破坏金融服务市场竞争,阻碍金融服务贸易自由化进程。但是,基于以下两个方面的原因,有必要对金融机构实施保护:一是长期以来,金融行业就是一个受到规制的行业,这些规制手段具有强烈的反竞争倾向,各国法律均强调对金融机构的保护,②如果将这一惯常做法排除在审慎原因之外,会大大限缩各国的规制主权。二是 2008 年世界金融危机揭示,系统重要性金融机构(SIFI)具有非常大的网络关联性,为维护整个金融体系的稳定,有必要首先保证位于该体系中心的重要金融机构的安全。③

当前,大部分中国自贸协定仍参照第 2(a)条,仅列举了两类审慎理由,这就

---

① 例如《北美自由贸易协定》(NAFTA)第 1410 条(例外)、《加拿大外国投资保护协定示范法》(Canadian Model FIPA)第 10 条(一般例外)、《欧盟—韩国自由贸易协定》(EU—Korea FTA)第 7.38 条(审慎排除)、《美国—韩国自由贸易协定》(KORUS FTA)第 13.10 条(例外)、2012 年美国双边投资示范法(US Model BIT)第 20 条(金融服务)、《加拿大—欧盟贸易协定》(CETA)第 15 条(审慎排除)、《跨太平洋伙伴关系协定》(TPP)第 11.11 条(例外)等均含有类似表述。

② See generally Robert C. Clark. The Soundness of Financial Intermediaries[J]. Yale L. J., 1976, 28(1); Lawrence G. Baxter. Adaptive Financial Regulation and RegTech: A Concept Article on Realistic Protection for Victims of Bank Failure[J]. Duke L. J., 2016(66): 567, 579.

③ 海尔·史科特. 二〇〇八年全球金融危机[M]. 刘俊译. 北京:法律出版社,2012:12-19.

与上述"经贸安排"中的规定存在差别。而这种形式上的差别很可能引发法律适用上的不确定。尽管在"阿根廷金融服务案"中,争端各方和专家组均认为,第2(a)条项下的审慎原因并非穷尽式的。但是,这一共识并不意味着"经贸安排"脚注所指情形必然构成相关自贸协定审慎例外条款项下审慎原因之一。为增强法律的可预期性,中国政府可在议定新的或修改旧的自贸协定时考虑是否列明额外的审慎原因。

与宽松型修改不同,限制性修改往往在措施之前加入"合理"一词。例如《中国—澳大利亚自由贸易协定》第八章(服务贸易)附件二(金融服务)第3.1条规定:"尽管有本章的任何其他规定,但不得阻止一方为审慎原因而采取或维持合理措施。"该表述在诸多贸易和投资协定中并非鲜见。① 早在在乌拉圭回合期间,加拿大、日本、瑞典和瑞士四国曾向 GATS 谈判委员会提交一份有类似表述的审慎例外建议。② 从字面上看,"合理措施"应比"措施"更为严格。由此引发的法律问题是,该"合理措施"是否需要满足更为客观化的标准,例如公认的国际审慎监管原则? 就此,"阿根廷金融服务案"提供了若干启示。具体而言,该案专家组对于一国基于何种审慎理由采取措施给予了充分的遵从,认为"GATS 并不寻求将措施本身认定为具有特殊的审慎性质"。③ 这样做的合理性在于各国金融市场状况情况复杂,监管者对于金融风险的认识和容忍程度各不相同,GATS 既无必要也无能力为金融监管设立强制性的统一标准。而通过对"为"(for)一词的解读,专家组认为,在措施与审慎原因之间应有"合理联系",④这就在相当大的程度上消除了"合理措施"与"措施"之间可能存在法律含义差异。因此,此类限制性修改的法律价值有限。

三、相关措施的滥用禁止

就如何防止滥用审慎例外,中国自贸协定的规定不尽相同。有的自贸协定基本复制"GATS 金融附件"第 2(a)条第二句,还有的自贸协定作出特别修改。按其效果,相关修改也可分为宽松型和限制型两种。

宽松型的修改以内地与港澳地区之间的自贸协定较为典型。例如,《内地与

---

① 例如《北美自由贸易协定》(NAFTA)第 1410 条(例外)、《加拿大外国投资保护协定示范法》(Canadian Model FIPA)第 10 条(一般例外)、《加拿大—欧盟贸易协定》(CETA)第 15 条(审慎排除)等均含有类似表述。

② Trade Negotiations Committee. Communications from Canada, Japan, Sweden and Switzerland, 4, MTN. TNCIW/50/Add.2[EB/OL]. [1991 - 10 - 15]. www.wto.org/gattdocs/English/SULPDF/92130041.pdf.

③ Panel Report, Argentina - Financial Services (2015), para.7.861.

④ Panel Report, Argentina - Financial Services (2015), para.7.891.

澳门的建立更紧密的经贸关系的安排》第 6 条(金融审慎原则)在复制第 2(a)条第一句之后,删除了第二句。这一做法也出现在其他自贸协定之中。[①] 有理论认为,第 2(a)条第二句的功能相当于 GATS 第 16 条的前言,即用于限制相关措施构成对贸易的变相限制,或构成武断的或不合理的歧视。[②] 据此,删除第 2(a)条意味着只要某一措施为审慎原因而采取,则可以不受服务贸易中其他条款的约束。在此情况下,一国规制主权得到最大限度的维护。

限制型修改主要出现在新近签订的自贸协定中。例如,《中国—澳大利亚自由贸易协定》第八章附件二(金融服务)第 3.2 条规定:"如此类措施不符合本章的规定,则不得用作逃避该方在本章项下的承诺或义务的手段。此类措施不得构成对服务贸易的变相限制,与一方国内的同类金融服务和金融服务提供者相比,不得歧视另一方的金融服务和金融服务提供者。"在"GATS 金融附件"第 2(a)条第二句之上额外附加限制条款并非孤例。[③] 然而,如果考查第 2(a)条的立法史,可以发现,中国自贸区的规定更为严格。具体而言,在上述加拿大、日本、瑞典和瑞士四国提交的建议之中,第二句是:"此类措施不应以构成武断或不合理的方式实施:(a) 限制其他缔约方金融服务提供者金融服务的提供;(b) 在国内和外国金融服务提供者或国家之间造成歧视。"[④]措辞上,这与 GATS 第 16 条的前言类似,均旨在防止相关措施的滥用。但是,在关键问题的表述上两者存在本质区别。具体而言,根据四国建议,相关措施可以在金融服务提供者或国家之间进行歧视,只要此类歧视不具有"武断"性或"不合理"性。而中国自贸协定却明确要求,不得在同类金融服务或服务提供者之间实施歧视。尽管一致性标准是否构成判断歧视的合理标准仍存在理论争议,[⑤]实践中,一般专家组通过相关措施的实施缺乏一致性来推定是否存在对贸易的变相限制或对同类情形的武断或不合理的歧视,并允许采取措施的一方提取反证。[⑥] 而中国自贸协定未在

---

① 例如《北美自由贸易协定》(NAFTA)第 1410 条(例外)和《加拿大外国投资保护协定示范法》(Canadian Model FIPA)第 10 条(一般例外)在列举三个审慎理由后,没有类似于第 2(a)条第二句的表述。

② See Vu Nhu, Thang. Applicability of GATS Prudential Exception to Insurance Services: Some Interpretative Issues[J]. J. Int'l Econ. L., 2007(4); Bart de Meester. The Global Financial Crisis and the Government Support for Banks[J]. J. Int'l Econ. L., 2008(13).

③ 较为典型的例子是《欧盟—韩国自由贸易协定》第 7.38 条(审慎排除)。该条要求"这些措施不应超出达成目标必要之限度"。

④ Trade Negotiations Committee. Communications from Canada, Japan, Sweden and Switzerland, 4, MTN. TNCIW/50/Add. 2[EB/OL]. [1991 - 10 - 15]. www. wto. org/gattdocs/English/SULPDF/92130041. pdf.

⑤ See Dr Emily Lydgate. Is It Rational and Consistent? the WTO's Surprising Role in Shaping Domestic Public Policy[J]. J. Int'l Econ. L., 2017(20): 561.

⑥ Panel Report. US - Gambling (2005), para. 6. 584.

歧视之前加入"武断"或"非歧视"等限定性术语,这意味着,只要相关措施的实施缺乏一致性就应当认定构成歧视。在法律性质上,推定与认定存在显著差别。因此,与乌拉圭回合期间的四国建议相比,中国自贸协定的相关规定更为严格。

尽管在"阿根廷金融服务案"中,专家组基于司法经济和上诉机构囿于职权范围均未对第2(a)条第二句进行详细分析,我们仍可从争端双方的观点中窥得可能存在争议,以及相关争议对于中国自贸协定相关规定的影响。该案中,阿根廷认为,第2(a)条第二句具有与 GATS 第16条类似的功能,即"旨在确定措施是否真的以与其审慎目标相一致的方式实施"。阿根廷主张,其对非合作国家服务提供者采取的措施旨在消除相关交易产生的系统风险,该措施与风险之间符合比例关系。① 而巴拿马则主张,专家组应当审查,相关措施的设计、结构和架构或其实际适用是否符合所宣称的审慎原因。易言之,措施与阐述的目标之间应当存在着真实的手段与目的的联系。如果一项措施不适于达成推定的审慎目标,那么就应当认为,措施的使用与追求的目标之间存在着完全或部分的不一致。在此情况下,相关措施的使用应被认为缺少审慎原因的支持,从而构成第2(a)条第二句意义上的"用作逃避该成员在本协定项下的承诺或义务的手段"。②

从上述争议可以看出,无论是阿根廷较为宽松的思路还是巴拿马较为严格的思路,两者均强调措施与目标之间的关系问题。只不过,除一致性要求外,巴拿马还额外施加了相关措施应具有实际效果的要求。如果说仅就第2(a)条第二句就存在诸多争议,那么,当自贸协定在原有规定的基础之上又增添额外条款时,则相关争议可能更为复杂。特别是相关中国自贸协定所增添的内容与 GATS 第16条前言的规定并不一致,这必然会引发此类不同规定是否具有特殊含义,以及相关特殊含义应当为何的法律问题。由此可能影响缔约方能否成功援引自贸协定中的审慎例外条款。

第五节　中国自贸协定审慎例外条款的改进

"阿根廷金融服务案"就"GATS 金融附件"第2(a)条做出的分析和裁决极

---

① Panel Report. Argentina - Financial Services (2015),para.7.791 - 7.792,7.895.
② Panel Report. Argentina - Financial Services (2015),para.7.805.

具启示意义，它既能使我们迅速澄清中国自贸协定中相关审慎例外条款的含义，也有助于我们理解审慎条款特殊规定的潜在法律意义。但是，对现有条款的实证分析解决不了价值判断问题。[①] 易言之，唯有首先明确中国加快实施自贸区战略的内涵，我们才能在目的理性的理论框架下探讨中国自贸协定审慎例外条款的改进问题。

一、改进审慎例外条款的理论视角问题

当前，国内学者主要从维护发展中国家利益以及促进大国制度输出两个视角讨论审慎例外条款的改进问题。前者回顾过去，力图修正"GATS 金融附件"第 2(a)条的关键性表述。后者展望未来，希望借助自贸协定输出中国法律制度，取得国际话语权。

前一视角借鉴了第三世界国际法研究方法，将当代国际法视为征服和压迫第三世界人民的合法化工具，[②]即"对于广大发展中国家而言，GATS 模式的金融审慎例外条款并非最佳选择。因为该条款是在乌拉圭回合时期由美国主导推动才选用的，其并不完全符合发展中国家的利益"。由于"在未来的金融服务自由化进程中，绝大多数发展中国家将以超越本国发展的速度被裹挟其中。因此，对广大发展中国家来说，当前更应关注的问题并不是审慎例外的滥用，而是审慎监管的充分行使"。[③] 为便利发展中国家（包括中国）运用审慎例外条款维护规制主权，相应的建议包括诸如：① 扩大适用范围，将审慎例外条款与一般例外、安全例外并列，成为可适用整个自贸协定的"通用例外"；② 保留"为审慎原因而采取"的表述，并以开放式方式列举审慎原因；③ 删除限制滥用审慎例外规定。[④]

后一视角借鉴了纽黑文学派的政策导向研究方法，将国际法视为一个权威性的和控制性的动态决定过程。这些决定由既定权威结构下的相关主体做出，并能以充足权力作为基础，借助权威程序来实现后续控制。[⑤] 大国制度输出理论认为，"大国在自由贸易协定下的法律输出是大国以本国法律形成自由

---

① "一个问题的社会政策性质的标志直接就是：它无法根据从确定的目标出发的纯粹技术上的考虑而得到解决"。参见马克斯·韦伯. 社会科学方法论[M]. 韩水法，莫茜译. 北京：商务印书馆，2013：8.

② 关于第三世界国际法方法，可参见 Karin Mickelson. Rhetoric and Rage: Third World Voices in International Legal Discourse[J]. Wis. Int'l L.J., 1998(16)：353.

③ 徐昕. 区域贸易协定中的金融审慎例外条款研究[J]. 上海对外经贸大学学报，2015(2)：63-64.

④ 徐昕. 区域贸易协定中的金融审慎例外条款研究[J]. 上海对外经贸大学学报，2015(2)：64-66.

⑤ 关于国际法的政策导向研究方法，可参见 Siegfried Wiessner & Andrew R. Willard. Policy-Oriented Jurisprudence[J]. Germany B. Int'l L., 2001(14)：96.

贸易协定文本,游说缔约方采纳该文本并根据该文本修改内国法的过程。"①按此理论,"中国对外输出的法律及规则,应满足经济增长及转型的需求……提高国内服务业发展的水平"。为此,"中国自由贸易协定范本应包含能促进中国制造业转型和服务业发展的规则……推动具有增长潜力的金融服务"等。②在此外向型的法律输出模式下,中国似乎应对自贸协定中的审慎例外条款施加限制,以防止东道国利用该条款规避其在协定项下的承诺和义务。

上述两类不同视角所导致的不同改进建议说明,中国自贸协定中形式多样、内容不同的审慎例外条款本身没有绝对的优劣之分,关键要看中国对于金融服务业的发展及开放持有何种预期。自党的十七大把自由贸易区建设上升为国家战略,党的十八大又提出要加快实施自由贸易区战略之后,党的十九大进一步强调要促进自由贸易区建设,推动建设开放型世界经济。可以预见,在未来相当长的一段时期内,自贸区是中国积极参与国际经贸规则制定、争取全球经济治理制度性权力的重要平台。当前,以美国为首的单边贸易保护主义思潮渐成规模,中国逐渐成为全球维护多边贸易体制的中坚力量。在此情况下,无视中国大国地位、不加反思地采取第三世界国际法研究方法,对此前美国主导建立的多边贸易体制大加鞭挞,主张拥有更多规制主权不仅无助于阻挡单边主义逆流,而且还可能加速多边贸易体制的崩溃。但是,仅仅因为美国政府短期利己行为造成全球公共物品供给短缺就认为中国可以借鉴政策导向学说中的权威决策理论,以一己之力为全球立法也不现实。③

二、改进中国审慎例外条款的具体建议

中国自贸协定之所以引入审慎例外条款,最重要的原因是它能在维护各国金融规制主权的同时促进金融服务的自由化。因此,任何激进的改进方案均可能打破现有的平衡。实际上,中国在签署自贸协定的过程中也一直在寻求适当的平衡点。一个明显的趋势是,中国自贸协定关于审慎例外的规定越来越趋于严格。例如,在近期签订的 4 项自贸协定中有 3 项自贸协定对"GATS 金融附

---

　① 王燕. 自由贸易协定下的话语权与法律输出研究[J]. 政治与法律,2017(1): 109.

　② 王燕. 自由贸易协定下的话语权与法律输出研究[J]. 政治与法律,2017(1): 116.

　③ 全球公共物品的提供至少存在两类问题:一是各成员相互合作问题;二是最薄弱一环破坏全球规则问题。无论哪种情况,均非一国所能解决。Daniel Bodansky. What's in a Concept? Global Public Goods, International Law and Legitimacy[J]. Eur. J. Int'l L., 2012(23): 651, 658 - 663.

件"第2(a)条的表述作出修改,主要表现为两点:一是在原第2(a)条第一句的措施之前加入"合理"一词;二是在原第2(a)条第二句之后加入"此类措施不得构成对服务贸易的变相限制,与一方国内的同类金融服务和金融服务提供者相比,不得歧视另一方的金融服务和金融服务提供者。"①总体上,修改后的审慎例外条款与1991年加拿大、日本、瑞典和瑞士向GATS贸易谈判委员会提交的审慎例外草案十分接近。与第2(a)条相比,修改后的审慎例外条款更为清晰,也更为严格,并且契合中国当前通过实施自贸区战略、构建开放型经济新体制的主旨,值得肯定。

然而,我们必须注意到,与1991年四国建议稿相比,中国自贸协定的规定似乎更为严格。这主要体现在,中国自贸协定审慎例外条款严格禁止一方违反国民待遇标准。而根据四国建议稿,只要相关歧视不是"武断的"或"不合理的",一国仍可采取违反国民待遇的措施。根据金融的法律理论,金融是一个由法律体系构建的等级化混合体。与之相对应,一项事前的承诺并不必然会在未来得到法律执行。一般情况下,在金融体系的顶端,法律富有弹性,在其外围部分则趋于僵化。当发生金融风险时,位于金融体系边缘的违约会承担相应法律责任,但是,当违约越接近于金融体系的顶端,则相关金融法律就越具有弹性,以避免僵化执行法律会导致金融体系的崩溃。这意味着相关金融服务和金融服务提供者在金融体系等级体系中的地位将影响危机时期的法律待遇。②有鉴于此,1991年的四国建议稿并不绝对禁止成员采取违反国民待遇的措施有其合理性。③历次金融危机表明,如果一国拥有相对独立的金融体系,则在危机期间优先维护本国金融服务和金融服务提供者的利益无疑最能保证本国金融体系的稳固,而处于边缘地带的外国金融服务和金融服务业往往会沦为此类金融救助措施的"牺牲品"。如果考虑到金融体系的层级性,则合理的金融规制理论应当容忍危机期间监管者暂时性地偏离国民待遇标准,并且这种做法理应得到自贸协定中审慎例外条款的认可。

因此,如果中国意图在自贸协定中实现推进金融服务业的自由化、限制缔约方滥用规制主权的目的,最佳方案是采用1991年四国建议稿的内容,次之是引入或复制GATS《关于服务贸易的附件》第2(a)条。而现有自贸协定对第2(a)

① 在中国与瑞士、韩国、澳大利亚和格鲁吉亚签订的自贸协定中,仅《中国—韩国自贸协定》复制了GATS"关于金融服务的附件"第2(a)条的内容。其他三项自贸协定均对第2(a)条实施了限制型修改。

② See Katharina Pistor. A Legal Theory of Finance[J]. J. Comp. Econ, 2013(41):315,320.

③ See Inu Barbee and Simon Lester. Financial Services in the TTIP: Making the Prudential Exception Work[J]. Geo. J. Int'l L., 2014(45):953,957-959.

条的修改不是过于宽松就是过于严格,难以成为中国利用自贸协定输出本国法律的范本。

第六节　结　　语

在 WTO 多边贸易体制受到大国单边主义和贸易保护主义严重制约的今天,通过自贸协定促进贸易自由化无疑具有正面价值和现实意义。其中,具有针对性的审慎例外条款与一般例外条款、安全例外条款等一起构成维护国家规制贸易主权的法律屏障,有助于一国做出更为开放的贸易承诺。相较于后两类例外条款,审慎例外条款的规定更为抽象和模糊,极易引发法律适用上的不确定性,并有被滥用的风险。为了在金融贸易自由化和金融规制主权维护之间寻求妥当平衡,自贸协定各缔约方应在"GATS 金融附件"的 2(a)条的基础上改进审慎例外条款,以符合缔结自贸协定的初衷。

通过自贸协定实施自由贸易区战略是我国适应经济全球化新趋势、构建开放型经济新体制的必然选择。"加快实施自由贸易区战略,是我国积极参与国际经贸规则制定、争取全球经济治理制度性权力的重要平台,我们不能当旁观者、跟随者,而是要做参与者、引领者,善于通过自由贸易区建设增强我国国际竞争力,在国际规则制定中发出更多中国声音、注入更多中国元素,维护和拓展我国发展利益"。① 据此,中国应从参与和引领国际规则制定的高度重视审慎例外条款的制定工作。问题是,如上文所述,中国自贸协定审慎例外条款无论在章节安排上还是在内容表述上均缺乏逻辑一致性和内容规范性,这就使得相关自贸协定的规定具有浓厚的契约性特征,很难成为可推广的国际立法范本。由于审慎例外条款可能阻碍乃至排除整个自贸协定实体条款的适用,切断最惠国待遇条款的体系整合功能,这种不一致性必会增加中国自贸协定"碎片化"的程度。在此情况下,通过自贸协定"积极参与国际经贸规则制定、争取全球经济治理制度性权力"的目标必然受到影响。

值得注意的是,在近期签署的中国自贸协定中,缔约方采取了较为一致的章节安排和表述方式,对审慎例外施加了实质性的限制要求,例如审慎例外条款多

---

① 习近平. 加快实施自由贸易区战略　加快构建开放型经济新体制[EB/OL]. [2018-04-07]. http://fta.mofcom.gov.cn/article/zhengwugk/201412/19394_1.html.

被放置在金融服务一章或一节,原"GATS 金融附件"第 2(a)条第一句的措施之前增加了"合理"一词,第二句增加了"此类措施不得构成对服务贸易的变相限制"等表述。从加快实施自由贸易区战略、提高我国服务业国际竞争力的角度考虑,这一表述可限制缔约方滥用审慎例外,具有进步意义。然而,此类自贸协定又额外规定,为审慎原因而采取的合理措施"不得歧视另一方的金融服务和金融服务提供者"。该非歧视待遇要求是中国独创,未见其他种类的自贸协定之中。鉴于自贸协定实体条款已经规定了非歧视待遇要求,在审慎例外条款中额外规定非歧视要求不仅有架床叠屋之嫌,而且还可直接导致例外规定无意义。因此,如自贸协定希望严格限制缔约方实施相关措施的方式,则应在歧视之前加入"武断的"或"不合理的"限定词。这样,既可以确保例外条款发挥作用,即允许缔约方实施歧视,又可以确保该歧视不得被滥用,即歧视需满足"武断的"或"不合理的"要求。

总之,中国通过自贸协定积极参与国际经贸规则的制定、争取全球经济治理权力的努力值得肯定。但是,在具体法律技术细节的处理方面仍有改进空间。关于自贸协定审慎例外条款的分析表明,针对不同的价值诉求对应着不同的法律方案。当务之急是根据中国实施自由贸易区战略、构建开放型经济新体制的总体方案,借助 WTO 相关案例,逐一审视自贸协定相关条款的合理性和确切法律含义,适时推出和改进中国版自贸协定范本,以提升法律的稳定性和可预期性,并渐次获取全球经济治理的话语权。

第三章
非传统国家安全议题对双边投资协定国家安全条款的影响

第一节 引 言

一、背景介绍

以新冠疫情为典型代表的公共卫生安全、以 Tik Tok 事件为代表的网络数据安全和以全球变暖为代表的气候安全等非传统国家安全议题①对双边投资协定(Bilateral Investment Treaty,BIT)中国家安全条款的适用提出了新的要求。虽然 BIT 对国际投资具有非常显著的规范作用,其主要目的是促进投资的自由化和便利化,但是在更多强调对投资者保护的情况下,东道国的利益例如国家安全保护在一定程度上被弱化。平衡投资者权利和东道国规制权的关系是国际投资法现代化和利益再平衡的一个重要特征。在嵌入式自由主义的背景下,这种平衡关系进一步体现为对东道国规制权和投资者合理期待的再平衡。② BIT 中国家安全条款正是为了保护东道国的国家安全利益和规制权而设定。在非传统国家安全议题越来越对国家安全有重大影响的现实背景下,对 BIT 中国家安全条款进行新的阐释具有必要性。

二、概念解释

BIT 中的国家安全条款,也称"根本安全例外条款""重大安全例外条款""基本安全例外条款",一般在 BIT 文本的表述为"基本安全"或"安全例外",

---

① 张丽娟等. 国际贸易规则中的"国家安全例外"条款探析[J]. 国际论坛,2020(3):72.
② 蒋小红. 试论国际投资法的新发展——以国际投资条约如何促进可持续发展为视角[J]. 河北法学,2019(3):45.

主要指在国际投资领域,当特定情况威胁东道国国家根本安全利益时,东道国可以采取应对措施而无需因违反 BIT 中的条约义务而承担国家赔偿责任的条款。

所谓非传统国家安全是指除军事、政治和外交冲突等传统国家安全事项以外的其他对主权国家及人类整体生存与发展构成威胁的因素,例如,经济安全、金融安全、生态环境安全、信息安全、资源安全、恐怖主义、武器扩散、疾病蔓延、跨国犯罪、走私贩毒、非法移民、海盗、洗钱等。① 通常意义上的国家安全是一个动态的概念,东道国对国家安全概念的模糊与清晰的界定权衡反映了自身的价值考虑。国家安全概念的相对模糊可以保障东道国对自身国家安全是否受到威胁具有更多的自主判断和解释,但同时也会影响投资者对国家安全概念判断的合理期待,从而因为担心政治风险而增加是否进行投资和对投资数额的考虑。国家安全概念的流动性和发展性为 BIT 中国家安全条款对非传统国家安全议题的适用打开了大门。② 近几年,非传统国家安全议题主要体现在网络数据安全、公共卫生安全和生态安全等。本章将重心集中于网络数据安全和公共卫生安全。

三、研究价值

在新自由主义潮流逐渐向嵌入式自由主义潮流演变的历史背景下,BIT 的作用已经从更多地强调对投资者利益的保护向平衡投资者利益和东道国规制权的方向转变。③ 如何有效平衡双方利益、协调国家规制权和投资者利益保护的关系、制定完善的中国 BIT 范本、更好地让中国的资本走出去和引进外国投资是本章研究的主题和目的。

第二节　中外 BIT 中的国家安全条款

一、中外 BIT 中的国家安全条款比较

我国目前并没有 BIT 范本,国家安全条款分散于中国与国外签订的 BIT

---

① 彭姝祎. 当今人类社会面临的非传统安全[J]. 人民论坛,2020(17):117.
② 马海群等. 中国特色总体国家安全观逻辑建构解读[J]. 情报探索,2020(11):6.
③ 蒋小红. 试论国际投资法的新发展——以国际投资条约如何促进可持续发展为视角[J]. 河北法学,2019(3):45.

中。根据商务部的数据显示,截至 2016 年 12 月 12 日,我国已经与世界上 104 个国家签订了 130 多个 BIT,数量仅次于德国,位居世界第二。

目前中国与欧盟的全面投资协定谈判已经完成,但文本并未全部公示。欧盟直到 2021 年 1 月 22 日才在其官网公布《中欧全面投资协定》(EU—China Comprehensive Agreement on Investment)原则议定文本。目前公布的文本中已经包含了国家安全条款,即第六章的第 10 条。^①《中欧全面投资协定》中的国家安全条款有两个特点:首先,条款确定了国家安全事项的自主判断模式;其次,条款中对于具体国家安全事项采取穷尽式列举的方法,即信息泄露、军事和战争、核材料、国际和平与安全等,从而将《中欧全面投资协定》中的国家安全条款的适用范围限定在了传统国家安全事项。虽然《中欧全面投资协定》的谈判已经完成,但由于近期中欧政治矛盾加剧,《中欧全面投资协定》的最终敲定再次陷入僵局。

从中国商务部条法司目前已经公布的生效 BIT 来看,仅有 20 多个 BIT 存在国家安全条款,且这些条款的适用范围由于其在序言、正文、议定书等不同位置而有所不同。^② 目前中国对外签订的 BIT 中,中加 BIT 是较为全面的文本,《中国—加拿大 BIT》(第 33 条)的国家安全条款是作为一般例外适用于整个 BIT;《中国—德国 BIT》(第 4 条)关于"安全例外"的制度仅适用于投资待遇;《中国—日本 BIT》(第 3 条)、《中国—法国 BIT》(第 4 条)关于"安全例外的"制度仅适用于国民待遇和最惠国待遇;《中国—斯里兰卡 BIT》(第 11 条)、《中国—毛里求斯 BIT》(第 11 条)关于"安全例外"的制度适用于禁止和限制条款。根据适用范围的不同,国家安全条款对国家安全的保障作用也有所不同,适用整个协议的安全条款可以保障整个投资过程中的国家安全。同时,根据国家安全条款的表

---

① "Nothing in this Agreement shall be construed: (a) to require a Party to furnish or allow access to any information the disclosure of which it considers contrary to its essential security interests; or (b) to prevent a Party from taking an action which it considers necessary for the protection of its essential security interests: (i) connected to the production of or traffic in arms, ammunition and implements of war and to such production, traffic and transactions in other goods and materials, services and technology, and to economic activities, carried out directly or indirectly for the purpose of supplying a military establishment; (ii) relating to fissionable and fusionable materials or the materials from which they are derived; or (iii) taken in time of war or other emergency in international relations; or (c) to prevent a Party from taking any action in pursuance of its obligations under the United Nations Charter for the maintenance of international peace and security." EU - China Comprehensive Agreement on Investment, Section VI Institutional and final provisions, Article 10 Security Exceptions.

② 中华人民共和国商务部条法司. 双边投资保护协定[EB/OL]. [2021 - 02 - 18]. http://tfs. mofcom.gov.cn/article/h/.

述一般包括"根本安全利益""国际和平与安全""公共基础设施"等。① 典型的"根本安全利益"的表述直接体现国家安全条款的作用,但多以列举的方式侧重于国防安全和军事安全。在有些 BIT 中,中国根据对方国家的国情加入了非典型的国家安全事项,例如,中国与毛里求斯和斯里兰卡 BIT 的国家安全条款中的第 11 条采取了相同的表述,包括对于病虫害问题的考量。② 由此可见,虽然我国已经签订的 BIT 数量较多,但国家安全条款的数量有限,适用范围参差不齐,整体上较为狭窄,大部分主要通过列举的方式针对传统国家安全议题。

美国无论是在国际贸易领域还是在国际投资领域一向重视国家安全条款的适用,故其 BIT 范本中国家安全条款的设计具有重要的参考意义。2012 年美国BIT 范本中国家安全条款是第 18 条:"任何条款均不得解释为要求缔约国披露其根据国家利益认为(which it considers)不得披露的信息,或阻止缔约国采取其认为必要的措施,以维护国际和平与安全或者本国的根本安全利益"。③ 实际上,从 1986 年美国 BIT 范本一直到今天其对国家安全都极为重视。但是,2004年之前的美国 BIT 范本对国家安全条款的表述没有限定为自主判断模式。2004 年之后美国 BIT 范本中国家安全条款均存在"国家利益需求"(which it considers… necessary for)的表述,从而确定了国家安全条款中的自主判断模式,将国家安全是否受到威胁的判断权归于自己而排除仲裁庭对该事项的管辖。同时,美国通过文本中关于国家安全事项非列举式的模糊性的表述方式保障了美国作为投资东道国对国家安全概念解释的流动性。国家安全概念自身的发展性则进一步为美国 BIT 范本适用非传统国家安全议题提供了扩大解释和重新解释的可能性。

---

① 例如《中华人民共和国政府和加拿大政府关于促进和相互保护投资的协定》第 33 条:"五、本协定中任何规定均不得被理解为:(一)要求缔约方提供或允许获得其认定披露后将违背其根本安全利益的信息。(二)阻止缔约方采取其认为保护其根本安全利益所必要的任何如下措施:1. 此类措施与武器、弹药和战争工具的贸易有关,并与直接或间接为军事或其他安全设施之目的而进行的其他货物、材料、服务和技术的贸易和交易有关;2. 在战时或其他国际关系紧急情况时采取的措施;3. 此类措施与执行关于不扩散核武器或其他核爆炸装置的国家政策或国际协定有关。(三)阻止缔约方根据联合国宪章为履行维护国际和平与安全义务而采取行动。"

②《中华人民共和国政府与毛里求斯共和国政府关于相互促进和保护投资协定》和《中华人民共和国政府和斯里兰卡民主社会主义共和国政府关于相互促进和保护投资协定》第 11 条:"本协定的规定不应以任何方式约束缔约国任何一方为保护其国家利益,或为保障公共健康,或为预防动、植物的病虫害而使用任何种类的禁止或限制的权利或采取其他任何行动的权利。"

③ "Nothing in this Treaty shall be construed: 1. to require a Party to furnish or allow access to any information the disclosure of which it determines to be contrary to its essential security interests; or 2. to preclude a Party from applying measures that it considers necessary for the fulfillment of obligations with respect to the maintenance or restoration of international peace or security, or the protection of its own essential security interests." 2012 U.S. Model Bilateral Investment Treaty, Article 18.

　　从一些欧洲国家的 BIT 来看,德国是目前世界上签订 BIT 最多的国家。关于国家安全条款,德国 2008 年 BIT 范本中第 3 条明示:"缔约国为了公共安全和秩序而不得已采取的措施不得违反国民待遇和最惠国待遇"。[①] 由此可见,德国的国家安全条款的适用范围是明确限定在国民待遇和最惠国待遇相关规定上。德国与其他国家签订的 BIT 中国家安全条款也一般适用于局部而非全部文本。法国(2006年)、比利时(2019 年)、荷兰(2019 年)BIT 范本均没有国家安全条款。挪威无论在 2007 年还是 2015 年的 BIT 范本中均列出了国家安全例外条款。从欧洲国家的角度看,国家安全条款存在的情况不同,且时间的跨度也并非影响 BIT 是否存在国家安全条款的因素,例如挪威和荷兰的 BIT 范本均无国家安全条款。

　　从其他国家来看,俄罗斯 2016 年 BIT 范本在第 6 条[②]通过穷尽式列举的方式阐述了国家安全例外事项,列举的事项主要包括与战争有关的国际关系、核材料等,均与传统国家安全事项有关。与此相似,加拿大 2004 年 BIT 范本中第 10 条[③]的国家安全条款提到的"国家利益"和"根本安全利益"采取列举的方式,注明是与武装、军用物资以及与战争相关的武装军用物资或是核武器扩散等相关方面的利益。虽然印度于 2003 年制定的 BIT 范本中没有国家安全条款,但印度于 2015 年制定的 BIT 范本第 33 条[④]表明"不得排除缔约国为保护其根本安全利益或者是在特定的危急情况下根据其法律以非歧视性原则采取正常行动"。实际上,印度 BIT 范本中国家安全条款与美国的相关表述具有相似之处,且采

---

　　① "Measures that have to be taken for reasons of public security and order shall not be deemed treatment less favorable within the meaning of this Article." German Model Treaty—2008, Article 3.

　　② "The provisions of the Agreement shall not prevent the Parties to the Agreement from taking measures necessary to protect essential security interests relating to emergencies in international relations, including war, relating to the supply for the needs of armed forces and law enforcement agencies, relating to the supply of fissionable materials or materials from which they are derived." 2016 General Approaches to the Conclusion of International Agreements of the Russian Federation on the Promotion and Protection of Investments, 61.

　　③ "Nothing in this Agreement shall be construed: (a) to require any Party to furnish or allow access to any information the disclosure of which it determines to be contrary to its essential security interests; (b) to prevent any Party from taking any actions that it considers necessary for the protection of its essential security interests; (c) to prevent any Party from taking action in pursuance of its obligations under the United Nations Charter for the maintenance of international peace and security." Canadian Model Treaty—2004, Article 10.

　　④ "Nothing in this Treaty shall be construed: (i) to require a Party to furnish any information, the disclosure of which it considers contrary to its essential security interests; or (ii) to prevent a Party from taking any action which it considers necessary for the protection of its essential security interests including but not limited to:… (iii) to prevent a Party from taking any action in pursuance of its obligations under the United Nations Charter for the maintenance of international peace and security." 2015 Model Text for the Indian Bilateral Investment Treaty, Article 33.

取了非穷尽式列举的方式(including but not limited to),重点强调了一些国家安全事项,表明国家安全事项包括但不限于国家安全信息、本国的根本安全利益、国际和平与安全,这是非穷尽式列举比较典型的表达方式。

除了 BIT 之外,一些多边协定中的国家安全条款也对研究国家安全条款本身的设计具有借鉴意义。2020 年 11 月 15 日,中国签署的《区域全面经济伙伴关系协定》(RCEP)在专门调整区域投资的第十章第 15 条①以及适用于全部协定的第十七章第 13 条②两处规定了国家安全条款。两个条款有许多相似之处。首先,它们均确定了国家安全的自主判断模式;其次,所列举的关于国家安全事项的内容均与传统国家安全事项相关,例如,战争与和平、信息披露等。但是两者的内容并不完全重合,在投资章节中的国家安全条款,即第十章第 15 条规定:"本章任何规定不得解释为阻止一缔约方为保护其自身根本安全利益适用其认为必要的措施",对基本安全事项不采取穷尽式列举式的表述,保证了国家安全概念的开放性。而第十七章第 13 条适用于全部协定的国家安全条款则穷尽式列举了基本安全事项,限于传统国家安全领域。由此可见,RCEP 作为一个区域自由贸易协定在整体上倾向于促进贸易的自由化,所以,在国家安全例外条款的设计上采取穷尽式列举的方式将国家安全事项相对限定于传统安全领域。而该协定中涉及的投资领域依然给予东道国较大的规制权,对国家安全的概念采取开放式的设计。该协定中的国家安全条款的设定体现了国际法领域国家安全条款的一般性表述以及国际投资领域国家安全条款的发展方向,对研究 BIT 中国家安全条款具有借鉴意义。

---

① "Security Exceptions Notwithstanding Article 17.13 (Security Exceptions), nothing in this Chapter shall be construed to: (a) require a Party to furnish or allow access to any information the disclosure of which it determines to be contrary to its essential security interests; or (b) preclude a Party from applying measures that it considers necessary for: (i) the fulfilment of its obligations with respect to the maintenance or restoration of international peace or security; or (ii) the protection of its own essential security interests." Regional Comprehensive Economic Partnership Agreement, Article 10.15.

② "Security Exceptions Nothing in this Agreement shall be construed: (a) to require any Party to furnish any information the disclosure of which it considers contrary to its essential security interests; (b) to prevent any Party from taking any action which it considers necessary for the protection of its essential security interests; (i) relating to fissionable and fusionable materials or the materials from which they are derived; (ii) relating to the traffic in arms, ammunition and implements of war and to such traffic in other goods and materials, or relating to the supply of services, as carried on directly or indirectly for the purpose of supplying or provisioning a military establishment; (iii) taken so as to protect critical public infrastructures including communications, power, and water infrastructures; (iv) taken in time of national emergency or war or other emergency in international relations; or (c) to prevent any Party from taking any action in pursuance of its obligations under the United Nations Charter for the maintenance of international peace and security." Regional Comprehensive Economic Partnership Agreement, Article 17.13.

综上所述,中外 BIT 的国家安全条款整体上发展参差不齐,没有固定的规律可言。《中欧全面投资协定》中的国家安全条款可以代表目前中国政府对于投资协定中的国家安全条款的态度走向,即加入自主判断模式的国家安全条款,但国家安全的内涵依然限定在传统国家安全事项,这是因为《中欧全面投资协定》的主要目的在于促进双方的投资自由和便利。中国签订的 BIT 中国家安全条款数量较少以及作用有限的现象,与中国比较关注国家规制权和国家安全的一贯传统并不相符,这表明国家安全条款的作用未得到足够的重视。加拿大和俄罗斯通过列举的方式将国家安全条款的适用范围集中于传统国家安全事项,而德国更是直接局限于最惠国待遇和国民待遇相关事项中。美国则在保证国家安全条款适用于整个BIT 的同时保障了国家安全概念解释的开放性和发展性。挪威、印度等国与美国的表述方式相近。RCEP 投资章节中的国家安全条款则代表了亚太地区一些国家在国际投资和贸易中对国家安全条款作用的重视,但是对条款的具体设计依然较为传统,并未明显囊括非传统国家安全事项。总体而言,这些参差不齐的现象无法通过时间跨度或者国家发达与否的标准进行具有说服力的规律分析。

二、BIT 中国家安全条款的适用分析

BIT 中国家安全条款的主要作用是当东道国因为国家安全受到威胁而采取相应措施或者进行政策改革时,若这些国家行为违反了 BIT 中的相关义务,可以通过引用国家安全条款进行抗辩,从而免除其违约责任或赔偿责任。例如,在全球 800 个投资仲裁案件中有近 50 个与阿根廷有关,这一现象源于 21 世纪初阿根廷国内的经济危机。阿根廷在这些案件中以国家安全为由,进行免责抗辩。

为了缓解经济危机,阿根廷政府改变了新自由主义政策,加大了国家规制权,其改革措施包括不再使本国货币与美元挂钩、国家公共事业使用费用价格由之前的市场决定改为国家规制。这些措施使得在阿根廷进行的一些国际投资受到巨大损失,引发了以美国为代表的投资者纷纷起诉阿根廷政府的现象。美国和阿根廷在 1991 年签订的 BIT(以下简称美阿 BIT)第 11 条即为国家安全条款,"条约对缔约方采取的用以维护其公共秩序,维护国际和平与安全所承担的义务以及保护本国根本安全利益而采取的必要措施不得禁止"。① 在美阿仲裁案中,阿根廷也援

---

① "This Treaty shall not preclude the application by either party of measures-necessary for the maintenance of public order, the fulfillment of its obligations with respect to the maintenance or restoration of international peace or security, or the protection of its own essential security interests." Article XI of the U. S. - Argentina BIT states.

引国家安全条款积极抗辩主张免责。但国际投资争端解决中心(ICSID)受理的案件中存在类似的案情给予不同裁定结果的现象,造成这些差别的主要原因在于国际仲裁机构对于国家安全条款的解释和适用没有统一的标准,例如,国家安全条款中规定的紧急情况(state of necessity)是应当与一般国际法中的紧急情况采取相同的解释,还是应该首先根据《维也纳条约法公约》第31条的规则进行解释,仲裁庭存在分歧。① 在国家安全条款的适用范围上,仲裁庭承认国家安全应该作扩大解释,即经济安全可以包括在国家安全中,但在具体判断是否存在足以威胁国家根本安全利益的经济危机时,有的仲裁庭依据GDP、失业率、贫困率、消费价格等综合因素判断认为存在足以影响国家安全的经济危机,有的仲裁庭虽然承认这些事实的存在,但是基于优先适用《国家对国际不法行为的责任条款草案》(以下简称《国家责任条款》)因不满足全部要件而没有支持阿根廷的国家安全抗辩。针对美阿BIT中国家安全条款的适用存在的相同或者不同观点见表3-1。

表3-1　BIT中国家安全条款的适用情况

案　件	判断模式	是否包含经济危机	对国家安全条款的解释	是否支持国家安全抗辩	裁判生效时间
CMS	非自主模式	包括	直接适用《国家责任条款》	否	2005年5月12日
LG&E	非自主模式	包括	从BIT条款本身进行解释	是	2006年10月3日

① "Article 31 General rule of interpretation 1. A treaty shall be interpreted in good faith in accordance with the ordinary meaning to be given to the terms of the treaty in their context and in the light of its object and purpose. 2. The context for the purpose of the interpretation of a treaty shall comprise, in addition to the text, including its preamble and annexes: (a) any agreement relating to the treaty which was made between all the parties in connection with the conclusion of the treaty; (b) any instrument which was made by one or more parties in connection with the conclusion of the treaty and accepted by the other parties as an instrument related to the treaty. 3. There shall be taken into account, together with the context: (a) any subsequent agreement between the parties regarding the interpretation of the treaty or the application of its provisions; (b) any subsequent practice in the application of the treaty which establishes the agreement of the parties regarding its interpretation; (c) any relevant rules of international law applicable in the relations between the parties. 4. A special meaning shall be given to a term if it is established that the parties so intended. Article 32 Supplementary means of interpretation Recourse may be had to supplementary means of interpretation, including the preparatory work of the treaty and the circumstances of its conclusion, in order to confirm the meaning resulting from the application of article 31, or to determine the meaning when the interpretation according to Article 31: (a) leaves the meaning ambiguous or obscure; or (b) leads to a result which is manifestly absurd or unreasonable." Vienna Convention on the Law of Treaties, Section 3: Interpretation of Treaties.

续　表

案　件	判断模式	是否包含经济危机	对国家安全条款的解释	是否支持国家安全抗辩	裁判生效时间
Continental	非自主模式	包括	从 BIT 条款本身进行解释	是	2008 年 9 月 5 日
Enron	非自主模式	包含	承认优先适用 BIT，但以《国家责任条款》要件进行解释	否	2007 年 5 月 22 日
Sempra	非自主模式	包括	承认优先适用 BIT，但以《国家责任条款》要件进行解释	否	2007 年 9 月 28 日

如表 3-1 所示，仲裁庭在分析阿根廷政府的行为是否可以根据国家安全条款进行抗辩时，针对美阿 BIT 第 11 条分析了 3 个问题。

（一）审查模式

5 个案件的相同点之一在于仲裁庭均认为美阿 BIT 第 11 条确定的国家安全条款的审查模式不是自主判断模式（self-judging）。针对阿根廷政府的行为是否可以援引国家安全条款抗辩免责的问题，仲裁庭不仅应当审查阿根廷政府在实施解决经济危机的相关措施时是否善意，而且还应当根据相关要件分析是否真实存在国家基本安全受到威胁的紧急情况，实施的相关措施是否必要，以及何种措施才是保护国家基本安全利益的必要措施。①

对于是否自主判断模式这个问题，阿根廷政府认为由于美阿 BIT 第 11 条本身描述是模糊不清的，而且这是美国一贯的策略（之后美国签订的新 BIT 逐渐确定了国家安全条款的自主判断模式），所以根据目的解释和语境解释，应当认为该条款是自主判断模式，但是仲裁庭否定了这种观点。首先，由于国家安全条款的最终作用是免除责任，所以，如果想确立自主判断模式必须采取更为严格的精确表述。其次，美国开始意识到在 BIT 中需要通过这种明示的方式来确定自主判断模式是在 1992 年与俄罗斯签订 BIT 时。② 这一点在 5 个案件的裁决中都有类似的表述。之后美国在其 2004 年 BIT 范本中才正式确定了

---

① LG&E Energy Corp. v. The Argentine Republic (ICSID Case No. Arb /02 /1)，Decision on Liability，Oct. 3, 2006.

② U. S.-Russia Investment Treaty，para.8 of the Protocol，as cited in Claimant's Reply，note 442.

自主判断模式。① 因此，针对这 5 个案件无法通过目的解释和语境解释得出美阿 BIT 中国家安全条款是自主判断模式的结论。

（二）基本国家安全利益是否包括经济危机

上述 5 个案件的另一个共同点是仲裁庭均承认经济安全应当属于国家基本安全利益中的一种情况，即使对满足该抗辩要件的具体程度有不同的要求。国家安全的概念本身就具有模糊性，所以，5 个案件中的原告均提出国家基本安全利益应当局限于军事或战争相关利益，经济危机不会产生与军事和战争相同的破坏力。而仲裁庭认为阿根廷所存在的危机已经不单纯是同时期其他国家存在的一般经济危机，还包括由经济危机引起的严重的政治危机和社会危机，例如，政府频繁更迭、社会骚乱不断发生导致多人死亡等。如果将基本国家安全利益局限于军事和战争，那么，就会忽视经济危机依然可以产生与军事和战争同等程度的损害结果的现实。② 在上述案件中，仲裁庭明确应当对国家基本安全利益进行扩大解释，其中包括但不限于环境、人口以及国家的生存问题。③ 由此可见，针对该问题，仲裁庭是从实证主义的角度进行分析，承认应对国家安全或基本安全利益进行广义的理解。

（三）条文解释

造成上述 5 个案件不同判决的主要原因在于仲裁庭对美阿 BIT 第 11 条国家安全条款的不同解释，具体表现为针对这些案件《国家责任草案》和美阿 BIT 中国家安全条款哪个优先适用以及如何适用的问题。这五个案件可以分为以 CMS 案、Enron 案、Sempra 案为代表的优先适用《国家责任条款》第 25 条④和以 LG&E 案和 Continental 案为代表的优先适用美阿 BIT 第 11 条两种情况。

---

① "Essential Security Nothing in this Treaty shall be construed: 1. to require a Party to furnish or allow access to any information the disclosure of which it determines to be contrary to its essential security interests; or 2. to preclude a Party from applying measures that it considers necessary for the fulfillment of its obligations with respect to the maintenance or restoration of international peace or security, or the protection of its own essential security interests." 2004 Model BIT for the United States of America, Article 18.

② LG&E Energy Corp. v. The Argentine Republic, ICSID Case No. Arb /02 /1, Decision on Liability, Oct. 3, 2006.

③ Continental Casualty Company v. The Argentine Republic, ICSID Case No. ARB/03/9, Award of September 5, 2008.

④《国家对国际不法行为的责任条款草案》第 25 条："1. 一国不得援引危急情况作为理由解除不遵守该国某项国际义务的行为的不法性，除非（a）该行为是该国保护基本利益、对抗某项严重迫切危险的唯一办法；（b）该行为并不严重损害作为所负义务对象的一国或数国或整个国际社会的基本利益。2. 一国不得在以下情况下援引危急情况作为解除其行为不法性的理由：（a）有关国际义务排除援引危急情况的可能性；（b）该国促成了该危急情况。"

在优先适用《国家责任条款》第 25 条的三个案件中,实际论证过程在不同案件中是存在差异的。根据《国家责任条款》第 25 条的规定,适用该条款来免除赔偿责任需要同时满足五个要件:一是行为的目的是保护该国基本利益。二是该国确实面临严重迫切的危险。三是该行为是对抗某项严重迫切危险的唯一办法。四是该行为并不严重损害作为所负义务对象的一国或数国或整个国际社会的基本利益,且有关国际义务没有排除援引危急情况的可能性。五是该国没有促成该危急情况的形成。CMS 案仲裁庭优先适用《国家责任条款》第 25 条,认为该条款应当严格适用,故阿根廷政府若援引该条款进行抗辩,其行为应当满足全部要件。虽然仲裁庭承认阿根廷的经济危机确实构成了紧急情况,但是并不满足其采取的相关措施是唯一的方法这个要件,并且认为阿根廷的经济危机是其政府行为自己造成的,所以不支持阿根廷政府的抗辩。^① 而在 Enron 案和 Sempra 案中,仲裁庭首先明确一般国际法和特殊国际法发生竞合时应当优先适用特殊国际法的原则,也就是原则上应该优先适用美阿 BIT 第 11 条来分析阿根廷政府的行为是否满足免责抗辩的所有要件。由于美阿 BIT 第 11 条对国家基本利益或者国家安全并没有具体的定义,故应该借助《国家责任条款》中的相关要素进行解释。^② 同时仲裁庭也认为对于《国家责任条款》第 25 条应该严格适用,所以,从最终的结果来看,还是应当满足全部要件。根据 CMS 案同样的分析路径,该两案仲裁庭均认为阿根廷政府的行为不能完全满足《国家责任条款》25 条的全部要件,尤其是阿根廷政府采取的措施不具有唯一性以及危机的出现是阿根廷政府造成的这两点上。此外,在 Sempra 案中,仲裁庭认为阿根廷存在危机,但是该危机不足以构成威胁整个国家生存的境况,所以"该国确实面临严重迫切危险"这个要件也不满足。^③

在 LG&E 案和 Continental 案中,首先,两案明确了在适用顺序上应当优先适用美阿 BIT 第 11 条,因为这是特殊国际法。其次,在具体解释的层面,应当对条文本身进行解释,而非直接援用《国家责任草案》第 25 条的要件进行解释。在 Continental 案中,仲裁庭直接指出两个法律本身适用条件是不一样的。《国家责任草案》不仅适用于国际投资,而且也可以适用于其他存在国家义务

① CMS Gas Transmission Company v. The Argentine Republic, Case No. ARB/01/08, Award of May 12, 2005.

② Enron Corporation Ponderosa Assets, l. p v. Argentine Republic, ICSID Case No. ARB/01/3, Award of May 22, 2007.

③ SEMPRA ENERGY INTERNATIONAL v. ARGENTINE REPUBLIC, ICSID CASE NO. ARB/02/16, Award of September 28, 2007.

的情况中，所以，适用条件要求更加严格，一般只适用于极端情况（exceptional basis）。① 由于两个法律本身并非完全割裂的，故《国家责任草案》第 25 条在很多层面可以帮助理解 BIT 中比较简洁的国家安全条款，例如，是否包括经济安全这个问题以及对措施的必要性和国家安全危机程度的理解。但两案的仲裁庭依然认为应当首先从美阿 BIT 第 25 条本身去理解它的具体内涵。当条款本身意思不明时，应当根据《维也纳条约法公约》31 和 32 条进行解释，即根据条约用语参照上下文以及条约的目的和宗旨解释该条约所具有的通常意义。根据该解释原则，仲裁庭认为，任何一个缔约国为了保护其公共秩序和国家基本安全利益而采取"必要"（necessary）措施时，可以免于承担因违背 BIT 中约定的相关义务而产生的责任。

　　在上文提到的 CMS 案、Enron 案、Sempra 案中，仲裁庭认为阿根廷政府的行为不满足唯一性，并且阿根廷政府本身造成了该危机，所以不满足《国家责任草案》25 条的两个关键要件。而在 LG&E 案和 Continental 案中，即使仲裁庭选择优先对美阿 BIT 第 11 条本身进行解释，也并没有回避这两个问题。首先，针对认为阿根廷政府本身造成了危机这个说法，仲裁庭认为，一方面，原告并没有足够证据证明这一点；另一方面，阿根廷政府在整个危机过程中表现出来非常渴望解决危机的态度表明其本身是反对危机存在的。② 其次，针对阿根廷政府解决危机的行为是否具有唯一性的问题，仲裁庭着重分析了"必要"（neccssary）这个词的理解，即什么才是必要措施，该必要措施是否意味着解决危机只能采取这一种措施而没有其他出路。在 Continental 案中，仲裁庭认为"必要"这个词有两种极端的程度：一是将该词解释为"唯一性"，这也是《国家责任草案》第 25 条表达的意思；二是将该词解释为"对……做出贡献"（making a contribution to）。仲裁庭认为，虽然针对国家安全抗辩应当本着更为严格的适用条件去分析"必要"的含义，但对该词的解释在这两个极端中也只是应该更接近"唯一性"，并非采取完全相同理解才具有合理性，故"必要性"本身并不完全等于"唯一性"，只是相对接近"唯一性"的理解。③ 所以，仲裁庭逐一分析了阿根廷政府所采取的各种措施是否满足必要性，并因此得出结论，认为阿根廷政府的行为已经满足了"必要

---

① Continental Casualty Company v. The Argentine Republic, ICSID Case No. ARB/03/9, Award of September 5, 2008.

② LG&E Energy Corp. v. The Argentine Republic, ICSID Case No. Arb /02 /1, Decision on Liability, Oct. 3, 2006.

③ Continental Casualty Company v. The Argentine Republic, ICSID Case No. ARB/03/9, Award of September 5, 2008.

性"的要件,所以,在存在关系国家基本安全利益的国家危机那段期间,阿根廷政府可以通过援引国家安全条款进行抗辩而免除那段期间的赔偿责任。

通过以上比较可见,首先,美阿 BIT 的国家安全条款并不局限于部分适用而是适用于全部 BIT,所以,整个 BIT 所规范的投资行为都可以适用国家安全条款。其次,由于美阿 BIT 并未以穷尽式列举的方式规定具体国家安全事项,使得阿根廷政府可以援引该条款主张经济安全作为国家安全受到威胁的抗辩,并在一些案件中取得了成功。再次,由于该国家安全条款中没有"which it considers"的表述,这种非自行判断模式使仲裁庭拥有了对根本安全事项及东道国采取措施合法性的审查权而排除了东道国对国家安全是否受到威胁的自主判断权,但是仲裁庭采取了对国家安全概念进行广泛解释的原则,将经济安全纳入国家安全条款的适用范围。最后,不能否认的是,国际仲裁机构对国家安全条款的理解与适用标准是不统一的,这也是造成以上五个案件同案不同判的主要原因。

国际仲裁机构对于国家安全条款的理解与适用标准的不统一没有随着时间的发展而有规律的变化。五个案例中,CMS 案和 LG&E 案的仲裁庭对国家安全条款的理解和适用的观点有本质上的不同。而这两个案件的裁判均在 2007年之前生效,2007 年之后生效的三个案件的裁决依然存在观点不统一的情况。同时,即使存在"同案不同判"的情形,也不能单纯地认为 CMS 案、Enron 案、Sempra 案这三个案件优先适用一般国际法——《国家责任草案》第 25 条来理解美阿 BIT 第 11 条的做法是错误的。因为即使根据《维也纳条约法公约》第 31 条进行条约解释,该条也明确说明"适用于当事国间关系的任何有关的国际法规则应当与该条约上下文和条约目的及宗旨放置于相同的地位进行解释。"①所以,在进行具体的解释的过程中,不同案件的仲裁庭是选择直接针对条约本身进行理解,还是直接参考一般国际法的要件进行理解,这两种做法都是有根据的。在这种不确定中,将国家安全条款采取自主判断模式并通过非穷尽式列举的方法来明确关键的国家安全事项不失为一种应对措施。

国家安全条款能否适用于非传统国家安全议题以及如何适用,首要前提就是对国家安全概念的解释不能局限于传统国家安全概念。即使国家安全条款一

---

① Vienna Convention on the Law of Treaties Section 3: Interpretation of Treaties 3. There shall be taken into account, together with the context: (a) any subsequent agreement between the parties regarding the interpretation of the treaty or the application of its provisions; (b) any subsequent practice in the application of the treaty which establishes the agreement of the parties regarding its interpretation; (c) any relevant rules of international law applicable in the relations between the parties.

般主要适用于国防安全与国际和平，但是随着时代的发展，该解释方法已逐渐放弃。《牛津英语词典》将"国家安全"定义为："国家及其人民、机构等的安全，特别是保护其不受军事威胁或间谍、恐怖主义等的影响。"通过非穷尽式列举的方法解释了国家安全概念，虽然强调了传统国家安全事项，但是并不完全限于传统国家安全事项。① 《中华人民共和国国家安全法》将国家安全定义为："国家安全是指国家政权、主权、统一和领土完整、人民福祉、经济社会可持续发展和国家其他重大利益相对处于没有危险和不受内外威胁的状态，以及保障持续安全状态的能力。"② 这是典型的在广义层面理解国家安全，同时也呼应了习近平总书记提出的"总体国家安全观"。在"尼加拉瓜诉美国案"中，③ 关于《美国—尼加拉瓜友好通商航海条约》中的"基本安全利益"，国际法院认为，威胁根本安全利益的因素显然不仅为武装袭击，而且还包括可能影响安全的一切其他因素。

　　所以无论是中外一些官方文本还是实际判例中，国家安全的概念均是广义的理解，不局限于传统的政治和军事安全。一些国家的 BIT 通过穷尽式列举的形式将国家安全适用于传统安全事项而排除对非传统事项的适用会限制国家安全条款的适用范围。同时，为了能更好地发挥国家安全条款，并通过增强国家规制权来平衡东道国利益和投资者权利的作用，在国家安全条款中明确加入"which it considers"（国家利益）相关表述确定自行判断模式排除仲裁机构的管辖权和解释权是被证明的有效方式。国家自行判断其面临的情况是否危及国家安全，一般会倾向于将传统与非传统国家安全事项全部纳入判断范围，以便更好地发挥国家安全条款的作用。条款表述和适用的规范化和习惯化也会促进仲裁机构在未来构建适用国家安全条款的统一标准。

第三节　国际投资中出现的非传统
国家安全问题

　　中美贸易战中的"数据战争"以及新冠疫情背景下的公共卫生安全是近期具有代表意义的非传统国家安全议题，势必对国际投资产生重要影响。

---

① 余劲松. 国际投资条约仲裁中投资者与东道国权益保护平衡问题研究[J]. 中国法学，2011(2)：133.

② 《中华人民共和国国家安全法》第 2 条：国家安全是指国家政权、主权、统一和领土完整、人民福祉、经济社会可持续发展和国家其他重大利益相对处于没有危险和不受内外威胁的状态，以及保障持续安全状态的能力。

③ Military and Paramilitary Activities in and Against Nicaragua (Nicar. v. U.S.). ICJ Report，1986.

一、数据安全

《中华人民共和国数据安全法(草案)》明确了数据、数据安全、数据活动等概念。[①] 全国人大常委会关于《中华人民共和国数据安全法(草案)》的说明则明确要通过立法加强数据安全保护,有效应对数据这一非传统领域的国家安全风险与挑战,切实维护国家主权、安全和发展利益,这符合总体国家安全观的要求。[②] 由此可见,维护涉及国家安全的数据主权是未来数据相关立法的重要原则和目标。[③] 目前还没有一个国家的 BIT 范本或者两国间的 BIT 存在数据或数据安全的表述,但国际投资中的网络数据利用与国家安全问题是有极大联系的,这也是国际政治角逐在投资与贸易上的体现。中美贸易战中的"Tik Tok 事件"和"华为事件"都是关于数据安全的案例。字节跳动收购美国社交视频应用 Musical.ly 与 Tik Tok 合并属于字节跳动在美国的直接投资。[④] 从美国的角度看,主要涉及的国家安全问题是:① Tik Tok 在美国的下载量超过 1.75 亿人次,在用户使用该软件的过程中字节跳动会获取大量的美国公民个人信息、交易信息甚至个人网络财产。② 中国可能通过 Tik Tok 这种文化娱乐产业领域的软件向美国进行"虚假宣传""政治渗透"也是美方关于国家安全的考量之一。实际上,美国对于数据自由流动的双重标准也深刻体现了数据战争的政治性,因为美国一方面在国际上主张数据的自由流动,为美国收集、利用和传输数据提供便利;另一方面,美国以国家安全为由来限制别国对数据的利用。

虽然在 BIT 领域并未明确出现数据安全的相关表述,但是在国际贸易领域跨境数据安全事项是比较常见的。《跨太平洋合作伙伴协定》(TPP)和《全面进步跨太平洋合作伙伴协定》都有规制跨境数据流动的内容。TPP 是第一个针对数字贸易中的政策问题进行全面规定的贸易协定,相关规定主要集中于第 14 章"电子商务"。跨境数据流动的蓬勃发展本身就给国际投资法理念带来一定的冲

---

① 《中华人民共和国数据安全法》(草案)第 3 条:"本法所称数据,是指任何以电子或者非电子形式对信息的记录。数据活动,是指数据的收集、存储、加工、使用、提供、交易、公开等行为。数据安全,是指通过采取必要措施,保障数据得到有效保护和合法利用,并持续处于安全状态的能力。"

② 全国人大常委会关于《中华人民共和国数据安全法(草案)》的说明[EB/OL].[2021 - 05 - 01]. https://www.pkulaw.com/protocol/51e78abb3a0028020fd66c9403a7522fbdfb.html? keyword = % E4% B8%AD%E5%8D%8E%E4%BA%BA%E6%B0%91%E5%85%B1%E5%92%8C%E5%9B%BD% E6%95%B0%E6%8D%AE%E5%AE%89%E5%85%A8%E6%B3%95.

③ 刘桂锋. 加强数据安全防护 提升数据治理能力——《中华人民共和国数据安全法(草案)》解读[J]. 农业图书情报学报,2021,33(4):6.

④ 丁婧文."TikTok"事件的法律分析——兼谈数据利用国际经贸规则的完善[J]. 法治社会,2020 (5):57.

击,因为很多投资规则都是针对实体经济本身。现有的投资协定不能很好地处理因数据安全产生的问题,尤其是数据自由流动与国家安全、公共道德和个人隐私权保护的关系。① 目前这种矛盾通常是由国内法来调整与解决。由于中美之间并未签订 BIT,美国政府直接根据国内法《国际紧急经济权力法》和《国家紧急状态法》对 Tik Tok 进行实际上的间接征收,在这个过程中,中国的应对措施则略显仓促。一方面,关于数据安全的国际双边和多边规则尚未构建,在美国政府不同意情况下难以通过 ICSID 进行争端解决;另一方面,现行 WTO 争端解决机制的停摆导致中美也难以通过该机制进行争端解决。所以,无论是按照国际投资还是国际贸易规则都很难通过第三方机构进行争端解决,只能寄希望于政治外交。在多边国际规则尚未构建的情况下,通过 BIT 中国家安全条款对双方的保护主义行为进行约束和规范,可以平衡国际投资领域中数据利用和国家安全的博弈。一方面,可以通过增强中国投资者对东道国国家安全事项的理解与预测以更好地保护其在涉及别国数据安全问题时的利益;另一方面,也为中国作为东道国时保护本土数据安全提供有效规制手段和法律依据。

数据安全已经被许多国家普遍认为是关系国家安全的重要事项,《中华人民共和国数据法》(草案)在第 1 条就明确数据安全关系国家主权。② 俄罗斯、澳大利亚和印度等国都要求有关国家安全和国防部门的数据必须在本国存储。③ 因此,在 BIT 的签订过程中采取国家安全自主判断模式的情况下,加入数据安全不仅能充实国家安全的概念,而且也具有合理性和必要性。在东道国具体援引国家安全条款中的数据安全事项进行抗辩时,依然需要仲裁庭根据具体措施和危机状况来判断是否满足必要性等要件。总之,在 BIT 的国家安全条款中加入数据安全事项对构建较为统一规范的数据安全国际投资法律框架具有重要的建设意义。

二、公共卫生安全

新冠疫情是 2020 年以来国际社会面临的主要挑战,全球经济因此受到巨大冲击。根据联合国贸易和发展会议(UNCTAD)2020 年 9 月发布的《2020 贸易和发展报告》显示,2020 年全球商品贸易较上年下降五分之一,全球外国直接投

---

① 张生. 国际投资法制框架下的跨境数据流动:保护、例外和挑战[J]. 当代法学,2019(5):156.
② 《中华人民共和国数据安全法》(草案)第 1 条:"为了保障数据安全,促进数据开发利用,保护公民、组织的合法权益,维护国家主权、安全和发展利益,制定本法。"
③ 王玥. 试论网络数据本地化立法的正当性[J]. 西安交通大学学报,2016(1):54.

资较上年缩减 40%。① 为了缓解经济冲击,一些国家加紧实施单边主义和保护主义政策,仅 2020 年 12 月美国商务部以所谓"违反美国国家安全或外交政策利益的行动"为由,将包括中国企业在内的 77 个实体列入所谓"实体清单"。此外,东道国因公共卫生安全采取防疫措施可能会受到投资者的索赔。例如墨西哥 2020 年 5 月 15 日发布了一项有关国家电力供应系统的规定,以使其国有电力公司(CFE)能够在新冠疫情大流行导致电力需求减少的情况下确保电力系统的可靠性,②受该措施影响的某些西班牙投资者拟提起基于墨西哥与西班牙 BIT 的仲裁程序。首先,新冠疫情引发的各国强化外资限制措施,我国如何应对依然是以中国作为投资者母国角度来分析如何破除投资壁垒和投资保护主义。③ 其次,中国作为东道国本身采取公共卫生安全措施,例如一些隔离、封锁、征收和关停等措施对投资的限制,与防疫相关的公共卫生强化措施可能会涉及征用私人财产,为确保充足而在医疗器械领域和生命科学领域限制投资和出口,为限制疫情带来的经济影响所导致的东道国的投资保护问题,等等。④

　　一般的公共卫生条款是以"健康"(health)或"公共卫生"(public health)的字眼出现在 BIT 的序言或正文中的一般例外条款部分。⑤ 相关表述一般是借鉴《关税与贸易总协定》(1947)第 20 条,强调保护人类、动植物的生命或健康。⑥ 20 世纪 90 年代初及之前的 BIT 中鲜少有公共卫生例外条款,例如上文提到的美阿 BIT 和美国与俄罗斯 1992 年的 BIT 均未出现"健康"或"公共卫生"的字眼。从 20 世纪 90 年代末和 21 世纪初开始,相关表述已经出现在一些国家的 BIT 范本中了。例如 2004 年美国 BIT 范本在序言和正文多个部分均提到了因保护健康问题可以免除东道国相关责任。全文出现的五处相关表

---

① 张宇燕. 新冠肺炎疫情与世界经济形势[J]. 当代世界,2021(1): 14.

② See Lisa Bohmer. Changes to Mexico's Electricity Regulation in Light of Pandemic Prompt Threats of Investment Arbitration Claims [EB/OL]. [2020 - 06 - 09]. https://webvpn.whu.edu.cn/https/77726476706e69737468656526573742l e7e056d22e317a556e079bb89d476d36cd4a/articles/changes-to-mexicos-electricity-regulation-in-light-of-pandemic-prompt-threats-of-investment-arbitrationclaims/.

③ 赵海乐. 一般国际法在"安全例外"条款适用中的作用探析[J]. 国际经济法学刊,2021(2): 99.

④ 漆彤. 新冠疫情下的国际投资仲裁危机及其应对[J]. 武大国际法评论,2020(3): 122.

⑤ 范璐晶. 新冠疫情下国际投资中公共卫生例外条款分析[J]. 国际经贸探索,2021(3): 99.

⑥ "General Exceptions Subject to the requirement that such measures are not applied in a manner which would constitute a means of arbitrary or unjustifiable discrimination between countries where the same conditions prevail, or a disguised restriction on international trade, nothing in this Agreement shall be construed to prevent the adoption or enforcement by any contracting party of measures". GATT 1947, Article XX.

述中,有四处用了"健康"这一词,在不构成征用的情形中提到了"公共卫生"。① "健康"和"公共卫生"一般都视为对公共卫生例外条款的表述方式,没有明显的区分,但从近些年一些国家的 BIT 范本来看,"公共卫生"的表述越来越常见,更加体现了该事项的公共利益性。例如 2016 年印度 BIT 范本完善了其2003 年的范本增加了公共卫生例外条款,在序言中使用了"公共卫生"的表述。② 2020 年的意大利 BIT 范本在序言和正文第五条均提到了"公共卫生"是国家规制权保留事项,全文两处均使用"公共卫生"的表述。③ 目前,在一些中外签订的 BIT 中也有提到与公共卫生相关的"健康"的字眼,例如中国—加拿大 BIT第二部分第 10 条的附录第 3 项:"除了在极少数的情况下,例如一项措施或一系列措施从目标来看相当严重,以致这些措施不能认为以善意方式采取和适用,则缔约方为保护公众福祉之合法公共目的,例如健康、安全和环境,而设计和适用的一项或一系列非歧视性措施,不构成间接征收。"该条公共卫生安全问题仅存在于不构成间接征收的例外规定中,而中国—加拿大 BIT 的国家安全例外条款(第 33 条第 5 项)仅限定于传统国家安全事项,并不包括公共卫生安全。

虽然公共卫生例外条款与国家安全例外条款本质上都是为了强调东道国的规制权,但是两者鲜有融合在一个条款中的情况。同时,截至目前尚未有涉及利用公共卫生例外条款进行抗辩的投资仲裁案件。即使存在因东道国采取解决公共卫生问题的措施而引起的投资争端,在处理这些争端时,东道国一般通过援引国家安全例外条款、紧急状态、警察权等进行抗辩。④ 目前各国间的 BIT 大部分

① "Desiring to achieve these objectives in a manner consistent with the protection of health, safety, and the environment, and the promotion of internationally recognized labor rights". 2004 U.S. Model Bilateral Investment Treaty, p. 1; Annex B Expropriation (b) Except in rare circumstances, non-discriminatory regulatory actions by a Party that are designed and applied to protect legitimate public welfare objectives, such as public health, safety, and the environment, do not constitute indirect expropriations.

② "General Exceptions 32.1 Nothing in this Treaty shall be construed to prevent the adoption or enforcement by a Party of measures of general applicability applied on a non-discriminatory basis that are necessary6 to: (i) protect public morals or maintaining public order; (ii) protect human, animal or plant life or health; (iii) ensure compliance with law and regulations that are not inconsistent with the provisions of this Agreement; (iv) protect and conserve the environment, including all living and non-living natural resources; (v) protect national treasures or monuments of artistic, cultural, historic or archaeological value." 2015 Model Text for the Indian Bilateral Investment Treaty, Article 32.

③ "RECOGNISING that the provisions of this Agreement preserve the right of the Parties to regulate within their territories in order to achieve legitimate policy objectives, such as public health, safety, environment, public morals, financial stability, social or consumer protection, and the promotion and protection of cultural diversity", 2020 Model Text for the Italian Bilateral Investment Treaty.

④ 范璐晶. 新冠疫情下国际投资中公共卫生例外条款分析[J]. 国际经贸探索,2021(3):106.

都是在新冠疫情以前签订的。新冠疫情带来的危机不仅对发展中国家,而且也对发达国家的政治、经济、社会带来了巨大冲击。新冠疫情所引发的公共卫生危机的危害程度具有影响一个国家基本安全利益的破坏性;同时,正如上文提到的,目前并没有引用公共卫生例外条款进行抗辩的仲裁案件,但却存在许多通过援引国家安全条款进行抗辩的案件。因此,将公共卫生安全纳入国家安全条款之中具有合理性和必要性,能进一步发挥公共卫生例外条款的作用并弥补其不足。

第四节　中国 BIT 中国家安全条款对非传统国家安全问题的应对及完善

国际投资法的渊源包括国内法渊源和国际法渊源。虽然本章主要分析的是作为国际法渊源中的 BIT,但在与国际法渊源相呼应的国内法渊源——外国投资法中,各国已经在国家安全的保护方面作出了较为详细的规定,较为典型的就是外商投资国家安全审查制度,所以本章将从国内法和国际法两个层面来分析中国签订的 BIT 中国家安全条款如何更好地应对国际投资中所涉及的非传统意义上的国家安全问题。

一、国内法上的制度设计——外商投资国家安全审查制度

为了更好地规范外商投资,我国于 2019 年 9 月颁布《中华人民共和国外商投资法》(以下简称《外商投资法》),其第 35 条正式确立了外商投资国家安全审查制度。① 在此之后,2020 年 12 月 19 日国家发展改革委、商务部发布《外商投资安全审查办法》(以下简称 2020 年《安审办法》),于 2021 年 1 月 18 日正式施行。两个法律规范以及在此之前生效的一些相关规范性法律文件共同构成了我国全面、系统的外资国家安全审查制度。

通过我国国内法关于外资审查范围的变化也能看出国际投资领域的国家安全概念本身的变化和发展。2011 年《国务院办公厅关于建立外国投资者并购境内企业安全审查制度的通知》(以下简称 2011 年《安审通知》)决定建立外国投资

---

① 《中华人民共和国外商投资法》第 35 条:"国家建立外商投资安全审查制度,对影响或者可能影响国家安全的外商投资进行安全审查。依法作出的安全审查决定为最终决定。"

者并购境内企业安全审查制度,其审查范围主要是关于国防军工、重要公共产品领域,①此时国家安全审核的范围主要集中在传统领域。2015年《国务院办公厅关于印发〈自由贸易试验区外商投资国家安全审查试行办法〉的通知》(以下简称《自贸区安审办法》),对国家安全审查相关规定在自贸区内的先行先试,其审查范围在2011年《安审通知》的基础上增加了"重要信息技术产品和服务",②将信息与数据纳入国家安全审查范围符合世界各国越来越重视数据安全并将数据安全作为国家安全的重要部分的趋势。2020年《安审办法》进一步扩大了审查的内容,在上述两部规范性法律文件的基础上增加了"重要文化产品与服务"和"重要金融服务"。③ 这种变化不仅是对总体国家安全观的呼应,而且也是非传统国家安全议题对国际投资领域影响力扩大的体现。

外资国家安全审查制度与BIT中国家安全条款实际上是一个过程的两个方面,前者的内容是后者的具体化,同时两者也是东道国对国际投资过程中国家安全的双层保护。虽然在外资国家安全审查制度中的审查标准取决于各国的政治、经济形式,例如美国偏重于政治、军事、科技安全;加拿大偏重于经济安全;欧盟和美国在国家安全审查制度中均重视科技安全和对公民个人隐私的保护,但都突破了传统的国家安全事项,将国家安全的概念进行了延伸。一般而言,外资国家安全审查制度对于外国投资者在东道国的投资会产生一定的阻碍。从中国的角度看,突破欧美等国家安全审查制度形成的屏障是作为资本输出国的重要目标。中美在不存在BIT的情况下,美国对中国的科技企业以国家安全名义进行不合理的封杀和打压,逐渐形成的投资壁垒和保护主义影响了投资自由和便利。欧盟的外资法律也趋向保守,以国家安全为名的《欧盟外资审查条例》对外

---

① 《国务院办公厅关于建立外国投资者并购境内企业安全审查制度的通知》:"一、并购安全审查范围(一)并购安全审查的范围为:外国投资者并购境内军工及军工配套企业,重点、敏感军事设施周边企业,以及关系国防安全的其他单位;外国投资者并购境内关系国家安全的重要农产品、重要能源和资源、重要基础设施、重要运输服务、关键技术、重大装备制造等企业,且实际控制权可能被外国投资者取得。"

② 《国务院办公厅关于印发自由贸易试验区外商投资国家安全审查试行办法的通知》:"(一)安全审查范围为:外国投资者在自贸试验区内投资军工、军工配套和其他关系国防安全的领域,以及重点、敏感军事设施周边地域;外国投资者在自贸试验区内投资关系国家安全的重要农产品、重要能源和资源、重要基础设施、重要运输服务、重要文化、重要信息技术产品和服务、关键技术、重大装备制造等领域,并取得所投资企业的实际控制权。"

③ 《外商投资安全审查办法》第4条:"下列范围内的外商投资,外国投资者或者境内相关当事人(以下统称当事人)应当在实施投资前主动向工作机制办公室申报:(一)投资军工、军工配套等关系国防安全的领域,以及在军事设施和军工设施周边地域投资;(二)投资关系国家安全的重要农产品、重要能源和资源、重大装备制造、重要基础设施、重要运输服务、重要文化产品与服务、重要信息技术和互联网产品与服务、重要金融服务、关键技术以及其他重要领域,并取得所投资企业的实际控制权。"

商在高科技等领域的投资采取歧视性措施。① 《中欧全面投资协定》谈判的完成提供了一些应对措施,除了进一步促进投资便利和投资自由之外,其国家安全条款的设计也在一定程度上限缩了国家安全的过分延伸,由此体现出国际法领域的 BIT 与国内法领域的外商投资法的互相配合,更好地发挥国家安全条款的作用。

BIT 中国家安全条款的设计应与国内法中的外资国家安全审查制度相呼应,既要保证国家安全概念的发展性,明确以数据安全、公共卫生安全为代表的非传统国家安全议题纳入 BIT 的国家安全条款之中,同时,《外商投资法》以及与其配套的其他法律制度、司法解释等也应当发挥具体解释 BIT 中国家安全条款的作用。通过上文提到的三个规范性法律文件中外资国家安全审查范围的变化可以看出国家安全的概念不断发展,以及国务院的规范性法律文件细化了《外商投资法》中国家安全审查制度内容的重要作用。因为 BIT 的条款本身的简洁性,其国家安全条款不能进行更为详细的关于国家安全的表述。当国家安全条款本身的设计采取自主判断模式时,在具体解释国家安全或国家根本安全利益的概念、范围、必要性以及限度时,可以充分利用国内相关配套法律使 BIT 中国家安全条款的适用方式进一步细化。同时也应该考虑为了保护外国投资者的合理期待,降低其对政治风险的担忧,可以通过国内配套法律的表述以及相关司法实践帮助投资者预估自己的行为是否威胁东道国的国家安全,以保护投资者的合理期待,规避投资风险,增加投资者的信心。

二、国际法上的制度设计——中国 BIT 中国家安全条款

为了保障 BIT 国家安全条款发挥作用,首先,在未来签订 BIT 或者制定本国 BIT 范本时应当有明确的国家安全条款,且该条款应当适用于整个 BIT 和整个投资过程。其次,在国家安全概念的理解上,一方面,应当尽可能掌握对国家安全概念解释的主动权,即采用自行判断模式排除仲裁庭对国家安全事项的过度解读和干涉;另一方面,为了保障投资者的合理期待,可以采取非穷尽式列举的方法将重点国家安全事项列举出来以发挥强调的作用,包括但不限于军事和国防安全、网络数据安全、公共卫生安全、生态环境安全等。然而在具体的非传统国家安全议题上,我国作为资本输出国和资本输入国的双重身份应当有更为务实的具体考虑。

---

① 荆鸣.《中欧全面投资协定》的公平竞争规则:关切、安排与应对[J]. 中国流通经济,2021(3):111.

(一) 对数据安全的应对

BIT 中国家安全条款具有双向作用。中国既是投资者母国也是东道国,所以,一方面,要通过 BIT 的签订突破数据投资壁垒,让已经显示出巨大能量的中国企业,例如阿里巴巴、字节跳动、华为等公司更好地走出去,进行对外直接投资,同时也要考虑在外国投资者对中国的网络数据领域进行投资时保障中国的国家安全。

从保护东道国国家安全的角度看,在国家安全条款中加入数据安全本身就提供了东道国因数据安全问题援引国家安全条款进行抗辩的可能性,这符合以美国为首的数据大国越来越重视数据安全并将其作为国家安全内容的趋势。另一方面,近期美国对外资审查的重点是涉及美国核心技术和网络安全的并购交易,尤其是来自中国和俄罗斯的直接投资。而一贯重视隐私保护的欧盟国家也对该方面的外商投资收紧审查。① 如何更好地突破投资壁垒、促进中国投资者在国际网络数据领域的投资是中国 BIT 国家安全条款的重要任务。如果采取非穷尽式列举的方式将网络数据安全作为国家安全条款的一部分,应当明确网络数据安全作为国家安全组成部分时的解释。WTO《技术性贸易壁垒协定》第 2 条第 2 款就采取了非穷尽式列举的方法规定了技术法规在为保护国家安全而进行阻碍国际贸易的行为时所谓的"国家安全"的限度:"成员方应保证技术法规的制定、采用或实施在目的或效果上均不对国际贸易造成不必要的障碍。为此目的,技术法规对贸易的限制不得超过为实现合法目标所必需的限度,同时考虑合法目标未能实现可能造成的风险。此类合法目标特别包括:国家安全需要;防止欺诈行为;保护人类健康或安全、保护动植物生命或健康及保护环境。"此处的"国家安全需要"是狭义上的国家安全概念,其将广义上的其他国家安全事项通过明确列举的方式予以强调。在国际投资领域,可以借鉴这种表述方法,网络数据的利用是否威胁东道国的国家安全不能进行无限缩的扩大理解,②而应当根据国内法设计和其他国际法规则进行限定,只有在网络数据安全问题影响国家根本安全利益时才能进行国家安全抗辩,同时也满足国家安全条款适用过程中的合理性和必要性要求,例如,当对网络数据的投资可能披露国家安全信息或煽动政治暴乱时可视为国家安全问题。这种规则的建构能够为缔约国提供一个平等的、明确的标准以规范双方的投资行为。当 BIT 中国家安全条款的设计采

---

① 荆鸣.《中欧全面投资协定》的公平竞争规则:关切、安排与应对[J].中国流通经济,2021(3):115.
② 赵海乐. Tik Tok 争议中的美欧数据治理路径差异研究[J].情报杂志,2021(5):7.

取自行判断模式时,会相应地排除仲裁庭的管辖权,如果不对相关事项尽可能明确,可能会导致东道国滥用国家安全抗辩而影响外国投资者的合法利益。如果东道国有打压别国科技企业的政治目的时,投资者可以通过合理期待而缓解政治冲击,以避免国家规制权的无限制扩大而受到损害。

(二) 对公共卫生安全的应对

公共卫生安全作为非传统国家安全事项对国际投资的影响尤其体现在2020年新冠疫情对世界经济与国际投资发展的阻碍。若公共卫生安全例外抗辩仅适用于部分条款而非全部 BIT 则无法发挥其全面保障国家安全的作用。例如,中加 BIT 的公共卫生安全作为例外事项仅适用于间接征收,当发生公共卫生危机,东道国政府采取政策改革等非间接征收措施影响投资者的利益时,投资者主张赔偿,东道国则无法通过公共卫生安全例外进行有效的抗辩。在不存在有效的 BIT 条款时,东道国只能通过国内法对外国投资进行国家安全审查使得应对措施具有"一刀切"的局限性,无论对于东道国还是投资者都是零和博弈而非互利共赢。而单纯援引并不存在的公共卫生内容的国家安全条款来进行抗辩并不一定能够得到仲裁庭的支持。同时,正如上文所言,公共卫生安全尚未被作为一般例外条款的内容在投资仲裁案件中被援引。当发生公共卫生安全事件时,东道国更倾向于直接援引国家安全例外条款进行抗辩。① 新冠疫情对各国带来的破坏已经对国家安全产生了重大影响,单纯地将公共卫生事项加入 BIT 的序言或者作为一般例外条款,无论是在仲裁实践中还是在国际投资法理论上都难以发挥其在应对类似新冠疫情的公共卫生危机时保障国家安全的作用,所以应当将公共卫生安全纳入国家安全条款的规制范围内。

上文提到的五个美阿仲裁案,仲裁庭在具体分析阿根廷政府是否援引国家安全条款进行抗辩时,重点分析了三个关键要件:审查模式、国家安全概念、条文解释中的必要性。如果将公共卫生安全纳入国家安全条款,从审查模式来看,应在设计国家安全条款时加入自主判断模式的通常做法。从国家安全概念来看,一方面,自主判断模式可使东道国拥有对国家安全进行扩大解释的权力;另一方面,新冠疫情已经危及一些国家的经济、政治和社会的稳定,构成影响国家根本安全利益的程度。在必要性层面,需要根据一个国家采取应对公共卫生危机的具体措施进行分析,因为对必要性的分析在投资仲裁案件中通常需要进行个案审查。由于各国应对新冠疫情的措施在很多层面具有相似性,这就为 BIT

---

① 范璐晶. 新冠疫情下国际投资中公共卫生例外条款分析[J]. 国际经贸探索,2021(3):106.

中公共卫生安全措施的必要性评估标准的统一提供了谈判的可能性,从而有效减少了 BIT 中国家安全条款在公共卫生领域适用的不确定性。[①]

国家规制权与投资自由化历来是 BIT 协调和平衡的重要内容。BIT 对国家规制权的肯定并不表明东道国可以任意地免责,其仍须遵从仲裁庭对启动该条款的必要性、适用期间等要件的裁决。在当今国际争端解决实践中,条约解释及其规则日益重要,几乎所有国际争端解决案件最后都要落到条约解释上。[②] 因此,在明确公共卫生安全作为国家安全的一部分可以适用于国家安全条款的同时,也要对公共卫生安全进行相对明确的定义,即只有触及国家根本安全利益的公共卫生安全问题才能作为抗辩事由。这不仅需要在条约设计上要明确公共卫生安全的概念,而且也需要通过国内法配套设计予以进一步阐明,从而达到既要保证东道国因类似新冠疫情的公共卫生危机采取相关投资限制措施援引国家安全条款进行抗辩的权利,也要避免过度的国家规制形成投资壁垒而影响 BIT 在促进投资方面的整体作用。简言之,就是发挥好 BIT 中国家安全条款的"双向性"作用,在"律己"和"律人"之间获得平衡。[③] 加入相关条款后,一方面,公共卫生安全作为国家安全条款的组成部分首要的作用是保障东道国的国家安全,使东道国不会因为担心违约和赔偿而在采取保障公共卫生安全政策时有所顾忌,这也能推动投资者在进行投资时考虑自己的投资行为是否可能引起东道国公共卫生安全风险或阻碍该东道国处理公共卫生危机的措施,从而进一步保障东道国国家安全。另一方面,这本身也是对投资者的保护,使投资者对东道国政策具有预测性,从而在发生公共卫生危机时及时改变投资策略。此外,还能避免东道国过分夸大公共卫生安全风险而任意打压外国投资者。

第五节　结　　语

目前《中欧全面投资协定》谈判已经完成,从已公布的部分文本来看,其重点依然是保障投资者的权益,更大程度地开放中国市场以改善公平竞争环境。[④] 国家安全条款在《中欧全面投资协定》中并非核心内容,该条款适用范围

① 范璐晶. 新冠疫情下国际投资中公共卫生例外条款分析[J]. 国际经贸探索,2021(3):109.
② 漆彤. 新冠疫情下的国际投资仲裁危机及其应对[J]. 武大国际法评论,2020(3):131.
③ 赵海乐. 一般国际法在"安全例外"条款适用中的作用探析[J]. 国际经济法学刊,2021(2):108.
④ 荆鸣.《中欧全面投资协定》的公平竞争规则:关切、安排与应对[J]. 中国流通经济,2021(3):118.

仅限于军事、战争、信息泄露等传统国家安全事项。相比美国将继续加强对中国的投资并购安全审查的趋势,①中欧矛盾相对缓和,且疫情背景下欧洲的经济复苏对我国投资市场有巨大需求。未来我国与美国进行 BIT 谈判以及在制定中国的 BIT 范本时应当加入国家安全条款,这对中方无论作为投资者还是东道国均有利。在区域经济合作领域,虽然我国没有明显突破传统国际投资和国际贸易中安全例外条款的一般表述,却在专门适用于国际投资的第十章第 15 条以及适用于全部文本的第十七章第 13 条两处规定了国家安全例外事项,体现了各国对区域贸易和投资过程中国家安全领域的重视,尤其是 RCEP 投资章节中的国家安全条款确定了自主判断模式,也保证了国家安全概念的开放性,为我国在国际投资领域的 BIT 中国家安全条款的制定提供了现实性和前沿性的借鉴。

中国在设计 BIT 国家安全条款时应当综合考虑多方面的因素。BIT 中国家安全条款作为投资者权利与东道国规制权的再平衡,在中国作为东道国时应当考虑如何保障国家规制权,同时也要兼顾中国作为投资者母国时应如何打破东道国的投资壁垒。因此,在设计中国 BIT 中国家安全条款时,首先,应该确定自主判断模式以符合国际趋势。其次,国家安全概念应采取非穷尽式列举的形式并纳入数据安全、公共卫生安全等非传统国家安全事项,一方面,可保障国家安全概念的相对开放性;另一方面,可以发挥重点国家安全事项的作用。这有利于在保障中国国家安全的前提下不至于过分减损外国投资者的信心,增强外国投资者对中国国家安全事项的预测性。

除了在国家安全条款中纳入非传统国家安全事项外,也要配合好中国国内的外资国家安全审查制度设计,以促进 BIT 中国家安全条款在国际投资实践中的具体适用。这些做法既保证了 BIT 中国家安全概念的开放性,又保证了其相对明确性。由于 BIT 作为双边协定具有适用的双向性,这种相对明确性对于我国作为投资者母国支持本国投资者对外投资时打破东道国投资壁垒和投资保护主义具有重要意义。

---

① 贺立龙. 美国对华投资并购安全审查的最新进展、未来趋势与应对策略[J]. 对外经贸实务,2021(4):12.

第四章
国际投资协定根本安全例外条款之根本
安全利益范围研究

第一节　引　言

外商投资对于一国的经济发展有着积极的促进作用。为了打消外国投资者对于在东道国的投资利益不能得到很好保护的顾虑,许多国家选择签订国际投资协定。通过对征收、公平公正待遇、国民待遇、最惠国待遇、资金的跨境移转等关键事项进行约定以及给予外国投资者对东道国提起仲裁的权利,确保投资者的利益得到保护。从签订投资保护协定的目的可以看出,投资保护协定主要倾向于对外国投资者的保护。条约的签订实际上使国家背负了保护外国投资者的义务,限制了自己的规制权(regulatory power)。由此可见,国家规制权与外国投资者保护之间存在竞争关系,如何平衡两者的利益是国际投资法中广泛讨论而尚未解决的问题。

根本安全例外条款作为国际投资协定中可能出现的条款,通常被视为为国家规制权的行使提供了空间。随着逆全球化时代的到来和国家安全观的重塑,国家规制权利益的重要性不断上升,越来越多的国家希望增加自己的规制权,尤其是在经济危机时期或是关键行业和领域内可以对外国投资者施加更多限制,以更好地维护国家利益。根据联合国贸易与发展会议(UNCTAD)《2020年世界投资报告》,2019年与国家安全有关的投资规则不断增加,并且这一增加的趋势在新冠疫情期间更是加快,因为许多国家担心本国的关键行业和企业可能会因为疫情被外国投资者收购。例如,葡萄牙和澳大利亚均以国家安全为由阻止了中国投资者对其能源和医疗服务业企业的收购。① 在这种背景下,根本安全例外条款作为扩张国家规制权的一种手段和工具而受到重视,尤其是根本安全利益的范围出现扩张的倾向,例如在与阿根廷相关的一系列国际投资仲裁案件中,阿根廷主张其面临的经济危机也属于国家根本安全利益的一部分,援引根本安全例外条款作为抗辩。由于国际投资协定有双边、区域性或多边之分,故本章聚焦于双边投资保护协定(Bilateral Investment Agreement,BIT),拟以 BIT 中的根本安全例外条款为切入口,对我国已签署的 BIT 中的根本安全例外条款进行统计分析,围绕根本安全利益的范围进行讨论。

第二节　国家规制权与根本安全例外条款

一、国家规制权的理论背景

理解国家规制权的理论基础是理解规制权问题的起点,国家规制权理论受到了包括国家主权、卡尔沃主义、可持续发展理念等多个因素的影响。首先,就国家主权而言,国家规制权并不等同于国家主权,国家主权强调的是国家地位平等,而国家规制权是指对本国规则制定和规制的自主,②但前者由国际政治向经济领域的延伸,对后者产生了深远影响,即国家经济主权倡导建立的公正平等、相互依存的国际经济秩序使得许多发展中国家开始反思,既有的国际投资规则是否能够保证它们与发达国家平等公正的竞争,能否维护自己国家安全等公共利益的需求,而国家规制权正是维护国家主权在国际投资法中的一种手段。③ 其次,卡尔沃主义以反干涉和拒绝投资者母国外交保护为核心,具有重要的程序意义,是应对外国投资者滥用外交保护的程序手段。因此,卡尔沃主义主张用尽当地救济,外国投资者不能享有高于国内投资者的待遇。④ 卡尔沃主义的复活则反映出国家对于保留规制权的现实要求,例如澳大利亚政府在 2011 年发布的《贸易政策声明》中的"投资者—国家"一章中表示其未来签订的国际投资协定将排除 ISDS 条款。再次,可持续发展理念最早

---

① UNCTAD. World Investment Report. 2020.
② 董静然. 国际投资规则中的国家规制权研究[J]. 河北法学,2018(12):104.
③ 董静然. 国际投资规则中的国家规制权研究[J]. 河北法学,2018(12):104.
④ 韩秀丽. 再论卡尔沃主义的复活——投资者—国家争端解决视角[J]. 现代法学,2014(1):122.

起源于 20 世纪 80 年代,指"满足当代人的需要且不危及后代人满足其发展的能力的发展"。① 可持续发展包含了长期发展的多个方面,例如经济、社会、人权和环境保护等。在发达国家与发展中国家签订 BIT 的传统模式中,发展中国家出于吸引外资的需求,往往处于谈判的弱势地位,在某种程度上牺牲了吸引外资以外其他的可持续发展利益。而随着可持续发展的理念深入人心,人们越来越认识到发展不仅指经济方面,而且环保、社会等其他方面也应同样予以重视。以斯里兰卡为例,2010 年后,斯里兰卡决定建设卡尔皮提亚综合旅游度假区,它将与旅游相关的产业,例如潜水和水上运动度假村、高尔夫公园、看护中心、休闲和水疗度假村等确定为可对外国投资者开放的产业。斯里兰卡决定将这些产业都设置在卡尔皮提亚和普塔兰附近的岛屿上,打造"岛屿旅游"的概念,但是这些产业对当地渔民社群具有重大影响,因为渔民的生计依赖于这片区域独特的生态系统。此外,岛屿周边建设的岩石屏障会改变既有的海浪规律,加剧海岸线的侵蚀,摧毁红树林沼泽;水上运动度假村所产生的噪声可能会使海洋生物移居别处。这些问题最终导致国内民众反对上述提议,呼吁要考虑受到直接影响的居民和他们的想法,评估发展的概念。② 此外,仲裁庭对投资者的过度保护实际上威胁了东道国基于国家安全和可持续发展的政策空间。③ 随着可持续发展理念深入人心,主权国家开始寻求扩张自己的规制权以囊括其他方面的发展利益。并且,BIT 的利益相关者不再以资本输入的外国投资者为主导,仲裁庭、仲裁员、国际组织的参与作用和影响日益突出,也为规制权的发展留出了空间。④

综上可见,国家规制权强调国家主权平等,主张国家应在公正的国际投资规则中发展,避免外国投资者母国对东道国从 BIT 的签订到外国投资者实际运营阶段施加压力以及主张优于东道国国民待遇的待遇,要求仲裁庭在裁决投资争端时不能将外国投资者利益保护置于绝对首位,以追求一个国家长期的、可持续的、全方位的发展。

---

① Gro Harlem Brundtland. Our Common Future: The Report of the World Commission on Environment and Development[M]. London: Oxford University Press, 1987.

② Dilini Pathirana. Balancing Protection of Foreign Investments with the State's Rightto Regulate in the Public Interest: A Sri Lankan Perspective[J]. Sri Lanka Journal of International Law, 2018(26): 106.

③ 余劲松. 国际投资条约仲裁中投资者与东道国权益保护平衡问题研究[J]. 中国法学, 2011(2): 133.

④ Julie Kim. Balancing Regulatory Interests through an Exceptions Framework under the Right to Regulate Provision in International Investment Agreements[J]. George Washington International Law Review, 2018, 50(2): 296.

二、国家规制权在 BIT 中的体现

从国家规制权的内涵可以看出，它强调国家的自主性，尤其是在国际投资协定追求非投资性的目标时更为突出。而在现实的国际投资实践中，规制权的空间实际上较小，并引起了一些国家的关注和反应。

首先，在仲裁实践中，由于每个 BIT 根本安全利益条款的表述并不一致，该条款的适用很大程度依赖于仲裁庭的理解和采用的解释路径。① 由此导致的结果是仲裁的解释方法、观点并不统一，不确定性很大，例如同样是对于美国与阿根廷签订的 BIT 第 11 条中"必要性"（necessity）的含义，②有的仲裁庭是从习惯国际法的角度出发进行考虑，虽未明确说明第 21 条不适用于本案，但仲裁庭在说理中表示"第 11 条中必要性问题应该在习惯国际法的涵摄下讨论"，并最终依据习惯国际法对于必要性的标准拒绝了阿根廷的抗辩。③ 而在其他案件中，却被认为应具有与习惯国际法不同的含义。④ 如果将条约例外条款中对于必要性的要求自动理解为习惯国际法上必要性的要求，则会显著降低国家成功援引例外条款的可能性。⑤

其次，在直接判断国家援引例外条款所追求的公共政策目标与投资者利益保护的衡量时，有仲裁庭通过对条约文本、订约目的的解释以及比例性判断方法，将投资者利益保护作为首要追求目标，从而作出了不利于东道国的判决。

再次，根据学者研究，虽然只有不超过 1/3 的投资仲裁裁决最终实际支持了投资者，但投资者—东道国在整个争端解决的过程中花费甚巨，东道国很可能会害怕参与仲裁。⑥ 此外，订立 BIT 条款本身的成本就高并且耗时。⑦

---

① Dilini Pathirana. Balancing Protection of Foreign Investments with the State's Rightto Regulate in the Public Interest: A Sri Lankan Perspective[J]. Sri Lanka Journal of International Law, 2018(26): 115.

② Article XI: This treaty shall not preclude the application by either party of measures necessary for the maintenance of public order, the fulfillment of its obligations with respect to the maintenance or restoration of international peace or security, or the protection of its own essential security interests.

③ See CMS Gas Transmission Company v. The Republic of Argentina, ICSID Case No. ARB/01/8 Award at 331.

④ See Continental Casualty Company v. The Argentine Republic, ICSID Case No. ARB/03/9 Award at 192.

⑤ Robert Brew. Exception Clauses in International Investment Agreements as a Tool for Appropriately Balancing the Right to Regulate with Investment Protection[J]. Canterbury L. Rev, 2019 (25): 214.

⑥ 通过对 138 个 ICSID 案件进行的研究表明，被申请人仅在 39 个案件中部分或全部胜诉，被申请人的平均和中位数成本分别为 495 万美元和 365 万美元。See Jeffery P Commission. How Much Does an ICSID Arbitration Cost? A Snapshot of the Last Five Years[EB/OL]. [2021 – 05 – 01]. http://arbitrationblog. kluwerarbitr ation.com/2016/02/29/how-much-does-an-icsid-arbitration-cost-a-snapshot-of-the-last-five-years/.

⑦ Jason Webb Yackee. Political risk and international investment law[J]. Duke Journal of Comparative and International Law, 2014, 24(3): 498.

上述种种表现都可能引发国家对于自身规制权保障的担忧,从而引发东道国的"寒蝉效应"(chilling effect)。[1] 仲裁庭的态度虽对其他东道国没有约束力,但其强调投资者利益保护的态度可能会影响东道国在采取措施追求非投资目标时的考量。因此,国家对投资协定的态度发生了转变,例如,玻利维亚、厄瓜多尔和委内瑞拉均于 2007 年宣布退出国际投资争端解决中心(ICSID),表达了对投资者—国家争端解决机制的不信任,进一步限制了外国投资者提起国际仲裁的权利,反映了卡尔沃主义的复兴。ICSID 作为国际投资争端解决机制,主要解决基于各国 BIT 所产生的投资者与东道国之间的争议,上述国家的退出反映的不仅是对这一争端解决机制的不满,而且反映了它们在经济政治变革进程中对于 BIT 所扮演的角色的忧虑。[2] 可以看出,影响这些变化的因素并非仲裁实践,还有政治、经济等其他方面的因素。在上述因素的影响下,还有国家选择直接对 BIT 进行修改,例如美国和加拿大都采用了新的国际投资协定范本。[3]

因此,国家规制权并非天然根植于 BIT 条款之中,而是伴随着某些国家的政治经济改革、卡尔沃主义复兴、贸易保护主义抬头、对国家安全重视、逆全球化时代到来而愈发受到重视并有所抬头的。国家规制权能否在 BIT 中找到栖息之地,还有待于起草和订立 BIT 实践的发展。

三、根本安全例外条款的引入

在接受 BIT 继续存在而非直接废止的前提下,需要对 BIT 进行改革,扩大东道国规制权的空间。有学者将扩大规制权的规则称为"规制权规则",认为规制权规则可进一步分为积极规则澄清、范围条款和违法阻却事由三类。积极规则澄清是指在原有条约的基础上进一步澄清义务的内容和要件;一般范围条款是指将某些规制措施排除出整个条约适用范围的条款,根本安全例外条款即在此列;违法阻却事由是指在确认规制措施违反条约义务之后,东道国可援引阻却规制措施不法性的事由,例如一般例外条款。[4] 这三种规则实质上可划分为两

---

① Robert Brew. Exception Clauses in International Investment Agreements as a Tool forAppropriately Balancing the Right to Regulate with Investment Protection[J]. Canterbury L. Rev. 2019 (25): 211.

② Sergey Ripinsky. Venezuela's Withdrawal From ICSID: What it Does and Does Not Achieve[EB/OL]. [2021-05-02]. https://www.iisd.org/itn/en/2012/04/13/venezuelas-withdrawal-from-icsid-what-it-does-and-does-not-achieve/#_ftn14.

③ Suzanne Spears. The Quest for policy space in the new generation of international investment agreements[J]. J Int'l Econ L., 2010(13): 1043-1044.

④ 曾建知. 国际投资条约中的规制权规则探析[J]. 国际经济法学刊,2020(1): 102-106.

类：一类是对既有义务通过要件明确化进一步限缩，减少东道国所承担的义务；另一类是通过增添不排除措施条款（non-precluded measures clause，NPM）或例外条款（exception clause），给予东道国更多的免责事由。

本章集中研究的根本安全例外条款是不排除措施条款的一种。不排除措施条款设置的目的是给国家追求非投资性质的政策目标留出规制空间，例如国家的根本安全利益、公共道德、公共秩序、人类和动植物健康等方面。根本安全例外条款主要指国家对于其根本安全利益的考量而单独列出的例外条款，又称特殊例外条款。根本安全例外条款具有"安全阀"和"适配器"功能。[1] 条款中所采用的"本协定中的任何规定不得被理解为"的表述方式使东道国采取此类条款项下的措施不再受到协定约定的其他义务的约束。因此，这一条款使东道国在国家根本安全利益受到威胁时，可以采取应对措施而不再适用义务条款，不构成违约行为。[2] 根本安全例外条款给东道国上了一层安全保险，在特定情形下，东道国拥有了不遵守投资协定约定的自由，以维护本国的根本安全利益。此外，正是因为根本安全利益条款使得东道国在其项下采取的措施不受投资协定的约束，东道国的行为更谈不上违法性的判断问题，即使所采取的措施给外国投资者造成了损失，在根本安全利益条款的抗辩下也不构成违约行为。而对于东道国是否需要以及如何对外国投资者的损失进行补偿还尚无定论。考虑到相关措施不具有违法性，因此，东道国的补偿救济也应相对于国际不法行为，在强制性和范围等方面标准更低。由于根本安全例外条款也是一种风险再分配规则，该条款项下的措施一旦成功适用，东道国无需承担全部的风险和损失，故将一部分的风险和损失转嫁给了外国投资者。[3]

在 BIT 中引入根本安全例外条款起到了部分退出或废止 BIT 的效果，为规制权提供了空间，是一个更温和的工具，可以在一定程度上平衡保护外国投资者利益和国家规制权。它允许国家在有限的、精细设置的情形下进行规制，达到"促使一个国家接受本不可能接受的 BIT"的效果。[4] 外国投资者也可能愿意接受这样的做法，因为相较于没有任何的条约保护，条约中还有其他义务条款给予一定的保护。但需要强调的是，国家规制权的扩张也有一定限度，因为订立国际

---

[1] 陈安. 国际经济法学专论[M]. 北京：高等教育出版社，2007：415 - 448.

[2] Kenneth J Vandevelde. Rebalancing through Exceptions[J]. Lewis & Clark Law Review，2013，17(2)：455.

[3] William Burke-White and Andreas Von Staden. Investment Protection in Extraordinary Times：The Interpretation and Application of Non-Precluded Measures Provisions in Bilateral Investment Treaties [J]. Virginia Journal of International Law，2008(48)：343.

[4] Kenneth J Vandevelde. Rebalancing through Exceptions[J]. Lewis & Clark Law Review，2013，17(2)：455.

投资协定的目标是为了给外国投资者保护,不能本末倒置。所以,根本安全例外条款的设置应提供足够的确定性,以减少仲裁庭进行任意解释和自由裁量的限度。

第三节　我国 BIT 中的根本安全例外条款

以商务部网站条约法律司的公示信息为来源,可以检索到中国与 104 个国家所签订的 BIT。[①] 其中,中国与 8 个国家签署的 BIT 包含了单独的根本安全利益条款,详见表 4 - 1。

表 4 - 1　我国 BIT 中的根本安全例外条款汇总

序号	缔约国	签订日	内　　容
1	土耳其	2015 年 7 月 29 日	第 4 条 二、本协定不应解释为: (一) 要求缔约一方提供或允许接触任何其认为披露将与其基本安全利益相悖的信息; (二) 禁止缔约一方根据国内法在非歧视的基础上采取其认为为保护基本安全利益所必需的措施; (三) 禁止东道国采取任何履行《联合国宪章》规定的维护国际和平与安全义务的行动
2	日本、韩国	2012 年 5 月 13 日	第 18 条　安全例外 一、尽管有本协定除第十二条外的其他条款规定,各缔约方均可采取以下任何措施: (一) 被认为是保护该缔约方的实质安全利益的 　　1. 在该缔约方或国际关系出现战争、武装冲突或其他紧急情况时采取; 　　2. 涉及落实关于不扩散武器的国家政策或国际协定; (二) 履行其在联合国宪章项下的维护国际和平与安全的义务 二、若缔约一方依照本条第一款采取与本协定条款(本协定第十二条除外)规定义务不符的任何措施,该缔约方不应使用该措施作为规避其义务的手段

---

① "我国对外签订双边投资协定一览表"[EB/OL]. [2021 - 05 - 01]. http://tfs.mofcom.gov.cn/article/Nocategory/201111/20111107819474.shtml.

序号	缔约国	签订日	内　　容
3	新加坡	1985 年 11 月 21 日	第 11 条　禁止和限制 本协定的规定不应以任何方式约束缔约任何一方为保护其根本的安全利益，或为保障公共健康，或为预防动、植物的病虫害，而使用任何种类的禁止或限制的权利或采取其他任何行动的权利
4	毛里求斯	1996 年 5 月 4 日	第 11 条　禁止和限制 本协定的规定不得以任何方式限制缔约一方为保护基本安全利益或公共卫生或防止动植物病虫害或保护环境而采取任何禁止或限制措施或采取其他行动的权利
5	新西兰	1988 年 11 月 22 日	第 11 条　禁止和限制 本协定的规定不应以任何方式约束缔约任何一方为保护其基本安全利益、保障公共健康或为预防动、植物的病虫害而采取任何禁止或限制措施或作出任何其他行为的权利
6	加拿大	2012 年 9 月 9 日	五、本协定中任何规定均不得被理解为： （一）要求缔约方提供或允许获得其认定披露后将违背其根本安全利益的信息； （二）阻止缔约方采取其认为保护其根本安全利益所必要的任何如下措施： 　　1. 此类措施与武器、弹药和战争工具的贸易有关，并与直接或间接为军事或其他安全设施之目的而进行的其他货物、材料、服务和技术的贸易和交易有关； 　　2. 在战时或其他国际关系紧急情况时采取的措施； 　　3. 此类措施与执行关于不扩散核武器或其他核爆炸装置的国家政策或国际协定有关； （三）阻止缔约方根据联合国宪章为履行维护国际和平与安全义务而采取行动
7	芬兰	2004 年 11 月 15 日	第 33 条 五、本协定不得解释为阻止缔约一方在战争、武装冲突或其他在国际关系紧急情况下为保护本国基本安全利益所采取的任何必要行动
8	印度	2006 年 11 月 21 日	第 14 条　例外 本协定不妨碍东道国缔约方根据其正常、合理和非歧视地适用的法律，采取保护其基本安全利益的措施或极端紧急状况下的措施

一、根本安全例外条款的分类

有学者将国际条约中的根本安全例外条款分为两类：一类是以 GATT 第21 条为蓝本；另一类是以美国的 BIT 示范文本为代表，将根本安全利益范围的界定的问题留给了国际仲裁庭。[①] 通过分析 8 个 BIT 中的根本安全例外条款可以看出，各个条款之间在文本构成上存在差异。以 GATT XXI 以及对根本安全例外条款本身的构成要素为参考，上述 8 个条款分为以下三类：类 GATT XXI 型条款、概念型条款、修正的概念型条款。详见表 4－2。

表 4－2　我国 BIT 中根本安全例外条款的分类

根本安全利益例外条款类型	数量（个）
概念型条款	3
修正的概念型条款	2
类 GATT XXI 型条款	3

（一）概念型条款

"概念型条款"是指根本安全利益（基本安全利益）作为一种公共政策目标与保障公共卫生、公共健康、保护环境等其他政策目标共同出现在同一条款中。这种条款出现在中国—新加坡、中国—毛里求斯以及中国—新西兰中，以中国—毛里求斯中的条款为例："本协定的规定不得以任何方式限制缔约一方为保护基本安全利益或公共卫生或防止动植物病虫害或保护环境而采取任何禁止或限制措施或采取其他行动的权力。"[②]可见，条款本身并没有对根本安全利益的适用范围和措施进行列举，根本安全利益仅是作为一个名词概念出现，并且整个条款的规定都十分笼统。此种条款出现的时间分别是 1996 年（毛里求斯）、1988 年（新西兰）和 1985 年（新加坡），都是中国 BIT 早期实践。

（二）修正的概念型条款

修正的概念型条款是指在概念型条款的基础上增加了一些限制，例如中

---

① 刘京莲. 国际投资条约根本安全例外条款研究[J]. 国际经济法学刊,2010(1)：191-192.

② 《中华人民共和国政府与毛里求斯共和国政府关于相互促进和保护投资协定》第 11 条："本协定的规定不得以任何方式限制缔约一方为保护基本安全利益或公共卫生或防止动植物病虫害或保护环境而采取任何禁止或限制措施或采取其他行动的权力。"

国—芬兰的条款约定中增加了"必要"的限制,且必须在"紧急情况下"才能采取行动,①在中国—印度的条款约定中增加了东道国需在正常、合理,非歧视的条件下才能采取措施。② 这两种条款出现的时间分别是 2006 年(印度)、2004 年(芬兰)。

(三) 类 GATT XXI 型条款

有部分安全例外条款(中—土、中—日—韩、中—加)可被称为"类 GATT XXI 型条款",因为它们与 GATT 第 21 条的文本构成十分相似。GATT 第 21 条"安全例外"规定:"本协定的任何规定不得解释为:(a) 要求任何缔约方提供其认为如披露则会违背其基本安全利益的任何信息或(b) 阻止任何缔约方采取其认为对保护其基本国家安全利益所必需的任何行动:(i) 与裂变和聚变物质或衍生这些物质的物质有关的行动;(ii) 与武器、弹药和作战物资的贸易有关的行动,以及与此类贸易所运输的直接或间接供应军事机关的其他货物或物资有关的行动;(iii) 在战时或国际关系中的其他紧急情况下采取的行动;(c) 阻止任何缔约方为履行其在《联合国宪章》项下的维护国际和平与安全的义务而采取的任何行动。"③可以看出,GATT 第 21 条的内容主要分为三个部分:一是缔约方拒绝披露违背基本安全利益的信息;二是可采取保护国家安全利益必需的行动,并对可采取行动的领域进行了限制;三是履行《联合国宪章》下维护国际和平与安全的义务。而一些 BIT 中的根本安全例外条款的内容与第 21 条近似,其中,中—土 BIT 中的条款中对于第二部分缔约国为保护基本安全利益所必需采取的措施中并没有进行范围限定,同时还增添了"非歧视原则";④中—日—韩的条款中没有出现第一部分关于信息披露的例外部分,⑤中—加的条款基本完整包

---

①《中华人民共和国政府和芬兰共和国政府关于鼓励和相互保护投资协定》第 33 条:"五、本协定不得解释为阻止缔约一方在战争、武装冲突或其他在国际关系紧急情况下为保护本国基本安全利益所采取的任何必要行动。"

②《中华人民共和国政府和印度政府关于促进和相互保护投资协定》第 14 条:"本协定不妨碍东道国缔约方根据其正常、合理和非歧视地适用的法律,采取保护其基本安全利益的措施或极端紧急状况下的措施。"

③ 详见《1947 年关税与贸易总协定》(GATT)第 21 条"安全例外"。

④ 第 4 条:"二、本协定不应解释为:(一) 要求缔约一方提供或允许接触任何其认为披露将与其基本安全利益相悖的信息;(二) 禁止缔约一方根据国内法在非歧视的基础上采取其认为为保护基本安全利益所必需的措施;(三) 禁止东道国采取任何履行《联合国宪章》规定的维护国际和平与安全义务的行动。"

⑤《中国—日本—韩国关于促进、便利及保护投资的协定》第 18 条:"一、尽管有本协定除第十二条外的其他条款规定,各缔约方均可采取以下任何措施:(一) 被认为是保护该缔约方的实质安全利益的;1. 在该缔约方或国际关系出现战争、武装冲突或其他紧急情况时采取;2. 涉及落实关于不扩散武器的国家政策或国际协定;(二) 履行其在联合国宪章项下的维护国际和平与安全的义务。二、若缔约一方依照本条第一款采取与本协定条款(本协定第十二条除外)规定义务不符的任何措施,该缔约方不应使用该措施作为规避其义务的手段。"

括了上述三个部分。① 此外，值得注意的是，这三份 BIT 是包含根本安全例外条款 BIT 中最新的三份。

二、根本安全例外条款的特点

从时间上看，纳入安全例外条款的 BIT 并没有集中在某一段时间出现，基本均匀分布在 1985—2015 年。在此期间，根本安全例外条款发生了由概念型条款——修正的概念型条款——类 GATT XXI 型条款的转变。考虑到之前通过的《区域全面经济伙伴关系协定》（RCEP）中的安全例外同样也是采用了类 GATT XXI 型条款，②我国似乎更青睐于此种条款。这种模式的流行原因有两点：一是国际贸易与投资一体化的进程不断加深；二是众多 WTO 成员国已就 GATT XXI 达成共识，采取这种模式有利于降低沟通成本而更可能得到双方的认可。

这些安全例外条款也有一些共同点，即都采取了"本协定中的任何规定不得解释为⋯⋯"的开头，表明将安全例外条款中为所追求的目标而采取的措施被排除在了 BIT 缔约国义务体系之外。与美国 BIT 范本相较，都没有"缔约国采取其认为必要⋯⋯"的表述，即没有自行判断条款。③

第四节　根本安全例外条款中根本安全利益的范围研究

就一个完整的根本安全例外条款而言，包括范围（autonomy）、帽子条款

---

① 《中国—加拿大关于促进、便利及保护投资的协定》："五、本协定中任何规定均不得被理解为：（一）要求缔约方提供或允许获得其认定披露后将违背其根本安全利益的信息；（二）阻止缔约方采取其认为保护其根本安全利益所必要的任何如下措施：1. 此类措施与武器，弹药和战争工具的贸易有关，并与直接或间接为军事或其他安全设施之目的而进行的其他货物、材料、服务和技术的贸易和交易有关，2. 在战时或其他国际关系紧急情况时采取的措施，3. 此类措施与执行关于不扩散核武器或其他核爆炸装置的国家政策或国际协定有关；（三）阻止缔约方根据联合国宪章为履行维护国际和平与安全义务而采取行动。"

② 《区域全面经济伙伴关系协定》第 13 条："本协定的任何规定不得解释为：（一）要求任何缔约方提供其认为如披露则违背其基本安全利益的任何信息；（二）阻止任何缔约方采取其认为对保护其基本安全利益所必需的任何行动：1. 与裂变和聚变物质或衍生此类物质的物质有关的行动；2. 与武器、弹药和作战物资的交易有关的行动，以及与直接或间接供应或给养军事机关的此类交易运输的其他货物和物资或提供的服务有关的行动；3. 为保护包括通信、电力和水利基础设施在内的关键的公共基础设施而采取的行动；4. 在国家紧急状态，或战时，或国际关系中的其他紧急情况下采取的行动；（三）阻止任何缔约方为履行其在《联合国宪章》项下维护国际和平与安全的义务而采取的任何行动。"

③ 在美国 BIT 范本中，有关根本安全利益的内容表述为："本条约不得解释为要求缔约国披露与其国家根本安全利益相关的任何信息，或阻止缔约国采取其认为必要的措施，以维持或恢复国际和平、安全或保护本国根本安全利益的义务。"

(chapeau)、联结(nexus)、必要性(necessity)、适用条件(condition)、自裁决式表述(self-judging)等多个要件。[①] 根本安全利益范围是根本安全利益条款中最重要的问题,因为它直接关系国家可以在哪些情形下采取措施,是判断东道国是否援引该条款时首先需要考察的要件。因此,对根本安全利益的范围解释十分重要。

没有一个独立的规则来理解不同 BIT 中的根本安全例外条款,对一个 BIT 中的安全例外条款的理解必须建立在《维也纳条约法公约》(Vienna Convention on the Law of Treaties ,VCLT)中的第 31 和 32 条所确立的条约解释规则进行,也就是,首先应依照其通常意义,再结合上下文、条约的目的和宗旨进行善意的解释,并且根据第 31 条第三款第三项规定,适用于当事国关系的任何有关国际法规则同样应与上下文一并考虑。根本安全利益(essential security interest)从字面理解包含两个要件:一是"根本";二是"安全利益"。"根本"是指事物的根源或最重要的部分,因此,只有十分重要的安全利益才符合,并非所有的安全利益都在该条款所允许的政策目标之内。如果要援引该条款,首先需要证明的就是要保护的安全利益十分重要,而不仅仅是一般的安全利益。对于"安全利益"的理解,问题在于安全利益范围是否仅限于国家在面临战争或类似军事相关的状态,经济利益、公众健康,甚至环境利益是否在安全利益的范围之内,是否达到"根本"的标准。

一、类 GATT XXI 型根本安全利益条款

对于类 GATT XXI 型根本安全利益条款而言,需要有具体情况的限定列举,例如缔约国或国际关系出现战争、武装冲突或其他紧急情况、涉及落实关于不扩散核武器的国家政策或国际协定、履行联合国宪章项下的维护国际和平与安全义务。因此,从体系解释的角度,此时安全利益只能局限于在军事、国防范围,不能再进行扩张。此外,从 BIT 签订的宗旨和目的进行解释,BIT 的签署目的主要在于保护外国投资者的利益,因此,东道国规制权所借助的例外条款所适用的情形应该越小越好。根据《维也纳条约法公约》(VCLT)第 31 条第 3 款第三项,适用于当事国关系的任何有关国际法规则同样应与上下文一并考虑。因此,考虑到缔约国与中国都是世界贸易组织(WTO)的成员,GATT 第 21 条安全例外条款的理解也可以被参考。从前述对 GATT 第 21 条的介绍可知,第 21 条只限于军事相关的情形,并没有扩张到经济金融安全、健康危机等其他情形。

---

① Prabhash Ranjan. Non-Precluded Measures in Indian International Investment Agreements and India's Regulatory Power as a Host Nation[J]. Asian JIL 2012(2):27.

还需要考虑国家安全不仅是一个法律问题,而且还是一个政治问题,因此每个国家对它的理解都有不同。鉴于根本安全本身作为一个免除国家义务的原因,一个国家对于国家安全的概念相较于确定性会更倾向于抽象性。因此,这里值得讨论的一个问题是,是否需要从国际、国内两个层面区分根本安全的范围。鉴于 BIT 作为一个国际投资协定,而非国家安全审查机制所属的国内法范畴,建立国际层面的基本共识是有必要的。① 有学者指出,国际投资协定与国家安全审查中的安全范围并不一致,前者的范围仅局限于武器、核等与军事相关的国防安全和国际和平与安全,即使将范围扩展到经济领域,也只能包括可能危及东道国公共秩序的"经济安全"或经济危机。② 国家安全审查中的国家安全范围则完全由东道国自主决定,在国家实践中经常等同于与国家安全、国家利益有关的任何事项。③

综上所述,对于类 GATT XXI 型根本安全利益条款,其范围只能局限于军事利益,很难进行扩张。值得注意的是,这种模式频繁出现于我国最新签订的 BIT 和自贸协定中,此现象背后的原因本章将在下文中进行分析。

二、概念型条款和修正的概念型条款

相较于类 GATT XXI 型,概念型条款和修正的概念型条款缺少相关的上下文进行参照,体系解释的方法不再可取,目的解释以及补充解释方法仍有适用空间。在阿根廷 CMS 案中,仲裁庭认为阿根廷和美国 BIT 中没有界定"根本安全利益"及其适用条件,故将《国家责任条款草案》中的危急情况及其标准应用在案件审理中。

首先,有学者认为,GATT 第 21 条并不能用于 BIT 中对根本安全例外条款的解释,因为二者适用的领域和发展路径不同。④ GATT 第 21 条适用于国际贸易领域,是该领域最初的安全例外条款,并发展成为 WTO 货物贸易、服务贸易以及与贸易有关的知识产权三大实体性条约共同的安全例外条款,而国际投资条约的安全例外条款则是从隶属公共秩序(public order)例外逐步延伸并发展为单独的条款,目前还没有统一的表述。⑤

其次,有学者从规制权空间的角度主张应扩张根本安全利益范围,"对于公

① 张光. 国家安全审查的国际投资仲裁救济探析[J]. 国际商务研究,2019(5):58.
② 张光. 国家安全审查的国际投资仲裁救济探析[J]. 国际商务研究,2019(5):58.
③ 张光. 国家安全审查的国际投资仲裁救济探析[J]. 国际商务研究,2019(5):58.
④ 张乃根. 国际经贸条约的安全例外条款及其解释问题[J]. 法治研究,2021(1):138.
⑤ 张乃根. 国际经贸条约的安全例外条款及其解释问题[J]. 法治研究,2021(1):138.

法领域的事项,例如'根本安全利益'应给国家充足的评估衡量空间,允许国家为了自身需要原因通过非排除措施条款行使规制权。"①

再次,从风险社会的角度来讲,风险具有交叉性,风险在社会各领域之间会交叉传播。此前经济全球化的发展促使了贸易投资一体化的进程,而贸易与投资的协同发展可能会使得各种风险不仅在固有领域存在,而且也可能在其他领域传播。乌尔里希·贝克强调,"世界风险社会不仅包含有经济风险,而且这些风险还会转化为社会风险、政治风险。"②从这个角度来看,旧有的仅限于军事国防利益的根本安全利益范畴似乎不再适应于当今社会,因为一个国家的根本安全利益,或者说一个国家独立主权存在的威胁不再仅限于军事战争,其他可能的因素,例如经济危机、关系国民经济命脉的产业风险也可能导致一个国家的崩溃。因此,在当今的风险社会中,根本安全利益由传统的军事防御扩张到关键领域、关键基础设施和经济危机的现象开始出现。③

具体而言,背后概念扩张的考量或者说风险点主要有以下几点:一是东道国可能担心外商投资来自自己潜在的敌对方或恐怖组织势力;二是东道国境内发生的大规模私有化引发东道国自身的安全风险,使得本国的关键产业落入外国人手中;三是东道国自身所拥有和控制的关键产业被认为是竞争力的一部分,缺少这种竞争力以及这种竞争力带来的发展可能会造成严重的经济和社会危机,从而影响国家安全;四是一些国家的国有企业和主权基金日益活跃,使得有些东道国担心这些外国投资者的动机不纯,不仅追求经济利益,而且还有政治目标。④

综上所述,概念型和修正的概念型条款中的根本安全利益由于没有具体限定情形的列举,只是在根本安全例外条款中作为一个名词概念单独出现,因此,该概念的范围有在国防军事安全利益基础上扩张的可能。

---

① William Burke White and Andreas Von Staden. Investment Protection in Extraordinary Times: The Interpretation and Application of Non-Precluded Measures Provisions in Bilateral Investment Treaties [J]. Virginia Journal of International Law,2008(48); Prabhash Ranjan. Non-Precluded Measures in Indian International Investment Agreements and India's Regulatory Power as a Host Nation[J]. Asian JIL 2012(2):39.

② 乌尔里希·贝克. 风险社会[M]. 何博闻译. 南京:译林出版社,2004:118.

③ The Protection of National Security in IIAs. UNCTAD Series on International Investment Policies for Development,UN 2009,pxiiii.

④ G. John Ikenberry and Anne-Marie Slaughter. Forging A World Of Liberty Under Law: U. S. National Security in the 21st Century Final Report of the Princeton Project on National Security[M/OL]. Princeton University 2006 [2021-05-01]. https://www.peacepalacelibrary.nl/ebooks/files/373430078. pdf.

三、我国 BIT 中根本安全利益的范围定位

虽然我国的安全例外条款存在三种形式,但从时间发展的趋势以及已签订的 RECP 中可以看出,我国最新订立的 BIT 和自贸协定中都采用了类 GATT XXI 模式,通过前文分析可以看出,这一模式中的根本安全利益基本局限于国防军事安全利益。

主流的观点将根本安全利益的范围局限在国防军事安全利益。首先,对条约条款的解释必须立足于 VCLT 所确立的解释规则,目前有效的 BIT 中的根本安全例外条款采用的是类 GATT XXI 型条款,在解释规则下很难有进行突破的空间。

其次,根本安全利益例外条款作为特殊例外条款仅是国家规制权扩张的一种手段,此外,还有一般例外条款可以囊括例如公共健康、经济危机等其他政策目标。没有必要过度扩张该条款的范围,毕竟国际投资协定的签订是为了外国投资者保护,减少抽象性、提高确定性更有利于目标的实现。

再次,国际投资与国际贸易的关系日益密切,对于外国投资者来说很可能是一个经营活动的不同阶段,对于东道国来说,在投资协定与贸易协定下承担的义务本身就有很多相同之处。因此,投资协定与贸易协定在法律解释中存在紧密关系也是符合经济现象的一种结果,加之 VCLT 中也有相应的规则支撑,所以,采取 GATT XXI 的类型有利于使投资贸易法律体系更加统一。

最后,如果根本安全利益的范围发生扩张,不仅可能会导致没有将根本安全例外条款纳入 BIT 的国家希望引入该条款,已签订含有该条款的国家开始反思条款中的国家安全概念是否足够广泛的结果,而且还会引发一系列问题,例如,国家在面对军事威胁和经济危机、关键行业和基础设施的裁量权是否应该有所区分。因为军事威胁毕竟是直接威胁国家独立存在的因素,另外两个仅是一种削弱国家实力的可能,并且东道国在面临军事威胁是一种应激时的反应,而面临后两种情形则是一种预防性的态度。

第五节　采类 GATT XXI 类型
定位可能面临的问题

如果采类 GATT XXI 型根本安全利益条款,结合上述对该类型条款的解释,可以发现此种条款将国家根本安全利益限制在军事利益范畴。这样的后果

就是过度限制国家的规制权,东道国在面临经济危机或想要保护国内的关键行业和设施时,无法借助该条款将根本安全利益作为政策目标进行援引,从而避免违反条约义务所产生的责任。

一、东道国何时有动机援引根本安全例外条款并寻求根本安全利益的扩张

为方便讨论,可将外国投资者的投资过程分为还未进入东道国和已进入东道国两个阶段,将国际投资协定分为提供准入前国民待遇和准入后国民待遇两类。准入前国民待遇是指在企业设立、取得、扩张等阶段给外国投资者及其投资不低于本国投资者及其投资的待遇,将国民待遇提前至投资进入东道国之时,核心是给外资准入权。① 这种国民待遇的前置并非意味着内外资的市场准入没有区别,通常实行准入前国民待遇的东道国会实行"负面清单"制度。负面清单是指凡是针对贸易和投资与国民待遇、最惠国待遇不符的管理措施均以清单方式明确列明。② 在负面清单之外的领域,外国投资者和内资享有同样的待遇,在市场准入和商事登记上外资基本上获得了不低于内资的待遇。③ 外资和内资享有同样的市场准入权。目前,大多数投资协定提供的国民待遇为准入后国民待遇,即只有在外国投资者在东道国的投资发生后才享有国民待遇,在准入前受到东道国国家安全审查机制的约束。

进行上述划分后产生的组合如表 4-3 所示,下面主要针对每个组合的具体情形进行分析,考察根本安全利益条款究竟在何时和多大程度上帮助东道国实现其目的并避免违约责任。

表 4-3　外国投资者在进入东道国前后所面临的情形

是否进入东道国/国际 投资协定待遇	准入前国民待遇	准入后国民待遇
外国投资者还未进入	情形一	情形二
外国投资者已进入	情形三	情形四

---

① 胡加祥. 国际投资准入前国民待遇法律问题探析——兼论上海自贸区负面清单[J]. 上海交通大学学报(哲学社会科学版),2014(1):67.

② 胡加祥. 国际投资准入前国民待遇法律问题探析——兼论上海自贸区负面清单[J]. 上海交通大学学报(哲学社会科学版),2014(1):67.

③ 崔凡,吴嵩博.《中华人民共和国外商投资法》与外商投资管理新体制的建设[J]. 国际贸易问题,2019(4):3-4.

（一）情形一

对于提供准入前国民待遇的国际投资协定来说，东道国所实施的所有国家安全审查制度，包括准入前的安全审查机制都受到投资协定的规制。

若负面清单没有被国际投资协定约定，则对外资准入进行的国家安全审查措施很可能违反条约义务。即使此时安全审查制度以国内的法律形式出现，但国内法合法并不等于国际法合法性，也无法豁免东道国的违约责任。在没有排除仲裁的条款情况下，外国投资者可以将所有因安全审查措施引起的争议提交仲裁。① 在这种情况下，根本安全例外条款开始发生作用。首先，要考察 BIT 中有无根本安全例外条款。其次，在东道国主张该条款进行抗辩以避免自己的国家安全审查机制违反条约义务的情况下，还要考察对于根本安全例外条款可仲裁性的约定：若约定了不可仲裁，则投资者难以受到保护，东道国无需承担违约责任；若约定了可仲裁，则面临的问题首先就是国家拒绝准入的措施及其考量是否属于根本安全利益的范围。

若负面清单已经在投资协定中约定，那么，此时外国投资者只能就没有被列入负面清单的领域主张投资者保护，此时根本安全例外条款发生作用。

从上述两种情形中可以看出，负面清单制度实际上是先于根本安全例外条款保护东道国免于违反条约义务的，只有在负面清单没有在投资协定进行约定或清单不够全面概括东道国对于国家安全的要求时，根本安全例外条款才开始发生作用。此时，东道国有动机寻求更大的规制权以及根本安全利益范围的扩张。

（二）情形二

在投资协定提供的外资保护仅限于外国投资已进入东道国的情况下，投资者很难根据投资协定主张任何保护。在面临投资被拒绝的情况下，投资者最多可以说这与投资协定旨在创造鼓励投资的环境不符，但这种指控需要个案判断，例如东道国是否对此类投资有否决的惯例以及东道国的国家安全审查制度对国家安全的理解，但无论如何，很难证成东道国构成对投资协定的条约义务的违反。因此，在这种情况下，东道国无需寻求根本安全利益的扩张，因为此时投资者本身就不享有保护。

（三）情形三

在外国投资和投资者进入东道国后，国际投资协定是否提供准入前国民待

---

① 张光. 国家安全审查的国际投资仲裁救济探析[J]. 国际商务研究，2019(5)：57.

遇的问题已无讨论价值。在这一投资阶段,外国投资者面临的情况和情形四是相同的,因此一并放到情形四中进行讨论。

(四) 情形四

外国投资者在东道国进行投资后,当面临东道国国家安全问题时,可能会发生外国投资者投资的企业被强制关闭、征收或出售给东道国本国企业等情况,在这种情况下有可能涉及补偿问题。如果东道国完全不想承担任何责任,此时也有援引安全例外条款的可能。

二、结论

在情形一、三、四中,东道国可能寻求根本安全利益的扩张。但对于情形一,在实行准入前国民待遇的情况下,实际上,负面清单对于东道国来说是第一道防线,根本安全例外条款并不是其维护自身根本安全利益的首选,并且负面清单也符合这一阶段东道国的状态,因为此时对应的极端状况还未发生,东道国更多的是对国家安全利益处于一个预期保护的阶段。在情形三、四的情况下,根本安全利益条款才更可能被东道国所援引,在这个阶段,东道国处于基本安全利益已经被威胁的阶段,往往处于一个即时应对的状态。此时我国采类 GATT XXI 条款的定位则面临窘境,因为 GATT XXI 较其他两种类型涵盖的利益范围最窄,很难在军事国防安全利益之外被援引。

第六节 建 议

一、订立给予准入前国民待遇的 BIT

根据 UNCTAD《2020 年世界投资报告》,2019 年与国家安全有关的投资规则不断增加,并且这一增加的趋势在新冠疫情期间可能加快,因为许多国家担心本国的关键行业的企业可能会因为疫情被外国投资者收购。例如,葡萄牙和澳大利亚均以国家安全为由阻止了中国投资者对其能源和医疗服务业企业的收购。[1] 从上述现象中可以看出,目前很多国家安全审查对外国投资者的影响在准入前就已发生,并且已经影响我国的海外投资,实行准入前国民待遇有利于我国投资者在对外投资中拥有更多的空间。据统计,截至 2009 年,仅亚太地区就

---

[1] UNCTAD. World Investment Report[R]. 2020: 103.

有 26 个自贸区协议包含有关投资的准入前国民待遇条款,涉及的国家既有美国、加拿大、新西兰、日本等发达国家,也有韩国、新加坡、泰国、马来西亚、印度、墨西哥、智利、秘鲁等新兴工业化国家和发展中国家。① 实行准入前国民待遇意味着我国作为东道国愿意给予外国投资者更高程度的保护,有利于吸引外资。考虑到目前我国在《外商投资法》已经对外资实行了准入前国民待遇和负面清单制度,即在国内立法已确立对外商投资实行准入前国民待遇,实行负面清单制度保护国家安全利益的情况下,订立给予准入前国民待遇的 BIT 是一种合理的选择。

二、将根本安全例外条款引入 BIT

从中国签订的 BIT 中的根本安全例外条款可以看出,包含有该条款的 BIT 非常少。而在现实情况中,东道国在某些情形下存在援引该条款以避免承担违反条约义务所引起的国际责任的可能。在这种情况下,安全例外条款的缺失显然不利于国家利益的保护和实现。诚然,例外条款的引入会在一定程度上突破对投资者的保护,扩张东道国的规制权相较于不含该条款的条约对投资者的保护力度更小。但对外国投资者的利益保护仅是我们考量该问题的一个维度,同时还应注意到我国不仅是资本输入国,而且也是资本输出国,引入该条款将使我国投资者面临更大的风险。但毕竟根本安全例外条款为东道国规制权的行使创造了一定空间,有利于调整原来投资者保护和东道国规制权失衡的现象,是对 BIT 中失衡现象的一种回应。从我国近年来签订的投资协定以及自贸协定中的投资章节中可以看出,我国更青睐类 GATT XXI 型例外条款。这种类型中根本安全利益的范围实际上很狭窄,并没有很大的不确定性,不会为投资者带来太大的风险。

三、完善国家安全审查制度和一般例外条款

在我国将根本安全利益范围限定在军事国防利益的前提下,其他公共政策目标的实现无法再诉诸该条款进行解决。面对这种情况,一方面,需要加强负面清单、国家安全审查制度建设,尽可能减少之后发生的争端。事实上,这也是许多国家目前的努力方向。有学者分析了中国、美国、英国、加拿大、俄罗斯的安全

---

① 赵玉敏. 国际投资体系中的准入前国民待遇——从日韩投资国民待遇看国际投资规则的发展趋势[J]. 国际贸易,2012(3): 49.

审查机制,发现许多国家正在试图建立类似美国外资投资委员会(CFIUS)类型的机制。① 此外,在负面清单未有涉及之处,一般例外条款成为"最后一道防线",并且一般例外条款作为非排除措施(NPM)条款的一种,也是调节投资者保护和国家规制权平衡的工具。

第七节 结 语

以往的国际投资者协定并未在保护外国投资者和国家规制权之间达到平衡,更倾向于前者的利益保护。这种倾向引起了许多国家的不满并引发了诸多反应。在坚持 BIT 存在的前提下,根本安全例外条款成为在 BIT 中扩张国家规制权的一种工具手段。在坚持根本安全利益的范围仅限于传统的军事国防利益的情况下,如何更好地保护我国和我国投资者的利益需要更好的制度配套。在签订规定准入后国民待遇转向规定准入前国民待遇的 BIT,将根本安全例外条款引入更多的 BIT 之中,完善负面清单制度和一般例外条款可作为努力的方向。

---

① Ji Ma. International Investment and National Security Review[J]. Vand J Transnat'l L, 2019 (52): 906.

第五章
国际投资协定中根本安全例外条款
"自行判断"规则的适用
——以《区域全面经济伙伴关系协定》第 17 章
第 13 条第 2 款为例

第一节 引 言

在全球化的浪潮下,许多国家近几十年间致力于协商、签订多边和双边经贸条约,以推动贸易和投资的自由化,促进国内贸易与经济的发展。其中,在条约签订中逐步建立起保护东道国根本安全利益的例外实践。

第一次明确规定根本安全例外条款的多边条约是 1947 年签署的《关税与贸易总协定》(GATT)。① 在国际投资领域,1959 年德国与巴基斯坦的双边投资条约是第一个包括根本安全利益例外条款的双边投资协定。② 之后,几乎德国签订的每一个双边投资条约中都会包含这一条款。同样,根本安全例外条约也纳入美国订立的双边投资协定之中,例如 1982 年美国与巴拿马的双边

---

① Article XXI of GATT: "Nothing in this Agreement shall be construed (a) to require any contracting party to furnish any information the disclosure of which it considers contrary to its essential security interests; or (b) to prevent any contracting party from taking any action which it considers necessary for the protection of its essential security interests (i) relating to fissionable materials or the materials from which they are derived; (ii) relating to the traffic in arms, ammunition and implements of war and to such traffic in other goods and materials as is carried on directly or indirectly for the purpose of supplying a military establishment; (iii) taken in time of war or other emergency in international relations; or (c) to prevent any contracting party from taking any action in pursuance of its obligations under the United Nations Charter for the maintenance of international peace and security."

② Treaty for the Promotion and Protection of Investments, 1959, F. R. G.-Pak., Protocol para. 2: "Measures taken for reasons of public security and order, public health or morality shall not be deemed as discrimination within the meaning of Article 2."

投资协定。① 在这些国家的带动下,根本安全例外条款在经贸领域逐渐普遍化。如今,在国际经贸协定中,国家安全例外成了必不可少的条款之一。

近年来,与在双边投资协定中的稳固地位相对应的是根本安全例外条款也出现在 ICSID 等国际投资仲裁争端解决机制中。在当前逆全球化思潮的背景下,某些国家利用根本安全例外条款的模糊性滥用该条款对违反条约义务的行为进行抗辩,试图挑起国际经贸争端。在这些案件中,争端解决机构对根本安全利益例外条款的解释更是争议不断,导致该条款在实践中适用和解释的混乱。因此,如何根据条约法对此条款进行解释,正确理解和适用国际经贸条约中安全例外条款显得格外重要。

本章以《区域全面经济伙伴关系协定》(RCEP)第 17 章第 13 条第 2 款为例,试图对国际投资协定中根本安全例外条款"自行判断"规则进行解读。

第二节　RCEP 中的根本
安全例外条款

RCEP 是亚太地区规模最大、最重要的经贸协定,于 2012 年由东盟发起,历时八年谈判,由中国、日本、韩国、澳大利亚、新西兰和东盟 10 国共 15 方成员制定。其中,根本安全例外条款规定在该协定的第 17 章第 13 条:"本协定的任何规定不得解释为:(一)要求任何缔约方提供其认为如披露则违背其基本安全利益的任何信息;(二)阻止任何缔约方采取其认为对保护其基本安全利益所必需的任何行动:1. 与裂变和聚变物质或衍生此类物质的物质有关的行动;2. 与武器、弹药和作战物资的交易有关的行动,以及与直接或间接供应或给养军事机关的此类交易运输的其他货物和物资或提供的服务有关的行动;3. 为保护包括通信、电力和水利基础设施在内的关键的公共基础设施而采取的行动;4. 在国家紧急状态,或战时,或国际关系中的其他紧急情况下采取的行动;(三)阻止任何缔约方为履行其在《联合国宪章》项下维护国际和平与

---

① Treaty Concerning the Treatment and Protection of Investments, 1982, U.S.-Pan., Article X(1): "This treaty shall not preclude the application by either Party of any and all measures necessary for the maintenance of public order, the fulfillment of its obligations with respect to the maintenance or restoration of international peace and security, or the production of its own essential security interests."

安全的义务而采取的任何行动。"①本章将以该条的第二款为例，对这一条款的适用进行探讨。

第三节　根本安全例外条款中"自行判断"规则的目的

一、根本安全例外条款的"自行判断"规则

一般情况下，依据习惯国际法和《维也纳条约法公约》，条约必须遵守，②但在特定条件下，条约的遵守也可以存在例外。国际经贸条约的根本安全例外条款就特指缔约方可以基于国家根本安全利益，例外地不履行条约中约定的国际贸易或投资方面义务。

为实现"促进和保护投资"的目标，国际投资条约的签订在很大程度上是为了保护投资者的利益。然而不可否认的是，在此过程中也不能忽视或牺牲东道国的权益。合理平衡和协调这两者间的关系最为重要的一个措施就是在国际投资条约中设置必要的例外条款，从而使缔约国在保护投资者及其投资的同时，也为维护国家安全和公共利益预留一定的空间。③　因此，为了避免违反投资协定中的约定，把根本安全利益的考量加入协定中作为抗辩事由，是保护东道国利益和规制权的法律工具。

根据措辞的不同，可以将这种抗辩事由区分为"自行判断"的根本安全例外条款和"非自行判断"的根本安全例外条款。前者赋予东道国判断本国是否存在危害根本安全利益状态的权利和是否需要采取措施保护本国根本安全利益的权利；后

---

①　Article 17.13："Nothing in this Agreement shall be construed：(a) to require any Party to furnish any information the disclosure of which it considers contrary to its essential security interests；(b) to prevent any Party from taking any action which it considers necessary for the protection of its essential security interests：(i) relating to fissionable and fusionable materials or the materials from which they are derived；(ii) relating to the traffic in arms, ammunition and implements of war and to such traffic in other goods and materials, or relating to the supply of services, as carried on directly or indirectly for the purpose of supplying or provisioning a military establishment；(iii) taken so as to protect critical public infrastructures including communications, power, and water infrastructures；(iv) taken in time of national emergency or war or other emergency in international relations；or (c) to prevent any Party from taking any action in pursuance of its obligations under the United Nations Charter for the maintenance of international peace and security."

②　《维也纳条约法公约》第 26 条规定："凡有效之条约对其各当事国有拘束力，必须由各该国善意履行。"

③　余劲松. 国际投资条约仲裁中投资者与东道国权益保护平衡问题研究［J］. 中国法学，2011 (2)：134.

者则把一国是否存在这种状态的判断权交于国际仲裁庭等争端解决机构。而"其认为"(which it considers)是缔约国自我判断权来源的关键表述。RCEP 的根本安全例外条款第二款就含有"其认为"一词,因此该条款也适用"自行判断"规则。

二、"自行判断"规则的形成原因和设置目的

国际投资的发展趋势在很大程度上决定了"自行判断"规则的形成与构建。回顾国际投资的发展历史可以发现,投资自由化是经过漫长的过程逐步实现的。以 20 世纪 80 年代为界,在此之前,多数国家尤其是发展中国家严格控制外资,这些国家因经济力量薄弱、经济命脉容易被外来资本控制、国际投资经验不足、立法不完备等原因,适用的限制性投资措施多于鼓励性投资措施。[①] 此后,经过长期的投资立法实践和对外经济的交往,许多国家修订了外资法,以期扩大外国直接投资的自由化程度。[②]

从 20 世纪 90 年代开始,世界贸易组织和一些区域性组织的建立促进了国际经济交往的自由化,新自由主义思潮带来了经济全球化高速扩张,反映到国际投资领域,这种自由化表现在投资条约中对投资者和其投资保护的加强。国际投资条约激增,使得越来越多的发达国家投资者在国外寻找生产地点以降低成本并获得市场准入,同时发展中国家也向外国投资开放并积极竞争。[③] 在这一时期,国界不再是国际投资者进行经济行为的根本障碍,在东道国规制权和投资者利益之间,各国倾向于保护投资者,以促进投资自由化的发展。

近年来,国际投资和贸易的自由化促进了发展中国家的发展,也在很大程度上使得其中一些国家兼具资本输出国与资本输入国的身份。在东道国国家利益与投资者个人利益的博弈中,部分东道国发现有必要同时注重维护国家利益与投资者利益,实现再平衡。为解决矛盾,国际投资秩序正在从保护投资者利益向东道国规制权转型。有学者提出,全球化再平衡必然要求在国家主权与全球治理之间进行合理的平衡,反映到国际贸易投资规制体系层面必然是国家主权的回归和规则的再平衡,以保留充分的国内政策空间。[④] 总体而言,在现今的国际投资领域,东道国规制权强化是国际投资发展的新趋势。

---

① 金成华. 国际投资立法发展现状与展望[M]. 北京:中国法制出版社,2009:146.
② 余劲松. 论国际投资法的晚近发展[J]. 法学评论,1997(6):1.
③ 林惠玲. 再平衡视角下条约控制机制对国际投资争端解决的矫正——《投资者国家间争端解决重回母国主义:外交保护回来了吗?》述论[J]. 政法论坛,2021(1):151.
④ 林惠玲. 再平衡视角下条约控制机制对国际投资争端解决的矫正——《投资者国家间争端解决重回母国主义:外交保护回来了吗?》述论[J]. 政法论坛,2021(1):152.

与之相对应,在早期的国际投资协定中,根本安全例外采用的往往是非自行判断规则。例如1984年美国的《BIT范本》规定:"本条约不应阻止任何缔约方为维护公共秩序,履行其在维护或恢复国际和平或安全方面承担的义务,或为保护其本国根本安全利益而在其管辖范围内采取必要的措施",并没有"其认为"的表述。

在近年来的国际投资协定中(见表5-1),根本例外条款允许缔约国以"国家安全"为由背离条约义务的情形一般限定在三个方面:一是涉及国家根本利益的信息披露;二是为保护国家安全或根本安全利益而采取限制措施,在一些投资协定中会限定该条款需要满足的条件,例如CETA和CAI中规定了涉及核裂变、军事物资和战时、危急状态的具体情形,在RCEP中还增加了保护公共基础设施的情形;三是履行联合国宪章下维护世界和平与安全而采取的行动。其中,第二款对根本安全利益的保护往往采取"自行判断"规则,根本原因在于该款涉及的根本安全利益事关国家主权,通常由各国自行处置。因此,安全例外的实质是正当行使国家主权的体现。①

表5-1　重要国际投资协定中的根本例外条款

国际投资协定	根本例外条款原文	采取的判断规则
《全面与进步跨太平洋伙伴关系协定》(CPTPP)	Article 29.2: Security Exceptions Nothing in this Agreement shall be construed to: (a) require a Party to furnish or allow access to any information the disclosure of which it determines to be contrary to its essential security interests; or (b) preclude a Party from applying measures that it considers necessary for the fulfilment of its obligations with respect to the maintenance or restoration of international peace or security, or the protection of its own essential security interests. 第29.2条　安全例外 本协定中任何条款不得解释为: (a) 要求一缔约方提供或允许获得其确定如披露则违背其基本安全利益的任何信息;或 (b) 阻止一缔约方采取其认为对履行维护或恢复国际和平或安全义务或保护其自身基本安全利益所必需的措施	自行判断

① 张乃根. 国际经贸条约的安全例外条款及其解释问题[J]. 法治研究,2021(1):130.

国际投资协定	根本例外条款原文	采取的判断规则
《美墨加协定》(USMCA)	Article 32.2：Essential Security 1. Nothing in this Agreement shall be construed to： (a) require a Party to furnish or allow access to information the disclosure of which it determines to be contrary to its essential security interests；or (b) preclude a Party from applying measures that it considers necessary for the fulfilment of its obligations with respect to the maintenance or restoration of international peace or security，or the protection of its own essential security interests. 第 32.2 条　根本安全 1. 本协定中任何条款不得解释为： (a) 要求一缔约方提供或允许获得其确定如披露则违背其基本安全利益的任何信息；或 (b) 阻止一缔约方采取其认为对履行维护或恢复国际和平或安全义务或保护其自身基本安全利益所必需的措施	自行判断
《综合性经济贸易协议》(CETA)	Article 28.6：National security Nothing in this Agreement shall be construed： (a) to require a Party to furnish or allow access to information if that Party determines that the disclosure of this information would be contrary to its essential security interests；or (b) to prevent a Party from taking an action that it considers necessary to protect its essential security interests： (i) connected to the production of or traffic in arms, ammunition and implements of war and to such traffic and transactions in other goods and materials, services and technology undertaken, and to economic activities, carried out directly or indirectly for the purpose of supplying a military or other security establishment； (ii) taken in time of war or other emergency in international relations；or (iii) relating to fissionable and fusionable materials or the materials from which they are derived；or (c) prevent a Party from taking any action in order to carry out its international obligations for the purpose of maintaining international peace and security. 第 28.6 条　国家安全 本协定中的任何内容不得解释为：	自行判断

续 表

国际投资协定	根本例外条款原文	采取的判断规则
《综合性经济贸易协议》(CETA)	（a）要求一方当事人提供或允许获取其认为披露违反其基本安全利益的任何信息； （b）阻止一方采取其认为保护其基本安全利益所必需的行动： （i）与武器、弹药和战争工具的生产或贩运有关，与其他货物和材料、服务和技术的贩运和交易有关，与直接或间接为供应军事或其他安全设施而进行的经济活动有关； （ii）关于可裂变和可聚变材料或其来源材料的； （iii）与可裂变及易熔材料或其衍生材料有关； （c）防止一方为履行其维护国际和平与安全的国际义务而采取任何行动	自行判断
《中欧全面投资协定》(CAI)	Section VI　Institutional and final provisions Article 10　Security exceptions Nothing in this Agreement shall be construed： （a）to require a Party to furnish or allow access to any information the disclosure of which it considers contrary to its essential security interests；or （b）to prevent a Party from taking an action which it considers necessary for the protection of its essential security interests： （i）connected to the production of or traffic in arms，ammunition and implements of war and to such production，traffic and transactions in other goods and materials，services and technology，and to economic activities，carried out directly or indirectly for the purpose of supplying a military establishment； （ii）relating to fissionable and fusionable materials or the materials from which they are derived；or （iii）taken in time of war or other emergency in international relations；or （c）to prevent a Party from taking any action in pursuance of its obligations under the United Nations Charter for the maintenance of international peace and security. 第六节　体制和最终条款 第十条　安全例外 本协定中的任何内容不得解释为： （a）要求一方当事人提供或允许获取其认为披露违反其基本安全利益的任何信息； （b）阻止一方采取其认为保护其基本安全利益所必需的行动： （i）与武器、弹药和战争工具的生产或贩运有关，与其他货物和材料、服务和技术的生产、贩运和交易有关，与直接或间接为供应军事设施而进行的经济活动有关；	自行判断

国际投资协定	根本例外条款原文	采取的判断规则
《中欧全面投资协定》（CAI）	(ii) 关于可裂变和可聚变材料或其来源材料的； (iii) 与战争或国际关系中的其他紧急情况下采取的行动； (c) 防止一方为履行《联合国宪章》规定的维护国际和平与安全的义务而采取任何行动	自行判断

"自行判断"规则进一步把采取保护根本利益措施的判断权交由东道国，这是国家主权有所强化的体现。因此，"自行判断"规则其实强调东道国的主观意志，设置用意在于缔约国将"根本安全利益"的解释权留给东道国自己决定。"自行判断"规则的普遍建立是国际投资领域对国家主权的重新强调的表现形式之一。

三、根本安全例外条款中"自行判断"规则的可裁性

虽然缔约国在根本安全例外条款中采用"自行判断"规则是为了将采取保护根本利益措施的判断权交由东道国本身，排除外界的干涉，但在法律意义上，RCEP 的根本安全例外条款是否可以排除国际投资仲裁庭等争端解决机构的审查仍存在讨论的空间。

(一)"自行判断"规则的司法实践

在早期的司法实践中，一般认为，当缔约国在条约中约定"自行判断"规则，则争端解决机构无权审查该国基于根本安全例外条款采取的相关措施。例如在WTO 体系内，审查"尼加拉瓜贸易措施案"的专家组就支持这一观点，这也为之后 WTO 的案件提供了指导。然而，在 2019 年的"乌克兰诉俄罗斯运输限制措施案"中，专家组却改变了这一立场，认为采取安全例外措施的成员"其认为"的紧急情况可以由争端解决专家组客观评估并加以认定，同时可以对"其认为"保护的"基本国家安全利益"含义及其采取措施的必要性进行解释，并认为援引安全例外的成员有权对此判断，但应秉承善意，避免将安全例外"作为规避其义务的手段"。①

在国际投资领域中，涉及根本例外条款的案件主要集中在与阿根廷相关的

---

① See Report of the Panel, Russia—Measures Concerning Traffic in Transit. WT/DS512/R, May 4, 2019, para.7，133.

投资争端仲裁案件中。2000 年阿根廷因国内经济危机而颁布了《紧急状态法》，其中的相关措施与外国投资者的利益发生冲突，进而引发了多起投资仲裁案件。在"CMS 公司诉阿根廷案"中，投资者 CMS 公司提出，阿根廷政府所采取的冻结关税调整、以 1∶1 的税率兑换美元等措施违反了《美国—阿根廷双边投资协定》和投资合同中对其所作的承诺。① 在"Enron 公司诉阿根廷案"中，Enron 公司指出，阿根廷政府取消美国生产者物价指数调整制度、固定汇率的措施剥夺了其在 BIT 下应享有的公平与公正待遇。② 在上述案件中，阿根廷均援引美国与阿根廷签订的 BIT 第 11 条作为抗辩事由，并提出根本例外条款具有"自裁性"，认为仲裁庭无权审查。③ 这一条款采取的是"非自行判断"规则，两案的仲裁庭均认为根本安全利益措施属于可裁决事项，对阿根廷采取的措施进行了实质审查。Enron 案的仲裁庭认为 BIT 的目的与宗旨在于在经济困难时期仍保护投资者的利益，任何排除其义务的解释都难以与协定目的相吻合，因此需要进行限制性解释，把根本例外条款认定为自裁性违背协定宗旨，会使协定丧失实质意义。④ 与 Enron 案的说理不同，CMS 案的仲裁庭认为，当一国在面临紧急状态时，可以在不受法院干预的情况下自行判断和采取措施，但是，当其采取的措施因其合法性问题被诉至国际司法机关时，应当由国际司法机关来确认其抗辩是否能够排除其不法性。⑤ 如果国际投资协定中采取了"自行判断"的措辞，投资仲裁庭是否行使管辖权，鲜有案件提及。⑥ 有学者提出，缔约方的自由裁量权应当得到尊重，但这种抗辩的援引不是绝对的，在缔约国援引该条款作为违反条约义务的抗辩时，缔约国应当承担举证责任，对其行为进行解释，而争端解决机构应对缔约国的相关措施进行复审，以防止权利滥用可能造成的危害。⑦ 因此，含有"自行

---

① CMS Gas Transmission Co., v. Argentina, ICSID Case No.ARB/01/8, Award, May 12, 2005, paras.59 - 73.

② Enron Creditors v. Argentina, ICSID Case No. ARB/01/3, Award, May 22, 2007, paras.62 - 72.

③ Article XI of Argentina—United States of America BIT："This Treaty shall not preclude the application by either Party of measures necessary for the maintenance of public order, the fulfillment of its obligations with respect to the maintenance or restoration of international peace or security, or the Protection of its own essential security interests."see Enron Creditors v. Argentina, ICSID Case No. ARB/01/3, Decision on the Application for Annulment of the Argentine Republic, July 30, 2010, para.351.

④ Enron Creditors v. Argentina, ICSID Case No. ARB/01/3, Award, May 22, 2007, paras.331 - 332.

⑤ CMS Gas Transmission Co., v. Argentina, ICSID Case No.ARB/01/8, Award, May 12, 2005, para.373.

⑥ 韩秀丽. 论国际投资协定中的"根本安全利益"与"公共目的"[J]. 现代法学，2010,32(2)：108.

⑦ See Chen, Tsai-fang. To Judge the Self-Judging Security Exception under the GATT 1994 - A Systematic Approach.[J]. Asian Journal of WTO and International Health Law and Policy, Vol. 12, No. 2, 2017, p.343.

判断"规则的根本安全例外条款是否可以被仲裁是如今国际投资法中亟须解决的重要问题。

(二) 国家安全例外不属于可受理性的排除事由

根本安全例外条款的可仲裁性要回答的是国际争端解决机构对于援引投资条约中根本安全例外条款的争端是否可以有管辖权的问题。在国际法中,管辖争议集中在两个方面:一是法院是否具有管辖权(jurisdiction),即法院对相应争端的管辖是否具有合法的依据;二是可受理性问题(admissibility)。国际法院对可受理性的解释为,即使法院具有管辖权,并且假定原告所陈述的事实是正确的,仍存在一些理由让法院无法审查其案情,①即某项争端不具有可受理性通常是因为该事项本质上不应通过司法方式来解决,即具有不可裁决性。② 结合国际法院的司法实践,可以将不可受理的争议归纳为:不存在实质性的争端、属于政治问题的争议、未用尽当地救济、请求国没有能力提起诉讼、安理会对争端的介入等。③

一些国家在其递交的意见中往往将安全例外问题视为政治问题,作为支持"自行判断"规则不具有可裁性的论据。显然,"自行判断"规则并不满足不可受理的其他条件。那么,RCEP"自行判断"规则是否不可裁取决于国家安全例外是否属于政治问题,对这一问题的解答需要从该原则本身入手进行分析。

国际法上的政治问题不可诉原则源于美国国内法的"可诉性原则",这一原则规定在美国联邦宪法中,即联邦法院只能对"真实且实质的争议"进行裁决,对于超出司法管理范围的政治性案件不属于联邦法院的裁判范围。④ 美国联邦最高法院在1962年的"贝克诉卡尔案"中确立了法院识别"政治问题"案件的五项具体标准:① 宪法明文规定属于政治部门管辖的问题;② 在司法上缺乏可发现的和可以掌握的解决标准;③ 法院无法独立作出判决,需要政府部门的协调;④ 对已经做出的政治决定需要坚持到底的;⑤ 存在出现各部门对同一问题有不同意见的可能。⑤

从上述标准中可以看出,政治机关对政治问题的解决起着至关重要的决定性作用,且该问题无须由司法机关独立审判。在 RCEP 和习惯国际法中,不存在

---

① Islamic Republic of Iran v. United States of America. Judgment,I.C.J. Reports 2003,p.177.

② 王林彬. 论国际法院管辖争议中的可受理性问题[J]. 新疆大学学报,2007,35(3): 57.

③ 王林彬. 论国际法院管辖争议中的可受理性问题[J]. 新疆大学学报,2007,35(3): 58.

④ 赵迪. 国家安全例外条款的审查问题研究——以 GATT 1994 第 21 条为例[J]. 对外经贸,2020(8): 87.

⑤ See Baker v. Carr, 82 S.Ct. 691 (1962).

可以对各国的国家安全做出判断的政治机关,国内的政治机关是否能超越国际法的界限对国际投资条约的问题做出决定也存在疑问。但是,从法律层面上看,RCEP根本例外条款中列举了与根本安全利益相关的四项条件,即"(1)与裂变和聚变物质或衍生此类物质的物质有关的行动;(2)与武器、弹药和作战物资的交易有关的行动,以及与直接或间接供应或给养军事机关的此类交易运输的其他货物和物资或提供的服务有关的行动;(3)为保护包括通信、电力和水利基础设施在内的关键的公共基础设施而采取的行动;(4)在国家紧急状态,或战时,或国际关系中的其他紧急情况下采取的行动"。这些条件的设定表明,司法机关可以依据该条款对缔约国采取的行动进行客观审查。在国际法的语境下,国际法院认为,如果一项争议涉及国际法问题,并可以根据国际法作出解答,就应当是法律问题。① 这表明国际法院倾向于对法律问题进行扩张性解释,如果能够以法律解决的问题都会被纳入法律争端的范畴中。基于根本例外条款本身,争端解决机构可以对相关案件作出独立判断,因此,国家安全例外的事项不属于政治问题。

同时,就国际法上的司法实践而言,对于很多国家提起涉及国家安全的诉讼,国际司法机构例如国际法院、欧洲人权法院并未以所涉争端具有政治性为由拒绝行使管辖权,而是定期就涉及国家安全问题的案件发表声明。② 因此,在这一问题上,涉及政治性问题的争端可以被国际司法机构受理已经形成一般法律原则或习惯国际法。

(三)"自行判断"规则的可裁性分析

RCEP根本安全例外条款第二款的"自行判断"规则表述为"本协定的任何规定不得解释为:阻止任何缔约方采取其认为对保护其基本安全利益所必需的任何行动"。从文义解释角度出发,"其认为"(which it considers)一词赋予了缔约国关于采取相应措施的自由裁量权。同时,第二款的起首部分之后是四个的分段,起到限定起首语的作用,以分号分隔。其中,第一项和第二项与起首部分以"与……有关"(relating to)一词连接,第三项与起首部分将"为了"(so as to)一词作为连接词,表明缔约国采取的措施和实现的目标之间建立了"目的"和"手段"的关系,而目的和手段之间的关系属于客观事实,应当可以给予客观的判断。

---

① See Western Sahara, Advisory Opinion, I.C.J. Reports 1975, para.15.

② See William W. Burke-White and Andreas von Staden. Investment Protection in Extraordinary Times: The Interpretation and Application of Non-Precluded Measures Provisions in Bilateral Investment Treaties[J]. Virginia Journal of International Law, Vol. 48, No. 2, 2008, p.377.

第四项采用的是"在……时"(in time of)一词,表明采取的措施应符合时间性的要求,而这个时间性亦属于客观事实,应当可以被客观地认定。因此,从条款的文义上可以看出,第三方可以对该条款的适用条件进行客观审查,根本安全例外的适用并不完全由缔约国的主观意识来判断,国际争端解决机构对案件行使审查权并无客观上的障碍。

根据《维也纳条约法公约》第26条的"善意履行原则",即使缔约国对采取安全例外措施有自由裁量的空间,国际仲裁庭也应该有权根据"善意原则"对缔约国是否善意采取措施进行判断,在此过程中避免不了对该国所称的根本安全利益和相关措施进行客观审查。在2008年的"刑事事项互助的若干问题案"中,这一观点也被国际法院所认可。因法国政府和司法当局拒绝执行将一起刑事案件转交给吉布提司法当局的国际调查委托书,吉布提共和国向国际法院提起诉讼,指控法国违反了1986年两国签订的《刑事事项互助公约》。在法国的抗辩意见中,法国援引了该公约第2(c)条作为抗辩事由,即如果一国认为执行请求可能损害其根本利益的,可以拒绝互助。① 在对法国拒绝执行国际调查委托书的行为进行实质性审查之前,国际法院首先对其管辖事宜作出了判断。吉布提称,虽然《公约》第2(c)条使用了"自行判断"的规则,给予了缔约国充分的自由裁量权,但缔约国采取的行为必须是合理且善意的。② 国际法院支持了吉布提的意见,法院认为《公约》第2(c)条确实赋予了当事国自由裁量权,但法国仍应受到《维也纳条约法公约》第26条所规定之善意履行之义务的约束,该义务要求拒绝执行调查委托书的理由必须符合《公约》第2条的规定,因此法院将对这些条件进行审查。③ 也就是说,基于善意履行原则,RCEP缔约方的自由裁量权并不妨碍法院行使管辖权。

同时,RCEP第3条规定:"本协定的目标是:(四)在区域内创造自由、便利和具有竞争力的投资环境,以增加缔约方之间的投资机会,提升投资的促进、保护、便利化和自由化。"④基于目的解释,RCEP的投资条款体现了缔约方保护外

---

① "Article 2(c) of the [1986] Convention... provides that the requested State may refuse a request for mutual assistance if it considers that execution of the request is likely to prejudice [the] sovereignty... security... ordre publicor other... essential interests [of France]". Certain Questions of Mutual Assistance in Criminal Matters (Djibouti v. France). Judgment, I.C.J. Reports 2008,para.28.

② Ibid,para.135.

③ Ibid,para.145.

④ Article 1.3: The objectives of this Agreement are to: (d) create a liberal, facilitative, and competitive investment environment in the region, that will enhance investment opportunities and the promotion, protection, facilitation, and liberalisation of investment among the Parties.

国投资者的缔约目的。如果东道国可以自行判断是否采取安全例外措施,且不用受到投资者的监督或仲裁庭的管辖,东道国存在滥用这一抗辩违反协定义务的可能,外来投资者的利益无法得到保障,这与协定目的本身是相背离的。除此之外,缔约国在 RCEP 第 13 条第 2 款中设置了四项具体适用条件的目的就是对其自我判断权利进行限制,赋予了对该条款进行客观审查的可能,如果完全由缔约国自行决定该条款的援引,则这里的四项条件就没有存在的意义。

综合上述考量,可以得出结论:RCEP 的根本安全例外条款中虽然含有"自行判断"规则,但涉及缔约国援引该条款的案件仍具有可裁性。

第四节　根本安全例外条款中"自行判断"规则的适用标准

尽管含有"自行判断"规则的根本安全例外条款仍具有可裁性,但过度的审查会侵害成员国的国家主权,甚至对其国家安全造成威胁,"自行判断"规则也就失去了存在的意义。为了在防止成员国滥用安全例外抗辩与维护成员国安全利益的自由裁量权之间达到平衡,应当明晰 RCEP 中"自行判断"规则的适用标准,尤其是"根本安全利益"(essential security interests)和"必要性"(necessary)的内涵,才能为成员国援引该条款提供指导,也为国际投资仲裁庭等争端解决机构提供审查的标准。

一、"根本安全利益"的适用标准

"根本安全利益"是争端解决机构进行实质审查的第一步,明确成员国抗辩的核心因素——保护何种根本安全利益才能进一步判断其采取的措施是否"必要"。基于现有研究,难以对"根本安全利益"的概念进行定义,或是对其内涵和外延进行界定,本章仅对 RCEP 根本安全例外条款中缔约国能够适用的安全利益进行分析。

第二次世界大战后,《联合国宪章》第 2 条第 4 款规定了禁止使用武力原则,[1]其中第 51 条规定:"联合国任何会员国受武力攻击时,在安全理事会采取

---

[1] 《联合国宪章》第 2 条第 4 款规定:"各会员国在其国际关系上不得使用威胁或武力,或以与联合国宗旨不符之任何其他方法,侵害任何会员国或国家之领土完整或政治独立。"

必要办法,以维持国际和平及安全以前,本宪章不得认为禁止行使单独或集体自卫之自然权利。"这是禁止使用武力原则的例外,也是现代具有普遍约束力的多边条约中第一次规定安全例外条款。① 此处,《联合国宪章》中的国家安全例外条款针对的是因"武力"等武装冲突而受到冲击的安全利益。②《联合国宪章》颁布后不久,1947 年的 GATT 中首次规定了安全例外条款,成为经贸领域中安全例外条款在国际条约法上的先例,对之后的国际经贸协定产生了重要影响。

然而,随着国际社会生活的复杂化,一国的经济、安全、生态环境对该国的社会发展也起着重要的作用,把此类安全利益排除在国际条约的保护范围之外不利于该国社会利益的保护。③ 在"尼加拉瓜诉美国案"中,美国因在尼加拉瓜的内水和领海的港口附近布雷,严重威胁尼加拉瓜的安全与航行,被尼加拉瓜诉至国际法院。在其递交的请求书中,尼加拉瓜指控美国的行为违反了 1956 年两国签订的《友好、通商和航运条约》。④ 国际法院遂对该条约的安全例外条款⑤进行了解释。法院认为,对武装攻击进行自卫属于为保护根本安全利益采取的必要措施,这一点毋庸置疑,但是基本安全利益的概念应当超出武装袭击的概念,因此,应当对美国采取措施的必要性和其安全利益的合理性进行审查。⑥ 虽然该案法院最后认定,美国在尼加拉瓜港口布雷和全面贸易禁运等行为不能证明是保护美国基本安全利益的必要措施,但表明了国际法院的态度,即国家的根本安全利益不止包括军事安全。

联合国国际法委员会的专家早在 1980 年就提出,允许国家违反其义务的"根本国家利益"必须是一个至关重要的利益,包括政治或经济安全、公共基础设施的持续运作、国内和平的维护、人口的生存以及环境的保护等。⑦ 显然,RCEP根本安全例外条款中必然包括国家的政治安全和军事安全,这体现在该条第二

---

① 张乃根. 国际经贸条约的安全例外条款及其解释问题[J]. 法治研究,2021(1):128.

② 余民才. 自卫权适用的法律问题[J]. 法学家,2003(3):147.

③ 刘京莲. 国际投资条约根本安全例外条款研究[J]. 国际经济法学刊,2010,17(1):192.

④ Military and Paramilitary Activities in and against Nicaragua (Nicaragua v. United States of America). Merits, Judgment, I.C.J. Reports, 1986:22.

⑤ Article XXI of the 1956 Treaty of Friendship, Commerce and Navigation:"the present Treaty shall not preclude the application of measures:(c) regulating the production of or traffic in arms, ammunition and implements of war, or traffic in other materials carried on directly or indirectly for the purpose of supplying a military establishment;(d) necessary to fulfill the obligations of a Party for the maintenance or restoration of international peace and security, or necessary to protect its essential security interests."

⑥ Military and Paramilitary Activities in and against Nicaragua, supra note 32.

⑦ OECD. Essential Security Interests under International Investment Law, International Investment Perspectives:Freedom of Investment in a Changing World, 2007:100.

款第二项和第四项的条件中。同时,第三项"保护包括通信、电力和水利基础设施在内的关键的公共基础设施"的条件体现出国家的根本安全利益还包括与公共基础设施相关的公共秩序。那么,该条款中的根本安全利益是否还有其他的解释空间?

当代社会是风险社会。事实证明,一国的根本安全利益会受到各种因素的威胁。风险社会理论于 20 世纪 80 年代提出,代表学者有乌尔里希·贝克(Ulrich Beck)、安东尼·吉登斯(Anthony Giddens)等。贝克认为,人类历史上各个时期的各种社会形态从一定意义上说都是一种风险社会。[①] 随着人类对社会和自然的干预程度加深,决策和行为成为现代社会风险的主要来源,制度化风险和技术性风险成为现代风险结构中的主要类型,且具有潜在的全球性影响。[②] 1996 年英国"疯牛病"、2001 年美国"9·11"事件以及 2003 年我国"非典"疫情使风险社会理论迅速在全球范围内得到认可与接受。除了恐怖袭击和暴力冲突,公共健康、自然灾害等突发事件也影响和威胁着人民安全、公共安全,甚至国家安全。[③]

国际性非营利组织国际风险治理理事会(International Risk Governance Council,IRGC)长期致力于对现代社会的风险及其治理问题进行科学研究和国际交流,其在新兴风险的概念中提出了环境变化所致的极端风险。[④] 环境安全利益针对的是陆地或海上某些地区的动物或植被的生存保护,以确保一个地区的生态平衡。近二十年来,维护生态平衡逐渐成为国家的基本利益,有相当数量的国家提议在此基础上排除不符合国际义务的不法行为。[⑤] 在国际法院审理的案件中,也有将环境保护作为国家基本安全利益的判例。例如在"匈牙利诉斯洛伐克案"中,国际法院认为环境的意义不仅针对国家,而且还影响整个人类,环境不是一个抽象概念,而是代表人类的生存空间、生活质量和健康,各国普遍有义务确保在其管辖和控制范围内的活动不损害其他国家的环境或国家控制范围以外地区的环境,因此,法院认定匈牙利的自然环境属于该国的"根本利益"。[⑥] 然而,在 RCEP 中,环境安全不应被认定为根本安全利益。

---

① 乌尔里希·贝克. 从工业社会到风险社会(上篇)——关于人类生存、社会结构和生态启蒙等问题的思考[J]. 王武龙编译,马克思主义与现实,2003(3):26.

② 杨雪冬. 风险社会理论述评[J]. 国家行政学院学报,2005(1):87.

③ 童星. 政府协调治理:一种新型的公共危机治理模式——《风险社会的治理之道》评介[J]. 中国行政管理,2019(1):154.

④ 自张海波. 风险社会视野中的公共管理变革[J]. 南京大学学报,2017(4):60.

⑤ Yearbook of the International Law Commission. 1980, Vol. II, Part 2.

⑥ See GabCikovo-Nagymaros Project (Hungary/Slovakia). Judgment, I.C.J. Reports 1997, para.53.

RCEP 第 17 章第 12 条规定的一般例外条款中包括了对环境安全利益的保护。① 根据体系解释,根本安全例外条款的"根本安全利益"不应被解释为缔约国的环境安全利益。

不可否认的是,一国的经济安全也是国家重要的安全利益。② 在 ICSID 仲裁的 CMS 案中,仲裁庭认为案涉条款的"根本安全利益"包括经济危机所涉及的国家基本安全,"如果基本安全利益的概念限于直接的政治和国家安全关注,而排除主要的经济紧急状况,这会导致对该第 11 条的失衡理解。"③ 同时,虽然仲裁庭认为涉案安全例外条款下基本安全利益包括经济危机,但该危机须达到国内经济崩溃的地步方可采取例外措施。

同样地,在国际法院中也有相似的观点。例如在"伊朗诉美国石油平台案"中,国际法院认为美国船只和船员的安全,以及波斯湾海上贸易的不间断流动属于美国的合理安全利益。④ 在国际投资协定中,严重的经济危机很可能导致国民经济的动荡,若经济危机已达到使得东道国经济崩溃的地步,此时仍要求东道国对外国投资者的利益进行保护难免过于苛刻。成员国签订国际投资协定的目的是促进国内外经济的发展,获得双赢的局面,在一国经济面临崩溃之际采取相应的经济措施,存在正当性。因此,"根本安全例外"可以包含经济安全。

综上所述,RCEP 根本安全例外条款中的根本安全利益应当可以解释为涉及军事安全、政治安全、经济安全的利益,有关环境安全的利益应交由一般例外条款进行规制。当然,这里的解释并不是穷尽式的,随着国际社会的变化,可能会有新的国家利益上升为根本的安全利益。例如有学者提出,当国家处于公共健康危机时,保护国家与人民的健康与生存当然属于各国的"根本安全利益"。⑤

二、"必要性"的适用标准

"自行判断"规则会给予条约方过多的自由裁量权利,为此,RCEP 的缔约国

---

① RCEP 第 17 章第 12 条的注释:"缔约方理解 GATT1994 第 20 条第 2 项所提及的措施包括保护人类、动物或植物生命或健康所必需的环境措施;缔约方理解 GATS 第 14 条第 2 项所提及的措施包括保护人类、动物或植物生命或健康所必需的环境措施。"

② See Yearbook of the International Law Commission, supra note 40.

③ CMS Gas Transmission Co., v. Argentina, supra note 15, para.360.

④ Oil Platforms, supra note 18.

⑤ 韩秀丽. 论国际投资协定中的"根本安全利益"与"公共目的"[J]. 现代法学,2010,32(2):105.

在文本中加入了"必要"一词来寻求国家主权和投资者利益之间的平衡。如果缔约国未充分说明其对"必要性"的考量，即使其根本安全利益受到损害，也无法证明采取的措施是正当的。从这个角度来看，缔约国如果需要援引根本安全例外条款来作为抗辩，则必须满足这一重要条件。

（一）采取违反条约义务的措施是唯一方法

联合国国际委员会第 53 届会议于 2001 年 11 月通过《国家对国际不法行为的责任条款草案》（2001）第 25 条对"危急情况"（necessity）进行了规定，其中第 1 款明确了若一国采取的行为是该国保护基本利益（essential interest），对抗某项严重迫切危险的唯一办法，则可以援引危急情况作为理由解除不遵守该国某项国际义务的行为的不法性。[1] 这一规则与 RCEP 根本安全例外条款的目的相同，在措辞上都使用了"necessary"一词，尽管词性不同。虽然《国家对国际不法行为的责任条款草案》不是条约，也不是习惯国际法，但反映了联合国和国际社会对于这一问题的理解，有一定的借鉴意义。

在实践层面，ICSID 在"安然公司诉阿根廷案"中对所涉阿根廷与美国 BIT 的根本安全例外条款进行了解释。其中，仲裁庭认为阿根廷援引根本安全例外条款进行抗辩须满足"必要性"条件，采取的措施必须是维护根本利益的唯一办法。[2]

因此，必要性在很大程度上体现为唯一性，尤其是作为条约义务的例外时，必要性的解释必须更为严格。当投资协定项下存在其他替代性方法时，如果缔约国仍旧采取了违反条约义务的措施，致使对方当事国的投资者遭受损失，这足以令人质疑其措施是否"善意"，也无法满足"必要性"的要件。当然，过分依赖于判断当事国是否采取的是"唯一方法"而直接作出认定，会导致审查标准过于严苛。一国政府在面临紧急状态时可能会有多种应对方法，政府完全可以采取不违反或最少违反其国际义务的措施。[3] 但是，在有替代性方法的情况下，仲裁庭也应考虑替代方案的有效性，才能进一步确定当事国采取的措施是否必要。如果其他的替代方案并不能有效缓解当事国的危急状态，那么，当事国采取的措施也可以被认定为"唯一"办法。

---

[1] 联合国国际法委员会《国家对国际不法行为的责任条款草案》（2001）第 25 条规定："一国不得援引危急情况作为理由解除不遵守该国某项国际义务的行为的不法性，除非：（a）该行为是该国保护基本利益（essential interest），对抗某项严重迫切危险的唯一办法；而且（b）该行为并不严重损害作为所负义务对象的一国或数国或整个国际社会的基本利益。"

[2] Enron Creditors v. Argentina, supra note 13, para.357.

[3] 张乃根. 国际经贸条约的安全例外条款及其解释问题[J]. 法治研究, 2021(1)：136.

（二）对国家根本安全的威胁程度

采取措施的"必要性"首先要求对国家根本安全构成威胁的危险达到一定程度。如果东道国的国家安全受到威胁，但其程度并不必然要求缔约国采取违背协定义务措施的，缔约国就会缺乏援引根本安全例外的正当性。通说认为，对国家根本安全利益构成威胁的危险须达到严重且迫在眉睫的程度。[①] 例如在"匈牙利诉斯洛伐克案"中，国际法院认为如果要引用相关例外条款，必须有"重大的军事威胁"，因此并不认同美国基于国家安全条款的辩护理由，认为并未发现尼加拉瓜入侵中美洲地区的威胁，不符合援引国家安全例外的条件。[②]

（三）采取措施与维护根本安全利益的相关性

在"沙特知识产权案"中，专家组提出，评估安全例外条款的标准之一是援引安全例外的一方是否形成相关根本安全利益，并足以能够判断所采取的行动与之相关性（relevance）。[③]

援引根本例外条款时，缔约国维护其根本安全利益是目的，采取相关的措施是手段，两者存在目的—手段关系。目的与手段之间必须存在相关性是逻辑推理下的必然结果。同时，在国际投资领域中，国家对外国投资者的干预与国内政府对私法进行干预类似，可以借鉴国内法中比例原则的适用条件。比例原则要求干预必须适合于达成所欲求之目的，即干预与目的必须相关。[④] 因此，采取措施与维护根本安全利益具有相关性符合比例原则的要求，将这一条件作为"必要性"的审查标准具有合理性。

第五节 结 语

RCEP第17章的根本例外条款采用了"自行判断"规则，其设置目的是将"根本安全利益"的解释权留给东道国自己主观决定，这也符合现今国际投资法中东道国规制权强化的发展趋势。但是，东道国对于根本安全例外的自由裁量权仍旧应该被限制，这体现在"自行判断"规则并不能对抗国际投资仲裁庭的管辖上。相应地，RCEP缔约国"自行判断"根本安全例外应存在一定客观标准，本

---

① 赵迪. 国家安全例外条款的审查问题研究[J]. 对外经贸,2020(8): 88.

② Case Concerning the Gabcikovo-Nagymaros Project, supra note 41.

③ Report of the Panel, Saudi Arabia-Measures Concerning the Protection of Intellectual Property Rights, WT/DS567/R, June 16, 2020, paras.7.242.

④ 郑晓剑. 比例原则在民法上的适用及展开[J]. 中国法学,2016(2): 144.

章对"根本安全利益"和"必要性"进行了解释,即"根本安全利益"应包括军事安全、政治安全、经济安全等,有关环境安全的利益应交由一般例外条款进行规制;"必要性"要求采取违反条约义务的措施是唯一方式、对国家根本安全的威胁程度须达到严重且迫在眉睫、采取措施与维护根本安全利益之间具有相关性。

第六章

国际投资法的投资保护再平衡研究

——以国际投资协定中的一般例外条款为视角

第一节　引　　言

在国际投资领域中，投资者—国家争端解决（Investor-State Dispute Settlement，ISDS）机制改革是对投资者和东道国权益的"再平衡（rebalancing）/再校准（recalibrating）"进程的焦点。[①] 这一"再平衡"的需求源于现有 ISDS 机制本身在程序和实体上的内在非对称性（asymmetry），一方面，ISDS 机制在程序上给予投资者更多权利而弱化了东道国的主体地位，[②] 成为引起 ISDS 正当性危机的重要原因；另一方面，以 20 世纪 90 年代爆发式增长的传统双边投资条约为代表的传统投资协定以促进投资为宗旨，主要关注对投资和投资者的保护，它们在当前以东道国重新掌握规制权和维护社会公共利益为趋势的改革中显得亟待更新。

ISDS 程序改革的核心议题包括国际投资仲裁的正当性和透明度等，这也是当前学界的讨论焦点。相比之下，以对国际投资协定（International Investment Agreements，IIAs）的程序改革为主要切入点的 ISDS 改革则相对未能得到足够重视。应当注意，ISDS 的内在非对称性并非 ISDS 危机的唯一原因，甚至有学者

[①] Crina Baltag. Reforming the ISDS System: In Search of a Balanced Approach, 12 CONTEMP[J]. Journal of Asia ARB, 2019: 279, 288; Eric de Brabandere. (Re)calibration, Standard-setting and the Shaping of Investment Law and Arbitration[J]. Bos. C. L. Rev, 2018: 2607. 有学者指出"再平衡（rebalancing）"与"再校准（recalibrating）"在词义上的细微差别，认为投资者和东道国权益状态所需调整并非前者强调的均衡状态。本书认可这一区分具有一定合理性，但在行文中不再对二者进行区分。

[②] 例如，东道国往往不具有发起投资仲裁或在投资仲裁中提出反诉之权利。

指出，只有对 IIAs 进行实体改革才能真正实现对 ISDS 的有效和长远改革。① IIAs 中的一般例外条款（General Exceptions）作为重要的东道国政策工具之一是 IIAs 实体改革的重要方面，也是投资保护议题下投资者和东道国权益再平衡的重要途径。②

第二节　概述——国际投资协定中一般例外条款作为一种投资保护再平衡工具

IIAs 中的一般例外虽非全新的概念，但由于其概念组成包含两个子概念且其具有对相关 WTO 规则的移植特征，本章在第一节将首先对 IIAs 和一般例外进行介绍，进而对 IIAs 中的一般例外之概念及其发展现状进行界定、辨析和归纳。一般例外的特点和功能表明，它在总体上增加了国家主体的规制空间；相应地，IIAs 中的一般例外条款是一种增加投资保护议题下东道国可执行措施空间、限缩投资和投资者保护范围的条款，可作为一种投资保护再平衡的工具。

一、国际投资协定与一般例外条款

根据联合国贸易和发展会议（UNCTAD）的分类，IIAs 分为两大类："双边投资协定（Bilateral Investment Treaties，BITs）"和其他"含有投资条款的条约（Treaties with Investment Provisions，TIPs）"。③ 前者指两国之间关于促进和保护各自国家的投资者在彼此领土内进行的投资之协议，在 IIAs 中占多数；后者则为 BITs 之外的各种类型的投资条约之统称，例如包含 BITs 中常见义务的广泛的经济条约。④ 就 TIPs 的次级分类，UNCTAD 指出，其包括带有投资章节的自由贸易协定（Free Trade Agreements，FTAs）等；⑤此外，随着区域贸易协定

---

① Razeen Sappideen & Ling He Ling. Dispute Resolution in Investment Treaties: Balancing the Rights of Investors and Host States[J]. Journal of World Trade, 2015(49): 85.
② 余劲松. 国际投资条约仲裁中投资者与东道国权益保护平衡问题研究[J]. 中国法学, 2011(2).
③ International investment agreements and their implications for tax measures: what tax policymakers need to know—A guide based on UNCTAD'S Investment Policy Framework for Sustainable Development, UNCTAD/DIAE/PCB/INF/2021/3.
④ Ibid.
⑤ Ibid.

(Regional Trade Agreements,RTAs)和 BITs 分别所在的贸易和投资法律界域间之界限变得模糊,一种新型的条约由此产生:贸易和投资协定(Trade and Investment Agreements,TIAs)是指包括投资章节或条款在内的贸易协定,但不包括仅涉及未来投资谈判或合作的协议,其判定取决于协议的具体内容,而其形式可能体现为传统意义上所称的 FTAs 或 RTAs 等。综上,本章所指的 IIAs 是广义的,一方面,包括传统的 BITs;另一方面,包括广义的 TIPs,后者以条约是否包含投资相关规定为判断基础,在形式上呈 FTAs、RTAs 等多种样态。

一般例外可追溯至美国在 20 世纪 40 年代签订的《友好通商航海条约》,[①]当前最为广泛所知的一般例外则当属贸易领域的 WTO 规则中的一般例外,且尤以《关税及贸易总协定》(GATT)第 20 条和《服务贸易总协定》(GATS)第 14 条为甚。[②] 一般例外在形式上通常以单独条款形式呈现,在内容上则多体现为旨在保障国家公共道德、公共秩序或公共健康等,是广义上公共政策条款的一种。以 GATT 第 20 条为例,经典的一般例外条款由三部分组成:引言、公共政策目的和措施关联性要求,[③]相应地,本章这样定义"一般例外",它是指在满足特定条件的情况下,允许缔约方为了在特定程度上实现特定公共政策目标,而采取背离条约其他实体义务措施的条款。

二、国际投资协定中的一般例外条款:概念界定与辨析

本章所指 IIAs 中的一般例外条款系指 IIAs 中的"WTO 式一般例外条款"(WTO-style general exceptions),它们包括被并入 IIAs 的 GATT1994 第 20 条和 GATS 第 14 条中的一般例外条款等 WTO 规则中的一般例外,以及和 WTO 规则中一般例外条款相似的自足式的(self-standing)IIAs 一般例外条款。以我国近期所签订的 IIAs 为例,前者典型的如 2020 年《区域全面经济伙伴关系协定》(RCEP)第 17 章"一般条款和例外"第 12 条:"一、就……第 10 章(投资)……而言,GATT1994 第 20 条经必要修改后纳入本协定并构成本协定的一部分。二、就……第 10 章(投资)……而言,GATS 14 条包括其脚注经必要修改

---

① William W. Burke-White & Andreas von Staden. Investment Protection in Extraordinary Times: The Interpretation and Application of Non-Precluded Measures Provisions in Bilateral Investment Treaties [J]. VJIL, 2017(48): 307, 312.

② GATT 第 20 条和 GATS 第 14 条均为以"一般例外(General Exceptions)"命名的条款,此外亦有未明确以一般例外命名但具有类似功能的条款,例如《技术性贸易壁垒协议》(TBT 协议)第 2.2 条、《卫生与植物检疫措施协议》(SPS 协议)第 2.2 条。

③ 对一般例外条款各要素的功能具体设计探究见文本第四部分。

后纳入本协定并构成本协定的一部分"。① 后者典型的如 2012 年中—加 BIT 第 33 条"一般例外"之第 2 款:"本协定的规定不得解释为禁止缔约国采用或维持以下措施,包括环境措施,但实施措施不得以武断的或不合理的方式,或构成对国际贸易或投资的变相限制:(a)为了保证某些与本协定的规定并无抵触的法令或条例的贯彻执行所必需的措施……。"②

IIAs 中的一般例外条款同许多其他公共秩序条款一样以保护公共秩序为主要价值之一,但它们除了具有 WTO 一般例外条款的形式特点外,亦在其他方面区别于 IIAs 中的其他公共秩序条款。首先,一般例外条款不同于 carve-out 式例外(通常称"范围条款"),它们的适用逻辑不同:一般例外通常直接完全排除特定情形(为了某种公共秩序)下本条约的适用,③carve-out 式例外则是排除该条约在某些特定领域的适用,④后者的特定领域性决定了它相比一般例外可作为特别法优先适用。⑤ 与这种适用逻辑上的不同对应,carve-out 式例外的措辞常为"本条约不适用于……",例如,《北美自由贸易协定》(NAFTA)第 1108 条"保留和例外"的措辞均为"……(某条款)不适用于(do not apply to)……(某类措施或对象)"。⑥ 这种表述比 WTO 式一般例外条款意欲产生的效果更加明确,可引导仲裁庭将其性质认定为一种许可。⑦ 其次,本章所指的一般例外条款区分于非排除措施(non-precluded measure,NPM)条款。后者虽有时与一般例外条款混用,但二者并不等同。NPM 条款将特定种类的国家行为移出特定条约下实体保护的范围,⑧允许缔约方基于保护特定价值与利益之目的而采取背离条约义务的特别措施。⑨ 由于非排除措施条款在性质上属于规范特定义务适用范围的条款,故其所排除的措施可能根据缔约方的选择而免除条约的一部或全

---

① 《区域全面经济伙伴关系协定》(RCEP)。

② Article 33 General Exceptions, Agreement Between the Government of Canada and the Government of the People's Republic of China for the Promotion and Reciprocal Protection of Investments.

③ 应注意,一方面,对一般例外条款的性质是作为对东道国的授权还是东道国责任的排除存在争议;另一方面,对一般例外条款的适用范围也存在不同设计实践。

④ 典型的如 GATS《金融服务附件》第 2 条第 1 款的"金融审慎例外(prudential carve-out)"。

⑤ GATS《金融服务附件》第 2 条第 1 款规定成员方基于审慎目的采取监管措施不受 GATS 其他条款的限制。

⑥ Article 1108: Reservations and Exceptions, North American Free Trade Agreement (hereinafter "NAFTA").

⑦ Caroline Henckels. Should Investment Treaties Contain Public Policy Exceptions? [J]. B. C. L. REV, 2018(59): 2825, 2833 - 2834.

⑧ Burke-White & von Staden, supra note 9, at 321.

⑨ 银红武. 论国际投资仲裁中非排除措施"必要性"的审查[J]. 现代法学, 2016(4).

部义务,系一种初级规则;①而一般例外条款在性质上并无明确统一,②且原则上适用于条约之全部。有学者指出,"非排除措施条款"之称谓起源于历史上某一特定条款的名称,是一种基于形式的概念,对一般例外条款性质判定具有误导性,③因此,对一般例外条款一律沿用"非排除措施条款"称谓的做法是不妥当的。

三、国际投资协定中一般例外条款的发展现状

传统的 BITs 中通常不含一般例外条款。2008 年,在全世界超过 2 800 个 IIAs 中,仅 25—30 个包含上述一般例外条款。④ 但近十年来,在 IIAs 中纳入一般例外条款已成为客观趋势。在 2010—2015 年缔结的 113 个 IIAs 中,45% 包含一般例外条款;⑤UNCTAD 发布的《2020 年世界投资报告》指出,在 2019 年缔结的 15 个可查的 IIAs 中,有 9 个包含一般例外条款。⑥ 除 BITs 外,一般例外条款在 TIPs 中也呈增长趋势,2008 年《中国—新西兰自由贸易协定》、⑦2009 年《东盟全面投资协定》⑧及《中国—东盟自贸区投资协定》、⑨2014 年《韩国—东盟自由贸易协定》(KAFTA)、⑩ 2016 年欧盟与加拿大《全面经济贸易协定》(CETA)⑪和 2020 年《区域全面经济伙伴关系协定》(RCEP)⑫均直接纳入 GATT 第 20 条;《中欧全面投资协定》(CAI)已公布的原则性协议文本则同时纳入了自足式的一般例外和 GATT 第 20 条。⑬ 不过应当注意的是,尽管投资条约实践在近年方出现纳入一般例外条款的趋势,在 IIAs 中纳入 WTO 式一般例外

① Burke-White & von Staden, supra note 9, at 322.

② 下文将述及。

③ 曾建知. 国际投资法中的规制权研究[D]. 厦门：厦门大学博士论文,2018.

④ Andrew Newcombe. General Exceptions in International Investment Agreements[C]. London: Draft Discussion Paper Prepared for BIICL Eighth Annual WTO Conference.

⑤ Amelia Keene. The Incorporation and Interpretation of WTO-Style Environmental Exceptions in International Investment Agreements[J]. WORLD Investment & TRADE, 2017(18): 62, 91.

⑥ UNCTAD. UNCTAD World Investment Report 2020: International Production Beyond the Pandemic[EB/OL]. [2021 - 04 - 24]. https://unctad.org/webflyer/world-investment-report-2020.

⑦ Art 200 General Exceptions, Chapter 17 Exceptions, New Zealand-China Free Trade Agreement.

⑧ Art 17 General Exceptions, ASEAN Comprehensive Investment Agreement.

⑨ Art 16 General Exceptions, Agreement on Investment of the Framework Agreement on Comprehensive Economic Co-operation between the Association of Southeast Asian Nations and the People's Republic of China, Bangkok, 15 August 2009.

⑩ Art 20 General Exceptions, ASEAN-KOREA Free Trade Agreement (KAFTA).

⑪ Article 28.3 General Exceptions, Comprehensive and Economic Trade Agreement.

⑫ Article 17.12 General Exceptions, Regional Comprehensive Economic Partnership Agreement.

⑬ Article 4 General Exceptions, Sub-section 2: Final provisions, Section VI Institutional and final provisions, EU - China Comprehensive Agreement on Investment, text of Agreement in Principle.

条款的做法并非新鲜——于 1998 年终止协商而失败的《多边投资协定》
(Multilateral Agreement on Investment)即采用的是以"维持公共秩序"为目标
的一般例外条款。①

与一般例外条款日渐普遍之事实相对应的是,各国对 IIAs 中一般例外条款
的纳入愈发关切。一方面,对一般例外条款的纳入与构建是 IIAs 实体条款改革
的一个重点。在 UNCTAD 于 2020 年 11 月发布的旨在关注 IIAs 实体条款改
革②的《国际投资协定改革加速器》中,IIAs 中的一般例外被作为公共秩序例外
的重要内容,而公共秩序条款正是 IIAs 改革的八大核心改革条款之一。③ 一般
例外条款作为 IIAs 中关键的实体条款之一,其改革和对 ISDS 的程序改革不可
分离,两者共同为投资者和东道国权益"再平衡"进程的焦点。④

我国签订的 IIAs 中的一般例外条款发展状况与上述总体趋势一致。笔者
对我国从 20 世纪 80 年代以来签订的共计 169 个 IIA 样本进行了类型化统计,
统计对象包括 145 份 BIT 和 24 份 TIP。结果表明,在 120 份文本可查的 BIT
中,仅有 6 份 BIT 含有实质意义上的一般例外条款,其中 4 份采用了"一般例外"
或"例外"的条款称谓,2 份则分别置一般例外于"健康,安全和环境措施"
(Health,Safety and Environmental Measures)和"投资待遇"(Treatment of
Investments)条款之下。⑤ 我国所签订的 BITs 中一般例外条款之雏形最早见于
2004 年中国—芬兰 BIT 第 3 条"投资待遇"之第 6 款,⑥第一个典型意义上的一
般例外条款则是 2012 年的中国—加拿大 BIT 第 33 条"一般例外"。⑦ 在 24 份
文本可查的 TIP 中,则有多达 10 份 TIP 含有适用于投资领域的一般例外条款,

① VI EXCEPTIONS AND SAFEGUARDS, Multilateral Agreement on Investment, Draft
Consolidated Text,DAFFE/MAI(98)7/REV1, 22 April 1998.

② International Investment Agreements Reform Accelerator, UNCTAD/DIAE/PCB/INF/2020/
8:2.

③ International Investment Agreements Reform Accelerator, UNCTAD/DIAE/PCB/INF/2020/
8:2.

④ Tania Singla, A Multilateral Framework for Investment Protection:The Missing Piece in the
Puzzle of ISDS Reform? [J]. NLUD J. LEGAL Stud. 2020(2):131, 133.

⑤ China–United Republic of Tanzania BIT (2013)和 China–Finland BIT (2004).

⑥ "6. Provided that such measures are not applied in a manner which would constitute a means of
arbitrary or unjustifiable discrimination by a Contracting Party, or a disguised investment restriction,
nothing in this Agreement shall be construed as preventing the Contracting Parties from taking any
measure necessary for the maintenance of public order.",Article 3 Treatment of Investment, Agreement
between the Government of The Republic of Finland and the Government of the People's Republic of China
on the Encouragement and Reciprocal Protection of Investments[EB/OL]. [2021-04-21]. https://
investmentpolicy.unctad.org/international-investment-agreements/treaty-files/733/download.

⑦ Supra note 13.

其中仅有 1 份未采用"一般例外"或"例外"的条款称谓。[①] 此外,上述含有一般例外的 IIAs 中,有半数是于近 10 年内所签订的(见表 6 - 1)。

表 6 - 1　我国所签订 IIAs 中的一般例外条款纳入情况统计

项目 类型	总数	纳入实质上的一般例外/ 采用"一般例外"称谓	签订年份(数量)
BITs	169	6/4	2004,2008(2),2012,2013,2015
TIPs	25	10/9	2003(2),2008,2009(2),2013,2015, 2017,2019,2020

第三节　国际投资协定中一般例外条款的性质定位探究——责任阻却事由抑或其他

国际投资协定中一般例外条款的性质问题虽似一纯粹的理论问题,但由于投资领域以补偿为主要责任承担方式的特征,这一性质问题的处理将给东道国带来巨大实质影响。本节试图以一般例外条款性质的理论探讨为起点,结合与此相关的习惯法上之间的征收补偿义务,对一般条款的性质进行分析。

一、一般例外条款性质的类型化方式：义务范围澄清、脱罪理由和责任阻却事由

若想试图明确 IIAs 中现存一般例外条款的实然性质,有必要建立类型化的框架。应注意,不论以下哪种分类方法,均无法实现仅就 IIAs 一般例外条款文本本身得出性质判断。一方面,类型化的目的本就并非在此,而是帮助厘清条款适用的实际效果;另一方面,由于本部分同时意图厘清一般例外条款和其他条款关系,这必然意味着上述的类型化过程需将条约中其他条款作为考量因素才可

---

①　2009 年《中国—毛里求斯自由贸易协定》中的一般例外体现为第 8 章"投资"之第 9 条"业绩要求"之第 4 款："只要此类措施不以专断的或不合理的方式适用,并且此类措施不构成对国际贸易或投资的变相限制,第一款第(二)(三)(六)项和第二款第(一)和(二)项不应被解释为阻止一方采取或维持以下措施,包括环境措施：1. 确保遵守不违反本协定的法律法规所必需的措施;2. 保护人类、动植物的生命或健康所必需的措施;3. 与保护生物和非生物的不可再生自然资源相关的措施。"

能得到一种结论。

对 IIAs 中一般例外的性质有诸多类型化的方式。首先,有学者主张 IIAs 中的一般例外条款应被定位为一种限制实体条约义务的"许可"(permission),而非用以阻却表面违法行为非法性的"抗辩"(defense),①但此二分并不足以全面体现一般例外的可能性。

其次,WTO 规则的性质划分可为碎片化的 IIAs 规则之定性提供参考,WTO 上诉机构认为,GATT/GATS 一般例外条款的性质为肯定性抗辩 (affirmative defense),②这意味着成员国为特定目的违背非歧视原则的行为将得到"宽恕"(condone),但这不影响违背本身的存在。③ 此外,罗威(Lowe)在对《国家对国际不法行为的责任的条款草案》(《国家责任草案》)的评价中区分了脱罪事由(exculpation)和责任阻却事由(excuse),它们的效果分别是使所涉行为"不违法"(not wrongful)和"违法但免责"(wrongful but excused);④如果考虑到初级规则和次级规则的区分,则脱罪事由和责任阻却事由均为国际法中的次级规则,因为它们本身并不设定义务,而是被据以判断东道国义务规则是否被破坏。⑤

此外,还有学者把公共秩序条款分成四类:确认措施不在整个条约的适用范围内、确认措施不在一项条约义务适用范围内、确认相关条约义务没有被违反、确认对相关条约义务违反的正当性。⑥ 不过笔者认为,若以条款性质为分类目的,其中前两者可由于仅是在所指具体义务范围上不同而被归为同一类。

笔者认为,对 IIAs 中一般例外条款的可能性质可以采用这样一种类型化方式,即积极授权/许可、义务范围澄清、脱罪(违法阻却)理由和责任阻却事由,它们大抵可以涵盖广义上例外条款的性质。其中,较为重要的是后三种分类,虽然可以将一般例外条款理解为"赋予当事方不遵守一般义务性规则的权利",但笔者并未发现以这种思路设计的一般例外条款。

---

① Henckels, supra note 18, at 2833 - 2825.

② Appellate Body Report. United States-Measure Affecting Imports of Woven Wool Shirts and Blouses from India. WT/DS33/AB/R 25 April 1997.

③ David Unterhalter. Allocating the Burden of Proof in WTO Dispute Settlement Proceedings[J]. CORNELL INT'l L.J. 2009(42): 209, 219.

④ Vaughan Lowe. Precluding Wrongfulness or Responsibility: A Plea for Excuses[J]. Eur. J. Int'l L, 1999(10): 405 - 406.

⑤ 张乃根. 试析《国家责任条款》的"国际不法行为"[J]. 法学家,2007(3).

⑥ Bradly J. Condon. Treaty Structure and Public Interest Regulation in International Economic Law [J]. J. Int'l Econ. L, 2014, 17(2): 337, 344 - 346.

二、一般例外条款性质的主要问题：性质尚待明晰

当前，IIAs 中一般例外条款性质的模糊性主要有两大方面：一是纳入 GATT 或 GATS 一般例外的 IIAs 条款并没有就 IIAs 中一般例外的特性对该条款作出明确提示；二是 IIAs 直接规定的一般例外条款本身也并无法体现其性质和适用逻辑。首先，直接纳入 WTO 一般例外条款的如 CETA："为……和第十八条（投资）的 B 节（投资设立）和 C 节（非歧视性待遇）的目的，将 GATT1994 的第 20 条纳入成为本协议的一部分。缔约方理解……。"①虽然它对纳入的 GATT 作出适用情形上的调整，但并没有表明该条款在 IIAs 语境下的性质，也没用使用"必要时可变通"（mutatis mutandis）等用语。

至于 IIAs 中一般例外条款性质模糊性的第二个方面虽然并不存在一种仅就 IIAs 一般例外条款文本本身确定其性质的方法，但可见部分 IIAs 的一般例外条款的确尝试明确其适用方式。例如，美—阿 BIT 第 XI 条："本条约不排除任何一方为了维护公共秩序……采取的必要措施"②即是通过排除条约义务适用范围中符合"为了维护公共秩序"等情形来限定一般例外适用范围；类似的还有 2014 年加拿大 FIPA 范本第 18 条："（1）缔约国可在必要时通过或实施以下措施：（i）为保护人类、动物或植物生命或健康的……"。③ 可以看出，它们和 GATT 一般例外的区别之一在于，后者的措辞为"本协定的规定不得解释为……"（nothing in this Agreement shall be construed to... ），这意味着 GATT 一般例外适用的发生对条约义务设定而言是次级的，对应 WTO 规则分类体系下的肯定性抗辩。在性质上类似这种 GATT 一般例外的有 2004 年加拿大 FIPA 范本第 10.1 条："在不得以下述方式采取此类措施前提下：……本协定的规定不得解释为防止一方采取或执行措施为以下目标必要的措施：（a）保护人类，动植物的生命或健康……"，④它与 GATT 一般例外相似的措辞使得它具有和肯定性抗辩相当的性质，即前述笔者分类中的脱罪理由，或称违法阻却事由。

上述举例表明，当前 IIAs 中似乎并不缺乏义务范围澄清和脱罪理由两种性

---

① Article 28.3 General Exceptions，CETA.

② Article XI，Argentina-United States BIT："This Treaty shall not preclude the application by either Party of measures necessary for the maintenance of public order... ".

③ Article 18 General Exceptions："(1) a Party may adopt or enforce a measure necessary：(i) to protect human，animal or plant life or health... "，Canada 2014 Model Foreign Investment Promotion and Protection Agreement. 不过，最新的 2021 年加拿大 FIPA 范本删除了此处 WTO 式一般例外，详见 Canada 2021 Model Foreign Investment Promotion and Protection Agreement.

④ Canada 2004 Model Foreign Investment Promotion and Protection Agreement.

质类型的一般例外条款，相比之下，责任阻却事由型的一般例外条款却十分罕见，至少目前笔者尚未发现。考虑到责任阻却事由型一般例外条款意味着认定东道国特定行为违法但免除其补偿义务，那么此类型的缺失从另一角度看来是这样一种问题：当前 IIAs 中的一般例外条款并没有明确东道国的补偿责任。这种缺失在 WTO 语境下由于成员方已需承担调整或撤销其行为的义务而显得无关紧要，[①]但在投资者将其资源沉没于投资项目而居于劣势地位[②]的投资领域却可能给投资者造成极大的风险。

在 IIAs 对东道国是否应给予补偿没有明确指示的情况下，仲裁庭行使其"自由裁量权"的结果似乎不尽人意，这集中体现在，若仲裁庭认为 IIAs 没有规定补偿问题而援引国际习惯法，不仅可能由于其是误认而在法理上违背特别法优于一般法的基本原则，而且还会在实体上决定着 IIAs 一般例外条款给予东道国一方的规制空间，更涉及东道国是否需要承担巨额的赔偿或补偿义务，本书下文将围绕美—阿 BIT 第 XI 条的系列仲裁案来说明这一影响。

最早的 CMS 案没有讨论美—阿 BIT 第 XI 条的性质，亦未就第 XI 条和《国家责任草案》第 25 条的适用顺序直接发表见解，但在裁决行文上实际是先确定了国际习惯法中的"危急情况"(state of necessity)适用情形是否满足，再决定第 XI 条之"必要性"(necessity)条件是否满足。[③] 该案的撤销委员会指出，两条款运行方式和内容不同，仲裁庭本应就二者关系及是否适用表明态度，然而仲裁庭只是预设两者是等同的，裁决并没有对第 XI 条适用情形是否得到满足进行检视。[④] 不过委员会亦认为，这种对第 XI 条"模糊且有瑕疵"(cryptical and defective)的适用也适用，尚不足以构成 ICSID 公约第 52 条[⑤]撤销缘由中的"明

---

① 曾建知. 国际投资条约一般例外条款研究[J]. 武大国际法评论,2015(1).

② Rudolf Dolzer & Christoph H. Schreuer. Principles of International Investment Law, 2012: 81 - 82.

③ CMS Gas Transmission Company v. The Republic of Argentina (hereinafter "CMS v. Argentina"), ICSID Case No. ARB/01/8, Award, "30. The Tribunal's Findings in Respect of the State of Necessity under Customary International Law" & "34. The Tribunal's Findings in Respect of the Treaty's Clauses on Emergency".

④ CMS v. Argentina, Decision of the ad hoc Committee on the Application for Annulment of the Argentine Republic, paras.131.

⑤ Article 52: "(1) Either party may request annulment of the award by an application in writing addressed to the Secretary-General on one or more of the following grounds:... (b) that the Tribunal has manifestly exceeded its powers;", Convention on The Settlement of Investment Disputes between States and Nationals of Other States (ICSID Convention), entered into force on October 14, 1966.

显越权"(manifest excess of power),①后续的 Sempra 案仲裁庭认为,由于条约没有定义"根本安全利益"(essential security interest),故需要借助《国家责任草案》第 25 条"危急情况"(necessity)来判断是否满足援引条约第 XI 条的条件,并认为第 XI 条和国际习惯法标准是"不可分割"的,且由于第 XI 条并未规定"必要性"的法律要件而不得不求助于国际习惯法。② Enron 案的仲裁庭采用了与 Sempra 案仲裁庭裁决相同的观点。③ 虽然 Sempra 案和 Enron 案均未明确第 XI 条的性质,但它们相比 CMS 案的进步之处在于,其撤销委员会分别认定这种优先适用国际习惯法的做法构成根本的法律适用错误,足以使得裁决被撤销。④ 相比之下,后期的相关案件在阐释第 XI 和 25 条的适用顺序与第 XI 条本身性质上逐渐明确了立场。LG&E 案裁决明确了第 XI 条优先于第 25 条的适用顺序,但在第 XI 条本身性质的判定上含糊其词,称其为违法阻却理由的同时又称其是责任阻却理由。⑤ Continental Casualty 案和 El Paso 案则在继续声明第 XI 条优先适用的基础上,对第 XI 条的定性采取了较为明确的态度,将其认定为范围条款,即决定条约的其他实体义务是否适用的前提。⑥

各案件中迥异的法律分析直接导致了它们在补偿问题上两极分化的结论。纵观各案及其部分撤销裁决可知,它们可分为两组:一是 CMS 案、Enron 案和 Sempra 案中仲裁庭选择的道路是援引国际习惯法,结果是根据《国家责任草案》第 25 和 27 条需要补偿,其中后两案的裁决由于适用法律错误被撤销,同时根据撤销裁决,东道国阿根廷不需补偿。⑦ 二是在仲裁庭选择适用条

① CMS v. Argentina, Decision of the ad hoc Committee on the Application for Annulment of the Argentine Republic, paras.135 - 136.

② Sempra Energy International v. Argentine Republic (hereinafter "Sempra v. Argentina"), ICSID Case No. ARB/02/16, Award, paras.375 - 378, 388.

③ Enron Creditors Recovery Corp. Ponderosa Assets, L. P. v. The Argentine Republic (hereinafter "Enron v. Argentina"), ICSID Case No. ARB/01/3, Award, para.333.

④ Sempra v. Argentina, Decision on the Argentine Republic's Application for Annulment of the Award, paras.207 - 208; Enron v. Argentina, Decision on the Application for Annulment of the Argentine Republic, para.405.

⑤ LG&E Energy Corp., LG&E Capital Corp., and LG&E International, Inc. v. Argentine Republic (hereinafter "LG&E v. Argentina"), ICSID Case No. ARB/02/1, Decision on Liability, paras. 206, 261.

⑥ Continental Casualty Company v. The Argentine Republic, ICSID Case No. ARB/03/9, Award, para.164; El Paso Energy International Company v. The Argentine Republic, ICSID Case No. ARB/03/15, Award, para.553.

⑦ Sempra v. Argentina, Decision on the Argentine Republic's Application for Annulment of the Award, para. 229; Enron v. Argentina, Decision on the Application for Annulment of the Argentine Republic. 此外,CMS 案撤销裁决虽然免除了阿根廷的补偿责任,但并非基于第 XI 和 25 条适用顺序的法律错误。

约的 LG&E 案、Continental Casualty 案和 El Paso 案中,结论是东道国不需要补偿(见表 6 - 2)。

表 6 - 2　围绕美—阿 BIT 第 XI 条的系列仲裁案中关于该条款性质的不同观点

	裁决或决定时间	性　质	东道国抗辩成功与否	补偿与否	撤销裁决时间	性　质
CMS	2005 年 5 月	违法阻却事由	×	√	2007 年 9 月	范围条款
Sempra	2007 年 9 月	违法阻却事由	×	√	2010 年 6 月	范围条款
Enron	2007 年 5 月		×	√	2010 年 7 月	/
LG&E	2007 年 7 月	同时是违法阻却事由和责任阻却事由	√	×	/	/
Continental Casualty	2008 年 9 月	范围条款	√	×	2011 年 9 月	/
El Paso	2011 年 10 月		√	×	2014 年 9 月	/

　　除此之外,即使仲裁庭未出于法律错误直接援引国际习惯法而架空一般例外条款的作用,它给出的理由可能不甚令人信服——在"Bear Creek v. Peru"一案中,仲裁庭在解释加拿大—秘鲁 FTA 第 2201 条"一般例外"第 3 款时,认为由于其"不含可认定其为列举性(exemplary)条款的措辞"且"明确指出适用于投资章节",所以本案中不可适用任何其他一般国际法中的例外。[①]　如此一来,若涉案 IIA 中不含将东道国特定行为认定为例外情形的措辞(尚不考虑仲裁庭是否愿意接受此指引),则此时不仅个案东道国需承担巨额的补偿责任,而且其潜在规制权也会在实质上被大大削减。

　　不论仲裁庭走向哪一条道路都不能排除东道国权益无法得到保障的情形。无论仲裁庭如何说理,缺乏统一机制导致的裁决不一致将始终围绕投资仲裁,前述多个仲裁庭围绕美—阿 BIT 第 XI 条是否要求补偿的截然不同的结论便足以说明这一问题。

---

　　① Bear Creek Mining Corporation v. Republic of Peru, ICSID Case No. ARB/14/21, Award, para.473.

除了仲裁案件所呈现的已有争议之外,公众对 IIAs 中一般例外条款的性质亦提出了澄清需求,加拿大政府发布的《2019 年磋商和 FIPA 回顾报告》显示,磋商各方的观点之一:一般例外条款的性质应当得到澄清,例如是作为排除事由(exclusions)还是作为肯定性抗辩。①

三、一般例外条款性质的明确路径:结合间接征收补偿规则

由前述对 IIAs 中一般例外条款的文本与适用效果之考察可知,当前此类条款的性质并不明晰,且这种模糊绝不是带来一种文字游戏的素材,而是直接关系投资者和东道国实体权利义务的平衡。如何确定一般例外的性质以明确免责问题,必须结合征收补偿规则尤其是对于征收条款本身不含例外的 IIAs。

在各大投资保护实体问题中,与一般例外条款联系最密切的是间接征收的认定问题,因为一般例外条款和间接征收中的"公共利益"规定本身是同源的,它们都是广义上的 IIAs 中的公共政策条款。在间接征收的判定上,"公共利益"确定了一类不构成间接征收的行为;②不过 IIAs 除了征收条款之外一般不会直接使用"公共利益"一词,这在一定程度上反映了缔约国对这一表述的谨慎态度。③

对于自足的 IIAs 一般例外条款,它和间接征收中的公共利益条件在目的上是一体的,是公共政策在 IIAs 中不同层面上的体现,毕竟符合公共利益目的本身就是不构成间接征收条件之一,这在间接征收附录的规定中即有体现,例如 2012 年美式 BIT 范本中"除极其特殊的情况下,一缔约方为保护公共利益采取的……管制措施不构成间接征收"。④ 然而,二者均包含关于公共利益的表述并不足以澄清 IIAs 中一般例外对习惯法实体义务的影响,毕竟间接征收构成要件中的公共利益和一般例外中的公共利益适用范围不同,如果不澄清一般例外的适用范围,其中任一者可能面临被架空的风险。

① 2019 Consultation report and FIPA review [EB/OL]. [2021 - 04 - 21]. https://www.international.gc.ca/trade-commerce/consultations/fipa-apie/report-rapport.aspx? lang=eng. 不过,报告原文将这一问题总结为一般例外条款的范围(scope)问题。

② Yvette Anthony. The Evolution of Indirect Expropriation Clauses: Lessons from Singapore's BITs/FTAs[J]. Asian JIL 2017(7): 319, 332.

③ 买木提明·热西提,沈伟. 间接征收语境下公共利益的多重维度及比例原则的解释路径[J]. 中南大学学报(社会科学版),2020(4).

④ 2012 U.S. Model Bilateral Investment Treaty [EB/OL]. [2021 - 04 - 21]. https://investmentpolicy.unctad.org/international-investment-agreements/treaty-files/2870/download.

此外,对于直接被纳入的 WTO 一般例外条款,它似乎同 IIAs 中的间接征收条款存在更大的、体系上的隔阂。对于这种隔阂,笔者认为可以在理论上以东道国的规制权作为连结点,即行使规制权的行为不构成间接征收,这是一般国际法公认的原则。[①] 于是,征收的排除要件和一般例外的构成要件可在规制权的话题下得到整合。

上述理解似乎说明一般例外条款与征收条款很难冲突,但这恰恰引起反面的疑虑:既然二者如此一致,一般例外条款是否还有必要? 它能否提供什么新的内容? 有观点认为,加入一般例外只是对习惯法中的规制权进行编纂,并不会改变原有的征收内容,它给条约带来的新增内容最多只是 GATT 第 20 条中并非国际习惯法的保护措施(conservation measures)部分;[②]还有观点同样认为一般例外的作用甚微,而且进一步认为它甚至连规制权都无法体现,故连编纂习惯法的作用也没有。[③]

持后一种观点的学者莱维斯克(Levesque)给出了三个原因:一般例外并没有指出要免除东道国的补偿义务、有的 IIAs 专门排除了一般例外对征收的适用、一般例外和征收本身的规制权例外不相适应。就第一个理由,莱维斯克认为"各国在 IIAs 纳入一般例外条款不可能不是为了设定更多投资保护",故解释一般例外时不会产生同习惯法中规制权行使那样不需要补偿的结果,因此,一般例外条款起不到编纂规制权习惯法的作用。笔者认为,他对"各国为了设定更多投资保护"的预设首先是值得怀疑的,毕竟一般例外本身就是一种公共政策工具,是对偏向投资者的投资制度之平衡。第二个理由或许有颠倒因果的嫌疑,因为也有 IIAs 纳入了并不排除适用征收的一般例外,[④]至于第三个理由,一般例外条款是规制权的制度体现并不意味着它必然以编纂规制权习惯法为目标,两者效果的不同反而是一般例外存在必要原因之一。不过,笔者认为第三点的思考路径是可取的,即一般例外条款的必要性并非绝对,这需要结合同一投资协定中征收条款的内容判断。对于征收条款本身加入了"除极其特殊的情况下"之表述(规定了构成征收的情况和不构成征收的情况)的

①　Anthony, supra note 67, at 329.

②　Roberto Echand; &. Pierre Sauve. Prospects in International Investment Law and Policy[R]. 2013: 340, 361 - 362.

③　Roberto Echand; &. Pierre Sauve. Prospects in International Investment Law and Policy[R]. 2013: 363, 367.

④　Agreement Establishing the ASEAN-Australia-New Zealand Free Trade Area (AANZFTA).

IIAs 来说，①一方面，从它的征收条款本身看来，其内部的例外部分就可以和一般例外发挥类似的作用，这时一般例外若仍适用于征收领域会造成重复，裁判者依赖其中任何一条都会违背条约的有效解释原则。② 另一方面，从一般例外条款的角度看来，目前 IIAs 中一般例外的性质并不明晰，尤其是没有澄清补偿问题，在至少习惯法上关于征收的补偿问题是相对明确的情况下，再引入一般例外恐怕平添困扰。不过，对于征收本身不含例外（只规定构成征收的情况，未规定不构成征收的情况）的 IIAs 又可怎样处理则需结合一般例外条款可能的性质综合考量。

一般例外的性质应当定位在责任阻却层面上，但不应当是补偿责任的完全阻却事由。换言之，一般例外下的补偿情况处于一种介于规制权行使（合法措施）和需补偿的征收之间的状态。它的要点有二：其一，一般例外并不认可其所规范措施的合法性。由于违法阻却事由和责任阻却事由在性质位阶上是递进的，只有一般例外在违法性层面否认规制措施合法性的情况下才可能继续在责任层面规定行为国的补偿义务。③ 其二，一般例外应当为涉案措施应引发的补偿责任提供引导规则。这种补偿指导规则不应只是就"东道国是否需补偿"提供一个全有（全无）的答案，而是应填补在征收补偿和合法措施间的空白，例如确定补偿数额的可考虑因素等，以寻求"投资者承担东道国一般公共利益政策和措施全部成本"与"东道承担充分补偿责任"间的平衡；④这类规则甚至可包含程序性规定，例如明确补偿数额亦可适用 IIA 中的强制磋商程序。遗憾的是，当前各国总体仍对公共利益相关议题处理呈回避态度，例如 2015 年签订的中国—澳大利亚 FTA 第九章"投资"下第 11 条"磋商"第 4 款规定："一方采取的非歧视的和出于公共健康、安全、环境、公共道德或公共秩序等合法公共利益目标的措施，不应作为本节项

---

① ANNEX ON EXPROPRIATION AND COMPENSATION: "Non-discriminatory regulatory actions by a Party that are designed and applied to achieve legitimate public welfare objectives, such as the protection of public health..." Agreement Establishing the ASEAN-Australia-New Zealand Free Trade Area (AANZFTA)[EB/OL]. [2021 - 04 - 21]. https://www.dfat.gov.au/trade/agreements/in-force/aanzfta/official-documents/Pages/annex-on-expropriation-and-compensation. aspx; Annex B-13(1) Expropriation: "..., except for a public purpose, in accordance with due process of law, in a non-discriminatory manner and on prompt, adequate and effective compensation."; Canada 2004 Model FIPA; Annex 10-C(4)(b): "Except in rare circumstances, nondiscriminatory regulatory actions by a Party that are designed and applied to protect legitimate public welfare objectives ··· do not constitute indirect expropriations."; Dominican Republic - Central America - United States Free Trade Agreement, available at https://ustr.gov/sites/default/files/uploads/agreements/cafta/asset_upload_file328_4718.pdf.

② Article 31, Vienna Convention on the Law of Treaties, 1155 U.N.T.S. 331, 8 I.L.M. 679, entered into force Jan. 27, 1980.

③ 对于可能涉及环境保护措施的行为[GATT 第 20 条(b)项和(g)项为目的的措施]，可能存在国际环境法上一国行为不违反国际法但需补偿的情形。本书只讨论一般情形。

④ 吴岚. 国际投资法视域下的东道国公共利益规则[M]. 北京：中国法制出版社，2014：235.

下诉请的对象",①特意把公共利益目标排除磋商范围。

第四节　国际投资协定中一般例外条款的
适用范围探究——与习惯法中
投资保护义务的相容性

IIAs 中一般例外条款的适用范围问题主要涉及一般例外的纳入与传统习惯国际法上的投资保护义务的调和。一是这涉及一般例外与习惯法义务是否有潜在冲突;二是若一般例外能够较为稳妥地被纳入 IIAs,还需考量它在习惯法义务的基础上如何可以更好地维护东道国的规制空间,实现对投资者和东道国权益再平衡的目标。本节将在对一般例外条款适用范围含义澄清的基础上,对一般例外与主要习惯法上投资保护义务的适应关系进行初步研判,并勾勒可能的处理方式。

一、一般例外条款适用范围的含义

IIAs 中一般例外条款的适用范围问题在广义上有两层含义:一是宏观上,对于那些总体调整范围远不限于投资领域的 RTAs 和 FTAs 等,其中的一般例外条款是否适用于投资领域;二是微观上,对于那些确定适用于投资领域的一般例外条款,它们具体适用于投资领域的哪些方面或阶段,与传统国际习惯法上的东道国义务有何关联。

对于第一层含义,观察当前部分主要的 RTAs/FTAs 可发现,它们的一般例外在适用范围上大致可分为三类:一是适用于全部投资领域,例如 RCEP 纳入的 GATT 第 20 条;②二是仅适用于部分投资领域,其中正面列举的如 CETA,其一般例外只适用于投资一章的"投资设立"和"非歧视性待遇"两节,③负面列举的如 MAI,其一般例外不适用于投资保护下的征收和补偿、冲突保护两款;④三是不适用于投资领域,且投资章节亦未专门规定一般例外,《美国—墨西哥—加拿大协定》(U.S.‐Mexico‐Canada Agreement,USMCA)及其前身《北美自

---

① 《中国—澳大利亚自由贸易协定》第九章"投资"。

② Article 17.12 General Exceptions,RCEP. 此外,RCEP 在第 10 章"投资"中还规定了拒绝授惠条款(Article 10.14)和安全例外条款(Article 10.15)。

③ Article 28.3.1,CETA.

④ Ⅵ EXCEPTIONS AND SAFEGUARDS,MAI.

由贸易协定》(North American Free Trade Agreement, NAFTA)均如此。表 6-3
对上述一些重要的 FTAs 按照其一般例外在广义上的适用范围进行了分类展示。

表 6-3　部分 FTAs 在一般例外适用范围上的分类

类　　　型		代表性协定	一般例外条款
一般例外适用于投资领域		RCEP	第 17 章第 12 条：一般例外 一、就……第十章（投资）……而言，GATT1994 第二十条经必要修改后纳入本协定并构成本协定的一部分……
一般例外仅适用于投资领域的部分义务	正面列举型	CETA	第 28.3 条：一般例外 1. 为……和第十八条（投资）的 B 节（投资设立）和 C 节（非歧视性待遇）的目的，将 GATT1994 的第 20 条纳入成为本协议的一部分。……
	负面列举型	MAI	第 6 条：例外和保障措施，第 1 项：一般例外 1. 本条不适用于第 4 条（投资保护）之第 2 项、第 3 项（征收和补偿和冲突保护）。……
一般例外不适用于投资领域		NAFTA	第 2101 条：一般例外 1. 为了以下目的： (a) 第二部分（货物贸易），除非该部分的规定适用于服务或投资，以及 (b) 第三部分（贸易技术壁垒），除非该部分的规定适用于服务， 　　GATT 第 20 条及其解释性说明，或所有缔约方都加入的后续协议的任何等效条款，均被纳入本协议并成为本协议的一部分。 　　…… 2. 只要此类措施的实施方式不会在条件相同的国家之间构成任意或不合理的歧视或对缔约方之间的贸易的变相限制，则： (a) 第二部分（货物贸易），在该部分的规定适用于服务的范围内， (b) 第三部分（贸易技术壁垒），在该部分的规定适用于服务的范围内， (c) 第十二章（跨境服务贸易），以及 (d) 第十三章（电信）， 均不应被解释为阻止任何一方采取或执行必要措施以确保遵守与本协议规定不矛盾的法律或法规，包括与健康和安全以及消费者保护有关的法律或法规。

续　表

类　型	代表性协定	一般例外条款
一般例外不适用于投资领域	USMCA	第 32.1 条：一般例外 1. 就第 2 章（货物国民待遇和市场准入）、第 3 章（农业）、第 4 章（原产地规则）、第 5 章（原产地程序）、第 6 章（纺织品和服装）、第 7 章（海关管理和贸易便利化）、第 9 章（卫生和植物检疫措施）、第 11 章（贸易技术壁垒）、第 12 章（部门附件）和第 22 章（国有企业和指定垄断）、GATT 1994 第 20 条及其解释性说明经适当修改比照并入本协议并成为本协议的一部分。 2. 就第 15 章（跨境服务贸易）、第 16 章（商务人员临时入境）、第 18 章（电信）、第 19 章（数字贸易）和第 22 章（国有企业和指定垄断），GATS 第 15 条(a)、(b)和(c)款经适当修改比照并入本协定并成为本协定的一部分。
	TPP	第 29 章：例外和总则，A 节：例外，第 29.1 条：总则 1. 就第 2 章（货物的国民待遇和市场准入）、第 3 章（原产地规则和原产地程序）、第 4 章（纺织品和服装）、第 5 章（海关管理和贸易便利化）、第 7 章（卫生与植物卫生措施）、第 8 章（技术性贸易壁垒）和第 17 章（国有企业和指定垄断）而言，GATT 第 20 条及其解释性说明经必要修订后纳入本协定并成为本协定组成部分。…… 3. 就第 10 章（跨境服务贸易）、第 12 章（商务人员临时入境）、第 13 章（电信）、第 14 章（电子商务）和第 17 章（国有企业和指定垄断）而言，GATS 第 14 条(a)款、(b)款及(c)款经必要修订后纳入本协定并成为本协定组成部分。……
	CPTPP	同上

此外，亦有部分 FTAs 尽管并无统一的一般例外条款，但在其投资章节存在事实上的一般例外规定，例如《全面与进步跨太平洋伙伴关系协定》（Comprehensive and Progressive Agreement for Trans-Pacific Partnership, CPTPP）及其前身《跨太平洋伙伴关系协定》（Trans-Pacific Partnership Agreement, TPP），二者"投资"章节的第 9.16 条"投资与环境、健康和其他监管目标"（Investment and Environmental, Health and other Regulatory

Objectives)即为一例。①

不过,笔者更加关注的是 IIAs 中一般例外条款适用范围的第二层含义。在前述三种分类中,其中第二种分类是各类 IIAs 中一般例外条款均可能出现的情形。具体地,最可能受到一般例外条款影响的,即投资法的三大实体问题:间接征收的判断、国民待遇和公平公正待遇。其中间接征收的判断问题由于和一般例外条款的性质定位具有密切联系,已在本章第二节和一般例外条款的性质问题一同讨论。

二、一般例外条款适用范围的潜在问题:与习惯法义务的相容性

在讨论一般例外条款给各实体问题带来的困境及可能的解决路径之前,本书认为有必要先介绍 IIAs 在文本上对一般例外条款和三大传统义务关系的基本处理方法。有学者把一般例外和传统习惯法上义务的处理方法分为三类:只存在一般例外条款但不存在对习惯法实体义务释明、同时存在一般例外条款和释明,以及只存在释明但不存在一般例外条款②。其中,第三种由于不涉及一般例外的存在,故不在本章讨论的范围。总体而言,习惯法上实体义务的释明越充分,其内涵便越明确,和一般例外之区别自然越明晰,但在实体义务未能得到充分释明的情况下,有必要探究一般例外条款和主要几类传统习惯法义务的关系,这既有助于判断一般例外纳入的必要性和可行性,也可为传统义务的释明或解释提供启发。

(一) 一般例外与国民待遇义务

在当前的主流观点———一般例外和传统国际投资法的实体义务的并存是平等的,即其是可产生实效的例外(operative exceptions)③的前提下,有两种近似

---

① "Nothing in this Chapter shall be construed to prevent a Party from adopting, maintaining or enforcing any measure otherwise consistent with this Chapter that it considers appropriate to ensure that investment activity in its territory is undertaken in a manner sensitive to environmental, health or other regulatory objectives." Article 9.16: Investment and Environmental, Health and other Regulatory Objectives, TPP/CPTPP.

② Andrew D. Mitchell, James Munro & Tania Voon. Importing WTO General Exceptions into International Investment Agreements: Proportionality, Myths and Risks[M]. Lisa E. Sachs, Lise J. Johnson & Jesse Coleman, 2019. 作者在文章中将一般例外条款和传统习惯法义务的调和方式分为了四类,但由于其中第一类实为关注 IIAs 和贸易领域中一般例外在各构成要素上的措辞对比,本书在此处没有引用。

③ 在一般例外和传统国际投资法的实体义务的并存是否平等的问题上,两种不同的观点是一般例外究竟是作为其他实体义务条款的可产生实效的例外(operative exceptions),还是解释性说明(interpretative statements)。Louis-Marie Chauvel. The Influence of General Exceptions on the Interpretation of National Treatment in International Investment Law[J]. BRAZ. J. INT'l L. 2017(14):140,144. 肖韦尔(Chauvel)认为,解释性说明只是告知解释国民待遇时可以考虑的公共政策目的并不妨碍仲裁庭尽可能宽泛地解释国民待遇;而 WTO 式一般例外排除了违反国民待遇义务行为的违法性,且其适用受到引言部分条件的限制,所以是一种可产生实效的例外。

且递进的观点。一方面,有学者认为 WTO 式一般例外在根本上无法和非歧视待遇兼容,因为投资语境下的国民待遇"总体上不允许歧视",即它本就不允许条约约定以外的对外资企业的歧视,且需要适用例外的事实情况的确很少见;①另一方面,有学者认为 WTO 式一般例外虽不与非歧视原则根本冲突但并无必要,因为国民待遇本就"总体上允许合理歧视",即国民待遇作为一种首要义务本就允许充分的公共政策空间,并没有给一般例外留下太多施展余地。② 在此基础上,有学者认为 WTO 式一般例外可能反而对东道国规制权的行使有害,因其会对国民待遇中公共政策目的和国籍的解释造成限制,因为国民待遇所允许的公共政策空间比一般例外更充分,前者的公共利益目的是开放式的,后者则由列举式的清单限制,且前者在关联性上只要求措施本身并非歧视性的,后者则要求该措施是"必要的"。

由此可见,国民待遇原则的特性在面对一般例外条款时展现出这样一种矛盾:一方面,国民待遇原则下的公共政策空间看似足够广泛;另一方面,国民待遇原则却不允许一般例外给予的区别对待。要解释这一问题不能脱离国民待遇适用的三个层次:首先,必须确定外国投资者和国内投资者是否处于类似情况(like circumstances);其次,必须确定给予外国投资者的待遇是否至少与给予国内投资者的待遇一样有利(at least as favorable as);最后,若第二步中的待遇的确不够一样有利,则必须确定这种区别是否正当的(justified)。③ 前述矛盾的两个方面实则产生于国民待遇判断的不同步骤:严格的同等待遇标准可能被用于强调它的适用前提中的"类似情况"要求。具体而言,在探究一般例外和国民待遇原则的可能时,需要对照国民待遇三步判断法的三个步骤分别加以测试,才能避免逻辑上的混同,且其中最重要的是第一和第三个步骤。

首先,就"类似情况"的判断,它和一般例外的潜在冲突在于,当把"类似情况"解释为"除国籍外情况都相同"的,则符合国民待遇适用条件的内外资企业由于"除了国籍外没有其他不同",自然也不存在适用一般例外的事实理由。这似乎意味着国民待遇和一般例外在本质上是不相容的。但应当注意,一方面,"除国籍外均相同"只是对"类似情况"最狭义的解释,以此为由即否定一般例外和国民待遇原则并存的可能性是片面的;另一方面,实际上,仲裁庭也一直谨慎地不

---

① Barton Legum & Ioana Petculescu. GATT Article XX and international investment law[M]. Roberto Echandi & Pierre Sauve, 2013: 340, 352 - 354.

② Levesque, supra note 72, at 365 - 367.

③ Dolzer & Schreuer, supra note 54, at 205 - 206.

将适用国民待遇标准的比较依据之范围解释得太过狭窄。例如，Feldman v. Mexico 案指出位于香烟转售或出口这"同一行业"的国内外公司共同构成了处于相似情况的公司之全部范围；①Pope and Talbot v. Canada 案②给出"同一行业或经济部门"(business or economic sector)标准；S.D. Myers v. Canada 案则在指出"同一部门"(sector)标准的基础上，强调这一标准的含义不仅限于经济部门或行业部门；③类似地，Occidental v Ecuador④ 指出"相似情况"不能限于以特定活动所属的部门为准。反之，即使认为同一经济部门和竞争关系标准"过于宽泛"的 Renée Rose Levy de Levi v. Peru 案⑤也只是把"部门"标准细化到了"细分市场"(market segment)标准，而未曾直言国民待遇的前提标准应当高至除国籍外所有因素均相同。

因此，国民待遇的适用前提并不排斥例外条款的存在空间，前者的"相似情况"要求并不会对它的"正当性"要求或一般例外的公共政策目的要求判断造成阻碍。至于部分学者绝对性的相反看法，可能是由于混同了国民待遇判断第一步中"相似情况"要求和第三步中"正当性"要求分别的具体标准，毕竟，要求外国投资与可比主体处于"相似情况"并不意味要求二者除国籍外其他因素均相同，而"正当性"要求才可能需要东道国在对外国投资采取区别性措施时并非"仅仅基于国籍因素"，而是基于合理根据(rational ground)，以遵守国民待遇原则。

其次，国民待遇原则判断之第三步中"正当的"区别待遇的存在意味着国民待遇本身就包含了一定"例外"，这种"例外"和一般例外在性质上具有相似性。它们的区别主要体现在构成要素上，WTO 式一般例外由三个主要要素组成：引言(chapeau)、公共利益目的和措施关联性。其中"引言"部分的重要性并非只是文本结构上的，而且还是逻辑结构上的，因为它为一般例外本身提供了一种"例外的例外"；而相比之下，国民待遇的内部则不含这一部分。这一差异一方面说明 WTO 式的一般例外和国民待遇原则表面性的不协调是必然的，因为前者提供了一种被允许的歧视以扩展东道国的公共政策空间。同时，这种不协调似乎并非完全不能调和的，毕竟一般例外同时要求这种歧视本身是非歧视的——

① Marvin Roy Feldman Karpa v. United Mexican States, ICSID Case No. ARB(AF)/99/1, Award, para.171.

② Pope & Talbot Inc. v. The Government of Canada, Award on the Merits of Phase 2, 10 Apr 2001, para.78.

③ S.D. Myers, Inc. v. Government of Canada, Partial Award, 13 Nov 2000, para.250.

④ Occidental Exploration and Production Company v. The Republic of Ecuador, LCIA Case No. UN3467, Final Award, 1 Jul 2004, para.173.

⑤ Renée Rose Levy de Levi v. Republic of Peru, ICSID Case No. ARB/10/17, Award, para.400.

WTO式一般例外包括类似GATT第20条"但对情况相同的各国,实施的措施不得构成武断的或不合理的差别待遇"的表述,此处引言其实蕴含着国民待遇原则的精神;若再考虑到在WTO体系下,上诉机构曾认可一般例外引言的非歧视要求和实体国民待遇义务可以系基于同一事实,[①]不妨认为,WTO式一般例外条款中的引言要求正是国民待遇原则在一般例外制度下的具体体现。

(二) 一般例外与公平公正待遇义务

公平公正待遇与其他习惯法义务不同。在内容上,它是一种绝对待遇义务,用以填补财产保护和非歧视待遇下的保护空白;[②]在形式上,公平公正待遇的定义更为模糊、一定程度上取决于规定它的具体条款,甚至它本身是否一项自足的习惯法亦有争议。[③] 因此,若从公平公正待遇的抽象定义角度出发,判断其与一般例外条款纳入的关联将是难以进行且脱离实际的。不过,在另一种以典型事实情况要素判断公平公正待遇是否得到遵守的方法论下,一般例外条款的纳入可能带来的影响可以得到较为清晰的呈现。

"合法期待"(legitimate expectations)是最可能受到一般例外条款纳入影响的公平公正待遇要素之一,它是指东道国的行为为投资者或投资创造的、后者据以行事的合理和正当的期待,东道国不遵循这种期待可能使得投资者受到损失。[④] 作为一种源自国内行政法的概念,"合法期待"要求本身就是投资者用以对抗国家管制权力的工具,[⑤]和一般例外在价值取向上相对立。它和一般例外在应用上的首要区别在于时间面向性不同:前者以投资设立时的情况为准,[⑥]而后者以采取争议措施时的情况为准。因此,在一般例外加入后的情况下,可能会出现这样的情形——东道国根据投资时情况违背了公平公正待遇的措施可通过一般例外解释取得正当性依据——这似乎恰恰体现了一般例外的典型例外作用。然而,合法期待自身也有发展进化的空间:合法期待标准虽然以投资时的

---

① Lorand Bartels. The Chapeau of the General Exceptions in the WTO GATT and GATS Agreements: A Reconstruction[J]. Am. J. Int'l L., 2015(109): 95, 109-111.

② FAIR AND EQUITEBLE TREATMENT: A SEQUEL. UNCTAD Series on Issues in International Investment Agreements II: Dolzer & Schreuer. supra note 54, at 160.

③ Dolzer & Schreuer, supra note 54, at 161-164; Ying Zhu, Fair and Equitable Treatment of Foreign Investors in an Era of Sustainable Development[J]. Nat. Resources. 2018(58): 319.

④ International Thunderbird Gaming Corporation v. The United Mexican States, UNCITRAL, Arbitral Award, 26 Jan 2006, para.147.

⑤ Michele Potestà, Legitimate Expectations in Investment Treaty Law: Understanding the Roots and the Limits of a Controversial Concept[J]. ICSID Review-Foreign Investment Law, 2013(28): 88.

⑥ Duke Energy Electroquil Partners & Electroquil S.A. v. Republic of Ecuador, Award, 18 August 2008, para.340; LG&E Energy Corp. et al. v. Argentine Republic, ICSID Case No. ARB/02/1, Decision on Liability, 3 October 2006, para.127.

情况为客观核心,但这并不意味着它只关注特定事实情况本身(投资时存在的某一法律条文)从而要求投资时的监管和商业环境始终如一,[①]而是还关注基于事实的广义监管框架(regulatory framework),[②]有学者将其称为"当地法律在投资时特别树立和培育(nurtured and fostered)的期望"。[③]

那么,"合法期待"自身的发展空间是否已足以涵盖一般例外旨在扩展的规制空间? 笔者认为,一般情况下,合法期待的发展空间和一般例外所给予东道国的规制空间不可同日而语。因"合法期待"的本质决定了它本身不考虑无法预期的情况,典型的如突发性公共卫生事件,东道国在公平公正待遇的框架下很难为旨在应对突发情况的涉案措施抗辩。不过值得关注的是,由于国内立法是合法期待产生的土壤,随着各国国内对公共道德、环境保护和突发事件应对等方面国内法的完善,能够得到承认的"合法期待"标准完全可能相应提高。

在对公平公正待遇愈发宽泛的解释受到批评的情况下,[④]一般例外的纳入可能为公平公正待遇提供了发展方向,由于它们所具有的相似性,一般例外可能提供对公平公正待遇的解释思路,也可能部分替代后者的内容。除了上述"合法期待"要素外,公平公正待遇的其他具体要求要素虽然并非完全确定,但它们在诸多仲裁案件的讨论中具备了相对一致的发展方向,例如范德维德(Vandevelde)将其总结为合理性(reasonable)、一致性(consistent)、非歧视性(non-discriminatory)、透明性(transparent)以及程序正当(in accordance with due process)五个方面。[⑤] 类似地,朱颖针对环境保护议题下的公平公正待遇提出五要素的模型:善意(good faith)、合理性(reasonableness)、程序适当(procedural propriety)、非歧视(non-discrimination)和不具体承诺(no specific

---

① El Paso Energy International Company v. The Argentine Republic, ICSID Case No. ARB/03/15, Award, 31 Oct, 2011, para.350. "In the Tribunal's view, if the often repeated formula to the effect that 'the stability of the legal and business framework is an essential element of fair and equitable treatment' were true, legislation could never be changed... Such a standard of behaviour, if strictly applied, is not realistic, nor is it the BITs' purpose that States guarantee that the economic and legal conditions in which investments take place will remain unaltered ad infinitum."

② Rudolf Dolzer. Fair and Equitable Treatment: Today's Contours[J]. Santa CLARA J. INT'l L., 2013(12): 7.

③ El Paso案中仲裁庭采用了类似的表述:"Economic and legal life is by nature evolutionary.",并拒绝遵循将公平公正待遇视为保护法律和商业框架稳定性的先例。

④ Rudolf Dolzer. Fair and Equitable Treatment: Today's Contours[J]. Santa CLARA J. INT'l L., 2013(12): 7.

⑤ Kenneth J. Vandevelde. A Unified Theory of Fair and Equitable Treatment[J]. JILP, 2010(43): 52 - 53.

commitments)。^① 事实上,此类公平公正待遇的总结或完善进路和一般例外在构成要素上具有高度相似性。具体而言,"非歧视要求""不具体承诺"要求东道国采取的措施"一般性地而不是歧视性地适用于外国投资者",^②这类似 WTO 式一般例外条款"引言"部分中的非歧视要求;"善意"可以在一般例外条款的非变相限制部分找到它的类似对应;"合理性"类似地蕴含于一般例外条款的措施关联性要求部分;"真实的管制目标"(genuine regulatory intent)则类似公共政策等目标的部分。

三、一般例外条款适用范围的完善路径:以一般例外条款具体设计为依托

在一般例外条款和国民待遇义务的关系上,WTO 式一般例外和国民待遇原则其实在三个组成要素上具有重合,故如何对 WTO 式一般例外进行具体设计,使之在不与现有投资领域的国民待遇冲突的基础上尽可能为东道国提供规制空间便成为重要议题。而在一般例外条款和公平公正待遇义务的关系上,除"程序适当"这一要素外,公平公正待遇所指向的投资保护目标大部分可为一般例外条款内在的适用限制所吸收。

就 IIAs 中一般例外适用范围的问题,笔者认为一般例外的纳入未必对传统习惯法上的投资保护义务造成根本的侵扰;相应地,对一般例外条款的具体合理设计还可能在维持习惯法义务的同时提高 IIAs 整体的东道国规制空间水平。

第五节　国际投资协定中一般例外条款的具体构造探究——各构成要素的文本设计

探究一般例外条款的具体设计是具有关键意义的,一方面,目前诸多研究聚

---

① Ying Zhu. Fair and Equitable Treatment of Foreign Investors in an Era of Sustainable Development [J]. Nat. Resources, 2018(58): 319, 353 - 354.

② "it is not strictly limited in time or geographic scope, and it is not crafted so as to exclude from its regulation all, or most, other similarly situated actors." Glamis Gold, Ltd. v. The United States of America, Award, 8 Jun 2009, para.793. "arbitrary or unjustifiable discrimination between countries where the same conditions prevail".

焦于对一般例外条款的解释,而对具体条款要素设计的讨论相对较少;①另一方面,正是对东道国援引一般例外条件限制方面的规定之宽泛和随意给一般例外条款的适用带来了极大的不确定性。② 经典的一般例外条款在文本上由三个部分组成:公共政策目的、措施关联性要求和引言。现以 GATT 第 20 条为例:首先,其篇幅最长的部分为公共政策目的清单,例如"维护公共道德""保障人民、动植物的生命或健康";其次,与公共政策目的联系紧密的是措施关联性(nexus)要求,它在本条中有多种具体形式,包括"为……所必需""有关……"等,用以规范实施措施和特定公共政策目标间的联系程度;最后,是引言(chapeau)部分,它对实施一般例外所允许措施另有要求,它和本条下述各项共同构成一个双重测试(two-tier test),即涉案措施需先后通过分项下的公共政策目的及关联性测试,再通过引言要求的测试,方为可适用一般例外的措施。③ 本章所研究的 IIAs 中 WTO 式一般例外条款正是以此三要件的典型一般例外模型为基础,本章下文将以 IIAs 中一般例外的三个主要构成要件为切入点进行具体设计上的探究。

一、一般例外条款中公共政策目标的纳入方式:"半开放式"清单

一般例外条款中的公共政策目标大体确定了可适用此例外的措施之轮廓,对涉案措施是否符合公共政策目标要求之判断亦是一般例外适用的首要步骤。因此,公共政策目标的范围决定了一般例外所规定规制空间的最低限度,在适用上具有先决意义。

首先,关于以一般例外形式纳入公共政策目标的内在优势。有学者提出了公共利益例外纳入 IIAs 的三种模型:义务型(obligations)、宣示型(declaratory)和序言型(incorporated into the preamble),④并指出前两者均在实体上不具实效(substantively toothless)。⑤ 本章旨在探究的公共政策目标以 WTO 式一般例外框架为基础,属于广义上的"宣示型"一类,它和一般的 IIAs 公共利益宣示

---

① Robert Brew. Exception Clauses in International Investment Agreements as a Tool for Appropriately Balancing the Right to Regulate with Investment Protection[J]. CANTERBURY L. REV., 2019(25): 205 – 206.

② 银红武. 中国双边投资条约的演进——以国际投资法趋同化为背景[M]. 北京:中国政法大学出版社,2017:237.

③ United States—Standards for Reformulated and Conventional Gasoline [R]. Appellate Body Report, WT/DS2/AB/R, 29 April 1996.

④ Alison Giest. Interpreting Public Interest Provisions in International Investment Treaties[J]. Chi. J. Int'l L., 2017(18): 337 – 338.

⑤ Alison Giest. Interpreting Public Interest Provisions in International Investment Treaties[J]. Chi. J. Int'l L., 2017(18): 337 – 338.

条款相比至少具有一定优势：一方面，WTO 式一般例外的半开放清单方式比一般的 IIAs 公共利益宣示条款更加具体；另一方面，以例外形式呈现东道国公共利益可在一定程度上避免仲裁庭动辄诉诸序言进行投资保护的目的解释。

其次，关于 WTO 式一般例外的模式选择。纵观投资和贸易领域一般例外条款的常见模式可知，IIAs 中的一般例外条款面临三种基本可选的公共政策目标清单模式：穷举式清单、半开放式清单和开放式清单。其中，穷举式清单同 GATT 第 20 条或 GATS 第 14 条，对所有例外允许的公共政策目标逐个列举，例如美—阿 BIT 第 XI 条和 2004 年加拿大 FIPA 范本第 10.1 条的一般例外条款；此外，开放式清单仅指明对公共政策目标称谓而不明确其范围，例如 2004 年加拿大范本第 13 条征收条款，①这类目标清单数量极少；最后，半开放式清单则采用"总体要求加部分列举"的模式，例如《技术性贸易壁垒协议》（Agreement on Technical Barriers to Trade，TBT）第 2.2 条采用"合法目标"（legitimate objective）加"除其他之外"（inter alia）的模式，把判断列举项目外其他目标是否"合法"的权力交由仲裁庭，诸多 IIAs 的征收条款采用了类似的手法，例如《韩国—澳大利亚自由贸易协定》。②

表面看来，半开放式公共政策目标清单和穷举式清单相比为东道国提供了更多的规制空间，但正由于对一般例外条款的细化设计部分旨在引导相对稳定的仲裁庭适用，故首要问题是这种设想是否可能实现条款宗旨，而这涉及一个前置问题，即如何确定 IIAs 中一般例外条款中公共政策目标的"总体要求"部分？有观点认为可采用 TBT 协议和诸多 IIAs 征收条款中的"合法目的"表述，并提供了两方面的实质原因：一是仲裁庭在处理与国家的实质义务有关的"规制权"概念时已经扩充了"合法目标"的范围；二是仲裁庭仅需评价目标是否有可确定的价值以及是否违反适用的 IIA，而不需诉诸比例原则测试，这对仲裁庭难成障碍。③

可见，对于公共利益清单"总体要求"部分的设计困难在于，它应同时在内容上足够广泛，又应在判定方式上足够具体。笔者在总体上认可 IIAs 一般例外中

---

① Article 13 Expropriation，2004 Canada FIPA："Neither Party shall nationalize or expropriate a covered investment…，except for a public purpose，in accordance with due process of law，in a non-discriminatory manner and on prompt，adequate and effective compensation."

② Annex 11-B-5，KAFTA："Except in rare circumstances，non-discriminatory regulatory actions by a Party that are designed and applied to protect legitimate public welfare objectives，such as public health，safety，and the environment，do not constitute indirect expropriations."

③ Brew，supra note 113，at 218 – 219.

"合法目的"测试的设计,但认为有以下注意和修正的地方。首先,这一措辞对仲裁庭的指引作用可能比较有限,因为仲裁庭对"合法目的"的裁量权不仅限于"合法"。具体而言,仲裁庭还可能面临比例(proportionality)原则和善意(good faith)原则两个复杂判断。其一,在 LG&E 一案中,尽管仲裁庭认可了广泛的公共利益目的,但这种广泛只是相对意义上的,仲裁庭仍保留了根据比例原则进行判断的权力。[①] 其二,有学者指出,与对东道国管制措施采用资格限定性(qualifying)要求的一般 IIAs 相比,WTO 式一般例外抛弃这类要求的做法尽管增加了东道国规制空间,但采用 GATT 第 20 条引言中非歧视和非变相限制要求的表述,将给仲裁庭造成巨大的判断"善意"与否的负担。[②]

笔者认为,这一系列的问题根源在于,IIAs 语境中的"合法目的"究竟是合什么法(除国际强行法外的法)。首先,WTO 规则下有现存相应解释的先例可供参考:在 US-Tuna (II)案中,专家组先是将 TBT 协议中的合法目的字面解释为"合法、合理或适当的目标"(an aim or target that is lawful, justifiable, or proper),进而指明它除半开放式清单包含的目标外,还包括 TBT 协议序言和其他 WTO 规则下的目的。[③] 而对 IIAs 来说,其主要类型 BITs 并没有 WTO 般的完整规则体系可援引,FTAs 或 TIAs 才可能具备更多元的经贸规则;综合来看,若将 WTO 体系下的解释应用到 IIAs 中,"合法目的"的解释主要参考的仍是 IIAs 序言中的目的,而这本是基本的条约解释方法。[④] 其次,在没有相应澄清性解释的情况下,有观点默认所合之法必然是此条款所在的 IIA,[⑤]但这种预设似乎不完全合理,因为正是这种 WTO 式一般例外中对规制措施的资格限定性语言的缺失引发了其他学者对于只能依赖于善意原则考察的担忧。[⑥] 换言之,没有理由表明 IIAs 中"合法目的"的判定要求即是满足其所在的特定条约法。因此,笔者认为,可在 TBT 式一般例外"合法目的"的基础上补充对管制措施应"符合本 IIA 的要求"之限定性要求,使一般例外中的政策目的范围判断变得根据具

---

① LG&E—Decision on Liability, para. 195: "With respect to the power of the State to adopt its policies, it can generally be said that the State has the right to adopt measures having a social or general welfare purpose. In such a case, the measure must be accepted without any imposition of liability, except in cases where the State's action is obviously disproportionate to the need being addressed."

② Giest, supra note 116, at 347–348 & footnote 189.

③ United States—Measures Concerning the Importation, Marketing and Sale of Tuna and Tuna Products[R]. Report of the Appellate Body, WT/DS381/AB/R, 16 May 2012, para.313.

④ VCLT, Article 31.2.

⑤ Brew, supra note 113, at 218.

⑥ Giest, supra note 116, at 347–348.

体条约明确(treaty-specific)。如此一来,仲裁庭动辄适用比例原则的空间得以限缩;不过至于善意的判断,它将在 WTO 式一般例外中另一组成要素——引言中以不太相同的姿态出现,笔者认为这是 WTO 式一般例外条款对援引国主观目的考察上的优势而非劣势。

二、一般例外条款中措施关联性的强度选择:改良的"必要性"要求

一般例外条款中的措施关联性要求决定了可适用一般例外的措施应达到与实现特定公共政策目标的相关程度,这一相关程度要求越高,则措施可被一般例外允许的难度越高,东道国的规制空间越有限。当前 IIAs 中常见的措施关联性要求根据严格程度大抵可分为三类:"必要"类要求、"相关"类要求和"目的"类要求。其中,第一种"必要"类要求的典型表述为"为……有必要"(necessary for),这是 IIAs 文本中最常见也是经仲裁庭考验最丰富的一类。① 第二种"相关"类要求稍弱,它的通常表述有"针对"(aimed at)、"涉及"(relating to)等,②这也是 UNCTAD 建议使用的关联性表述。③ 第三种"要求"仅采用表明目的的用词,例如"对……采取的措施"(measure imposed for)。它严格意义上并不算一种关联性要求,因为措施关联性条件的作用本身即为一般例外中的政策目的设立一种权重,从而使后者作为一种评判尺度和争议措施相联系,而"为了"的连接语除表明目的为何外并无附加含义,实际只能算作公共政策目标组成要素中的功能性语言,并不构成一种法律要件。此外,根据一般例外的政策目的清单中各目标的重要性设定不同的关联性要求也是合理有效的做法。④

首先,对 WTO 体系中经典的必要性测试回顾。其一,WTO 体系中的"必要性"(necessity)本身未取得完全融贯的解释,但其可为 IIAs 中必要性测试提

① 例如围绕美—阿 BIT 第 XI 条中"必要性"(necessary)的一系列争论。

② 参见 Article 17.1,ASEAN ACIA;笔者认为,"aimed at"之表述也属于一种关联性要求而非纯粹表示目的的连接词,因为它暗含这样一种解释空间:一项措施只需经过善意测试被认定为以实现例外规定的目标为目的即可,而不问该措施是否实现目标和实现程度。

③ International Investment Agreements Reform Accelerator,UNCTAD/DIAE/PCB/INF/2020/8. World Investment Report 2012:Towards a New Generation of Investment Policies.

④ 2012 年美式范本 Article (3)(c)(iii)对"保护可耗尽的生物或非生物自然资源"一项采用了和其他项目不同的"related to"关联性要求;《东盟全面投资协定》同时采用了四种不同的关联性要求:"necessary to""aimed at""imposed for""relating to";GATT 第 20 条亦如此。这表明了成员对管制措施和各不同目的的实现间的关联性要求是不同的。US—Gasoline. Appellate Body Report,p.18:"It does not seem reasonable to suppose that the WTO Members intended to require,in respect of each and every category,the same kind or degree of connection or relationship between the measure under appraisal and the state interest or policy sought to be promoted or realized."

供素材。通常的说法是,在 Korea - Beef 案和 EC - Asbestos 案之前,必要性测试即"最小(贸易)限制措施"(least restrictive measures,LRM)测试,这要求成员所采取的措施必须是可用手段中和其他 GATT 条款不符程度最小的;①而在此两案之后上诉机构采取了新的必要性判断路径,它包含两个步骤:第一步,将措施旨在实现的规制价值和对贸易的限制进行"权衡"(weighing and balancing),争议措施需表面上符合必要性要求;第二步,将争议措施和其他潜在的最小贸易限制措施对比,只有当后者不存在时争议措施才可认定措施为必要的。② 此外,无论何种必要性测试还需满足两个前置条件:相关措施旨在保护公共利益目标的重要性,以及措施对实现该目标的贡献(contribution)。不过,对专家组的分析也有不同的理解,例如有学者就提出专家组实际上并没有采用权衡的方式,因为专家组提出的允许国家自行决定保护的程度和由裁决机构来进行权衡是相矛盾的,专家组的本意仅是 LRM 测试,只不过在这一测试中由于需要考虑其他可能实行的措施而出现了对行政措施成本的权衡。③ 其二,WTO 规则下也有"相关"类关联性要求的解释,US - Gasoline 案、④US - Tuna(II)案⑤和 US - Automobiles 案⑥中上诉机构对 GATT 第 20 条(g)项"有关"进行解释时,认为相关措施需"主要目的是"(primarily aimed at)对可竭尽自然资源的保护,专家组对这一关联性的解释具体又包括"实质联系"(substantial relationship)⑦等。上诉机构自身也直言,此标准并不"像石蕊试纸的简单测试"一样就能判断出一措施是否符合 GATT 一般例外,并以对具体情形的分析证明了这一观点。⑧ 可以发现,对这类较低关联性要求的解释不仅同样存在争议,而且它和必要性解释

---

① Elbinsar Purba. Necessary Measure under the SPS Agreement[J]. Asian J. WTO & INT'l HEALTH L & POL'y, 2018(13):205, 216.

② Prabhash Ranjan. "Necessary" in Non-Precluded Measures Provisions in Bilateral Investment Treaties: The Indian Contribution[J]. Neth. Int. Law Rev., 2020(67):488 - 489.

③ Donald H. Regan. The Meaning of "Necessary" in GATT Article XX and GATS Article XIV: The Myth of Cost-Benefit Balancing[J]. World Trade Rev., 2007(6):348 - 349.

④ US—Gasoline, Appellate Body Report.

⑤ US—Tuna(II), Appellate Body Report, para.313: "a 'legitimate objective' is an aim or target that is lawful, justifiable or proper."

⑥ US—Taxes on Automobiles, Report of the Panel, DS31/R(not adopted, circulated on 11 October 1994) para.3.317.

⑦ US—Gasoline, Appellate Body Repor: "We consider that, given that substantial relationship, the baseline establishment rules cannot be regarded as merely incidentally or inadvertently aimed at the conservation of clean air in the United States for the purposes of Article XX(g)."

⑧ "... the phrase 'primarily aimed at' is not itself treaty language and was not designed as a simple litmus test for inclusion or exclusion from Article XX(g). Against this background, we turn to the specific question of whether the baseline establishment rules are appropriately regarded as 'primarily aimed at' the conservation of natural resources for the purposes of Article XX(g)."

中的前置条件"实质贡献"(material contribution)颇为相似，[①]可以说，一措施满足相关性测试相当于仅满足必要性测试的前置条件，从这个意义上说，"相关"类措施关联性要求的确给行为方保留了更多规制空间。

其次，需关注在必要性或相关性测试上投资领域和其他领域相比的特性。虽然将 WTO 上诉机构通过"权衡"判断措施关联性是否得到满足的做法引入 IIAs 中被多数学者否认，[②]但有以下两点值得注意：其一，在投资领域中，在比例原则意义下进行的"权衡"过程可能并非人们一贯认为的那样值得指摘。事实上，唐纳德·H. 里根(Donald H. Regan)在强调贸易领域权衡做法的不必要性的同时，也为投资领域的相反做法留下了余地：对贸易管制措施目标的权衡之所以不必要，是因为一国贸易措施造成的是货币外部性，其他国家可以通过市场机会分配得到弥补，故在贸易领域"对一国来说合理的措施一定是对所有国家合理的"(domestically rational regulation is globally efficient)，而投资管制措施更可能造成非货币外部性，这时上述原理则不再适用。[③]其二，相应地，学者多在 IIAs 设计语境下对 WTO 体系中的"权衡"测试和 LRM 测试进行适用性辨析并对后者表示支持，但鲜有强调 LRM 测试中的实体考量方式，而这种实体考虑在采用彻底的比例原则测试(full-blown balancing or proportionality)[④]难以实现的情况下可以发挥克制的裁量权，毕竟此时仲裁庭需考虑的不再是纯粹的价值比较，而是实际或潜在具体措施的合规性。具体而言，这种实体考量有助于澄清 LRM 测试下其他合理替代措施(reasonably alternative)的标准，即合理替代措施不应只需在事实上能够实现即可，而是应避免给东道国带来不成比例的行政成本。

综上所述，尽管 IIAs 中一般例外条款中的措施关联性要求可能相较 WTO 规则不同，但将在现存不同版本必要性测试的基础上继续发展。[⑤]一方面，在投资领域中对东道国管制措施进行狭义比例原则分析并非在实体上完全没有必要

---

① 在 Deutsche Telekom 案中，仲裁庭认为 India - Germany BIT 中的"必要"要求之一是一措施必须"主要针对"(principally targeted)一特定目标。Deutsche Telekom v. Republic of India，PCA Case No. 2014 - 10，Interim Award，para.239.

② Jurgen Kurtz. Adjudging the Exceptional at International Investment Law：Security，Public Order and Financial Crisis[J]. INT'l & COMP. L.Q.，2010(59)：325，367 - 368；Ranjan，supra note 132，at 493 - 494；Brew，supra note 113，at 226 - 227.

③ Regan，supra note 132，at 367.

④ Kurtz，supra note 140，at 369.

⑤ Continental Casualty 案和 Deutsche Telekom 案中仲裁庭采用的是类似 GATT 规则下早期的实质贡献加最小限制措施测试，See Prabhash Ranjan. "Necessary" in Non-Precluded Measures Provisions in Bilateral Investment Treaties：The Indian Contribution[J]. Neth. Int. Law Rev.，2020(67)：488，491.

或没有可能的,其所面临的制度问题其实是 ISDS 机制的,这也是 ISDS 改革的实体和程序方面交融的体现。事实上,即使在一国国内行政法中,关于是否应由司法机关而非选举代表组成的立法机关来进行复杂的实体狭义比例原则权衡也是存在疑虑的。① WTO 体系中存在永久而统一的准司法机关,但作为一依国际条约设立的主体,它在审查权力方面也比国内司法机关需要更多正当性依据;②而相比之下,ISDS 机制由于审查机构及其成员缺乏独立性而面临更多的正当性考验。其二,从具体的关联性要求设置上来说,可以明确地声明一般例外所采用的必要性测试的具体要求,例如明确"必要"的内涵意味着 LRM,且 LRM 的要求则是不存在其他合理替代措施(reasonably alternative)。

　　除上述之外,和措施关联性要求密切相关的另一个一般例外条款要素是,是否将 IIAs 中的一般例外条款设置为自裁决条款,即一项措施的必要性或适当性是否仅由援引国本身来判断,③这一问题需要结合上述内容加以回答。笔者认为没有必要也不应当在 IIAs 中设置自裁决性质的一般例外。首先,自裁决条款和 WTO 式一般例外引言中的非歧视和非滥用要求是相悖的,毕竟若允许东道国对自身措施进行关联性判断,则不存在可能构成引言所禁止之管制措施的事实基础;其次,避免设置自裁决的例外条款也是防止一般例外滥用的机制的重要一环。即使善意的要求是较为严格的,如果允许东道国自行决定措施的合规性,滥用的威胁便不再是部分学者所认为的"仅是理论上的"了。④ 再次,东道国并不会因此被剥夺国内政策的决策权,因其仍有权行使"自行选择保护水平"的初级权力,⑤只是该选择的合规性将由法院或仲裁庭决定。⑥

---

① Eric Stein & Terrance Sandalow. On the Two Systems: An Overview, in Courts and Free Markets: Perspectives from the United States and Europe[M]. Terrance Sandalow and Eric Stein eds. 1982.

② Alec Stone Sweet. Constitutional Courts and Parliamentary Democracy[J]. West Eur. Polit., 2002 (25): 77, 88. 转引自 Benedikt Pirker. Proportionality Analysis and Models of Judicial Review: A Theoretical and Comparative Study[J]. 2013(67): 271.

③ World Investment Report 2012: Towards a New Generation of Investment Policies.

④ Levent Sabanogullari. The Merits and Limitations of General Exception Clauses in Contemporary Investment Treaty Practice[J]. Investment Treaty News, 2015(6): 3 - 4.

⑤ Regan, supra note 133. Korea—Measures Affecting Imports of Fresh, Chilled and Frozen Beef. Appellate Body report, WT/DS161/AB/R; WT/DS169/AB/R, 11 December 2000, para. 176: "It is not open to doubt that Members of the WTO have the right to determine for themselves the level of enforcement of their WTO-consistent laws and regulations."

⑥ Ibid., at para. 180: "We are not persuaded that Korea could not achieve its desired level of enforcement of the Unfair Competition Act with respect to the origin of beef sold by retailers by using conventional WTO-consistent enforcement measures, if Korea would devote more resources to its enforcement efforts on the beef sector."

三、一般例外条款中引言部分的例外内容：保留"非变相限制"要求

在 WTO 式一般例外条款的双重测试中，合规措施除了应符合公共政策目的和相应的关联性要求外，还需满足引言中的禁止性要求。在此意义上，这一要求可作为一般例外本身的一种"例外"情形。以 GATT 第 20 条的"引言"为例，它又分为两部分：一是"无差别待遇"；二是"非变相限制"。

首先，对 WTO 式一般例外引言中"无差别待遇"的理解不同可能造成不同的结论。若着眼于"武断的"和"不合理的"词义，则一般例外对东道国措施的要求相对于必要性测试更低，因为若一措施不为"任性的"（capriciously or at pleasure），[①]则不违反"无差别待遇"，可想而知，通过"必要性"关联性要求中 LRM 测试的措施不会违反无差别待遇的极低要求。[②] 然而，若同 WTO 上诉机构一样将引言实质理解为非歧视待遇的一个侧面，它的要求门槛会相比前种理解显著提升。有学者认为 WTO 上诉机构对 GATT 第 20 条引言的解释终究归于对经济学意义上公平竞争关系的维护，它和实体义务中的非歧视待遇判断完全可以基于同一事实，且两者不互为前提。[③] 笔者愿以 LG&E 案为例进一步说明两种理解的不同结果：[④]若一国在无法逐案评价外国投资者待遇的情况下直接通过法案全面中止所有公用设施外国投资者的合同权利，这是"必要"且显然不"武断"的，但仍可能构成对投资（投资者）公平竞争机会的减损，因为"一刀切"的做法忽略了各投资（投资者）的实际状况。

其次，相比之下，非变相限制是一般例外不可或缺的组成部分。一项符合必要性的 LRM 测试的措施完全可能是另有限制投资目的的，且这种可能性并非指东道国主观上可能的纯粹目的（并不需要违法性确认或任何惩罚），因为两者评价基础并不完全相同。例如，在 US‑Gasoline 案中，上诉机构否定了美国以行政负担为由拒绝为外国炼油厂产品提供独立标准的主张，因为它本可和其他

---

① National Grid plc v. The Argentine Republic，UNCITRAL Case 1：09‑cv‑00248‑RBW，Award，3 Nov 2008. 仲裁庭参考了 Black Law Dictionary 对"arbitrary"的定义，包括"capriciously or at pleasure" "without adequate determining principle" "non‑rational" "not done or acting according to reason or judgment"等，并认为"unreasonable"和"arbitrary"含义本质上相同，均指"something done capriciously，without reason"。

② Brew，supra note 113，at 233.

③ Bartels，supra note 100.

④ 在 LG&E 案中，仲裁庭认为阿根廷通过紧急法案中止所有公共设施投资者权利的做法是"必要"的，因为其认定阿根廷彼时无法对各个投资和投资者单独作出判断。

国家进行协商——应注意,这里上诉机构指出替代措施并非因为该替代措施对贸易限制更小,而是因为上诉机构认为它足以证明美国并非善意。[①] WTO 规则下如此,在这点上投资领域亦可采用相同做法。可以说,非变相限制是善意原则在一般例外条款中的主要体现,也是一般例外条款对例外情形下东道国主观方面要求的集中表现。

综上,一方面,"无差别待遇"要求未必为"伪装的必要性测试"(a disguised necessary test),[②]这取决于裁判者对它的解释路径,当"无差别待遇"要求解释为较高的标准时,它可比一般意义上的国民待遇原则提供更普遍的适用范围,故可为一般例外的防止滥用机制发挥作用;另一方面,"非变相限制"要求则通过更全面地考察措施实施背景使一般例外发挥这一作用。

第六节　结　　语

正如《国际投资协定改革加速器》所言,在保护投资的同时维护国家的规制权是当前对 IIAs 的明确改革趋势之一,[③]而 WTO 式一般例外作为一种典型的通过增加投资保护议题下东道国规制空间、限缩投资和投资者保护范围的条款正逐步被作为一种在投资领域相对新颖的规制权工具加以使用,它在 IIAs 中的纳入为当前投资者和东道国在投资保护上权益失衡的状态提供了一种可能的再平衡路径。不过作为一种在 WTO 规则体系下发展相对较为成熟的制度,IIAs 中的一般例外条款在设计和应用上均需进一步摸索试验。

本章对 IIAs 中一般例外中的多个方面探讨,试图探究理论和实践上的现存问题和可能设计。首先,就 IIAs 中一般例外的性质定位,建议以投资领域的主要措施更正机制为补偿,一般例外可以责任阻却条款性质出现,并尽可能地提供补偿细则。其次,就 IIAs 中一般例外和其他习惯法上的投资保护义务,一般例外的纳入并未在本质上扰乱原有义务,而是为此类义务提供了延续和发展的机

---

① US‐Gasoline, Appellate Body Report; Arthur E. Appleton. GATT Article XX's Chapeau: A Disguised Necessary Test: The WTO Appellate Body's Ruling in United States ‐Standards for Reformulated and Conventional Gasoline[J]. REV. EUR. COMP. & INT'l ENVTL. L., 1997(6): 131, 135.

② Arthur E. Appleton. GATT Article XX's Chapeau: A Disguised Necessary Test: The WTO Appellate Body's Ruling in United States ‐Standards for Reformulated and Conventional Gasoline[J]. REV. EUR. COMP. & INT'l ENVTL. L., 1997(6): 131, 135.

③ International Investment Agreements Reform Accelerator, UNCTAD/DIAE/PCB/INF/2020/8.

会,故除了对习惯法义务积极澄清外,条约也应通过具体设计设置尽可能充分合理的规制空间,例如,采用半开放式的公共政策目标清单、允许一定程度权衡做法最小限制目标测试的"必要性"解释;同时,保留 WTO 式一般例外引言中的适用限制和避免使用自裁决条款亦有利于防止一般例外旨在保存的规制权的滥用。

综上,较为稳妥的做法是以 WTO 规则中的一般例外为蓝本,在文本上做必要修正和澄清。诚然,在实践中,这一制度的发展面临诸多不确定性,缔约国往往宁愿保留笼统的条约语言,仲裁庭对于规则的解释亦无法预测,对于新规则的解释尤其可能出现学界和仲裁庭互相依赖,形成"闭路反馈循环"(closed-circuit feedback loop)[①]的情形;不过亦有其他外界因素可能为一般例外在 IIAs 中的纳入提供制度上的机会,例如和 IIAs 实体改革相对应的 ISDS 程序改革等。总之,从短期和微观层面来看,对 IIAs 中一般例外条款的制度与文本设计尚需探索;从长期与宏观层面而言,投资者与东道国在投资保护方面的权益再平衡是 ISDS 实体与程序改革中一项长远而渐进的任务。

---

① Anthea Roberts. Power and Persuasion in Investment Treaty Interpretation: The Dual Role of States[J]. AM. J. INT'l L., 2010(104): 179, 190.

第七章
国际投资法中国家安全概念的发展、走向和法理分析

第一节 引 言

一、问题的提出

国际投资已经成为各国经济发展的重要力量，对世界经济发挥了巨大的推动作用。外资在为东道国带来资本的同时，也为东道国创造了更多的就业机会、促进科学技术向东道国转移、推动国内市场竞争、促进本国企业自我发展与完善。有学者以外资对我国经济发展的影响进行了研究，认为在1995—2013年，外资和外资企业对我国国民生产总值的贡献率约为16%—34%，对我国就业的贡献率约为11%—29%。① 联合国贸发会议发布的《世界投资报告2020》显示，2019年全球外商直接投资总额达到1.54万亿美元。②

然而，在逆全球化的大背景之下，美欧等主要经济体通过制定或完善国内法律法规建立健全外资安全审查机制和程序。虽然审查机制不同，但各主要经济体对国家安全审查方面的发展主要集中在扩大审查范围、扩大外国投资者的披露义务或延长审查程序的法定时限等方面，外商投资国家安全审查制度有明显收紧的趋势。③ 不仅如此，各国还加强双边投资法律框架建设，以完善双边投资协定中的安全例外条款，从投资协定的角度明确了国

① 米高·恩莱特. 助力中国发展：外商直接投资对中国的影响[M]. 闫雪莲，张朝辉译，北京：中国财政经济出版社，2017：56.

② UNCTAD. World Investment Report 2020[R/OL]. [2021 - 01 - 22]. https://unctad.org/webflyer/world-investment-report-2020.

③ 董静然，顾泽平. 美欧外资安全审查法律制度新发展与中国之应对[J]. 国际商务研究，2020(5)：74 - 85.

家安全的范围。

从具体的国际投资司法实践来看，近年来，投资者与东道国之间的争端持续增加。2012年，ICSID记录的投资者与东道国之间的案件为177起，到了2020年，这一数据已达到324起（如图7-1）。根据联合国贸易与发展会议的数据显示，2016—2019年9月，价值超过5 000万美元的计划外国收购中，至少有20起因国家安全原因而被阻止或撤回，这些交易的总价值超过1 625亿美元。①

图7-1　ICSID统计的近10年国际投资纠纷案件数量②

经过40余年的改革开放，中国已经成为全球第二大经济体，无论是对内吸收外国投资还是对外输出投资方面，我国都已成为世界对外直接投资举足轻重的力量。根据联合国贸发会议的统计，尽管受到全球新冠疫情的影响，2020年我国对外直接投资额增长3.3%，达到1 329.4亿美元；吸收外国直接投资额增长4%，达到1 630亿美元，成为世界上最大的外国直接投资目的国。③

在我国国际投资愈加兴盛的同时，以美国等西方发达国家指责我国政府主导的对外投资产业政策是造成不公平竞争的非市场扭曲行为，认为中国国有企

---

① UNCTAD. National security-related screening mechanisms for foreign investment-an analysis of recent policy developments［EB/OL］.［2020 - 02 - 22］. https://unctad. org/system/files/official-document/diaepcbinf2019d7_en.pdf.

② ICSID. 2020 Annual Report：Excellence in Investment Dispute Resolution［R/OL］.［2020 - 11 - 11］. https://icsid.worldbank.org/news-and-events/comunicados/icsid-publishes-2020-annual-report.

③ UNCTAD. Global Investment Trend Monitor No. 38［EB/OL］.［2020 - 02 - 22］. https://unctad. org/webflyer/global-investment-trend-monitor-no-38.

业及受政府补贴的企业在海外投资是政府战略行为和不公平竞争行为,我国鼓励对外高新科技投资政策对美国企业的竞争力构成了威胁。此外,我国对"一带一路"沿线国家某些大型项目和基础设施的投资也被视为国家战略行为,受到一些非议。① 从司法实践上来看,中国企业遭受东道国安全审查的案例越来越多,导致海外并购频频受挫。根据美国财政部外国投资委员会(Committee on Foreign Investment in the United States,CFIUS)发布的《2019 年美国外国投资报告》,2017—2019,CFIUS 对中国企业的投资审查高达 140 起,中国成为受到美国外资安全审查最多的国家。② 我国投资者的海外投资安全面临东道国政策变迁带来的巨大挑战。

因此,研究国际投资法中国家安全的立法现状及发展趋势具有重大的理论意义和现实意义。首先,研究各国最新的外资立法实践和投资协定的内容,可以把握国际投资的发展趋势和国际投资法的发展方向,这对我国制定国际投资政策具有重要的指引作用。其次,学习其他国家在国际投资领域的制度成果,对于完善我国完善国际投资法律法规具有重大的借鉴意义。最后,从国际投资实务角度,可充分理解外国的投资政策是引导我国投资者保护自身利益基础的含义,这对于保护我国资本走向国际市场,以及提高我国对外开放的水平具有重要的现实意义。

二、文献综述

国内外学者对国际投资法中国家安全问题的研究,主要从国内法规范和国际法规范两个角度着手。

国内法规范主要研究各国在外资国家审查方面的新近立法,总结各国外资安全审查的新规定、新变化、新特点、新趋势。联合国贸发会议于 2019 年发布的《投资政策监测报告》③汇总了众多国家在近年来国家安全审查法上的进展,对各国外资审查立法做了对比分析,认为各国在安全审查的行业不断延伸和门槛不断降低,使得各国安全审查制度呈现不断收紧的趋势。胡子南、秦一通过分析美国 FIRRMA 的新变化,总结了美国收紧外资国家安全审查的新动向,然后分

---

① 余莹. 国际投资新规则对我国国企海外投资的限制及对策研究[J]. 当代经济,2020(2):58.

② U.S. Department of The Treasury. Annual Report To Congress 2019[EB/OL]. [2021-01-15]. https://home.treasury.gov/system/files/206/CFIUS-Public-Annual-Report-CY-2019.pdf.

③ UNCTAD. Investment Policy Monitor -Special Issue-National Security-Related Screening Mechanisms for Foreign Investment[EB/OL]. [2021-02-21]. https://unctad.org/system/files/official-document/diaepcbinf2019d7_en.pdf.

析美国收紧安全审查的动因和影响,并提出对策。① 苗中泉研究美国、德国、加拿大、澳大利亚等国近年来在外资审查方面的立法进展,认为主要经济体对外资的安全审查普遍收紧,审查对象具有政治排他性,中国对外投资者成为事实上的被审查对象。②

对国际投资法的国际法规范的研究主要集中在包含投资条款的国际条约和投资协定中,学者们一般将这些国际法规范中的"国家安全"表述为"根本安全利益""根本安全例外"或者"安全例外",例如韩秀丽、③刘京莲④等学者进行了相关研究,从实践的角度分析了"安全例外"面临的现状及困境,但没有对"安全例外"条款本身进行分析,也没有结合新签订的国际投资协定分析"安全例外"的发展及走向。

本章研究国际投资法中国家安全的国内安全审查立法和国际投资协定,力求从整体上反映国际投资法中国家安全。对国际投资法中的"国家安全"问题的研究都侧重于国内立法或投资协定两者中的一个方面,缺乏从整体方面对国际投资中的"国家安全"问题进行研究。然而,国际投资关系具有统一性,国际投资法律规范是涵盖国内法规范和国际法规范的有机整体,研究国际投资法中的具体问题有必要综合研究各国的国内立法和签订的国际投资协定。⑤

本章研究并分析了最新的立法规范和投资协定内容,反映了国际投资法中国家安全的最新发展和动向。国内法规范方面,本章汇总 2018 年美国出台的 FIRRMA 法案、2019 年法国颁布的 2019 - 1590 号法案和英国正在审议的 NSI 法案等重要经济体的最新立法;国际法规范方面,本章研究了 2020 年生效的《美加墨协定》和 2020 年底谈判完成的《中欧全面投资协定》。这些国内立法和国际协定中对国家安全设立了新的制度规定,反映了国际投资法领域国家安全发展的新形势和新走向。

---

① 胡子南,秦一. 美国收紧 FDI 国家安全审查新动向、影响以及对策[J]. 国际贸易,2020(4):66 - 71.

② 苗中泉. 论近年来各国对外资明显收紧的国家安全审查制度[J]. 世界政治研究,2020(2):63 - 92.

③ 韩秀丽. 论国际投资协定中的"根本安全利益"与"公共目的"[J]. 国际法与比较法论坛,2010(2):104 - 116.

④ 刘京莲. 国际投资条约根本安全例外条款研究[J]. 国际经济法学刊,2010(1):189 - 202.

⑤ 余劲松. 国际投资法(第五版)[M]. 北京:法律出版社,2018:10.

第二节　国家安全的概述

一、国家安全的国际法依据

主权与安全既是一个国家存在与发展的保障,也是国家经济社会发展的前提和基础,更是一个国家的核心利益。在国际法中,维护国家安全是主权国家的一项基本权利,国际投资法中关于国家安全的制度规范有着深厚的国际法依据。[①]

联合国大会于 2001 年通过了《国家对国际不法行为的责任条款》,其中第五章规定了排除行为不法性的情况,即国家可以在特定情况下,对其违反其国际义务的行为无需承担责任。排除行为不法性的情况包括同意(第 20 条)、自卫(第 21 条)、国际不法行为的对抗措施(第 22 条)、不可抗力(第 23 条)、危难(第 24 条)和紧急状态(第 25 条)。根据第 25 条第 1 款,一国不得援引紧急状态作为排除该国不履行国际义务行为的不法性的理由,除非该行为是国家保护其根本利益不受重大和紧迫的危险影响的唯一途径,或不严重损害该义务所针对的国家(整个国际社会)的根本利益。[②] 该条款规定了主权国家可以不履行国际义务的条件和情形。为国家保护其安全利益而采取措施提供了法律依据是国际投资法中国家安全相关规范的重要基础。

为了避免国家滥用第 25 条第 1 款的规定,第 25 条第 2 款排除了国家援引"紧急状态"的情形,包括所涉国际义务排除援引紧急状态的可能性,或国家自陷危急状态。[③] 国际法委员会在其评论中明确指出,"当国家的根本利益和援引紧急状态所针对国家的义务存在不可调和的冲突,就可以请求援引紧急状态。这就意味着,紧急状态只是在极少数情况下不履行义务的理由,而且必须受到严格的限制,以防止滥用的可能"。[④]

---

① 任强. 国际投资法中的"国家安全"问题探究——以"Ralls 诉美国外国投资委员会案"为视角[J]. 北方法学,2016(3):149.

② International Law Commission. Responsibility of States for Internationally Wrongful Acts[EB/OL]. [2021 - 01 - 28]. https://legal.un.org/ilc/texts/instruments/english/draft_articles/9_6_2001.pdf.

③ International Law Commission. Responsibility of States for Internationally Wrongful Acts[EB/OL]. [2021 - 01 - 28]. https://legal.un.org/ilc/texts/instruments/english/draft_articles/9_6_2001.pdf.

④ International Law Commission. Responsibility of States for Internationally Wrongful Acts, Commentary(2) to Article 25[EB/OL]. [2021 - 01 - 28]. https://legal.un.org/ilc/texts/instruments/english/commentaries/9_6_2001.pdf.

然而,在过去的国际法实践中,紧急状态已经被援引保护各种各样的利益,包括保护环境、在公共紧急情况下保护国家及其人民的生存或确保平民的安全。正如国际法委员会指出,为了强调紧急状态的特殊性质和对其可能被滥用的关切,第 25 条采用了否定的措辞("不得援引紧急状态……,除非……")。国际法委员会对紧急状态时的可采性规定了限制性条件。国际法委员会特别报告员克劳福德教授指出,"当一国援引危急情况时,它完全知道它故意选择一个不遵守国际义务的程序"。[①]

二、国际投资法中的国家安全的价值

虽然国际投资为国家经济社会发展带来了巨大的推动作用,但也带来了诸多问题。为了避免本国的国家安全受到威胁,投资政策所针对的国家安全风险限于:有组织的犯罪或恐怖分子对国家经济的渗透、国防所需的关键资源控制的丧失、法律实施的受阻、国家安全敏感地理位置或边界控制的丧失。[②]

国家安全为相关国际投资关系中的东道国保留了一定的政策制定与措施选取的空间,使东道国的国家安全利益遭受损害或损害威胁时可以根据国内法律中的行政措施和投资协定中的"安全例外条款"采取相关应对措施,即使给外国投资者造成了损失也不被视为违反国际条约义务。在特定情形下,国家安全可以为东道国提供一道"安全阀",有利于维护东道国的利益,使东道国不会因其避免国家安全风险或减小损害采取的应对措施而承担赔偿责任。

第三节 各主要经济体对外商投资中国家安全的立法

近年来,很多国家在外商投资领域制定新的立法,建立健全国家安全审查制度。经合组织 2020 年 7 月的一份公开资料显示,自 2018 年以来,37 个经合组织国家中有一半以上建立了跨部门或多部门投资筛选机制,而 10 年前这一比例

① James Crawford. Second Report on State Responsibility[EB/OL]. [2021-02-14]. https://legal.un.org/ilc/documentation/english/a_cn4_498.pdf.

② 王小琼. 西方国家外资并购国家安全审查制度的最新发展及其启示[M]. 武汉:湖北人民出版社,2010:19.

还不到 1/3。[①] 各国对外资安全审查的立法建设仍在继续,奥地利、捷克、芬兰、德国、意大利、韩国、立陶宛、荷兰、新西兰和美国等正在准备或已经采取与新冠疫情无关的新政策或改革;丹麦、瑞典和英国的改革也在酝酿之中。新兴经济体也积极研究出台新的外资安全审查,有些新兴经济体已经出台了相关立法。我国于 2021 年 1 月 1 日起实施《外商投资法》,印度、巴西、俄罗斯、乌克兰和越南即将或正在考虑进一步改革。本节以美国、英国和法国为例,介绍外商投资中国家安全的立法演进与动向。

一、美国

一直以来,美国对外资采取自由开放的政策,直到 1988 年,美国国会才通过了第一部关于外国投资的国家安全审查法案——《埃克森—弗罗里奥修正案》(Exon‐Florio Amendment)。根据该修正案,美国总统有权对外国企业在美国进行的并购进行"国家安全"调查,该调查具体由 CFIUS 实施,调查认定外资并购对美国的国家安全存在"潜在威胁"的,总统有权中止该项并购。该修正案并未明确界定何为国家安全,只是列出了可能对国家安全造成威胁的五个方面因素:一是直接影响国内生产国防产品;二是影响国内产业达到国防生产所需的规模和能力,包括原料、科学技术、人力资源等方面的供给和服务;三是外资掌控了商业活动或国内产业,影响美国实现国防生产的能力和规模;四是可能将技术、设备或军火武器售卖到特定国家地区,间接壮大恐怖主义或造成导弹技术、生物武器的扩散;五是影响美国国防科技的领先地位。[②] 虽然该修正案中涉及科技方面的内容,但所指科技应理解为国防科技或军事科技,该修正案所关注的国家安全内容主要是国防、军事领域的安全,属于传统意义上国家安全的范畴。

"9·11"事件后,美国将恐怖主义视为其国家安全面临的主要挑战。2007年 7 月,美国国会通过《外国投资与国家安全法案》(Foreign Investment and National Security Act,FINSA),该法案于 2007 年 10 月生效。根据 FINSA 规定,如果外国投资涉及"与国土安全有关的问题""被破坏或摧毁可对国家安全造成潜在影响的关键基础设施",则外国投资应当经过 CFIUS 审查。根据这一规

---

① OECD. Investment screening in times of COVID-19 and beyond[EB/OL]. [2021‐02‐21]. http://www.oecd.org/ coronavirus/policy-responses/investment-screening-in-times-of-covid-19-and-beyond-aa60af47/.

② 邵沙平,王小承. 美国外资并购国家安全审查制度探析——兼论中国外资并购国家安全审查制度的构建[J]. 法学家,2008(3):158.

定，除了传统的国防安全之外，美国将所有影响国家安全的关键系统或重大资产都纳入国家安全审查的范畴，例如基础设施、关键技术、银行、供水等。不仅如此，FINSA 法案还新增国家安全审查应当考虑的五项因素，具体包括可能影响美国国家安全的关键技术、关键基础设施、外国政府所控制的交易、转移军事技术的可能性以及关键性资源和原材料等。① 对比 1988 年的《埃克森—弗罗里奥修正案》，该法案明显扩大了国家安全所涉及的范畴，新增了关键性基础设施、关键性技术、关键性资源等方面的因素，强化了对外国投资的审查。

特朗普当选美国总统后，积极推行"美国优先"政策，在中美贸易战的大背景下，于 2018 年出台了《外国投资风险审查现代化法案》(Foreign Investment Risk Review Modernization Act, FIRRMA)。根据新法案，外资安全审查对象较之前新增了三种类型。

（一）特定不动产交易

在 FINSA 出台之前，美国并未将特定不动产交易纳入外资审查的范围，但在具体实践中，CFIUS 已经开始关注敏感领域的特定不动产。例如，2012 年三一重工旗下的"罗尔斯公司收购风电项目案"中，由于风电场靠近美国军事基地，CFIUS 就以罗尔斯"涉嫌威胁国家安全"，责令该项目停止施工。② FIRRMA 首次明确了对此类不动产交易的规定。根据该法案，美国境内实体具有以下情况之一的交易都属于外资安全审查的范围："① 位于机场、海港内或其中一部分；② 临近军事基地或其他因国家安全原因的敏感设施，或使外国投资者可以收集该物业附近活动的情报；③ 使物业或设施进行的国家安全活动处于外国监视风险中。"③

（二）规避性交易

美国首次将"规避性交易"纳入外资监管立法源于 1991 年的《外国人合并、收购和接管条例》，其中第 104 条规定："所有以规避第 721 条④为目的的交易或其他措施都不应予以忽视，并且第 721 条和本章的内容都将适用于该交易的实

---

① Congress.Gov. Foreign Investment and National Security Act of 2007[EB/OL]. [2021 - 02 - 18]. https://www.congress.gov/110/plaws/publ49/PLAW-110publ49.pdf.

② 杜恒峰. 三一重工赢了奥巴马 收购美海军基地附近电站！[EB/OL]. [2021 - 01 - 22]. http://news.bjx.com.cn/html/20151105/678256.shtml.

③ U.S. Department of The Treasury. Review of Foreign Investment and Export Controls[EB/OL]. [2021 - 01 - 23]. https://home.treasury.gov/sites/default/files/2018-08/The-Foreign-Investment-Risk-Review-Modernization-Act-of-2018-FIRRMA_0.pdf.

④ 美国最早的国家安全审查立法《埃克森—佛罗里奥法案》，其最初是 1988 年《国防生产法》中的第 721 条。

质内容。"可以看出,该规定只是一条提示性条款,并未明确"规避性交易"的定义或行为特征。FIRRMA 则将"规避性交易"作为单独一类列举出来。根据FIRRMA 规定,规避性交易是指任何其他旨在规避审查或相关法律适用的交易、转让、协议或安排也会受到审查。该条文首次明确了"规避性交易"的概念,有助于在具体外资审查中加以应用。但外资企业是否"旨在规避审查"本身就是需要调查才能明确的问题,CFIUS 完全可能先凭空做出外资企业"旨在规避审查"的认定,然后再对该交易进行安全审查。换言之,该条规定可能无限放大了外资安全审查的范围,并将可能造成安全审查权力的滥用。

(三) 其他投资

FINSA 虽然明确了受管辖交易包含所有外国投资控制美国公司的交易,但从具体审查实践中,单纯实现经济利益的非控制性投资往往不会受到审查。FIRRMA 则明确将外资审查范围覆盖到非控制性投资。FIRRMA 规定了"其他投资"受到安全审查所具备的两个要件:一是该投资涉及公民敏感数据、关键技术或关键基础设施;二是该投资可能使外资获得任何美国非公开技术信息、董事会观察员权利、参与美国企业重大业务决策、与美国企业建立战略合作关系或重大财务安排。① 不难看出,FIRRMA 对"其他投资"的规定反映了美国外资安全审查的重大变化,外资安全审查突出强调美国企业的控制权,将公民敏感数据、关键技术、关键基础设施等纳入安全审查领域,还将安全审查的视角扩大到外资对美国企业的影响力。

二、英国

英国一直保持着较为宽松的外国投资政策,直到在 2002 年出台的《企业法》中出现了基于国家安全目的对外国投资进行审查的相关规定。该法第 58 条规定:国家安全包括公共安全、新闻自由及媒体多样性等内容。② 在之后的很长一段时期,英国对外资的审查一直沿用 2002 年《企业法》中国家安全的相关规定。直到近年,英国政府认为,投资者有时会找到新的手段试图混淆其当前的体制。例如,外国投资者通过英国或盟友投资基金进行投资,或者通过购买、授权某些知识产权(而不是直接投资或收购整个公司),使得政府很难确定投资的最终所

---

① U.S. Department of The Treasury. Review of Foreign Investment and Export Controls[EB/OL]. [2021 - 01 - 23]. https://home. treasury. gov/sites/default/files/2018-08/The-Foreign-Investment-Risk-Review-Modernization-Act-of-2018-FIRRMA_0.pdf.

② GOV.UK. Enterprise Act 2002[EB/OL]. [2021 - 03 - 23]. https://www. legislation. gov. uk/ukpga/2002/40/contents.

有者。英国政府就外资安全问题对 2002 年《企业法》和 2018 年《国家安全和投资(白皮书)》进行了长时间的审查后认为,2002 年的《企业法》中所载的权力不再足以应对英国面临的国家安全风险。

2020 年 11 月,英国政府向议会提交《国家安全与投资法案》(National Security and Investment Act, NSI)。根据提交议会上院委员会审查阶段的文本,新的法案极大扩大了属于投资审查的范围,而且删除了 2002 年《企业法》中企业兼并控制制度中对敏感部门的特殊安排(例如营业额限制等)。具体来说,新法案的重大革新有以下几个方面。

(一) 强制申报

NSI 法案中建立了外资的强制申报制度。NSI 法案规定的强制申报制度主要针对两个类型的交易:一是"敏感行业"的交易;二是外资在"适格的实体"中获得控制权的交易。对于"敏感行业"的强制申报,NSI 法案规定了十七个"敏感行业"的运营公司在进行某些类型的交易时必须进行申报,以此保证政府对这些"敏感行业"的掌控,并保证政府根据情况采取相应行动,减轻外国投资带来的任何国家安全风险。这十七个敏感行业为:民用核工业、通信、数据基础设施、国防、能源、交通、人工智能、自主机器人、计算硬件、密码认证、先进材料、量子技术、卫星和空间技术、生物工程、政府的重要供应商、紧急服务的重要供应商以及军事或军民两用技术。[①]

当外资在"适格的实体"中获得控制权或者获得权益时,该交易也必须申报。"适格的实体"是指任何在英国开展活动,或在英国供应商品或服务的实体。换句话说,如果非英国企业向英国客户提供相关商品或服务,那么该企业就是"合格实体"。根据新的法案,获得对实体的控制权是指外资获得某一"适格的实体"的权益,并因此产生以下一项或多项内容:① 外资在实体中持有的股份或投票权的百分比增加,由不高于 25% 增加至 25% 以上;由不高于 50% 增加至 50% 以上;由不高于 75% 增加至 75% 或以上。② 获得实体中的投票权,使外资能够确保或阻止任何的决议实现管理实体事务;③ 收购使外资能够实质性地影响实体政策。

(二) 召回审查与自愿申报

如果"适格的实体"的一项交易构成该法案中规定的"触发事件",或者该交

[①] 本章罗列的十七个行业是 NSI 草案中的名称,最终名称定义将在最终的版本中列出。GOV.UK. National security and investment: mandatory notification sectors[EB/OL]. [2021 - 03 - 22]. https://www.gov.uk/government/consultations/national-security-and-investment-mandatory-notification-sectors.

易已经产生或可能带来国家安全风险，英国政府有权对该起交易"召回审查"。这些触发事件包含"强制申报"中的条件，同时还包括获得特定资产控制权。特定资产包括具有经济价值的土地、有形动产、信息或技术。如此，外资对设计、软件或知识产权的并购都可能会受到安全审查。更重要的是，"召回审查"是一种溯及既往的权力。对于在 2020 年 11 月 12 日之日前未完成的交易，政府在知悉该交易的 6 个月内(最长不得超过交易完成后 5 年)都可以行使该项权利，并开展对外资的安全审查。

政府发布的"立法声明"①列出了可能导致外资交易接受审查的三项风险因素，反映了立法人员对国家安全重点关注的视角：一是目标风险，即政府认为可能出现国家安全风险的经济领域和应急服务的直接供应商；二是触发事件风险，即外资取得控制的类型和级别以及外资控制可能造成安全风险的方式；三是外资企业风险，即该外资是否控制一个部门内的其他实体或在一个核心领域内拥有大量股份。

除了强制申报和召回申报外，NSI 法案规定了自愿申报制度，对不符合强制申报条件的交易，政府鼓励外资就可能引起国家安全的问题自愿申报。对于那些不确定自己的交易是否符合强制性申报的外资企业来说，自愿申报可能会避免随后的召回审查风险。

三、法国

法国对于国际投资的国家安全审查制度可以追溯到 1966 年 12 月 28 日的第 66-1008 号法令。根据该法令，为保障维护国家利益，基于经济和财政部长的报告和现行有效的法令，政府可以要求外资进行申报、事先授权或对外资进行控制。② 该法令的主要目的是鼓励外国投资，对公共政策、公共卫生或公共安全进行保护，该法案只规定了国家可以采取相应的措施，并无相应的制度安排。在 1989 年 12 月 29 日颁布的 89-938 号法令、1996 年 2 月 14 日颁布的 96-117 号法令和 2000 年 12 月 14 日颁布的 2000-1223 号法令中，法国政府沿用了 1966(66-1008 号)法令的相关规定，并未对外国投资下的国家安全条款进行实质的改革和发展。自 2005 年起，对在行使公共权力方面发挥

① GOV. UK. Statement of policy intent[EB/OL]. [2021-03-22]. https://www.gov.uk/government/publications/national-security-and-investment-bill-2020/statement-of-policy-intent.

② Cesnur. European Court of Justice-Scientology wins Case against France[EB/OL]. [2021-03-25]. https://www.cesnur.org/testi/scient_EU_en.htm.

作用或可能危害公共秩序、公共安全、公共国防利益的少数行业的外国投资活动须事先获得经济部的批准。① 2014 年 5 月 15 日,法国政府发布了第 2014 - 479 号法令,扩大了在法国投资须遵循事先授权程序的行业范围。根据该法案,外国投资须事先获得政府批准的领域包括：拦截和检测通信相关的活动；安全系统评估与认证；双重用途技术相关的活动；密码技术；涉及机密国防信息的活动；军用武器、弹药、火药、爆炸物和军用物资的生产贸易；与国防部签订研究或供应合同的企业活动；防止通过恐怖主义、防止非法使用致病或有毒制剂的保护手段及其对健康的影响的研究、开发和生产活动；博彩业；运输业；供水；能源；电子通信；公共卫生；《防卫法典》规定的其他重大活动。② 在该法案中,政府管控的外国投资领域不止传统的军事和国防,新加入的运输业、供水、能源、电子通信等行业已经显现出法国政府将国家安全的范围扩大的趋势。

2017 年,法国国民议会成立了一个议会调查委员会,调查法国战略性企业在近年来的交易中国家安全利益是如何得到保护的。此次调查给负责审查程序的经济部门带来了巨大压力,促使他们对外国投资者的概况、意图以及投资活动进行了彻底审查。基于上述背景原因,法国议会对外资安全审查机制制定了新的改革方案。作为"促进企业增长和改革的行动计划"(PATE)的一部分,法国政府 2018 年 11 月发布命令开始外商投资改革,并于 2019 年 12 月颁布第 2019 - 1590 号法令,将本次外商投资机制改革的内容以法律的形式确定下来。

从外资安全审查范围上看,新的法令将法国政府外国投资审查的范围扩大到"对保障公共秩序、公共安全或国防方面的国家利益至关重要"的新部门和行业：太空探索、网络安全、人工智能、机器人、半导体和增材制造、数据存储、用于捕获计算机数据或截取通信的系统、国家安全领域公共部门信息系统、关键产业信息系统、军民两用物资和技术的研发。③

从执行保障方面来看,本次改革赋予法国的经济部更明确、更广泛的制裁措

① OECD. Measure with a bearing on the National Treatment instrument Notification by France[EB/OL]. [2021 - 03 - 22]. https://one.oecd.org/document/DAF/INV/RD(2014)6/en/pdf.

② OECD. Measure with a bearing on the National Treatment instrument-Notification by France[EB/OL]. [2021 - 03 - 25]. https://one.oecd.org/document/DAF/INV/RD(2014)6/en/pdf.

③ Sabine Naugès, Camille Spegt. New French Decree, Ministerial Order Clarify Foreign Investment Authorization Rules[EB/OL]. [2021 - 03 - 14]. https://www.mwe.com/insights/new-french-decree-ministerial-order-clarify-foreign-investment-authorisation-rules/.

施,以强制外国投资者遵守事先授权要求和其国家安全承诺,确保法国政府维护国家安全的权力得以实现。[①] 根据新法案,如果未经事先授权实施了交易,经济部有权要求投资者采取响应措施,这些措施包括:修改交易内容;书面请求预授权;自费恢复交易前状态;暂停投资者的表决权,并任命一名临时管理人管理、经营和代表相关法人实体;控制或冻结与所涉敏感活动有关的全部或部分资产的自由处置;禁止或限制向股东分配股息。与此同时,经济部还可以在投资者不遵守其命令时按日收取高额罚金。

第四节　投资协定中国家安全的发展

一、投资协定中的"安全例外"条款

一个国家鼓励和促进投资的法律规定,如果没有国家间的合作与配合是难以达到其目的的。无论是为了创造良好的投资环境以保证外国投资者投资的安全与利益,或者是为了保护本国投资者的海外投资,都需要通过国际条约特别是双边投资条约和区域性投资规则提供国际法保护。[②] 由于国际上不存在调整有关投资实体性权利义务的国际公约,双边投资条约和区域性协定在促进和保护投资中发挥着至关重要的作用。

第二次世界大战以后,投资协定和区域性自贸协定获得了很大发展,成为国际投资法的重要渊源。尤其是在冷战结束之后,双边投资协定更是获得了迅猛发展,签订数量与日俱增。根据联合国贸发会议的统计,截至 2021 年 2 月,现行有效的双边投资协定(BIT)达 2 338 个,现行有效的包含投资条款的其他条约(TIP)323 个,共涉及 214 个经济体。[③]

虽然这些协定都以鼓励和保护投资为主要目的,但为了平衡投资者与东道国之间的权利,越来越多的协定中纳入"安全例外条款"。有学者将"安全例外"条款称为"根本安全例外"条款、"基本安全利益(例外)"条款或"免责条款",还有

---

① Skadden. Foreign Investment Control Reforms in Europe[EB/OL]. [2021-03-16]. https://www. skadden. com/insights/publications/2019/01/2019-insights/foreign-investment-control-reforms-in-europe.

② 余劲松. 国际投资法(第五版)[M]. 北京:法律出版社,2018:189.

③ UNCTAD. International Investment Agreements Navigator[EB/OL]. [2021-03-20]. https://investmentpolicy. unctad. org/international-investment-agreements/by-economy.

外国学者将其称为"非排除措施"条款(non-precluded measures,NPM)。[①] 当缔约国面临严重的经济社会危机时,或是为了国家安全、经济可持续发展等原因,缔约国能够中止履行条约中的特定义务而无需承担责任,一旦中止履行义务的原因消失,将恢复该缔约国履行该特定义务的责任。[②]

安全例外条款可以追溯到美国《对外友好通商航海条约》(以下简称 FCN),之后此类条款被引用到国际投资协定中。[③] 1958 年,在德国与巴基斯坦签订的双边投资协定中首次包含了"安全例外"条款,而后德国参与签订的所有投资协定都包含了这一条款。美国在 1982 年与巴拿马签订的双边投资协定中第一次引入了"安全例外"条款,并在之后参与的投资协定中都做出了相关的规定。虽然此时"安全例外"条款尚在学者的理论研究之中,但越来越多的国家开始学习和效仿,将"安全例外"纳入新签署的投资协定中。2007 年,联合国贸发会议发布了一份关于双边投资协议的报告,该报告研究了 1995—2006 年全球双边投资条约,并分析了投资规则的最新走向。该报告认为,"有关直接投资是否可能发生负面作用的争论正在进行之中,在此种背景之下,愈来愈多的国家在其缔结的投资协定中强调,实行既定的投资保护不能以牺牲东道国其他合法的公利益关切作为代价。"[④]这份报告引发了各国对加强东道国平衡自身国家安全利益的重要性的认识,引发更多的国家再缔结新的投资协定时,开始关注促进投资与国家安全利益保护的平衡。因为越来越多的国家开始担心,国内核心资产和技术可能会成为外国收购的牺牲品,各国加强了投资协定中"安全例外"的规定。根据联合国贸发会议的统计,仅在 2020 年 5 月—2020 年 12 月,就有欧盟和 52 个国家发布了 96 项新的投资政策,几乎所有新的投资条例或限制都涉及国家安全问题。[⑤]

二、中欧投资协定

自改革开放以来,中国积极推进改革开放政策,高度重视双边投资制度

① William W. Burke-White, Andreas Von Staden. Investment Protection in Extraordinary Times-The Interpretation and Application of Non-Precluded Measures Provisions in Bilateral Investment Treaties [EB/OL]. [2021 - 03 - 12]. https://papers.ssrn.com/sol3/papers.cfm? abstract_id=980107.

② 陈卫东. WTO 例外条款解读[M]. 北京: 对外经济贸易大学出版社,2002:13.

③ William W. Burke-White. Investment Protection in Extraordinary Times: The Interpretation and Application of Non-Precluded Measures Provisions in Bilateral Investment Treaties[EB/OL]. [2021 - 03 - 07]. https://papers.ssrn.com/sol3/papers.cfm? abstract_id=980107.

④ UNCTAD. Bilateral Investment Treaties 1995—2006: Trends in Investment Rulemaking[EB/OL]. [2021 - 02 - 12]. https://unctad.org/system/files/official-document/iteiia20065_en.pdf.

⑤ UNCTAD. Investment Policy Monitor No. 24[EB/OL]. [2021 - 02 - 25]. https://unctad.org/system/files/official-document/diaepcbinf2021d2_en.pdf.

和法律框架。自 1982 年与瑞典签订第一份双边投资协定以来,我国已经同除爱尔兰之外的其他 26 个欧盟成员国签订了双边投资促进和保护协定(见表 7 - 1)。

表 7 - 1　中国与欧盟国家双边投资协定中与国家安全相关的条款①

序号	名　称	状态	签字日期	国家安全相关规定
1	中国—瑞典 BIT	现行有效	1982 年 3 月 29 日	无
2	中国—德国 BIT	已终止	1983 年 10 月 7 日	《议定书》三(三)条规定:缔约一方因公共安全和秩序、国民健康或道德而采取的措施不应视为"歧视措施"
3	中国—法国 BIT	已终止	1984 年 5 月 30 日	第 4 条第 1 款:政府可以基于公共利益的原因,依据国内法程序对外资企业进行征收
4	中国—比卢经济同盟 BIT	已终止	1984 年 6 月 4 日	第 4 条第 1 款:政府可以基于公共利益的原因,依据国内法程序对外资企业进行征收
5	中国—芬兰 BIT	已终止	1984 年 9 月 4 日	第 4 条第 1 款:政府可以基于公共利益的原因,依据国内法程序对外资企业进行征收
6	中国—挪威 BIT	现行有效	1984 年 11 月 21 日	第 4 条第 1 款:政府可以基于公共利益的原因,依据国内法程序对外资企业进行征收
7	中国—意大利 BIT	现行有效	1985 年 1 月 28 日	第 4 条第 1 款:政府可以基于公共利益的原因,依据国内法程序对外资企业进行征收
8	中国—丹麦 BIT	现行有效	1985 年 4 月 29 日	第 4 条第 1 款:政府可以基于公共利益的原因,依据国内法程序对外资企业进行征收
9	中国—荷兰 BIT	已终止	1985 年 6 月 17 日	第 4 条第 1 款:政府可以基于公共利益的原因,依据国内法程序对外资企业进行征收
10	中国—奥地利 BIT	现行有效	1985 年 9 月 12 日	第 4 条第 1 款:政府可以基于公共利益的原因,依据国内法程序对外资企业进行征收
11	中国—波兰 BIT	现行有效	1988 年 6 月 7 日	第 4 条第 1 款:政府可以基于公共利益的原因,依据国内法程序对外资企业进行征收

① UNCTAD. International Investment Agreements Navigator[EB/OL]. [2021 - 03 - 20]. https://investmentpolicy.unctad.org/international-investment-agreements/countries/42/china.

续　表

序号	名　称	状态	签字日期	国家安全相关规定
12	中国—保加利亚 BIT	现行有效	1989 年 6 月 27 日	第 4 条第 1 款：政府可以基于公共利益的原因，依据国内法程序对外资企业进行征收
13	中国—匈牙利 BIT	现行有效	1991 年 5 月 29 日	第 4 条第 1 款：政府可以基于公共利益的原因，依据国内法程序对外资企业进行征收
14	中国—捷克 BIT	已终止	1991 年 12 月 4 日	第 4 条第 1 款：政府可以基于公共利益的原因，依据国内法程序对外资企业进行征收
15	中国—斯洛伐克 BIT	现行有效	1991 年 12 月 4 日	第 4 条第 1 款：政府可以基于公共利益的原因，依据国内法程序对外资企业进行征收
16	中国—葡萄牙 BIT	已终止	1992 年 2 月 3 日	第 4 条第 1 款：政府可以基于公共利益的原因，依据国内法程序对外资企业进行征收
17	中国—西班牙 BIT	已终止	1992 年 2 月 6 日	第 4 条第 1 款：政府可以基于公共利益的原因，依据国内法程序对外资企业进行征收
18	中国—希腊 BIT	现行有效	1992 年 6 月 25 日	第 4 条第 1 款：政府可以基于公共利益的原因，依据国内法程序对外资企业进行征收
19	中国—克罗地亚 BIT	现行有效	1993 年 6 月 7 日	第 4 条第 1 款：政府可以基于公共利益的原因，依据国内法程序对外资企业进行征收
20	中国—爱沙尼亚 BIT	现行有效	1993 年 9 月 2 日	第 4 条第 1 款：政府可以基于公共利益的原因，依据国内法程序对外资企业进行征收
21	中国—斯洛文尼亚 BIT	现行有效	1993 年 9 月 13 日	第 4 条第 1 款：政府可以基于公共利益的原因，依据国内法程序对外资企业进行征收
22	中国—立陶宛 BIT	现行有效	1993 年 11 月 8 日	第 4 条第 1 款：政府可以基于公共利益的原因，依据国内法程序对外资企业进行征收
23	中国—罗马尼亚 BIT	现行有效	1994 年 7 月 12 日	第 4 条第 1 款：政府可以基于公共利益的原因，依据国内法程序对外资企业进行征收
24	中国—塞浦路斯 BIT	现行有效	2001 年 1 月 15 日	第 4 条第 1 款：政府可以基于公共利益的原因，依据国内法程序对外资企业进行征收
25	中国—荷兰 BIT	现行有效	2001 年 11 月 26 日	第 5 条：政府可以基于公共利益的原因，依据国内法程序对外资企业进行征收
26	中国—德国 BIT	现行有效	2003 年 12 月 1 日	《议定书》第 4 条（a）款：出于公共安全和秩序、公共卫生或道德的原因而必须采取的措施不应被视为第 3 条含义内的"不利的待遇"

续　表

序号	名　　称	状态	签字日期	国家安全相关规定
27	中国—拉脱维亚BIT	现行有效	2004 年 4月 15 日	第 4 条第 1 款：政府可以基于公共利益的原因，依据国内法程序对外资企业进行征收
28	中国—芬兰 BIT	现行有效	2004 年 11月 15 日	第 3 条第 5 款：协定内容不得解释为阻止任一方在战争、军事冲突或其他国际关系重大紧急情况采取必要措施 第 6 款：协定内容不应解释为阻止任一方采取维护公共利益的措施
29	中国—比卢经济同盟 BIT	现行有效	2005 年 6月 6 日	第 5 条第 1 款：由于公共目的、安全或国家利益的原因，可以根据国内法程序进行征收
30	中国—西班牙BIT	现行有效	2005 年 11月 14 日	第 4 条：政府可以基于公共利益的原因，依据国内法程序对外资企业进行征收
31	中国—捷克 BIT	现行有效	2005 年 12月 8 日	第 4 条第 1 款：由于公共目的、安全或国家利益的原因，可以根据国内法程序进行征收
32	中国—葡萄牙BIT	现行有效	2005 年 12月 9 日	《议定书》第 3 条第一款：出于公共安全和秩序、公共卫生或道德的原因而必须采取的措施不应被视为第 3 条含义内的"不利的待遇"
33	中国—法国 BIT	现行有效	2007 年 11月 26 日	第 4 条第 1 款：政府可以基于公共利益的原因，依据国内法程序对外资企业进行征收

最早对国家安全作出例外规定的是 1983 年签订的《中德投资协定》（中德 BIT 1983）。根据协定《议定书》第 3 条的规定，为了维护国民健康、公共安全以及社会道德，缔约方可以采取相应措施且不会被认定为歧视措施。2003 年中国与德国新签署的《中德投资协定》（中德 BIT2003）、2005 年中国与葡萄牙签订的双边投资协定（中葡 BIT2005）继承了这一条款，但并未对这一条款做进一步的发展。中国与芬兰曾在 1984 年签订第一份双边投资协定（中芬 BIT 1984），但该协定并未对国家安全作出例外规定。2004 年新签订的中国与芬兰的双边投资协定（中芬 BIT 2004）纳入国家安全的相关内容。新协定第 3 条第 5 款规定："协定内容不得解释为阻止任一方在战争、军事冲突或其他国际关系重大紧急情况采取必要措施。"第 6 款规定："协定内容不应解释为阻止任一方采取维护公共利益的措施。"上述协定中虽然都涉及国家安全或公共安全的相关内容，但只是

在"非歧视原则"项下做出的限制，且条文表述过于简略且不统一，其在协定中的地位还有待提高。

除了上述中德 BIT（1983、2003）、中葡 BIT（2005）和中芬 BIT（2004）之外，中国与欧盟其他国家的双边投资协定并不包含国家安全相关的例外条款。虽然这些协定在征收的条款中规定，缔约国可以基于公共利益的原因按照国内法程序对外资进行征收，但该条中的公共利益只是征收规则的前置性条件，并不是基于国家安全所作出的一般性例外。

随着中欧双边投资不断加大，中国与欧盟各成员国之间签订的投资协定已经不能适应当今中欧双边投资发展水平和世界投资协定发展的潮流。同时，由于中国与欧盟各成员国之间投资现状不同，各双边投资协定中的规定存在很大差异。《里斯本条约》于 2009 年年底生效，该条约将外商直接投资作为欧盟共同贸易的一部分，因此，欧盟取得了外商直接投资领域的排他性权力。由于欧盟对外商直接投资具有专属管辖权，中国与欧盟各成员国之间单独签订的双边投资协定的效力受到了极大影响。在过去中国与欧盟各成员国签订的投资协定中，国家安全的规定不够完备统一，中国与欧盟需要建立一个统一的投资法律框架。

2020 年年底，中欧投资协定谈判完成，标志着中欧投资法律框架建设进入新阶段。该协定涉及可持续发展、公平竞争规则、市场准入承诺以及争端解决等内容，更新并发展了国家安全相关的例外条款。

在新的《中欧投资协定》中，国家安全的内容被纳入第六部分《机构与最终条款》中，该部分第二分章第 10 条对安全例外单独做出了规定。根据该条规定，如果另一方的投资者有妨害其根本安全利益的行为，缔约方有权采取其认为必要的措施。这些妨害根本利益的行为包括：与生产、贩运战争物资相关的行为；直接或间接供应军事设施而进行的其他货物和材料、服务和技术的生产、贩运和交易有关的行为；与直接或间接供应军事设施的经济活动有关的行为；由于裂变和聚变材料或产生这些材料的行为。①

新协定使用了"根本安全利益"的表述，增加了军事安全和核安全作为"根本安全利益"的重要部分。不仅如此，军事安全的外延也足够广泛，既包含武器等军用物资，也包括直接或间接用于军事的货物、材料、服务和技术相关的交易以及其他经济活动。换言之，如果一个外资的经济活动能够间接地与军事联系在

---

① European Commission，EU‐China Comprehensive Agreement on Investment［EB/OL］．［2021‐03‐19］．https：//trade.ec.europa.eu/doclib/press/index.cfm? id＝2237.

一起,缔约方就可能以维护其"根本安全利益"的理由对其采取措施。

另需注意的是,《中欧投资协定》对国家的内部安全和外部安全做了区分,协定虽然也新增了公共秩序、人与动植物生命健康、个人信息保护等内容,但该内容规定在"最终条款"的第 4 条"一般例外"中,而非第 10 条"安全例外"条款中。

三、美加墨协定

美国、加拿大和墨西哥三国于 1992 年签订《北美自由贸易协议》(North American Free Trade Agreement,NAFTA),该协议成为美加墨之间签订的第一个区域性多边协定,该协定中的投资内容也成为美加墨之间第一个区域性多边投资规则。NAFTA 投资章节反映的核心内容是投资者保护,例如政府有义务向投资者提供非歧视性待遇、最低待遇标准和防止无偿征用等条款。NAFTA 相较之前的自贸协定有了巨大的变化,主要确认了政府为追求环境、健康或安全进行监管的权力。

NAFTA 在第二十一章"其他规定"中对根本安全利益作了例外规定,即东道国可以基于其根本安全利益的考虑对其他缔约国的投资者采取任何必要行动。该条文具体列举了三类关系国家根本安全利益的情形:一是战争物资的贩运以及为军事设施或其他安全设施相关的其他货物、材料、服务和技术的贩运和交易;二是战时或国际关系中的紧急状态;三是履行与核不扩散义务相关的政策或国际协定。虽然国家根本安全利益的评判标准具有主观性,但该协定限定了根本安全利益的范畴仅针对军事安全、国际关系的紧急情况以及核安全三个方面。

2018 年 12 月,美国、墨西哥和加拿大签署了一项新的多边投资协定——美国—墨西哥—加拿大协定(The U.S.-Mexico-Canada Agreement,USMCA)。该协定于 2019 年 12 月 10 日完成了修订版的签署,并于 2020 年 7 月 1 日生效。

在 USMCA 中,根本安全利益条款规定在第 32 条。根据该条规定,为保护自身根本安全利益是履行国际义务,缔约方有权采取其认为必要的相应措施。该条文并没有对根本安全利益做出任何限定或明确哪些领域适用,而是规定依靠缔约国自我判断。因此,只要主观上认为有必要,缔约国就可以以根本安全利益名义采取必要的措施。

在投资的概念上,NAFTA 中详细说明了投资的范畴,列举了投资的形式,主要包括设立企业、投资证券、贷款、享有投资者权益、固定资产投资、投入资金或资源产生的利益。USMCA 第 14 条有关投资的定义增大了投资涵盖的范围。

增加的内容主要有以下五个方面：期货、期权和其他衍生品；知识产权；担保物权和租赁；根据一方法律授予的许可、授权、许可及类似权利；交钥匙合同、建筑合同、管理合同、生产合同、特许权合同、收入分成合同和其他类似合同等。由于新协定极大扩展了投资的范畴，将更多形式的权益纳入投资中，缔约国可以援引根本利益条款采取措施的外资交易类型更加宽泛。

第五节　国际投资法中国家安全发展的走向

一、促进投资与国家安全保护共同推进

在全球化的进程中，发达国家利用其资本和技术的领先优势，在经济全球化中处于主导地位。在国际投资体系和框架创设的过程中，发达国家牢牢掌握着话语权。相比之下，发展中国家力量薄弱，为了促进本国经济发展又不得不创造优越的投资环境，无法充分地评估及兼顾国家安全和公共利益。有鉴于此，在国际投资法律体系构建过程中，制度安排过于强调投资者利益保护，忽视了东道国国家安全和公共利益等内容。

由于投资法律体系的不完善，投资者与东道国之间的争端不断上升，东道国的国家安全利益面临着巨大挑战。根据联合国贸易与发展会议统计，截至2019年，已知的投资者与东道国争端已达到1 023起。而裁决结果有利于东道国的不足四成。①

在经济一体化持续推进的背景下，国际投资格局已经发生了巨大的变化。根据联合国贸易与发展会议的统计，2019年，发达国家吸收的外国直接投资达8 000亿美元，输出的对外投资为9 170亿美元。发展中国家吸收的外国直接投资达6 850亿美元，输出的对外投资也达到了3 730亿美元。一方面，部分发展中国家国内经济发展迅速，成为国际投资中的重要力量，增加了其在制定国际投资法律框架中的话语权；另一方面，发达国家接受国际投资的规模一路攀升，各主要经济体既是资本输出国，又是资本输入国。为了自身整体利益，发达国家已经不能单纯强调对国际投资者的保护。

---

① UNCTAD. Investor-state dispute settlement cases pass the 1000 mark: cases and outcomes in 2019[EB/OL]. [2021 - 03 - 07]. https://unctad.org/system/files/official-document/diaepcbinf2020d6.pdf.

综上可以得出,促进和保护投资不再是各国政府制定投资政策的唯一因素,各国在本国立法和签订双边投资协定中开始注重促进外资和保护本国国家安全的平衡。

一方面,各国通过完善投资法律体系和投资协定鼓励和促进外国投资。根据美国商务部国际贸易管理局于 2016 年 2 月发布的报告显示,1 200 万美国工人(相当于美国劳动力的 8.5%)的就业机会来自外国投资,其中仅制造业就有 350 万个。[①] 因此,美国国会认为,外国投资为美国提供了实质性的经济利益,包括促进经济增长、提高生产力、竞争力和创造就业机会,应当保持美国对开放投资政策的承诺,促进继续吸引外国资本。[②] 根据联合国贸发会议 2020 年投资报告,在 54 个经济体中,2019 年推出了至少 107 项影响外国投资的措施,其中约 3/4 的国家朝着自由化、促进和便利化的方向发展,有些国家精简了行政程序或扩大了投资激励制度。[③]

另一方面,各国不再片面强调鼓励和促进外国投资,外资可能对国家安全的影响受到各国前所未有的关注。美英法等通过新立法扩大了外资审查的范围。中欧投资协定和美加墨协定也将安全例外条款提高到新的高度。联合国贸发会议的报告显示,许多发达国家和新兴经济体在外资立法方面引入或强化了安全审查制度。[④] 2011 年 1 月—2017 年 12 月,至少有 8 个国家出台了专门针对外国投资的国家安全相关筛选机制的新监管框架,包括奥地利、比利时、匈牙利、意大利、拉脱维亚、挪威、波兰、葡萄牙。不仅如此,在此期间,至少有 13 个司法管辖区对已有审查制度做出了 32 项的重大修订。[⑤] 自 2018 年以来,针对外资领域的国家安全审查制度还在加速收紧,37 个经合组织国家中有一半以上建立了跨部

---

① U.S. Department of The Treasury. Review of Foreign Investment and Export Controls[EB/OL]. [2021 - 01 - 23]. https://home.treasury.gov/sites/default/files/2018-08/The-Foreign-Investment-Risk-Review-Modernization-Act-of-2018-FIRRMA_0.pdf.

② U.S. Department of The Treasury. Review of Foreign Investment and Export Controls[EB/OL]. [2021 - 01 - 23]. https://home.treasury.gov/sites/default/files/2018-08/The-Foreign-Investment-Risk-Review-Modernization-Act-of-2018-FIRRMA_0.pdf.

③ UNCTAD. World Investment Report 2020[EB/OL]. [2021 - 01 - 05]. https://unctad.org/webflyer/world-investment-report-2020.

④ UNCTAD. Investment Policy Monitor-Special Issue-National Security-Related Screening Mechanisms For Foreign Investment [EB/OL]. [2021 - 01 - 23]. https://unctad.org/en/PublicationsLibrary/diaepcbinf2019d7_en.pdf.

⑤ UNCTAD. Investment Policy Monitor-Special Issue-National Security-Related Screening Mechanisms For Foreign Investment [EB/OL]. [2021 - 01 - 23]. https://unctad.org/en/PublicationsLibrary/diaepcbinf2019d7_en.pdf.

门或多部门投资筛选机制，对比十年前，这一比例还不到 1/3。[①]

二、国家安全的政治化趋势

近年来，中国企业遭受东道国安全审查的案例越来越多，导致海外并购频频受挫。根据 CFIUS 发布的《2019 年美国外国投资报告》，2017—2019 年，CFIUS 对中国企业的投资审查高达 140 起，中国成为受到美国外资审查最多的国家。[②] 有学者以中国企业赴美投资的案例进行分析，认为国家安全审查受到政治因素的影响严重，在安全审查中掺杂着遏制中国崛起的政治意图，对中国企业在美国的投资活动进行限制和打压，使得多起中资企业在美国的投资活动因"政治壁垒"而受阻。[③]

在东道国的外资立法中，立法人员的国际政治关系意识对国家安全审查规则具有指引作用，外资管理法律制度带有明显的国际政治关系色彩，这突出表现为法律制度中的区别对待。对于和东道国关系密切的国家，法律规定会给予特别优待和豁免。美国在发布 FIRRMA 最终条款时附带公布了一份清单，这份初始清单将英国、加拿大和澳大利亚作为 FIRRMA 法案的"例外国家"。FIRRMA 法案所设立的安全审查制度将"例外国家"的投资者排除在管辖范围之外。作为国际政治的盟友，英国、加拿大和澳大利亚与美国具有政治上的一致性，美国设定"例外国家"清单对不同国家的投资者予以区别对待，体现了其外资审查制度在设立之初就具有政治性。

美国于 2019 年出台了《关于审查涉及外国人及关键技术特定交易的试点计划的决定和暂行规定》，该规定的附件罗列了应当向 CFIUS 申报的 27 个行业。有学者将这 27 个行业与《中国制造 2025》所涉领域进行了对比，发现所针对的行业高度重合。考虑到美国近年来将中国视为战略竞争对手，美国出台该规定有针对中国之嫌。[④] 通过对欧盟官方机构提供咨询的多家智库报告分析，近年来中国在欧盟境内投资快速增长，而中国在欧盟的投资者大多是国有企业，投资

① OECD. Investment screening in times of COVID-19 and beyond[EB/OL]. [2021 - 02 - 02]. http://www. oecd. org/coronavirus/policy-responses/investment-screening-in-times-of-covid-19-and-beyond-aa60af47/.

② U.S. Department of The Treasury, Annual Report To Congress-2019[EB/OL]. [2021 - 02 - 27]. https://home.treasury.gov/system/files/206/CFIUS-Public-Annual-Report-CY-2019.pdf.

③ 黄一玲. 求解跨国公司应对东道国壁垒之博弈策略——以中国跨国公司对美国直接投资中政治壁垒为考察点[J]. 东南学术，2014(4)：30.

④ 宋瑞琛. 美国外资安全审查制度的新动向与国际投资保护主义[J]. 当代经济管理，2020(11).

领域集中在高新科技领域。智库报告认为,这一现象反映了中国在欧盟的投资受到"政府驱动",将会威胁欧盟国家的公共安全。"中国因素"也是欧盟成员国反思其外资安全审查制度的重要因素,推动了欧盟进行外资安全审查制度的改革。

国家安全审查政治化的另一个表现就是审查过程的政治化。由于国家安全的定义模糊,具有自我判断性,导致审查过程主观化,审查人员的政治立场对审查范围和审查结果都有重要影响。更有甚者,审查人员会基于自己的主观判断先做出结论,然后再去寻找法律依据。虽然根据美国外资审查立法,外资审查的对象是"外国投资项目",但在具体审查实践中,CFIUS却十分关注投资者的国别特征。[①] 在上文提到的罗尔斯公司收购美国风电项目中,CFIUS就有明显的差别对待,没有阻止其他外资进入风电场项目,却寻找理由阻止罗尔斯公司的并购交易。显而易见,CFIUS并非基于事实的客观判断,外国投资者的政治性是国家安全审查的重要考量因素,罗尔斯公司的中国资本性质对该案的审查结论起到了重要作用。有学者指出,国际投资发生在不同国家之间会引发安全担忧,与其他政治伙伴之间的国际投资相比,中国与美国存在激烈的国际竞争,双边投资更容易引起安全审查方面的特别对待。[②]

第六节　国际投资法中国家
安全发展的原因

一、外国投资的负面影响加深

资本天然具有逐利性。这正如马克思在《资本论》中所说:"资本害怕没有利润或利润太少,就像自然界害怕真空一样。一旦有适当的利润,资本就胆大起来。"[③]由于资本的逐利性,外国投资者进入东道国的目的就是攫取经济利益。当外国资本进入到东道国,会最大限度地开拓东道国市场。在雄厚的资本之下,对东道国的政治、经济、文化、环境等各方面形成了强烈冲击。有些外资受到外国政府或利益集团的干预,甚至有政治、军事等目的,严重威胁了东道国的国家安全。

---

① 王东光. 国家安全审查:政治法律化与法律政治化[J]. 中外法学,2016(5):1290.
② 王东光. 国家安全审查:政治法律化与法律政治化[J]. 中外法学,2016(5):1295.
③ 马克思恩格斯文集(第5卷)[M]. 北京:人民出版社,2009:871.

如果不能对资本进行有效的管控,国家安全必将遭受危险。除了在资本主义发展的早期时代,资本的发展未曾受到约束,之后的资本主义逐渐进入到一个有序控制发展的时期。经济全球化带动了投资的自由化、便利化和透明化,资本在世界范围内扩张也推动了国际投资法的发展。归根结底,资本的天然逐利性推动国际投资规则中的国家安全规则的产生和发展。

一是经济安全。凭借技术、管理和资本等优势,加之东道国为吸引和促进外资创造的优良投资条件,外资进入东道国后迅速开拓占领市场,严重挤压东道国本国企业的生存空间,甚至淘汰东道国企业。外资的冲击不仅针对个别企业,而且影响结果会波及整个产业。尤其是对发展初期的产业,国内资本弱小的力量不足以和外资抗衡,整个产业都可能面临着被外资把控的风险。这不仅对国家的产业政策形成冲击,而且更会影响国家经济安全。

二是政治安全。并非所有的外资企业都带着单纯的营利目的进入东道国,有些外资企业本身就带有浓厚的政治立场,在东道国经营的同时,也成了投资母国国际政治的傀儡。有学者将跨国公司侵蚀东道国国家主权的行为进行了归纳,主要包括:通过反政府活动等进行直接的政治干预;贿赂政府官员等腐蚀行径;开展院外活动影响东道国政府决策;为影响东道国选举进行政治捐献;通过"民间"的政策设计网络和政治压力集团左右政府政策甚至立法等。① 实际上,在西方发达国家,很多大型跨国企业都与政府密切联系,成为这些政府施展国际政治手段的重要推手。

三是文化安全。外国投资和外国文化交织渗透、融为一体,外国资本进入东道国带来了产品和服务,也带来了文化的渗透和入侵。例如,麦当劳、肯德基、迪斯尼等深受我国年轻人喜爱,正在悄然改变着人们的思想观念,对我国传统文化形成了强烈冲击,尤其是被外国资本控制下的媒体企业,不能保持客观公正的视角进行报道,极大影响了人们的认识和价值观念。文化领域是国际政治博弈的重要战场,西方资本主义国家政府借助本国资本影响东道国的事例屡见不鲜。

二、国家安全概念的发展与挑战

在社会科学语言中,"安全"是一个存在争议的概念。很多学者尝试对国家安全做出清晰、明确的定义,但始终没有形成共识。现代社会产生了越来越多的安全定义,尤其是冷战以来,国家安全、共同安全、集体安全、经济安全、能源安

---

① 迟德强. 浅析跨国公司对国家政治主权的影响[J]. 江汉论坛,2007(7):30-31.

全、粮食安全、环境安全、网络安全、科技安全等大量新的词汇产生并被频繁地研究和应用，"安全"一词应用的范围不断扩大。

"国家安全"的概念是第二次世界大战之后在美国发展起来的。在超级大国剑拔弩张的冷战时期，武力炫耀、武装侦察、军事对峙等成了两个超级大国对抗的常用手段。1947年出台的《美国国家安全法案》并没有对国家安全给出明确的定义，但是该法案的全部内容都是为保障国防安全而做出的制度安排。① 美国国防部前部长哈罗德·布朗认为，"国家安全就是完成如下使命的能力：保持国家的统一和领土完整；依据合理的条件保持同其他国家的经济联系；保护国家的特性、制度和政府的统治权力，使之不受外来的破坏，以及控制其边界。"②在美国出版的《国际社会关系百科全书》一书将"国家安全"定义为："当现代社会科学家谈起这一概念时，通常指的是作为一个国家，它是否能保护它内部的社会制度免受外界所带来威胁的能力。"③由此可见，早期的"国家安全"的概念仅局限于以军事安全为核心内容的范围之内。

1980年日本政府公布了《国家综合安全报告》，该报告首先引入了"经济安全"的概念，把能源供应、海上运输等内容作为经济安全的重要组成部分纳入国家综合安全中。④ 冷战结束后，虽然地区冲突的风险仍然存在，但爆发大规模战争的可能性已经丧失，主要国家开始重新审视自己面临的风险，并调整国家安全战略，越来越多的领域被纳入国家安全的范畴中来。1994年，克林顿政府在《国家安全战略报告》中对国家安全任务做出了重大调整，提出了"国家安全战略是为了保护人民、领土和生活方式"。⑤ 美国国家安全专家约瑟夫·罗姆在《定义国家安全》一书中提出，"国家安全的本质内涵是一种能力，即一个国家维持或提高全体人民的生活质量以及维持或扩大政府制定政策的可选择范围的能力"。⑥

21世纪以来，经济全球化、信息化革命既加速了国家间的融合，也加剧了国

---

① The National Security Act of 1947[EB/OL]. [2021-01-18]. https://global.oup.com/us/companion.websites/9780195385168/resources/chapter10/nsa/nsa.pdf.

② 哈罗德·布朗. 美国未来二十年的对外战略[M]. 现代国际关系研究所北美研究室译，北京：时事出版社，1986：9.

③ 刘跃进. 论国家安全的基本含义及其产生和发展[J]. 华北电力大学学报(社会科学版)，2001(4)：62-63.

④ 曹荣湘. 经济安全——发展中国家的开放与风险[M]. 北京：社会科学文献出版社，2006：46.

⑤ National Security Strategy Archive. A National Security Strategy of Engagement and Enlargement[EB/OL]. [2020-12-09]. https://nssarchive.us/national-security-strategy-1994/.

⑥ 张江山. 试论国家安全的基本要素[J]. 铁道警官高等专科学校学报，2001(3)：12.

家间的竞争。与此同时,金融危机、环境、全球性流行病、毒品、网络安全等问题不断发生。国家安全面临着新的课题。奥巴马政府进一步扩大了"国家安全"概念的外延,把本土恐怖主义、网络安全隐患、财政赤字、气候问题等纳入国家安全威胁目录。[①] 美国国内漏洞百出的边界和未经强制执行的移民法造成了许多漏洞;犯罪集团给社区带来毒品和危险;不公平的贸易做法削弱了经济,使得的工作机会出口到海外。[②] 在此背景下,美国将国家安全的目标确定为不仅是保护美国的国土和人民的安全,而且要保障美国在科技领域的领先地位、保障能源安全、促进国防创新、维护美国的经济繁荣。不仅如此,美国还将自己的价值观视为美国国家核心,并视为国家安全的重要基础。

习近平主席于 2014 年 4 月首次提出总体国家安全观,并明确了国家安全的范围,包括政治、经济、社会、文化、生态、国土、资源、军事、信息、科技、核 11 个方面。英国政府则在 2015 年 11 月发布《国家安全战略和战略防务与安全评估》,列举了三项国家安全的目标:一是保护人民,保护领土、经济安全、基础设施和生活方式;二是投射英国在全球的影响力,减少英国及其国家利益、盟友及伙伴遭受危害的可能性;三是促进繁荣,抓住机遇、不断创新,为英国工业提供有力支撑。[③] 欧盟委员会也在 2020 年 8 月公布了《欧盟安全联盟战略 2020—2025》。新安全战略确定了四个优先事项,具体包括:应对持续发展的威胁、维护安全环境、建立安全生态系统、保护民众不受恐怖主义的伤害。根据欧盟的新安全战略,欧盟将采取积极的措施,重点预防混合型的安全威胁,着力打击恐怖主义,发展关键基础设施并维护网络安全。

综上可知,随着国际社会的发展,国家安全观早已超出原来军事领域的范畴,演化成一个更宽泛、更具有综合性的概念,逐步形成的新国家安全观将影响国家生存和发展以及国民健康与幸福,形成了一个多层次、多目标、多内容、全方位的国家安全体系,涵盖政治、经济、文化、生态、能源、科技、网络等方面。国家安全概念的发展反映了国际经济社会的发展现状,也带动和促进了国际投资法中国家安全的发展。

---

① National Security Strategy-2010[EB/OL]. [2020 - 12 - 09]. https://nssarchive. us/national-security-strategy-2010/.

② National Security Strategy of the United States of America[EB/OL]. [2020 - 11 - 09]. https://trumpwhitehouse.archives.gov/wp-content/uploads/2017/12/NSS-Final-12-18-2017-0905.pdf.

③ Gov.U.K. National Security Strategy and Strategic Defense and Security Review-2015[EB/OL]. [2020 - 12 - 11]. https://assets. publishing. service. gov. uk/government/uploads/system/uploads/attachment_data/file/478933/52309_Cm_9161_NSS_SD_Review_web_only.pdf.

第七节　结　　语

一、政府层面

(一) 加强国际合作

随着建立外商投资审查机制的国家数目不断增加,供应链和业务往往涉及更多国家,国际投资将会面临在越来越多的国家和地区的安全审查。这些日渐普遍且发展的国家安全审查将会增加投资的不确定性,提高国际投资的成本。因此,加强国际合作、减轻企业对外投资的风险显得尤为重要。政府应当加强对外投资合作机制建设,从政府层面打通我国企业对外投资中的沟通交流机制、问题解决机制,构建完备的经济外交合作框架。

(二) 建立、健全对外投资保障机制

投资者在考察投资环境时,大多将有限的精力投入到市场调研中,对东道国的投资法律环境研究不充分。在面临东道国投资审查或是根据投资协议中的安全例外采取的措施时,投资者往往会疲于应对。究其原因,一方面,是由于东道国的投资政策、法律环境是较为复杂的问题,受限于语言和文化的障碍、政策和法律文件的稀缺以及规定宽泛等原因,投资者很难对东道国的投资政策和法律规则进行深入的研究。另一方面,我国企业缺少应对东道国投资审查、国家安全措施的经验和手段,仅凭投资者能力难以应对。在当前投资政策不断更新、投资环境严峻且复杂的国际背景下,对东道国投资法律和政策了解不足已成为我国投资者面临的重大风险因素。因此,我国建立健全对外投资保障机制意义重大。建立健全对外投资保障机制重点要从以下两个方面入手。

一是健全对外投资信息保障机制。目前,商务部已经在促进和保护我国投资者对外投资方面做了大量工作,包括举办专题培训班、建设"走出去"平台、投资项目信息库,定期发布年度《中国对外投资发展报告》《对外投资合作国别(地区)指南》《国别贸易投资环境报告》等,这些工作对我国投资者了解东道国投资环境和潜在的投资风险发挥了巨大作用。然而,此类平台或报告中鲜有关于东道国国家安全风险的内容。以《区域全面经济伙伴关系协定》专题培训班为例,该培训聚焦RCEP对产业的影响,注重如何利用协定的实际操作,帮助地方和企业更好地熟悉协定内容和规则,但并未对投资协定中的安全例外做出详细的介绍。健全对外投资信息保障机制不仅要帮助投资者获取东道国的概况,而且还

要加强对东道国审查制度和基于国家安全可能采取的措施等内容的介绍,让投资者充分了解投资中可能产生的困难和风险。

二是要建立对外投资风险预警及响应机制。由于目前国际投资领域的泛政治化趋势,投资者可能无法预见东道国投资审查所产生的困难。例如美国援引国家安全规则对投资横加干预具有深刻的政治背景,在强大的美国政府面前,投资者显得十分弱小。不仅如此,在复杂的国际形势下,国际关系的紧急情况对我国的投资者也产生了潜在的风险。有鉴于此,我国政府应当建立对外投资风险预警及响应机制,及时对投资风险进行预警,并在东道国超出国家安全范畴对我国投资者采取措施时进行必要的干预。

二、投资者层面

(一) 谨慎选择投资目的国与投资领域

由于各国政治、经济、社会、法律等方面的差异,国际投资者会面临程度不同的商业风险、政治风险和法律风险。投资者只有对投资目标国的政治环境和法律环境进行全面分析,才能确定投资的安全性。所以,国际私人直接投资是以有利的投资环境为前提的。[①] 在进行投资决策时,投资者应当充分了解国际局势的最新变化和发展趋势,谨慎选择投资领域,尽量避开东道国审查的敏感行业。

随着我国与"一带一路"沿线国家经贸关系的不断深化,贸易投资自由化和便利化水平不断提升,我国与"一带一路"沿线国家的投资稳定增长。根据商务部发布的《中国对外投资合作发展报告 2020》,我国对"一带一路"沿线国家直接投资国别(地区)覆盖较广,重点地区投资较为集中,投资行业日趋多元化。[②] 随着 RCEP、CAI 等双边投资文件的签订,我国与越来越多的国家建立完善了双边投资法律框架,我国投资者面临的国际投资环境日益改善,走出去的舞台越来越广阔。

(二) 善于用法律手段维护自身利益

中国投资者与东道国政府产生争端时,往往首先想到的是向中国政府寻求帮助和支持,但仅靠政府的帮助是不够的,还需要拿起法律武器来维护自己的合法利益。虽然国际投资者与东道国政府就投资产生争端的解决方法复杂多样,但在具体实践中,东道国当地救济和国际仲裁是两种被广泛应用的法律手段。

---

① 余劲松. 国际投资法(第五版)[M]. 北京:法律出版社,2018:6.
② 中华人民共和国商务部. 中国对外投资合作发展报告[R]. 2020:99.

　　我国已经是对外投资大国，但我国投资者利用国际仲裁解决与东道国纠纷的案例并不多见。截至 2020 年，联合国贸发会议统计的已知国际投资仲裁的案件总数已经达到 1 061 起，而中国大陆投资者作为申请人提起的案件仅 6 起，且已裁决的 3 起案件结果均对我国投资者不利。[①] 相比之下，美国投资者申请的国际仲裁高达 190 起，已裁决的 99 起案件结果中 40 起对美国投资者有利。[②] 考虑到我国不断增长的对外投资规模和涉及广泛的投资领域和投资环境，可以说，我国投资者并不善于利于国际投资仲裁来解决投资过程中遇到的困难。随着对外开放的进一步扩大，加之不断变化升级的国际投资规则，可以预见，我国投资者与东道国争端将会越来越多，这就要求我国投资者学会利用国际仲裁解决纠纷，提高解纷能力。

　　东道国当地救济是利用东道国的司法或行政资源解决投资争端。根据国际法中的"用尽当地救济"规则，投资者只有在利用了东道国国内一切可能的救济程序和手段仍得不到满意结果时，本国才能行使外交保护，或者提起国际程序。[③] 在"罗尔斯公司投资的风电项目案"中，罗尔斯公司将美国政府起诉到当地法院，并在美国巡回上诉法院的诉讼裁决中获胜。该案件开启了我国企业诉东道国政府的先河，是利用当地救济的典范，其中经验值得学习和借鉴。

---

　　① UNCTAD. Investment Dispute Settlement Navigator China[EB/OL]. [2020 - 12 - 31]. https://investmentpolicy.unctad.org/investment-dispute-settlement/country/42/china/respondent.

　　② UNCTAD. Investment Dispute Settlement Navigator United States of America[EB/OL]. [2020 - 12 - 31]. https://investmentpolicy.unctad.org/investment-dispute-settlement/country/223/united-states-of-america.

　　③ 余劲松. 国际投资法(第五版)[M]. 北京：法律出版社，2018：310.

第八章
国际投资法中公私冲突问题及其解决路径

—— 以公私冲突的演变为视角

第一节 引 言

一、选题背景

根据我国商务部 2021 年 1 月公布的数据,2020 年我国对外直接投资达到了 1 329 亿美元,投资体量位居全球前列,我国对外投资规模总体稳定、投资结构进一步优化。截至 2020 年 12 月,我国对外直接投资存量超过 2.3 万亿美元,相较于 2015 年 12 月翻了一番,近年来,我国对外投资大国地位相对稳定。① 但是全球投资环境已经出现了变化,在政治方面,国际力量对比发生变化,国家在国际投资中的投资角色发生了变化,很多国家既是资本输入国,又是资本输出国,区别于 20 世纪资本的单向流动,公私冲突已经成为国际投资法中的主要矛盾,部分国家对投资者—国家争端解决机制(Investor-State Dispute Settlement, ISDS)产生怀疑,甚至退出 ISDS 机制。经济方面,各国对于经济活动的管制进入了新的阶段,可持续发展原则成为指导国际经济活动的重要原则,并趋向于成为国际投资法的原则。社会方面,民粹主义大肆发展,去全球化运动兴起,国家之间的利益分配产生困局,甚至不少西方国家试图以人权问题污名化其他国家以达到限制其贸易、投资活动的目的。我国作为吸收和对外投资大国,分析并解决好国际投资中日益复杂的公私冲突问题是我国对外发展战略的题中之义。

---

① 刘畅. 十三五我国对外直接投资存量翻番 去年对一带一路沿线国家投资增长 18.3%[EB/OL].[2021 - 03 - 19]. http://www.gov.cn/xinwen/2021-01/30/content_5583692.htm.

(一)政治背景

公私冲突取代南北矛盾成为国际投资法的主要矛盾。第二次世界大战以来,联合国、国际货币基金组织、世界银行等国际组织成立,国际关系发生了巨大变化,特别是 20 世纪 90 年代以来,冷战结束,和平与发展成为时代主题,超越政治界线的全球统一市场开始形成,私人参与国际关系的能力越来越强,打破了原来主权国家垄断国际法律的局面。① 跨国公司迎来了良好的发展机遇,《1993 年世界投资报告》"序言"部分认为:"跨国公司持续扩张,跨国公司在区域化、全球化、一体化的过程中所涉及的法律和政策问题是《1993 年世界投资报告》的重点。"② 跨国公司的快速发展在一定程度上冲击了国际投资中东道国对于国际投资的规制,主要表现在:此时欧美国家站在资本输出国的立场,普遍支持新自由主义,以创造更加自由、便利的国际投资秩序,而作为资本输入国的发展中国家则希望加强对外资的管制,以更好地保护国家公共利益。私人在国际法上的影响力越来越大,公私关系的冲突愈发明显,南北矛盾议题逐渐被淡化,公私冲突逐渐成为国际投资法的主要矛盾。

多国在面临 ISDS 仲裁中涉及公私冲突赔偿之后,开始防范甚至退出 ISDS。21 世纪初,因经济崩溃,阿根廷政府颁布了《公共紧急状态法》,并出台一系列紧急经济救助政策,这些措施引发了外国投资者的普遍不满,因此,众多投资者将阿根廷诉至国际投资争端解决中心(ICSID),阿根廷因此面临巨额赔偿,之后阿根廷宣布退出 ISDS。2011 年,澳大利亚宣布其将不再在与外国签订的投资协定中规定 ISDS 解决机制,其中部分原因是烟草巨头菲莫国际在我国香港地区的子公司根据澳大利亚—香港 BIT 中的 ISDS 条款对澳大利亚提起了仲裁请求,澳大利亚国内出现了反对 ISDS 的呼声。2006 年起,南非对于已经签署的双边投资协定展开了审查,并先后退出了同比利时、荷兰、德国、瑞士以及巴西签订的双边投资协定,并宣称将终止与所有国家签订的双边投资协定。③ 2018 年 12月,《全面与进步跨太平洋伙伴关系协定》(CPTPP)正式生效,其中 11 国政府选择暂时搁置原 TPP 版本的 22 项条款不予执行,其中包括 ISDS 机制,新西兰政府宣称最终版本保留了政府为公共利益进行监管和防止无理索赔的权利。④

---

① 蔡从燕. 公私关系的认识论重建与国际法发展[J]. 中国法学,2015(1): 187.

②《1993 年世界投资报告》第 3 页。

③ 黄世席. 可持续发展视角下国际投资争端解决机制的革新[EB/OL]. [2021 - 03 - 21]. http://www.iolaw.org.cn/showNew s.aspx?id=55262.

④ 刘芳. 新版 11 国 TPP 正式生效,澳大利亚前总理"戏弄"特朗普[EB/OL]. [2021 - 03 - 21]. https://www.jiemian.com/article/2753790.html.

2020 年 12 月,中欧投资协定谈判完成,其中并不包含 ISDS 条款,ISDS 条款将另行协商确定,早先欧盟在与加拿大的谈判中就存在 ISDS 条款的争议。

（二）经济背景

对跨国投资的规制不能满足跨国投资本身的发展。《世界投资报告 2020》统计数据显示,截至 2019 年年底,全球直接对外投资存量 34.6 万亿美元,美国、荷兰、中国为全球对外投资存量规模的前三名。[①] 根据我国商务部的统计,2020 年 1 月—2020 年 10 月,中国企业在"一带一路"沿线的非金融类直接投资达到了 983.4 亿元人民币,同比增长 24.8%(折合 141.1 亿美元,同比增长 23.1%),较 2019 年同期提升 3.6 个百分点。根据联合国贸发会(UNCTAD)公布的数据显示,截至 2020 年年初,1959—2020 年间签署的 IIAs 总数为 3 719 个,其中 3 317 个 BITs、402 个 TIPs,其中大多数都形成于 20 世纪 90 年代,近年来,多国对于投资准入和投资保护更加重视,东道国对于外资规制权的议题得到了更多关注,碎片化、陈旧的投资协定难以满足当下的国际投资现状,因此,各国亟须制定和更新国际投资协定以适应当下国际投资实践的变化和发展。[②]

可持续发展原则成为国际投资法的重要原则。越来越多的 IIAs 超越了单纯的经济范畴,更多地考虑可持续发展,特别是环境保护和劳工权益的保障等。国际投资协定中的环境条款呈加速度增长。[③] 2019 年,白俄罗斯—匈牙利 BIT 第 3 条规定:"条约不应影响缔约方通过必要措施在其领土内进行管理的权利,以实现合法的政策目标,例如保护公共卫生、安全、环境或公共道德、社会或消费者保护或促进和保护文化多样性。"2020 年 12 月,《中欧投资协定》设立了专门的投资与可持续发展条款。2019 年《中国香港与澳大利亚投资协定》第 12 章第 11 条设置了"投资与环境,健康及其他监管目标"条款。[④] 2004 年美国 BIT 范本在序言中载明了对于国民健康、国家安全、自然环境、劳工权利等议题的关注,2012 年的美国 BIT 范本中重申了环境保护和劳工权利保护等议题,并进一步进

---

① 2021 年全球及中国对外投资趋势全景分析报告[EB/OL].[2021 - 03 - 21]. https://mp.weixin.qq. com/s?s rc = 11&timestamp = 1616321947&ver = 2960&signature = 6suhFB2zFL65ZCjw-PO9PBzvkxM8lHiSAp9Q09zoIi NzsbEk＊＊BEjawFdqvChlVi5nrqEFT2MTp9yGV0OjmJsep3＊bt2KuLrx KYHn7ZdeqSKTepssBQwzTS3aFHv2KzW&new=1.

② 许亚云,韩剑. 新一代国际投资规则影响因素及未来路径——基于 BITs 和 TIPs 的量化研究[J]. 国际金融研究,2021(2):33.

③ 宁红玲. 论可持续发展视角下的国际投资定义条款[G]//秦天宝. 环境法评论(第二辑). 北京:中国社会科学出版社,2019:98.

④《中国香港与澳大利亚投资协定》第 12 章第 11 条。

行了具体化规定。① 国际投资中公共利益的保护越发受到东道国的关注,国际社会大多数国家开始追求高质量的发展,而不再一味追求经济增速。

(三) 社会背景

民粹主义导致单边主义、全球分裂化,具体体现在世界贸易组织功能失调、部分国家从国际投资争端解决中心撤离、国际法治原则式微等。② 民粹主义的重点在于促进本国国家利益,较少考虑其他国家的利益。西方的民粹主义者们把本国经济危机、产业空心化、贫富差距扩大、中产阶层收入下降、失业增加、难民潮等问题全部归咎于全球化,③全球范围内去全球化运动因此兴起。《2020 年世界投资报告》载明:"2010 年以来,实物生产性资产的跨境投资停止增长,贸易增长放缓,全球价值链贸易下降。"④民粹主义在深刻影响着东道国的国家政策,进而引发公私冲突的新议题,例如在民粹主义的影响之下,以美国、欧盟为代表的发达经济体的贸易保护主义不断抬头,逐步启动了国家安全审查和反垄断审查,甚至以国家安全为名,刻意限制外资投入。⑤ 利用人权问题限制投资的现象也时有发生,尤其美国、加拿大等国家以人权为借口对贸易、投资大加干涉。

二、文献综述

公私关系是人类社会长期存在争论的话题,国际投资法中公私冲突的研究主要集中在以下方面:

(一) 关于公私关系范畴的讨论

公和私的关系是在个体和群体的矛盾运动中不断变化和发展的。⑥ 事实上,"公"和"私"的范畴并不是一成不变的,从哲学角度来说是处于运动变化当中的。从纵向的历史角度来看,不同历史时期的公和私的含义是不同的,"公"和"私"的范畴也呈现出相对应历史时期的特点;从横向的地域角度来说,"公"和"私"的含义也同样为不同的经济、政治、社会、文化等因素影响,呈现出不同的特征。⑦

---

① 何芳. 国际投资协定利益平衡化改革及中国的应对[J]. 甘肃社会科学,2018(4):181.
② 沈伟. 民粹国际法和中美疫情法律之困[J]. 中国法律评论,2020(4):23.
③ 冯钺. 西方民粹主义反思及其对中国的启示[J]. 人民论坛,2020(3):38.
④ 《2020 年世界投资报告》第 2 页.
⑤ 黄永富. 美欧加强外资国家安全审查:影响与对策[EB/OL]. [2021 - 03 - 22]. https://www.sohu.com/a/314045589_582238.
⑥ 丁大同. 中国伦理学史上的公私之辨[J]. 理论与现代化,2016(6):69.
⑦ 蔡从燕. 公私关系的认识论重建与国际法发展[J]. 中国法学,2015(1):187.

　　就公私范畴来说，中国古代侧重于从道德层面解读公和私，公德和私德的争论是中国古代道德哲学长期关注的焦点。[①]　早期思想家大多认同主张"以公胜私"，[②]这种社会领域的公私关系的观点与中国古代的道德文化一脉相承。除了社会领域之外，政治领域的公私关系主要体现在君臣的政治德行方面。在宋明理学时代，公私关系的处理事关个人道德修养。中国古代思想家、伦理学家对于公私关系的认识在社会层面、政治层面、个人层面均有所涉及。丁大同认为，中国古代思想家、伦理学家承认公私关系的本质是"公共资源同个人欲求的关系"，并且其在研究中发现"公共资源的社会属性决定公私关系的性质"。[③]　在公私关系的现代化实践中，当下的公私合作模式（Public-Private Partnership，PPP）是对公私关系的重新审视，在一定程度上打破了传统的二元对立的公益和私益，并力图促成公私之间的合作。公共部门和私人部门之间的合作伙伴关系注定了不能将"公"和"私"进行简单化的分类。

　　国际法上的公私冲突同国内法上的公私冲突有所不同。国际法上的公私冲突侧重于指东道国与外国投资者之间的冲突，而国内法上的公私冲突侧重于指国家公共利益同国内私人投资者之间的冲突。国际法上对于公私冲突的明确界定是解决东道国与国外私人投资者之间冲突的重要前提，即明确东道国的公共利益的范畴是解决东道国与外国投资者之间纠纷的前提条件。在国际投资兴起的几十年当中，公私冲突并不鲜见，只不过在某些特定的历史时期，"公私冲突"并不是国际法上的主要矛盾，甚至"公私冲突"这一概念也不为国际社会广泛接受，因为早期国际法的主体仅限于"国家"，私人主体并不是国际法上的主体。第二次世界大战以后，尤其20世纪80年代以来，随着国际经济贸易体量的增大，私人主体在国际经济活动中的重要性愈发突出，为了更好地保护私人主体的利益，在国际投资法领域制定了《解决国家与他国国民间投资争端公约》以保护国际投资者。尽管学术界对于私人主体是否国际法的适格主体尚有争议，但是在争议解决实践当中，私人主体享有国际法上的权利、承担国际法上的义务是不争的事实。[④]　国际法发展应当被理解为包括国家和国际组织在内的国际公法人与私人进行多维度、多层次、多形式以及多主体间的互动过程。[⑤]

①　李向平，杨洋. 公私反转：当代中国社会的道德实践机制[J]. 文史哲，2021(2)：16.
②　《荀子·修身篇》。
③　丁大同. 中国伦理学史上的公私之辨[J]. 理论与现代化，2016(6)：69.
④　张军旗. 个人的国际法主体地位辨析[J]. 东方法学，2017(6)：2.
⑤　蔡从燕. 公私关系的认识论重建与国际法发展[J]. 中国法学，2015(1)：187.

(二) 关于公私冲突演变的讨论

跨国投资由来已久,国际投资争端的形式伴随着国际投资的发展而多样化,公私冲突成为国际投资争端的主要表现形式,国际投资法之下的公私冲突的解决也成了国际社会日益关注的议题。[①] 国家规制权和保护外国投资者利益之间的关系是国际投资法中的一对基本矛盾。因上述矛盾不断运动变化而形成关于国际投资法中解决公私冲突的价值取向问题,即基于不同的立场,应当偏向于对何者利益的保护。一方面,是对国家主权的维护;另一方面,是对外国投资者的保护,任何一个争端解决机制都是在此二者中寻求平衡。事实上,对于上述问题的解答反映的是国际秩序和国际力量的变化。林惠玲认为,全球化的根源在于《威斯特伐利亚条约》形成的国家主权利益和跨国公司(主体)追求的利益之间的公私冲突。[②]《威斯特伐利亚条约》签订形成的共识是"每个主权国家的对外行为都应该遵循某些既定规则,任何国家都无权支配别国的安全与生存。"[③]自此,国家主权原则成为维持国家社会秩序的国家间共识,国际社会对于国家主权的重视达到了一个新的高峰。在此之后,部分强国开始随意扩张国家主权的范畴,利用国家主权进行殖民扩张,因此,甚至有学者认为近代国际法就是一部殖民史。[④] 详言之,部分殖民主义国家不承认部分亚非拉国家的国家主权,或者是将本国的利益转化或者纳入国家主权的范畴,以此为手段合法化地扩大本国的利益。

第二次世界大战之后,公私冲突日益增多,国际投资规则逐渐成熟,国际投资逐渐规范化。有学者将第二次世界大战后国际投资规则分为规则初立期、规则拓展期和深化调整期。规则初立期是 20 世纪 50 年代—70 年代,该阶段的国际投资规则处于探索阶段,以双边、多边条约的签订为核心形成国际投资的框架;规则拓展期是 20 世纪 80 年代—21 世纪 10 年代,该阶段国际投资大规模增长,以新自由主义为特征的国际投资规则逐渐发展成熟,特征是对私人利益的保护力度有所加强,对外国投资者的保护力度较强;规则深化调整期是 21 世纪 10

① 单文华. 从"南北矛盾"到"公私冲突":卡尔沃主义的复苏与国际投资法的新视野[J]. 西安交通大学学报(社会科学版),2008(4):1.

② 林惠玲. 再平衡视角下条约控制机制对国际投资争端解决的矫正——《投资者国家间争端解决重回母国主义:外交保护回来了吗?》述论[J]. 政法论坛,2021(1):152.

③ 陈曦. 威斯特伐利亚条约与近代国际秩序的形成[EB/OL]. [2021-03-01]. https://mp.weixin.qq.com/s?src=11&timestamp=1615382462&ver=2938&signature=yv6wnmHJ8lihrL66cB2H4Z6BA5XpByzoVHTb0mqZHCMhD8EIJQNIrui-yxC3AAuDm1XPj5z-7HZPIt4qQBdIf81gscB7dRJOm1tfCTTdvrafLFU0V31iWOm0xaUDhLE&new=1.

④ 蔡从燕. 公私关系的认识论重建与国际法发展[J]. 中国法学,2015(1):189.

年代至今,此阶段的特征是世界经济正处于结构性调整当中,国际投资规则处于新一轮的探索和变革当中,总体趋势是对于外国投资者的监管力度有所加强,国家主权的保护力度日益加强。①

公私冲突的议题变化体现在国际投资协定和公私冲突解决机制改革的议题当中。近年来,公私冲突的议题有了新的发展,对国家规制权的强调成为国际投资法中的重点议题,围绕国家规制权的议题也在近年来愈加丰富。改善国际投资争端解决机制、扩大东道国对国际投资争议的处理权限是国际投资协定改革的重要方向。② 外资安全审查是近年来影响国际投资流动的重要因素,随着美国、欧盟及其成员国等对外资审查的加强,外资在国际投资中的不确定性增强,东道国出台的外资管制措施有可能导致投资者的利益受损,国际投资协定中关于国家安全的例外条款受到更多重视。对于国际投资的缔约国来说,增强国际投资协定谈判的主动性有利于保护国家安全、应对因国际投资中的公共安全问题引发的公私冲突。③ 可持续发展议题于 20 世纪 80 年代末出现,其基本内涵是“满足当代人需要的同时不危及后代人满足其需要的能力的发展”,④在当下国际社会对于投资者—东道国争端解决机制进行改革时,各国应当遵循可持续发展原则,推动投资协定中争端解决条款的改革。⑤ 在新冠疫情的影响下,公私冲突呈现增长趋势,国际社会对于公共卫生健康议题有了更多的关注,在国际投资协定中纳入公共卫生健康例外条款,对于保护东道国的规制权具有重要意义。⑥

(三) 关于争端解决机制的讨论

公私冲突的争端解决途径随着国际投资规则的发展完善也日益多元化。就国际投资仲裁来说,可以分为两类:一类为临时仲裁;另一类为专设仲裁。⑦ 有关国际投资的基本规则在《关于解决国家和他国国民之间投资争端公约》(《华盛顿公约》)中有所体现,目前世界上主要国家都加入了该公约。我国于 1993 年批

① 张蕴岭,马天月. 国际投资新规则及中国应对策略[J]. 国际展望,2019(4):23.
② 何芳. 国际投资协定利益平衡化改革及中国的应对[J]. 甘肃社会科学,2018(4):181 - 183.
③ 冷帅. 欧盟外资监管和安全审查立法的评估与应对——基于《建立外国直接投资监管框架条例》的分析[J]. 现代法学,2019(6):194.
④ Gro H. Brundtland, et al. Our Common Future: The Report of the World Commission on Environment and Development[M]. Oxford University Press,1987: ix.
⑤ 黄世席. 可持续发展视角下国际投资争端解决机制的革新[J]. 当代法学,2016(2):24.
⑥ 范璐晶. 新冠疫情下国际投资中公共卫生例外条款分析[J]. 国际经贸探索,2021(3):98.
⑦ 张守志. 投资仲裁作为 PPP 项目争议解决的路径[EB/OL]. [2021 - 05 - 13]. https://www.kwm.com/zh/cn/knowledge/insights/path-to-dispute-resolution-of-ppp-projects-20180515.

准《华盛顿公约》。以该公约为蓝本成立的国际投资争端解决中心(ICSID)是国际投资中公私冲突解决的主要平台,在此之后外交途径和国内法解决途径在一定程度上遭到了淡化。^① 但是目前ICSID的运作也存在诸多问题,其合法性备受质疑,处于改革的关键时期。除此之外,世界贸易组织(WTO)的争端解决机制也能够在国际投资争端解决问题上发挥重要作用,在双边投资协定和多边投资协定中也存在诸多国际投资争议解决条款。据统计,目前世界范围内存在大约3 300个投资条约,这些国际投资规则复杂交错,国际投资体系处于零散状态。^② 公私冲突的解决也因此陷入了难以形成统一、有效的争端解决机制的尴尬境地。

当下的国际投资法治存在困境,国家之间对于投资风险存在差异化认识,尤其是发展中国家与发达国家之间关于投资保护和规制的平衡点不同,^③主要表现为国家之间对于投资规制的内涵不一和程度不同、国际投资法不成体系、国际投资秩序表现混乱等,这些问题造成了严重的国际投资障碍。因此,有必要从国际投资的时代价值出发,构建有序而又成体系的国际投资秩序。^④ 就国际投资法的议题来说,随着国际社会对于东道国利益的更多关注,关于国家管制的议题在近年来的国际投资中颇受关注,其中待遇条款、征收条款、公共利益条款都表现出了较强的"国家回归"意味。^⑤ 就投资者—国家争端解决机制(ISDS)来说,其以商事仲裁为本,公法机制缺位,因此,总体上对于资本输出国、法律体系健全的国家更加有利,对于资本输入国、法律体系不健全的国家造成较大冲击。^⑥

从投资协定或者投资条款出发探究投资争端解决机制的发展和革新的文章较多。蒋德翠从当下东盟自贸区争端解决机制面临的困境出发,分析了可供借鉴的多元化的投资争端解决方式,提出了解决当下投资争端解决机制面临的困境的建议;^⑦沈伟以双边投资协定为研究对象,探讨了双边投资协定中投资者—东道国争端解决条款的演变,并就投资者—东道国争端解决机制的发展路径进

　① 沈伟. 投资者—东道国争端解决条款的自由化嬗变和中国的路径——以中国双边投资协定为研究对象[J]. 经贸法律评论,2020(3):46.

　② 张磊. 以中国实践为基础推动WTO改革和投资便利化谈判——基于自贸试验区视角[J]. 国际商务研究,2020(4):53.

　③ 张庆麟. 论晚近南北国家在国际投资法重大议题上的不同进路[J]. 现代法学,2020(3):126.

　④ 张晓君,李文婧. 全球治理视野下国际投资法治的困境与变革[J]. 法学杂志,2020(1):30.

　⑤ 杨希. 国际投资法中的国家国际投资法中的国家"回归"趋势——兼评我国《外商投资法》中的规制权[J]. 海南大学学报(社会科学版),2021(1):129-130.

　⑥ 单文华,王鹏. 均衡自由主义与国际投资仲裁改革的中国立场分析[J]. 西安交通大学学报(社会科学版),2019(5):20.

　⑦ 蒋德翠. 中国—东盟自贸区投资争端解决机制的困境与出路[J]. 河北法学,2020(5):104-116.

行了阐述和预测；①魏丹和唐妍彦在 WTO 的框架之下研究了国际投资便利化的路径；②唐妍彦详细论述了巴西独具特色的投资争端解决模式，认为巴西的投资者—东道国争端解决机制对于我国具有借鉴意义。③

（四）关于公私冲突解决路径的讨论

公私冲突的解决路径是多样化的，有的学者从投资协定的文本演变出发探讨公私冲突的解决路径，有的学者从改革争端解决机制的角度出发探讨解决公私冲突的路径，有的学者从公私冲突的价值走向角度出发探讨公私冲突的解决路径，具体如下。

就投资协定的文本演变来说，对比投资协定的历史版本可发现国际社会对于公私冲突议题的关注焦点的变化。例如学者王彦志从 RCEP 的文本出发，比较了《全面与进步跨太平洋伙伴关系协定》（CPTPP）、《欧盟—加拿大全面经济贸易协定》（CETA）同 RCEP 文本内涵的差异，从而总结出 RCEP 的议题重点和特点。④ 除此之外，王彦志还分析了国际投资协定中常见条款在当下存在的争议，并结合当下国际投资中公私冲突的价值走向给出解决建议。⑤ 范璐晶从新冠疫情对国际投资协定中公共卫生健康条款的影响角度出发进行研究。⑥ 林燕萍、朱玥从"公平公正待遇"和"最低标准待遇"的关系出发，详细阐述了上述二者之间的关系，为完善双边投资协定中的相关待遇条款给出建议。⑦ 郝宇彪和鲍丙朋探讨了在 WTO 的框架之下建立多边投资协定的可能性和合理性，就当前国际形势下，如何建立多边投资协定提出合理路径。⑧ 梁雪以"用尽当地救济原则"为研究重点，分析了当下"用尽当地救济原则"在投资者—东道国冲突解决机制中的回归，并呼吁在投资者—东道国冲突解决机制层面加强国家规制权。⑨

---

① 沈伟. 投资者—东道国争端解决条款的自由化嬗变和中国的路径——以中国双边投资协定为研究对象[J]. 经贸法律评论，2020(3)：44－72.

② 魏丹，唐妍彦. 投资便利化与投资环境优化：以中国和巴西为视角[J]. 社会科学家，2020(10)：90－96.

③ 唐妍彦. 巴西国际投资争端解决模式改革及对中国的启示[J]. 拉丁美洲研究，2021(2)：64－85.

④ 王彦志. RCEP 投资章节：亚洲特色与全球意蕴[J]. 当代法学，2021(2)：44－57.

⑤ 王彦志. 从程序到实体：国际投资协定最惠国待遇适用范围的新争议[J]. 清华法学，2020(5)：182－207.

⑥ 范璐晶. 新冠疫情下国际投资中公共卫生例外条款分析[J]. 国际经贸探索，2021(3)：98－112.

⑦ 林燕萍，朱玥. 论国际投资协定中的公平公正待遇——以国际投资仲裁实践为视角[J]. 上海对外经贸大学学报，2020(3)：72－89.

⑧ 郝宇彪，鲍丙朋. 世界贸易组织框架下国际投资规则演变展望[J]. 复旦国际关系评论，2020(1)：146－163.

⑨ 梁雪. 国际投资争端解决中东道国法院主体地位的缺失与回归[J]. 中南民族大学学报（人文社会科学版），2020(6)：174－180.

　　就 ISDS 机制改革角度来说,针对 ISDS 机制进行改革也是当下公私冲突改革的重要路径。例如欧盟致力于建立国际投资法庭,[①]美国的关注焦点在于缩小 ISDS 机制的受理范围。肖威分析了欧盟、美国、中国等各方对于 ISDS 机制改革的态度,阐述了 ISDS 当下变革的趋势,并对中国如何参与 ISDS 机制改革给出相关建议。[②]何悦涵博士从国际投资争端解决机制面临正当性危机为切入点,提出了解决投资争端机制应当引入"联合控制机制"。[③]

　　国际投资法的价值走向是国际投资中公私冲突解决路径的根本导向。对于国际投资法价值走向的研究主要集中在"国家规制权"和"投资者保护"二者的关系上。单文华以"卡尔沃主义的复苏"为切入点,阐述了国际投资法发展和研究的新视野。他认为,卡尔沃主义正在复苏,尽管在 2008 年之前卡尔沃主义色彩在国际投资活动中并不浓厚,但是单文华以敏锐的洞察力预感到了"卡尔沃主义"的回归,经过 10 多年发展,当下的国际投资法的实践证明了这一预感的准确性。[④]对"国家规制权"的研究相对比较多,例如杨希从完善国内法的角度论证了国际投资法中加强"国家规制权"的趋势。[⑤]董静然认为,美国和欧盟加强国家规制权的趋势已经非常明朗,加强国家规制权应当是国际投资条约更新的方向。[⑥]张二震和孙利娟从全球价值链分工的变化角度出发,强调了国际投资规则变化和更新的重要性,并就如何应对全球价值链分工的变化给出对策。[⑦]符隆钟从国际投资法律制度的统一角度论证了建立统一化的国际投资法律制度的必要性和急迫性,就建立统一的国际投资法律制度的困境进行了分析,并提出解决路径。[⑧]王光通过定量分析双边投资协定,以中国为轴心,测评了中国与不同经济发展水平和不同制度水平的国家之间签订的双边投资协定,并提出我国今后签订和更新双边投资协定的方向。[⑨]

---

　　① 陈珺,杨帆. 投资法庭机制探究及我国的应对——以欧盟《TTIP 协定》投资章节建议案为例[J]. 学习与实践,2018(11): 86.

　　② 肖威. ISDS 机制变革的根源、趋势及中国方案[J]. 法治现代化研究,2020(5): 159-173.

　　③ 何悦涵. 投资争端解决的"联合控制"机制研究[J]. 法商研究,2020(4): 143-157.

　　④ 单文华. 从"南北矛盾"到"公私冲突":卡尔沃主义的复苏与国际投资法的新视野[J]. 西安交通大学学报(社会科学版),2008(4): 1-21.

　　⑤ 杨希. 国际投资法中的国家"回归"趋势——兼评我国《外商投资法》中的规制权[J]. 海南大学学报(人文社会科学版),2021(1): 129-138.

　　⑥ 董静然. 国际投资规则中的国家规制权研究[J]. 河北法学,2018(12): 102-113.

　　⑦ 张二震,孙利娟. 价值链视角下的中国对外直接投资:环境变化与应对[J]. 江苏行政学院学报,2020(3): 44-50.

　　⑧ 符隆钟. 全球化与国际投资法律制度的统一[J]. 河北法学,2002(4): 129-132.

　　⑨ 王光. 双边投资协定的异质性测度与量化评估——以中国为例[J]. 国际商务研究,2020(6): 94-106.

　　总之，目前对于公私冲突解决路径的研究，多数学者侧重于从投资协定文本、争端解决机制等角度进行，缺乏整体化、结构性的研究。因此，以公私冲突的演变为切入点，以国际投资法的价值走向为导向的公私冲突解决路径的相关研究应当具有较为广阔的研究空间。

　　本章梳理并总结国际投资法公私冲突的新议题。将当下公私冲突中东道国重点关注的重点议题进行分析，具体体现在东道国外资安全审查、环境保护、人权保障、公共卫生健康、可持续发展等方面。目前众多研究主要集中于对其中某一项议题的单独论述或者对传统议题的研究，很少从国际投资法公私冲突的演变角度加以分析。本章侧重于从公私冲突的演变角度对国际投资法公私冲突的新内涵加以明确，并分析公私冲突演变背后的价值逻辑。同时，分析目前 ISDS 机制存有的缺陷。当下国际投资中东道国对于公共利益的保护越发重视，部分国家对 ICSID 的仲裁程序、仲裁员选任、仲裁结果的合理性提出质疑，公私冲突的解决机制面临改革。根据当下公私冲突议题和争端解决机制的演变和发展状况，提出应对当下国际投资中公私冲突的新变化和改革公私冲突解决机制的建议，并探讨了其他解决公私冲突的可能路径。

第二节　国际投资中公私冲突议题的演变

　　国际投资中公私冲突的演变主要包括传统的公私冲突和公私冲突的新议题，在上述两个部分的基础上，对公私冲突的实质性争议进行分析和论述。

一、国际投资中传统的公私冲突

　　早期的国际法常被认为仅调整作为公法人的主权国家之间关系的法律体系，因此早先的国际法也常被认为"公共实体间的法律"，[①]私人主体的国际法地位并不能得到广泛承认，这反映出早期的国际法对于私人的保护是相对比较薄弱的。

　　第二次世界大战以后，国际局势趋向于平稳，以自由主义为导向的国际经济秩序格局形成，为国际投资的发展提供了发展的沃土。自 1959 年德国与巴基斯

---

　　① 蔡从燕. 公私关系的认识论重建与国际法发展[J]. 中国法学，2015(1)：187-189.

坦签订了世界上第一个双边投资条约①以来到 1989 年年底,全球已有 385 个双边投资协定。② 20 世纪 80 年代以来,以新自由主义为导向的华盛顿共识得到大力推行。美国政府、世界银行和国际货币基金组织推出一系列应对拉美债务危机的政策,其中包括实施贸易自由化、开放市场;放松对外资的限制;放松政府管制;保护私人产权等。随后,华盛顿共识作为政治实践和经济理论,20 世纪 90 年代在发展中国家强制推行,③很快成为发展中国家向市场经济体制改革转型的意识形态支撑,④以市场为导向的国际经济秩序得到了强化。冷战结束后,全球化成为世界共识,跨国公司严重依赖全球产业链,成为全球化的重要载体。《1992 年世界投资报告》中载明:"自 20 世纪 80 年代以来,世界投资流动一直在迅速扩大。"⑤《2003 年世界投资报告》载明:"20 世纪 90 年代以来,双边投资协定呈成倍增长趋势,至 2002 年年底,全球双边投资协定达到 2 200 多个。"⑥私人主体的影响力在国际经济和国际投资活动中的影响力大大增强,公私冲突争端数量在这一时期迅猛增长。

传统的国际投资中投资者和东道国之间的主要矛盾焦点在于征收、财产转移、国民待遇、最惠国待遇和公平与公正待遇等问题,具体如下。

(一) 征收和国有化

直接征收是指东道国基于国内政策将投资者的资产进行所有权变更的行为,包括征收、国有化等。东道国为了在一定程度上规制外国投资者的活动或者便于东道国在特定时期推行国有化政策,一般在投资协定中会出现直接征收的条款。在"迈尔斯公司诉加拿大政府"(S. D. Myers v. Canada)中,ICSID 仲裁庭对于征收的定义如下:"一般而言,'征收'一词带有这样的含义:政府带有将财产所有权进行转移的目的而占有一方的'财产'。"⑦事实上,并非所有的征收行

---

① 陈胜,樊丹琪. 国际投资协定的最新挑战及其对中国签订双边投资协定的启发[EB/OL]. [2021 - 03 - 28]. https://mp. weixin. qq. com/s?src = 11&timestamp = 1616933727&ver = 2974&signature = 4Jbvh9QZf80ZUhDnvmBmJ0-6Jizd * XLl0MlxJVT1FmrqbnC4ze3v-c7hTlTwRAghcQ6-tJEfOSVl4DR-CljZJnkyf 23O86ph4 * 9jRSRszPmyW70mJ2JEFoX * tc7Joio9&new=1.

②《2003 年世界投资报告》第 21 页。

③ 孙海潮. 从"华盛顿共识"到"中国共识"的转变[EB/OL]. [2021 - 04 - 01]. https://mp. weixin. qq. com/s?src = 3&timestamp = 1616921078&ver = 1&signature = ReEciWT5xfpL4LkgDWdcAsVQiD8Xx GrR6PvE-JQ-DcgkxWbsUTFIgIBQ2JW9LSp3Q0HxBOP7 L * kM-wp9HSvWBVYCgdrmZ3r * 4R3zmnz 3CT-NeXpdJnMObxHEiskwsdAEpB EU * JijWWYDucww2xtCmlPMJ-F31djzB01T1QFq7lk=.

④ 雷少华. 全球产业结构变迁与政治裂隙[J]. 北京大学学报(哲学社会科学版),2019(6): 68.

⑤《1992 年世界投资报告》第 3 页。

⑥《2003 年世界投资报告》第 21 页。

⑦ UNCITRAL. S.D. Myers, Inc. v. Government of Canada[EB/OL]. [2021 - 05 - 27]. https://www.italaw.com/cases/969.

为、国有化行为都是违法行为,按照国际习惯法,东道国合法的直接征收行为至少应当包括三个条件:为了公共利益;遵循非歧视原则;应当进行补偿。这已经为世界各国所接受。[1]

2012年《中国—智利自由贸易协定关于投资的补充协定》第8条严格限制了国际投资协定的缔约方的征收和国有化行为,但是采用了例外规定的方式将合法的征收和国有化行为进行了明确——除非满足以下条件:(一) 为了公共利益;(二) 依据该缔约方国内法律程序并尊重正当程序;(三) 非歧视;(四) 依据第二款至第四款给予补偿。[2]《2012美国投资协定范本》第6条"征收与补偿"条款规定了征收的条件,一是为了公共目的;二是以非歧视方式;三是支付及时、充分、有效的补偿;四是依据正当程序和最低待遇标准条款的规定。[3] 欧盟《跨大西洋贸易与投资伙伴协定》草案(TTIP草案)投资章节第5条"征收条款"第1项即明确了各缔约方原则上禁止征收或间接征收,除非为了公共利益,且符合正当程序、非歧视,同时给予及时、足够、有效的补偿。2011年5月,马来西亚伊佳兰公司主张中国政府征收了其财产,但是未给予合理补偿,故根据《中国—马来西亚关于相互鼓励和保护投资协定》向ICSID提起仲裁,该案于2011年7月双方达成和解。[4]

间接征收是指东道国除采用直接征收方式以外的实质上剥夺投资者所有权的行为,例如设置限制性政策实质上剥夺投资者的所有权、通过逐步增加的且具有累积效果的措施侵蚀投资者的所有权等。[5]《2004年加拿大投资协定范本》的附件对第13条"征收"中的特殊形式——"间接征收"的定义为:"间接征收是成员方的措施对投资产生了等同于征收的效果,但是并没有直接转移或没收财产"。[6] 2011年《中国—乌兹别克斯坦双边投资协定》第6条将间接征收定义为:"效果等同于国有化或征收的措施",并列举了是否构成"间接征收"的几种考虑因素,主要包括措施的经济影响、对投资者及其投资的歧视程度、对投资者投资期待的损害程度、措施的性质和目的等。[7] 2020年《区域全面经济伙伴关系协定》(RCEP)附件二第2条第2款也规定了间接征收,其中对"间接征收"进行了

① 何树全. 国际投资协定中的主要争议和未来的选择分析[J]. 社会科学,2004(5):27.
②《中国—智利自由贸易协定关于投资的补充协定》第8条。
③《2012美国投资协定范本》第6条。
④ See Ekran Berhad v. People's Republic of China, ICSID Case No. ARB/11/15, Order of May 16, 2013.
⑤ 何树全. 国际投资协定中的主要争议和未来的选择分析[J]. 社会科学,2004(5):27.
⑥ Canadian Model BIT 2004,Annex B 13(1).
⑦《中国—乌兹别克斯坦双边投资协定》第6条。

定义，即"间接征收产生同直接征收同等的效果"，并且该协定对认定间接征收的因素进行了不完全列举，例如政府行为的经济影响；政府行为的目的、背景、政府的先前承诺等。

在"菲利普·莫里斯公司诉乌拉圭案"中，仲裁庭对于菲利普·莫里斯公司主张的乌拉圭政府的征收行为不予认可，并驳回了菲利普·莫里斯公司的全部诉讼请求。菲利普·莫里斯公司是一家总部设在瑞士的国际公司，其主营业务为烟草制造和销售。菲利普·莫里斯公司在乌拉圭的全资子公司因2008 年乌拉圭政府出台了针对烟草领域的"单一外观要求"和"80/80 规则"，其中"单一外观要求"生效以后，要求一种品牌的香烟只能使用一种外观包装形式，而不能使用多种外观包装；"80/80 规则"要求卷烟产品外包装上的健康警示面积占主要展示区域的比例须达到80％。由于两项以上烟草措施的出台，对菲利普·莫里斯公司位于乌拉圭的全资子公司的生产经营造成了影响，其知识产权和商誉遭到了一定程度的剥夺，其品牌的价值不能像原来一样得以完整地发挥，导致其市场份额降低、利润减少。2010 年 3 月，菲利普·莫里斯公司依据《瑞士—乌拉圭促进与保护投资协议》中的"征收条款"向 ICSID 提出仲裁请求，主张乌拉圭政府出台的两项烟草措施构成实质上的征收行为。2016 年 7 月，ICSID 仲裁庭认为不构成"间接征收"，驳回了菲利普·莫里斯公司的全部诉讼请求。[①]

传统的公私冲突中的直接征收行为的处理相对较为明确，东道国理应进行赔偿，但是间接征收却因为范围不明确，东道国基于公共利益出台的国内法规有可能被认定为是间接征收行为。因此，近年来国际投资协定中有将"间接征收"行为作出严格限制的趋势，例如 USMCA 允许将违反第 14 章"征收及补偿条款"的争端提交仲裁，但明确排除了涉及间接征收的争端。[②]

（二）财产转移

财产转移是指投资者将在东道国拥有的合法财产转出东道国的行为。财产转移风险是指东道国设置相关措施，阻碍投资者将其在东道国的合法财产转出东道国，进而实质上给投资者造成损害的风险。

财产转移风险也是国际投资中投资者重点考虑的投资风险，例如《中国—

---

① See Philip Morris Brand Sàrl (Switzerland), Philip Morris Products S.A. (Switzerland) and Abal Hermanos S. A. (Uruguay) v. Oriental Republic of Uruguay, ICSID Case No. ARB/10/7, Award of September 26, 2016.

② 池漫郊.《美墨加协定》投资争端解决之"三国四制"：表象、成因及启示[J]. 经贸法律评论，2019（4）：21 - 22.

巴基斯坦双边投资协定》规定:"一方投资者转移投资财产及收益应在东道国法律和法规允许的范围内";《中国—俄罗斯双边投资协定》规定:"支付的转移不应延迟,并以可自由汇兑的货币进行。"2011 年《中国—乌兹别克斯坦双边投资协定》规定:"在公平、公正、非歧视和善意的基础上,东道国可以禁止转移和暂时限制转移的情形。"[①]1988 年《中国—澳大利亚相互鼓励和保护投资协定》第 10 条规定,缔约方应当为另一缔约方国民在缔约方进行的与投资活动相关的财产转移行为提供便利,不得无故迟延。[②] USMCA 第 14 条对资产、资本和投资收益的"转移"作出规定:"任一缔约方应允许与协议覆盖的投资相关的所有'转让'自由地、不迟延地进出其领土。"[③]RCEP 第 10 章第 9 条规定了投资、收入、利润和清算资产等的自由转移,但同时也规定了例外情形,即允许缔约国在公正、善意、非歧视的基础上对一些特定的财产转移事项进行限制。[④]

(三) 国民待遇

1976 年,经济合作与发展组织发布的《关于国际投资和跨国企业的宣言》第 2 条鼓励各成员国适用"国家待遇"条款。[⑤] 国民待遇和最惠国待遇是国家待遇的重要内涵。

国民待遇条款是国际投资协定中重要的实体性条款,主要是指缔约一方给予另一方投资者在其领土内投资的待遇不得低于给予其本国投资者及投资的待遇。国民待遇条款的设置在于保护投资者在相似情形下能够享受不低于东道国国投资者的非歧视待遇。国民待遇条款在国际投资协定中非常常见,例如 2012 年《中国—智利自由贸易协定关于投资的补充协定》第 5 条规定了"国民待遇";《北美自由贸易协定》第 1102 条也规定了"国民待遇"。在"迈尔斯公司诉加拿大政府"(S. D. Myers v. Canada)一案中,迈尔斯公司依据"国民待遇"条款提起仲裁。迈尔斯公司是美国俄亥俄州一家处理和处置电子制造业中使用的对环境有害的化合物多氯联苯(PCB)的公司,迈尔斯公司因加拿大政府出台关于 PCB 的

---

① 陈军,汪景涛. 涉华国际投资保护协定及国际争端案件法律解析系列之一:中国—上海合作组织国家双边投资协定的发展现状及其核心条款[EB/OL]. [2021 - 03 - 29]. https://mp.weixin.qq.com/s? src=11&timestamp=1616948107&ver=2974&signature=7GNAOZk2JNzb-rZjoMbxq7GsrmJ2wiHRuto * mAg ＊ 30G9O2QBL7LiIl0PindtXGLqy4BO-sULI8sWTqiVrxJn4QV-S3WTQpvJ1JBYPPYFDv4S7g7oi5HJ qpzwrGNnE-Ym&new=1.

② 参见《中国—澳大利亚相互鼓励和保护投资协定》第 10 条。

③ 参见《美墨加协定》(USMCA)第 14 条。

④ 参见《区域全面经济伙伴关系协定》(RCEP)第 10 章第 9 条。

⑤ 参见《关于国际投资和跨国企业的宣言》第 2 条。

出口禁令,主张加拿大政府违反了《北美自由贸易协定》第1102条的规定,构成变相的国民待遇歧视,因此提起仲裁,向加拿大政府索赔,仲裁庭受理了该案,并根据《北美自由贸易协定》的规定确定了"相似情形"的比较对象。

一般来说,国民待遇条款更有利于保护资本输出国的投资者,对东道国的规制权会造成一定的限制,因此,我国早期签订的投资协定中对于国民待遇持保留态度,例如1996年《中国—柬埔寨关于促进和保护投资协定》未包含国民待遇条款,而仅就最惠国待遇作出规定。[①] 自21世纪以来,随着我国入世,对外开放进入新阶段,国民待遇条款对于保护我国投资者具有重要意义。因此,国民待遇条款开始被接受,2006年《中国—印度双边投资促进和保护协定》中正式纳入了国民待遇条款——"缔约各方给予缔约另一方投资者投资的待遇,不应低于其给予其本国投资者和任何第三国投资者的待遇"。[②]

(四) 最惠国待遇

最惠国待遇是国际投资协定中包含的基础性条款,主要内涵是东道国有义务给予投资者不低于现在或者将来给予第三国投资者的同等条件或者同等优惠,其基本的逻辑在于为来自不同投资者母国的投资者提供相对公平的竞争环境。最惠国待遇条款是公私冲突中投资者常援引以提起仲裁的条款。任一缔约方应在其境内给予缔约另一方投资者的投资及与投资有关的活动与其给予最惠国的投资者同样的待遇,例如《中国—法国关于相互促进和保护投资的协定》第4条第3款规定了最惠国待遇条款。

由于"最惠国待遇"条款的适用可能会使得东道国的义务扩张,因此,近年来,东道国倾向于将"最惠国待遇"条款加以限制。事实上,早在2010年UNCTAD就建议"应当明确规定最惠国待遇义务不适用于第三方条约实体义务,或规定最惠国待遇义务不影响基础条约条款。"[③]2010年《中国—法国关于相互促进和保护投资的协定》第4条第4—6款分别对优惠待遇进行了限定和明确,第4款规定了最惠国待遇不应当包括自由贸易区、关税同盟等类似的区域性经济组织内缔约方约定的待遇或特权;第5条规定了最惠国待遇不应当包括因避免双重征税而给予其他方的待遇或特权;第6条规定了最惠国待遇不包括缔约方为保护文化、语言多样性、促进文化、语言的交流而采取的措施。[④]

① 《中国—柬埔寨关于促进和保护投资协定》第3条。
② 《中国—法国关于相互促进和保护投资的协定》第4条第3款。
③ 闫旭. 晚近国际投资协定中最惠国待遇条款"优惠"程度及限制问题研究[J]. 新经济,2020(2):44.
④ 参见《中国—法国关于相互促进和保护投资的协定》第4条。

"墨菲兹尼诉西班牙"(Maffezini v. Spain)是国际投资法中涉及的第一个关于能否将最惠国待遇适用于争端解决机制的案件。阿根廷投资者墨菲兹尼在西班牙建立了一个化工厂,后来墨菲兹尼同西班牙政府产生了争端,因此墨菲兹尼企图向 ICSID 提起仲裁。根据西班牙与阿根廷之间签订的双边投资条约,发生争议时应当首先寻求国内的司法救济,墨菲兹尼必须首先寻求西班牙国内法院的救济,但是根据西班牙和智利签订的双边投资协定,双方只需要先行磋商即可将争端提交至 ICSID 进行仲裁。墨菲兹尼要求援引西班牙和阿根廷之间的双边投资协定中的最惠国待遇条款,后来 ICSID 仲裁庭支持了墨菲兹尼援引最惠国待遇的主张,同时仲裁庭也对将最惠国待遇适用于投资争端解决机制进行了一定的限制,即要考虑到公共政策,裁决当中明确了以下四个原则:一是不能排除"用尽当地救济原则";二是不能损害"岔路口条款";三是不能取代对特定仲裁机构的约定;四是不能排除对具有详细程序规则、高度组织化的仲裁机制的选择。[①]

在"普拉马诉保加利亚"(Plama v. Bulgara)案中,塞浦路斯投资者普拉马曾收购了保加利亚的一家石油公司,后来保加利亚政府采取了一些行政措施,普拉马认为保加利亚政府的行为实质上构成了间接征收,因此向 ICSID 提起仲裁。根据《保加利亚—塞浦路斯双边投资条约》,有关征收补偿的投资争端只能先行通过保加利亚国家法进行救济,然后根据《保加利亚—芬兰双边投资条约》,投资者和东道国发生争议,可直接提交至 ICSID 进行仲裁。因此,普拉马援引《保加利亚—塞浦路斯双边投资条约》第 3 条规定的"最惠国待遇条款",要求享有同《保加利亚—芬兰双边投资条约》一样的投资争端解决待遇,即将争端直接提交至 ICSID。仲裁庭认为不能将最惠国待遇条款适用于投资争端解决条款,理由是不能简单地推定缔约各方已经同意适用,不能随意改变双方谈判形成的投资争端解决条款。[②]

由此也可看出,国际投资法中对能否将最惠国待遇条款扩张适用于国际投资争端解决机制存在争议。有的国际投资协定中已经明确规定了不能将最惠国待遇条款适用于投资争端解决机制,例如 2014 年《中国—加拿大关于促进和相互保护投资的协定》第 5 条第 3 款规定:"本条第 1 款和第 2 款提及的'待遇'(最

[①] See Emilio Agustin Maffezini v. Kingdom of Spain, ICSID Case No. ARB/97/7, Award of January 31, 2001.

[②] See Plama Consortium Limited v. Republic of Bulgaria, ICSID Case No. ARB/03/24, Award of August 27, 2008.

惠国待遇)不包括例如第三部分所述的,其他国际投资条约和其他贸易协定中的争端解决机制。"①2020 年《中欧全面投资协定》(CAI)第 2 节第 5 条明确规定了"最惠国待遇"排除适用投资者与国家间的争端解决程序(ISDS)以及其他国际协定中规定的争端解决程序。② RCEP 第 10 章第 4 条规定:"本条所指的'类似情形'须视整体情况而定,包括相关待遇是否基于合法的公共福利目标而在投资者或投资之间进行区别对待。"③虽然 RCEP 规定了最惠国待遇,但是对于最惠国待遇条款中"类似情形"的范围以考量公共利益的形式加以缩小。

(五) 公平公正待遇

公平公正待遇是国际投资协定项下相对具有争议性质的投资保护标准。公平的下位原则包括公平程序原则、非歧视原则、投资者合理期待原则、透明性原则、比例原则等。

有些国际投资协定并未直接规定公平公正待遇,而是在最低标准待遇项下规定了公平公正的原则;有些国际投资协定则直接规定了公平公正待遇。1994年《中国—土耳其关于相互促进和保护投资协定》在"序言"部分载明:"同意为了维持稳定的投资环境及最有效地利用经济资源,投资将受到公正与公平的待遇。"④在正文中并未有关于"公平公正待遇"的直接规定。2014 年《中国—加拿大关于促进和相互保护投资的协定》第 4 条"最低待遇标准"项下规定了"公平公正待遇"——"任一缔约方应按照国际法,赋予涵盖投资公平和公正待遇并提供全面的保护和安全。"⑤《美国 2012 投资协定范本》第 5 条规定了"最低标准待遇",并且将"公平公正待遇"条款的适用通过列举"征收补偿""国民待遇",⑥说明应当尽可能适用相对具体的其他条款,对于相对模糊的"公平公正待遇"条款应当尽量避免适用。2011 年《中国—乌兹别克斯坦关于促进和保护投资的协定》第 5 条明确规定了"公平公正待遇"。⑦ 在"安廷诉西班牙政府"(Antin v. Spain)一案中,西班牙政府曾颁布了一系列法律吸引外国投资者开发光伏发电项目。2010 年,西班牙政府颁布了 RD 1614/2010 法令,对光伏发电项目的定价机制进行了调整和规范,其中规定定价机制只适用于已有的光伏发电项目。因

---

① 《中国—加拿大关于促进和相互保护投资的协定》第 5 条第 3 款。
② 参见《中欧全面投资协定》(CAI)第 2 节第 5 条。
③ 《区域全面经济伙伴关系协定》(RCEP)第 10 章第 4 条。
④ 《中国—土耳其关于相互促进和保护投资协定》序言。
⑤ 《中国—加拿大关于促进和相互保护投资的协定》第 4 条。
⑥ 参见《美国 2012 投资协定范本》第 5 条。
⑦ 《中国—乌兹别克斯坦关于促进和保护投资的协定》第 5 条。

此,不少投资者基于该法令以及西班牙政府的相关承诺对已有的发电项目进行了投资,然而,西班牙政府 2013—2014 年颁布的法令却对已有的光伏发电项目进行了调整,基于西班牙政府的调整,安廷的收益将大大减少,为此,他向 ICSID 提起仲裁。后来仲裁庭支持了安廷的主张,仲裁庭认为西班牙政府应当保护投资者的合理期待,不应当违反公平公正待遇。[①]

关于公平公正待遇和最低标准待遇的关系并不明确,有些国际投资协定将二者等同,有些国际仲裁裁决认为二者不同。在 2010 年"阿拉德诉巴巴多斯共和国"一案中,仲裁庭并没有就"公平公正待遇"和"最低标准待遇"进行区分,而是回避了这一问题。仲裁庭将焦点放在投资者合理期待的保护方面,仲裁庭的意见为:"无论如何解释公平公正待遇,对投资者合理期待的保护都应当是公平公正待遇的应有内容。"申请人阿拉德主张其在收购和开发巴巴多斯生态旅游景点的过程中,巴巴多斯政府未能够依据《加拿大—巴巴多斯 BIT》第 II(2)条中"提供公平公正待遇"和"给予充分保护和安全"的规定提供必要的、合理的措施,导致该生态景点遭到破坏,损害了阿拉德的合理期待。仲裁庭于 2016 年作出裁决,认为申请人不能够证明其作出投资决定是基于对被申请人的该项合理期待,因此认定巴巴多斯政府没有违反《加拿大—巴巴多斯 BIT》中关于公平公正待遇的规定。[②]

二、国际投资中公私冲突的新近议题

(一) 安全利益

在早期的国际投资中,美欧发达国家掌握国家投资规则,对于国际投资中的公私冲突认识相对比较深刻,对于外资的监管比较重视。例如美国自 20 世纪初外资审查就已经萌芽,20 世纪中后期已经形成了相对比较完善的外资安全审查国内法体系。1975 年,美国外资投资委员会(CFIUS)成立,专门负责外资安全审查。2018 年 8 月,美国《外国投资风险审查现代化法案》(FIRRMA)出台,该法案扩大了外资安全的审查范围,改革了审查程序,丰富了外资安全审查的考量因素,扩张了审查机构的权限,这标志着美国外资安全审查制度日渐成熟,进入

---

① See Infrastructure Services Luxembourg S. à. r. l. and Energia Termosolar B. V. (formerly Antin Infrastructure Services Luxembourg S. à. r. l. and Antin Energia Termosolar B. V.) v. Kingdom of Spain, ICSID Case No. ARB/13/31,Award of June 15, 2018.

② 林燕萍,朱玥. 论国际投资协定中的公平公正待遇——以国际投资仲裁实践为视角[J]. 上海对外经贸大学学报,2020(3):72.

新阶段。① 英国先后通过《英国外商投资审查新规》《国家安全与投资》(白皮书)等。欧盟理事会也通过了针对外商投资审查的新框架。而发展中国家为了吸引外资,往往更加重视对于外资的优惠待遇,在一定程度上忽视了对于外资的监管。以我国为例,2011 年我国才建立外国投资者并购境内企业安全审查制度;2015 年 1 月正式发布《外国投资法(草案征求意见稿)》;2019 年 1 月,正式施行《外商投资法》,其中第 35 条规定:"国家建立外商投资安全审查制度,对影响或者可能影响国家安全的外商投资进行安全审查。"2020 年 12 月,发改委和商务部联合发布《外商投资安全审查办法》。

近年来,因外资安全审查引发的公私冲突呈上升趋势。根据《2020 企业全球化报告》的数据显示,欧美国家在 2019 年共出台了 15 项国际投资政策,限制性政策占比达到 73％,以欧美发达国家为代表的投资保护主义是阻碍外国投资的重要原因。② 因外资审查造成的公私冲突案件也有所增多,例如 2018 年 1 月,美国外国投资委员会以"可能涉及美国公民身份安全"为由禁止对速汇金(Money Gram)进行收购;2018 年 10 月,美国以国家安全为由将福建晋华集成电路有限公司纳入禁售名单;2020 年 8 月,特朗普政府颁布先后颁布两份总统禁令,限制同美国个人或者企业进行交易,责令字节跳动限期完成出售或者剥离美国业务。③ 双边协定中的安全例外条款也越来越受到重视,例如 2019 年 10 月,《中国—新加坡贸易协定(升级)》第 15 条"安全例外"条款规定:缔约方可以"违背自身根本安全利益为由",采取必要措施,对外资加以管制;缔约方也可以"维持或恢复国际和平与安全"为由,采取必要的措施,对外资加以管制。④

2017 年 9 月,时任美国总统特朗普签署行政令,禁止峡谷桥资本合伙公司(Canyon Bridge Capital Partners Inc.,Canyon Bridge)以 13 亿美元收购莱迪斯(Lattice)半导体公司。目标公司莱迪斯公司位于美国的一家上市公司,其主营业务涉及机动车、计算机、移动电话的可编程逻辑芯片。莱迪斯公司自 2016 年起就一直在寻找收购方,2016 年 4 月,莱迪斯公司与中国投资者取得联系,并就收购事项达成一致意见。但是鉴于美国外资安全审查机构 CFIUS 的审查日趋严格,因此,中国投资者便在美国设立了一个有限合伙企业(中国投资者仅作为

---

① 房裕,田泽. 美国外资安全审查新动向、影响及应对策略研究[J]. 理论探讨,2020(6):14.
② 参见《2020 企业全球化报告》第 9 页。
③ 赵语涵. TikTok 再诉美国政府[EB/OL].[2021 - 03 - 30]. https://baijiahao.baidu.com/s?id=1683033299965900741&wfr=spider&for=pc.
④ 《中国—新加坡贸易协定(升级)》第 60 页。

有限合伙人）——Canyon Bridge，以 Canyon Bridge 的名义来收购莱迪斯公司。2016 年 11 月，莱迪斯公司针对该收购事项进行了公告，并就该事项向 CFIUS 提请批准审查。CFIUS 在审查之后未就该事项批准同意，理由是根据莱迪斯公司披露的信息，CFIUS 还不能消除该收购事项造成的国家安全顾虑。后来，双方向总统申诉，并补充提交了缓解国家安全顾虑的文件。时任总统特朗普听从了 CFIUS 的意见，签署了禁止命令。①

（二）人权保障

人权保障是国际社会关注的重要话题，尤其是近年来国际社会对于人权议题更加重视，国际投资法中的人权问题主要表现为外国投资者的投资活动侵犯东道国国民的人权或者东道国侵犯外国投资者的人权。2008 年，联合国出台《工商企业与人权：实施联合国"保护、尊重和补救"框架指导原则》，被认为是第一个规范跨国公司侵害人权问题的全球标准，得到国际社会广泛支持。2011 年 5 月，经合组织部长级会议上通过了最新的《跨国企业准则》，其中增加了人权章节。② 2014 年 6 月，联合国人权理事会决定设立"一个跨国公司及其他工商企业与人权问题的不限成员名额政府间工作组"，以进一步回应工商业与人权保护议题中对人权加强保护的国际社会回应。美国 2004 年 BIT 范本，将劳工问题作为专项条款，并且在范本中强调扩大劳工权利的保护范围，加强对劳工的保护力度和对劳动法规的执行力度。美国在 2012 版 BIT 范本中，对于 2004 年范本中对人权的保护作了进一步的细化，强调劳工权利的优先性，要求投资协议的缔约方不得为了鼓励或者吸引投资而随意放弃或者减损劳工法的执行权，各缔约方要积极履行对国际劳工组织的相关承诺。③

虽然国际协定对于人权问题越发重视，但是国际仲裁对于人权问题的态度还较为模糊。2018 年《美国—墨西哥—加拿大协定自由贸易区协定》（USMCA）中新章节包含劳工条款，其中规定："1. 将 USMCA 劳工条款纳入协议的核心文本中，并且可以完全强制执行，但必须通过争端解决。2. 要求各缔约方在法律上采纳并维持国际劳工组织认可的核心劳工标准，包括结社自由和罢工权，以有效执行其劳工法，并且不得放弃或减损其劳工法。3. 禁止进口包括强迫童工在内的强迫劳动产品。4. 要求各缔约方确保迁徙工人受到劳动法的保护。5. 要

---

① 张劲松，高玮，潘正怡. 从特朗普否决 Lattice 收购案看美国国家安全审查（CFIUS）的新趋势[EB/OL]. [2021 - 05 - 24]. https://www.kwm.com/zh/cn/knowledge/insights/trump-blocks-his-first-cfius-deal-what-can-we-learn-from-it-20171011.

② 参见《经合组织跨国企业准则》。

③ 张蕴岭，马天月. 国际投资新规则及中国应对策略[J]. 国际展望，2019（4）：23.

求当事方解决为行使其劳工权利而对工人的暴力行为。为劳工法的执行提供扩展的保证。"[1]在《中欧全面投资协定》中,中国作出承诺,即不为保护主义目的使用劳工标准和环境标准,遵守有关条约中的国际义务。中国将支持公司履行企业社会责任。[2]

(三) 环境保护

近年来,外国投资者与东道国之间关于环境保护的投资争端增多。根据国际投资争端解决中心的数据显示,2019 年新登记并适用 ICSID 公约和补充程序规则的案例中,有一半涉及环保问题,其中涉及油、气和矿业的有 21%;涉及电力和其他能源的有 21%;涉及农业/渔业/林业和水资源/医疗卫生的各有 4%。尤其是涉及能源开发、化工产业等投资项目容易产生环境保护方面的争端。根据 CGIT 的统计,2005—2019 年,中国对外投资中高污染行业投资失败案例占投资失败案例的比重达 26.76%。[3] 在国际投资中,外国投资者和东道国之间涉及环境保护的争议涉及面广泛,尤其是在全球范围内环保意识普遍较强的背景之下,此类争议并不鲜见。例如 2009 年格拉姆斯因采矿权受到政府限制诉美国联邦政府和加州政府案;2014 年中铝投资秘鲁铜矿项目因为开采活动违反秘鲁国内法而停止开展;2019 年中国电力投资集团投资缅甸密松水电站项目因缅甸国内组织对于环境评估报告质疑而导致项目停滞。

国际投资条约中涉及环境保护的条款屡见不鲜。20 世纪 70 年代"可持续发展"理念被国际社会广泛认可,环境保护议题也成为国际社会的重要议题。1973 年,联合国环境规划署正式成立,其主要任务包括"促进和制定旨在实现可持续发展的国际环境法"。1992 年 12 月,《北美自由贸易协定》(NAFTA)签署,该协定是全球首个包含具体的环境议题附属协定的自由贸易协定。[4] 此后,环境保护议题越发为各国所重视,根据联合国贸易和发展会议(UNCTAD)网站数据的统计,截至 2020 年 10 月,全球共有双边投资协定约 2 900 个,其中在"序言"部分涉及环境保护条款的约 140 个;涉及可持续发展条款的约 80 个。在正文部

---

① 参见国际贸易管理局. 美墨加协定新章节[EB/OL]. [2021 - 03 - 27]. https://www.trade.gov/usmca-newchapters.

② 陈达飞.《中欧全面投资协定》主要条款(全文)[EB/OL]. [2021 - 03 - 30]. http://www.lianmenhu.com/blockchain-23619-1.

③ 姚轼, 宋雨龙. 中国对外投资环保法律风险[EB/OL]. [2021 - 04 - 01]. https://mp.weixin.qq.com/s?src = 11&timestamp = 1615573025&ver = 2942&signature = keLDvTgrxFopr-0LxsfcWcSf5du3FGTGQJoUzp42mXcdNDBqEZniP7ycm2efp7VJBXovTblAYjDk-cNoOynTjZgMdKSOc43cIenPi0F4MNU1ylfPetZRcQoA3oAiTkSI&new=1.

④ 参见《自由贸易协定: 亚洲的选择报告》。

分涉及健康和环境条款的有约 300 个。^① 美欧等发达国家是将环保条款纳入贸易协定中的先行者，发展中国家相对较慢。但是近年来，发展中国家在贸易协定中对于环境保护条款的重视程度也有所提升，例如 2018 年签署的《全面与进步跨太平洋伙伴关系协定》(CPTPP)中专门设置环保章节(第 20 章)。2020 年《中国—土耳其双边投资协定》第 4 条规定："本协定不应解释为禁止缔约一方采取、维持或执行任何以下非歧视性的必要措施：(一) 为保护人类、动物或植物的生命或健康，或为保护环境而设计和采取的措施；(二) 与保存有机或无机的可耗竭自然资源有关的措施。"^②

2019 年，历时十多年的佩朗科同厄瓜多尔政府有关环境损害赔偿的纠纷在 ICSID 落下帷幕，该案以投资者承担给东道国造成的环境污染损失为最终仲裁结果。^③

2008 年 4 月，法国佩朗科石油公司(Perenco Ecuador Limited)基于《法国—厄瓜多尔双边投资协定》以及两项参股协议，将厄瓜多尔诉至 ICSID 中心，主张厄瓜多尔违反了公平公正待遇和征收规定。与此同时，厄瓜多尔就环境和基础设施损失提出了反请求，要求佩朗科石油公司赔偿相关损失。仲裁庭于 2019 年作出的裁定中支持了厄瓜多尔关于环境损害赔偿的反请求。^④

（四）公共卫生健康

2020 年新冠肺炎疫情以来，全球经济受到巨大影响，公共卫生安全引起国际社会的高度重视。根据《世界投资报告》的数据显示，2020 年全球外国直接投资(FDI)大幅下降，相比 2019 年下降了近 40%。在新冠疫情期间，若干国家政府出台相关措施，以避免本国的公司被低价收购，例如欧盟出台了非成员国经济体投资的指导意见，澳大利亚也引入了投资审查制度，以保护国家利益和当地资产不被收购。^⑤ 除此之外，还有不少国家为控制疫情而施行"进入紧急状态""自我隔离""强制停产"等政策，否则，公司可能会被要求降价或者推迟收费、被强制

---

① 姚轼，宋雨龙. 中国对外投资环保法律风险[EB/OL]. [2021-04-01]. https://mp.weixin.qq.com/s?src＝11&timestamp＝1615573025&ver＝2942&signature＝keLDvTgrxFopr-0LxsfcWcSf5du3FGTGQJoUzp42mXcdNDBqEZniP7ycm2efp7VJBXovTblAYjDk-cNoOynTjZgMdKSOe43cIenPi0F4MNU1ylfPetZRcQoA3oAiTkSI&new＝1.

②《中国—土耳其双边投资协定》第 4 条。

③ 参见环球商事仲裁. 佩朗科诉厄瓜多尔案——一场漫长且艰苦的战役[EB/OL]. [2021-04-01]. https://www.sohu.com/a/359536459_650578.

④ 参见环球商事仲裁. 佩朗科诉厄瓜多尔案——一场漫长且艰苦的战役[EB/OL]. [2021-04-01]. https://www.sohu.com/a/359536459_650578.

⑤《2020 世界投资报告》第 4 页。

停止生产或经营、供应的产品可能会被征收或者国有化。[①]

有关东道国公共卫生健康的保护在早期的双边投资协定中一般是笼统地纳入公共利益的范畴中,并没有专门的"公共卫生健康"条款对国际投资行为进行规范。自 21 世纪以来,国际投资协定对于公共卫生健康引发的公私冲突问题有所回应。常用的做法是将因公共卫生健康采取的监管政策、措施设置为一般例外条款,从而加强东道国的规制权。例如美国《2004 投资协定范本》附件二"征收"部分第 4 条规定了"除非特殊情况,一方为保护公共健康、安全、环境等合法公共福利目标而实施的非歧视性管制行动不构成间接征收。"[②]美国《2012 投资协定范本》沿用了 2004 年范本的规定,[③]因此,将因公共卫生健康而采取的管制措施排除在可仲裁的范畴之外。2014 年《中国—加拿大关于促进和相互保护投资的协定》第 33 条"一般例外"第 2 款规定了公共卫生健康例外,即"保护人类、动物或植物生命或健康所必要的措施"不得被理解为阻止缔约方采取的采取。[④] 2020 年《区域全面经济伙伴关系协定》(RCEP)附件二第 4 条规定将因公共健康而采取的非歧视性监管政策排除在征收的范畴之外。[⑤]

(五) 可持续发展

可持续发展关注人类社会的整体发展,已经成为国际法的重要原则。[⑥] 2016 年,联合国贸发会发布了有关推动可持续发展的《可持续发展的投资政策框架》;2017 年,联合国启动《2030 年可持续发展议程》,其中包含 17 项可持续发展目标;2016 年 G20 杭州峰会制定了《二十国集团全球投资指导原则》,其中规定"投资及对投资产生影响的政策应在国际、国内层面保持协调,以促进投资为宗旨,与可持续发展和包容性增长的目标一致。"2020 年,我国《国防法》修订草案第 2、47 条出现了"发展利益"的表述,国家对于发展利益的关切进入新阶段,发展利益的概念范畴还需要进一步厘清。2020 年,《中欧投资协定》规定:"将可持续发展嵌入我们的投资关系。"2020 年《区域全面经济伙伴关系协定》

---

① 环中投资仲裁. 新冠疫情下投资仲裁请求之应对[EB/OL]. [2021 - 03 - 31]. https://www.sohu.com/a/389778171_100198299.

② 《2004 美国投资协定范本》附件二第 4 条第 2 款。

③ 参见《2012 美国投资协定范本》附件二第 4 条第 2 款。

④ 《中国—加拿大关于促进和相互保护投资的协定》第 33 条第 2 款。

⑤ 《区域全面经济伙伴关系协定》附件二第 4 条。

⑥ 蒋小红. 试论国际投资法的新发展——以国际投资条约如何促进可持续发展为视角[J]. 河北法学,2019(3):42.

(RCEP)在"序言"部分载明:"缔约各方认识到可持续发展的三大支柱是相互依存、相互促进的,以及经济伙伴关系能够在促进可持续发展方面发挥重要作用。"由此可见,可持续发展是一种经济、社会、环境协调发展的理念,在国际社会已经形成了一定的共识。[1]

三、国际投资公私冲突议题演变的实质

从具体个案争端双方利益的角度来看,公私冲突的本质在于投资者利益和东道国利益的冲突。投资协定为了保护投资者的利益,对东道国的规制权存在一定程度的限制,例如东道国征收行为或者国有化行为导致投资者利益减损;东道国以国家安全为由,对投资者实施的限制措施;东道国以环境保护、人权保障为由对投资者实施限制措施;等等。

从宏观和结构化的角度来看,公私冲突的实质在于国家之家的力量对比。国际投资协定往往是谈判的结果。不同历史时期,国际投资协定的焦点议题有所不同。例如,早期的投资协定主要是欧美发达国家主导的,其作为资本输出国,侧重于构建自由开放的国际投资环境,因此其侧重点在于加强对投资者的保护。自 20 世纪 80 年代以来,新兴发展中国家开始市场化改革,综合国力不断增强,国际力量对比发生变化,发展中国家的资本输出国的角色越来越重要,欧美国家也开始成为资本输入国,国际投资协定的重点议题开始有所变化,东道国的规制权开始为国际社会所重视。

国际投资的全球治理所面临的困境加速了公私冲突的演变。目前,国际投资法存在区域化和碎片化的问题,因此,难以在全球范围内形成统一、有效的国际投资法治理体系,公私冲突的解决面临的困境导致各国在一定程度上推动公私冲突议题的变化,例如国际投资法长期对于东道国国家安全的忽视,导致各国近年来频繁通过国内法加强对国际投资的规制,美国近年来不断扩大 CFIUS 的权限,以不断加强其国内法对于外资的规制;阿根廷在国际投资中面临巨额赔偿之后,对 ISDS 机制持怀疑态度。事实上,国际投资中公私冲突的解决面临困境,也在一定程度上加剧了国际社会形成 ISDS 机制方面的"寒蝉效应",[2]迫使各国完善国际投资协定,加速了公私冲突议题的变化。

---

[1] 《区域全面经济伙伴关系协定》序言。
[2] 孙英哲. 国际投资协定规则发展趋势研究——以 CETA 投资章节为视角[J]. 经济问题,2018(4):113.

第三节　国际投资中公私冲突
解决机制的演变

解决公私冲突的路径是多样化的。有些公私冲突通过国际投资协定来加以明确，可以通过双方约定，共同选择争端解决机制；有些公私冲突未在国际投资协定中有明确的规定，或者虽有规定，但是争端解决不能适用国际投资协定中约定的争端解决机制。因此，公私冲突的解决从争端解决路径上来看，至少应当包含外交途径、国内法管辖、国际仲裁管辖三种路径。除此之外，欧盟近年来提出建立多边投资法庭的设想，并已经在国际投资法庭在《跨大西洋贸易与投资伙伴关系协定》(以下简称《TTIP 协定》)中加以实践，[①]力图通过建立多边投资法庭解决公私冲突，以弥补现有框架下国际投资仲裁的缺陷。

一、外交途径

外交保护经历了颇具争议的发展历程。19 世纪至 20 世纪早期，外交保护是处理投资者和东道国之间争议的主要手段。在投资者和东道国发生争议时，投资者先行与东道国进行协商，在协商不成时，由投资者母国出面和东道国通过外交途径加以解决。但是随着 ISDS 的出现，双边投资协定、多边投资协定、自由贸易协定等开始写入 ISDS 条款，国际投资公私冲突的解决方式趋向于多元化，外交途径不再是唯一的国际投资争端解决方式，但是外交途径仍然是重要的国际投资争端解决方式。例如 1989 年《中—巴基斯坦关于相互鼓励和保护投资协定》第 9 条第 1 款规定："缔约双方对本协定的解释或适用所产生的争端应尽可能通过外交途径协商解决。"2010 年《中—法关于相互促进和保护投资的协定》第 10 条第 1 款规定："对本协定的解释或适用所产生的任何争议，应尽可能通过外交渠道解决。"[②]

二、国际投资仲裁机制

(一) 仲裁机构设置

1966 年生效的《解决国家与他国国民间投资争端公约》(《华盛顿公约》)在

---

① 陈珺,杨帆. 投资法庭机制探究及我国的应对——以欧盟《TTIP 协定》投资章节建议案为例[J]. 学习与实践,2018(11)：86.

② 《中—法关于相互促进和保护投资的协定》第 10 条。

"序言"部分说明了在面对缔约国和其他缔约国国民之间不时发生与投资有关的争议而建立国际投资争端解决中心(ICSID)的目的。ICSID 是国际投资争端的主要仲裁机构。自 1971 年受理第一个案件开始,截至 2021 年 2 月,ICSID 累计受理 ICSID 公约及 ICSID 仲裁规则下的仲裁案件共 729 件,①处理了世界范围内绝大多数的投资仲裁案件。② 2019 年,在 ICSID 提起的仲裁共 39 起;2020年,在 ICSID 提起的仲裁共 58 起,创历史新高。③ 此外,成立于 1917 年的斯德哥尔摩商会仲裁院(SCC),是继 ICSID 之后的全球第二大投资争议解决机构。成立于 1923 年的国际商会下设独立仲裁院(ICC 仲裁院)也受理投资者和东道国之间的投资争端。

(二) ICSID 管辖范围

1969 年,《乍得—意大利双边投资协定》中出现了投资者—国家争端解决机制,标志着 ISDS 机制正式出现。20 世纪 70 年代,美国主导的双边投资协定开始加入 ISDS 相关条款,表现在投资协定中约定允许投资者对东道国提起仲裁或诉讼,直接主张自己的权利。随后,国际社会对这一争端解决机制逐渐开始接受,并开始复制这一做法,ISDS 机制得到了广泛认可。20 世纪 90 年代冷战的结束和全球化的发展使 ISDS 得到了越来越多的应用。④

《华盛顿公约》第 25 条规定了 ICSID 的管辖范围,必须满足两个条件,即"缔约国同另一缔约国国民之间因直接投资引发的争端""双方书面同意提交给ICSID"。《华盛顿公约》第 26 条规定,各缔约国可以约定将"用尽本国国内救济"作为提交 ICSID 的前置性条件。截至 2021 年 1 月,已有 163 个国家签署了

---

① ICSID 仲裁与 ICSID 管理的 UNCITRAL 仲裁比较[EB/OL]. [2021 - 04 - 01]. https://mp. weixin. qq. com/s?src=11&timestamp=1614851312&ver=2926&signature=-6nj3r6J-if3JtaPsVVt68i * zpx9MnBJlvBCnZhWHc5foCaMu81i7uCl4RzyhqUKGfDHaeMP-SCpx1UTKvpJKC55RvwLx0PyGbRj-3oh7 IMbusP17WKa1PRuVg0vXEQK&new=1.

② ICSID 仲裁程序概述(一)[EB/OL]. [2021 - 04 - 01]. https://mp. weixin. qq. com/s?src=11&timestamp=1614850711&ver=2926&signature=eMCWkGIsr9ntN4x1k3gPzfc-K-827duhZTHUxj6-Xw5PtaKxPF6XeAVGdL * Tg-nY74T * h4x8GCH9meOynNQ9Oi * * Hf-Er4kfiImbzZ5n9T4ylLj6X-yNcxoptDOYVY3y&new=1.

③ 国际投资条约与仲裁年度观察 2020[EB/OL]. [2021 - 04 - 01]. http://blog. sina. com. cn/s/blog_4dae264e0102w0n1. html.

④ 陈胜,樊丹琪. 国际投资协定的最新挑战及其对中国签订双边投资协定的启发[EB/OL]. [2021 - 04 - 01]. https://mp. weixin. qq. com/s?src=11&timestamp=1616933727&ver=2974&signature=4Jbvh9QZf80ZUhDnvmBmJ0-6Jizd * XL10MlxJVT1FmrqbnC4ze3v-c7hTlTwRAghcQ6-tJEfOSVl4DR-CIjZJ nkyf23O86ph4 * 9jRSRszPmyW70mJ2JEFoX * tc7Joio9&new=1.

ICSID 公约，其中 154 个国家批准了 ICSID 公约。①

2006 年，北京城市建设集团有限责任公司（以下简称北京城建）与也门民航与气象部（以下简称 CAMA）签署了一份《建设合同》，后由于也门政府采取诸多行为阻止北京城建入场履行合同约定的义务，并且以北京城建未能按时履行《建设合同》项下的义务为由主张解除该《建设合同》，北京城建基于 2002 年生效的《中国—也门关于鼓励和相互保护投资协定》第 9 条第 3 款规定："如果混合委员会在自谈判开始之日起六个月内不能解决该争议，应缔约一方的要求，该争议应提交仲裁庭。"②也门政府认为，根据《中国—也门关于鼓励和相互保护投资协定》第 10 条第 2 款规定："如果争议在书面提出解决之日起六个月内不能由争议双方通过直接安排友好解决，该争议应按投资者的选择提交投资所在的缔约一方有管辖权的法院或者'解决投资争端国际中心'仲裁。"为此，缔约任何一方对有关征收补偿款额的争议提交该仲裁程序均给予不可撤销的同意，其他争议提交该程序应征得当事双方同意。也门政府主张其行为并非该协定第 10 条第 2 款规定的征收补偿款额事由，因此，必须经过也门政府的同意才能提交至 ICSID 进行仲裁，而北京城建认为产生征收补偿款额的前提就是征收行为的认定。对此，ICSID 于 2017 年驳回被申请人也门政府的管辖权异议。③

（三）ICSID 面临危机

首先，仲裁裁决偏向于投资者。根据《2020 世界投资报告》，2019 年 ISDS 法庭在投资者—国家争端中做出了至少 71 项实质性裁决，其中 39 项属于公共领域，在实质问题上，更多的裁决对投资者有利。④ 仲裁结果实质上是对东道国政府立法、行政行为的审查，仲裁结果偏向于投资者，损害了东道国利益。因此，有不少国家选择限制适用 ISDS 机制，甚至选择退出 ISDS 机制，例如 2007 年玻利维亚退出，2009 年厄瓜多尔退出，2012 年委内瑞拉退出，2011 年澳大利亚宣布放弃使用 ISDS 机制。⑤ 2020 年 8 月，尼日利亚宣布要对其现有的投资条约进

① 第 163 个！刚刚，吉布提签署 ICSID 公约！[EB/OL].［2021 - 01 - 03］. https://mp.weixin.qq.com/s?src = 11&timestamp = 1614852954&ver = 2926&signature = xGvzTUK2DU5eOOA7hqDUx6mG9x * dQhtzprXh1jwLWGNG8M4P47ym09p1yjZvp5CEMvtSs7tNziVsKhiPC2R3lx6XFjy4WOtdW8T4HoDVg9NfSJPYkkSxxNENpvi3qdBE&new=1.

② 参见《中国—也门关于鼓励和相互保护投资协定》第 9 条第 3 款。

③ 环中仲裁团队. 涉中投资仲裁案例评析：北京城建诉也门案（一）[EB/OL].［2021 - 04 - 01］. https://www.sohu.com/a/308276749_650578.

④ 参见《2020 世界投资报告》第 111 页。

⑤ 高臻. 饱受争议的 ISDS 机制[EB/OL].［2021 - 03 - 31］. https://business.sohu.com/20151105/n425306521.shtml.

行审查,以决定是否放弃使用 ISDS 机制。2020 年 9 月,澳大利亚宣布将对其签订的双边投资条约进行审查,澳大利亚政府特别强调在进行修订的投资协定中会重点重申国家规制权,排除针对公共健康措施的国际投资仲裁条款,纳入有关仲裁员利益冲突审查的条款。

其次,仲裁员的构成备受质疑。2019 年 8 月,ICSID 发布《ICSID 仲裁规则修正案工作组报告(三)》,其中提到国际社会对于 ICSID 的关注焦点,包括仲裁员的构成多为欧美国家男性,ICSID 仲裁主要依靠临时仲裁庭,因此,仲裁结果缺乏统一性,甚至还会做出矛盾的仲裁结果。2020 年 5 月,ICSID 和UNCITRAL 联合发布了《投资者—国家间争端解决裁审裁员行为准则》(草案),该草案就仲裁员的行为规范和仲裁程序规范化等方面进行了更进一步的规定。

再次,缺乏上诉机制。由于 ICSID 仲裁一裁终局,不能及时有效地纠正裁决中的错误,故目前国际社会对于 ICSID 上诉机构的改革呼声强烈。[①] 2019 年 11月,UNCITRAL 秘书处发布了《投资人与国家间争端解决制度的可能改革——投资人与国家间争端解决制度的可能改革秘书处的说明》,其中就 ICSID 上诉机制问题列为会议议题,2020 年 11 月,UNCITRAL 秘书处再次就上诉机制和执行问题列为会议议题,两次讨论都涉及 ICSID 的上诉机制。《华盛顿公约》第 52条规定了申请撤销仲裁裁决的事由,但是未就针对纠错并进行实体审理的上诉机制加以规定,目前 UNCITRAL 已经提出了包括条约具体规定上诉机构、专案上诉机构、机构上诉机制等方案。[②]

三、国内法机制

依照国内法处理投资者和东道国之间的争议是很常见的,例如《中国—也门关于鼓励和相互保护投资协定》第 10 条规定了"争议双方可选择将案件提交至投资所在的缔约一方有管辖权的法院。"2019 年,欧盟通过了《建立欧盟外商直接投资审查框架的条例》,其中允许投资者对国家安全审查寻求救济,[③]肯定了

---

① 李钰. 中欧投资协定谈判完成,对投资者与国家争端解决条款的展望——以上诉机制为视角[EB/OL]. [2021 - 03 - 31]. https：//mp. weixin. qq. com/s?s rc = 11&timestamp = 1617142465&ver = 2979&signature = IiO6LWCK8to47Iuy67PnQYfGy0rA4JArV9ANDmY0eLwXmiFfEmRkswKsUlpwXvnzJG8PbkymoStk7nPdMBlxiWb20qSh5bAcUBa6PzX0NDi8yVeyvfAriakqs03sHy1R&new=1.

② 参见《投资人与国家间争端解决制度的可能改革——投资人与国家间争端解决制度的可能改革秘书处的说明》,第 8—9 页。

③ 漆彤. 论外商投资国家安全审查决定的司法审查[J]. 武汉大学学报(哲学社会科学版),2020(3)：145.

国家安全审查行为的可诉性。2018年,我国最高人民法院于深圳和西安设置了第一国际商事法庭和第二国际商事法庭,通过设置国际商事法庭化解国际投资中的争端。我国国际商事法庭的管辖范围为:① 人民币3亿元以上的第一审国际商事案件;② 高级人民法院认为应当由最高人民法院审理并获得批准的;③ 在全国有重大影响的第一审国际商事案件;④ 最高人民法院认为应当由国际商事法庭管辖的案件。国际商事法庭实行一审终审制。①

为避免过度让渡国家主权利益,新近国际投资协定中有将"岔路口条款"进一步抛弃的趋势。例如原《北美自由贸易协定》(NAFTA)中规定了"岔路口条款",投资者可以在不用尽当地救济的前提下直接向ICSID提起仲裁。《美墨加协定》(USMCA)第14章明确规定了"用尽当地救济原则"。② 在中国政府签订的国际投资协定中,"用尽当地救济原则"的约定并不普遍,常见的是附期限的当地救济条款,③例如《中华人民共和国政府和加拿大政府关于促进和相互保护投资的协定》第15条第2款规定:"若争端未能在6个月内协商解决,则经任一缔约方请求,该争端应提交专设仲裁庭解决。"④但是此类附条件的约定并不能在国际投资仲裁实践中顺利适用,常被"公平公正待遇"条款所限制,因此,对于东道国来说,缺少限制的"公平公正待遇"条款在一定程度上限制了其对于国际投资的管辖权,这对于保护东道国的公共利益不利。⑤

四、投资法庭途径

2015年,欧盟在《跨大西洋贸易和投资伙伴协议》(TTIP)中设立了投资法庭制度,由初审法庭和上诉法庭构成,实行"两审终审制",其中投资法庭在裁决的稳定性、上诉机制等方面都对ICSID仲裁机制进行了一定程度的改善。2017年,欧盟和加拿大签订的《全面经济贸易协定》(CETA),其中规定了投资法庭。2018年欧盟和新加坡签订的《欧盟新加坡投资保护协定》(The EU-Singapore IPA)中包含建立常设的投资法庭的内容;2020年欧盟与越南签订的《欧盟越南投资保护协定》(EU-Vietnam IPA)也设立了常设的"投资者—国家"投资法庭。

---

① 国际商事法庭简介[EB/OL].[2021 - 03 - 30]. http://cicc.court.gov.cn/html/1/218/19/141/index.html.

② See USMCA, Chapter 14, Annex 14-E: Mexico-United States Investment Disputes Related to Covered Government Contacts.

③ 陈丹艳. 附期限当地救济条款的解释新路径阐析[J]. 武大国际法评论,2017(2):144.

④ 《中华人民共和国政府和加拿大政府关于促进和相互保护投资的协定》第15条第2款.

⑤ 王彦志. 国际投资仲裁中公共健康保护的条约解释进路——以Philip Morris v. Uruguay案中VCLT第31条第3款c项的适用为视角[J]. 当代法学,2017(6):149.

投资法庭同 ICSID 机制相比，具有以下变化。

一是设置上诉机制，提高审理效率。目前，ICSID 没有健全的上诉机制。欧盟对于投资法庭的设想为设置上诉机构，并将审理期限规定为：一审审理期限 18 个月，上诉期限 6 个月。而在 ICSID 公约中，只规定了开庭审理程序终结之后 120 日以内仲裁庭应当起草仲裁裁决，而对于审理期限并未有明确的规定。[①]

二是明确上诉范围。上诉范围是决定上诉机制在多大范围适用的基础性因素。欧盟投资法庭的上诉机制规定了上诉机制的审理范围不仅包括法律审，而且还包括事实审，CETA 第 8.28 条第 2 款规定了三种上诉理由：① 法律适用或者解释错误；② 事实认定存在明显错误；③ ICSID 公约第 52 条第 1 款 1—5 项规定的理由。[②]

三是投资法庭中法官的身份更加多元化。ICSID 现有仲裁员的身份被质疑偏向于白人男性，而《跨大西洋贸易与投资伙伴协议》草案中投资法庭的一审法官有 15 名，分别来自欧盟、美国、第三国；二审中的法官有 6 名，分别来自欧盟、美国、第三国。[③]

五、借鉴 WTO 框架下的争端解决机制

RCEP 在一定程度上借鉴了 WTO 的争端解决方式。[④] WTO 的争端解决机制是目前 WTO 框架下解决国际贸易争端的相对成熟的实践，尽管目前 WTO 争端解决机制也正在寻求改革，但是其经过长期的实践，其具有重要的借鉴意义。WTO 争端解决机制是以乌拉圭回合谈判中形成的《关于争端解决规则与程序的谅解》（DSU）为基础建立的，包含了政治方法、法律方法、混合方法等。

一是磋商前置。在发生争议后，WTO 成员国首先向 DSB 提起申诉，提起申

① 张建. 欧盟国际投资法庭体系的兴起及中国的应对之策——以中欧 BIT 谈判为中心［EB/OL］. ［2021 - 03 - 26］. https：//mp. weixin. qq. com/s?s rc = 11&timestamp = 1616781277&ver = 2970&signature = ygISU- * TgrlSgMsCSV6RlgoVwsnFcJlysimd8oUiEgFU763uusue6-Vc2JrZ-L40phanVglcywqYq4BG3soSvmkE5Y20e4yuezjGs5rKBNJXSkjlod8OXAaUNHFeLVIa&new=1.

② 参见 CETA 第 8.28 条第 2 款。

③ 张建. 欧盟国际投资法庭体系的兴起及中国的应对之策——以中欧 BIT 谈判为中心［EB/OL］. ［2021 - 03 - 26］. https：//mp. weixin. qq. com/s?s rc = 11&timestamp = 1616781277&ver = 2970&signature = ygISU- * TgrlSgMsCSV6RlgoVwsnFcJlysimd8oUiEgFU763uusue6-Vc2JrZ-L40phanVglcywqYq4BG3soSvmkE5Y20e4yuezjGs5rKBNJXSkjlod8OXAaUNHFeLVIa&new=1.

④ 环中争端解决团队. 区域全面经济伙伴关系协定（RCEP）下发生投资争议应当如何解决［EB/OL］. ［2021 - 05 - 28］. https：//mp. weixin. qq. com/s?src = 11&timestamp = 1622176255&ver = 3095&signature = ilrGvfIz-dLy0oCAWPi81M0YqVNU5FLZmC3qKrsV1Cq8dM8r7 * ZVcMxK5m * hNEABXraqrwbVaab7s9krRLMyQ9YuBodZsCoYZvKPsqjGKc-vXCZ6ts * pLe * jL2KuSH4J&new=1.

诉之后,争端解决程序随之开始。磋商是为争议方之间的前置程序,各方必须先经过磋商才能提起其他形式的争议解决途径。磋商的优势在于具有一定的保密性,磋商仅争议方可以参与,WTO 不参与,因此具有良好的保密性。RCEP 第十九章第六条规定了详细的磋商程序,并给被诉方课以相对严格的磋商反馈程序,包括被诉方磋商答复的时间、答复的方式、磋商保密规定等。[①] 与 WTO 规定的收到请求 10 日之内答复相比,RCEP 规定的收到请求之日起 7 日内答复更加追求磋商的效率,这也符合目前国际社会对于 WTO 争端解决机制效率低下问题的改革方向。

二是设置专家组机制。在 WTO 争端解决机制中,专家组的设置需要经过 DSB 会议通过,[②]而 RCEP 第十九章第 10 条则规定了专家组成员的任命由争议双方各自任命 1 名,再由争议双方协商统一任命专家组主席,只有双方不能达成一致时才由 WTO 总干事参与选任。[③]

三是上诉机构的设置。对于专家组报告存有异议可以提请上诉机构进行审查,上诉机构审查的范围为法律审查,不审查专家组认定的事实。RCEP 第十九章第 15 条规定了其争端解决机制的"一裁终局"原则,第 16 条规定了执行审查专家组,如果争议各方对专家组报告存有异议,可重新召集专家组。

第四节　国际投资中公私冲突演变的价值走向

国际投资中公私冲突已经不再局限于传统的公私冲突议题,公私冲突的解决机制也面临重要变化。新近议题和解决机制的变化反映了国际社会对于公私冲突的价值取向,其背后的价值走向从现实化层面进行分析,至少应当包括以下几个方面。

一、全球价值链变化调整

基于全球价值链(Global Value Chain,GVC)的一体化生产体系不仅是国际分工深化的必然产物,而且也是经济全球化深刻发展的重要标志。全球价值链

---

① RCEP 第十九章第 6 条。
② 参见 DSU 第 6 条。
③ 参见 RCEP 第十九章第 11 条。

分工的基础在于国际差异化分工和比较优势理论,产生国际差异化分工和比较优势的要素包括技术因素、环境因素、政策因素等。

为了能够更好地利用好国际比较优势,全球范围内区域性合作趋势有所增强,这对于全球价值链的重构产生了一定的影响,国际价值链体系近年来的调整方向包括以下几个方面。

一是区域价值链崛起。全球化进程受阻导致全球价值链呈现出不稳定因素,为了构建更加稳定、安全的价值链,各国不得不积极推动区域价值链的构建。近年来,各国积极推动区域合作,推行小多边主义,例如 2019 年 2 月,欧盟与日本自由贸易协定正式生效,该协定被称为欧盟签订的最大规模的自由贸易协定;2015 年,美国、日本、加拿大等国签订了 TPP;2020 年 1 月,时任美国总统的特朗普正式签署 USMCA;2020 年 11 月,东盟与中国、日本等签订了 RCEP,目前各方正在积极推动 RCEP 实施。上述自由贸易协定中都涉及有关投资的章节,推动了国际投资的区域化发展。

二是发展更具可持续特征的产业链。近年来,碳中和目标成为国际社会的焦点议题,2019 年欧盟提出了到 2050 年实现碳中和的目标;习近平主席于 2020 年 9 月在联合国大会上发表讲话时提到,中国将于 2060 年实现碳中和目标。人权保障议题和健康卫生安全议题也获得了更多关注,例如《中欧投资协定》的"序言"部分就载明:"支持以高度保护环境和劳工权利方式促进投资"。①

二、区域化主导趋势增强

就国际投资争端解决机制改革来说,目前国际社会仍然不能达成有效合意,在新旧规则的制定、修改和变化上,各国争议较大,原因在于对国际投资仲裁机制的掌控程度关系国家利益的保护程度。例如,欧洲大力推行其所主张的国际投资法庭、上诉制度;美国则将国际仲裁的适用范围在 USMCA 中进一步限制,力图扩大其国内法的管辖范围;部分国家因质疑国际投资仲裁的合法性而退出国际投资仲裁机制。

公私冲突呈现出区域化特征,公私冲突的解决也呈现区域化解决的特征。例如,USMCA 协议 32 章第 10.4 条规定了"毒丸条款",②限制了非市场经济实

---

① 欧盟中国商会. 中欧投资协定部分文本发布,蕴含哪些重要信息? [EB/OL]. [2021 - 05 - 21]. https://mp.weixin.qq.com/s?src = 11&timestamp = 1622198625&ver = 3096&signature = r6cFtVP27kXF * HYCm OEiqank77jAXJmwc5Ar2GCMeAK * zl-XF20Nu805tuj1hSGrwYGEb1BS2i6V5MPDpnQwGO1g AaFp6-05tV * qXnqS8vXCDEjS7PM-xDcG8r-pWOI7&new = 1.

② 参见 USMCA32 章第 10.4 条。

体同区域合作伙伴的优惠待遇。双边投资协定和区域化投资协定是国际投资协定的主要表现形式,近年来发展迅速。

三、加强国家规制权趋势

(一) 逆全球化趋势增强

"逆全球化"是同"全球化"相对应的概念。逆全球化导致了国际投资保护主义的抬头,不少国家对跨国投资带来的国内产业迁移和对引进外资的安全性风险倍加防范,尤其是不少国家以国家安全的名义限制外资的正常流动。在逆全球化的趋势下,国际投资在一定程度上受到限制,在国际投资协定中的新兴议题中也能找到逆全球化的影子,例如近年来兴起的国家外资安全审查,不少国家出台了有关外资安全审查的法律,特别是以美国、欧盟为代表的西方发达国家在外资安全审查方面已经具备了相对完善的法律规范,在对外资安全审查事项的处理上具有丰富的实践经验。除此之外,在国际投资公私冲突的新兴议题中,人权、公共卫生健康、可持续发展等议题也同逆全球化的背景交织,国际投资中的保护主义体现在多个议题上,造成了国际投资中公私冲突问题的进一步发展和丰富。事实上,近年来新兴的公私冲突议题在一定程度上也反映了国际投资领域的逆全球化趋势。

(二) 卡尔沃主义的回归

20 世纪 60 年代在国际投资中相对弱势的亚非拉国家一度盛行卡尔沃主义,后来在全球化高速发展的浪潮中逐渐式微。由于国际社会在迎合全球化的过程中逐步让渡国家规制权,故国家之间致力于促进投资的协定数量在 20 世纪末和 21 世纪初呈现爆发式增长,彼时国际投资协定的关注焦点在于限制东道国的规制权,建立旨在平等保护、促进公平竞争的"待遇条款""征收条款"。卡尔沃主义的理念在一定程度上与西方国家主张的投资自由化的目标背道而驰,但是卡尔沃主义主张的坚持国家规制权、反对超公平待遇的理念对落后国家的主权保护具有重要作用。从一定意义上来说,卡尔沃主义在当时是落后国家对西方发达国家在国际投资价值走向上的矫正。

从目前国际投资中"公私冲突"的新议题来看,国家安全利益、环境利益、人权保障利益、发展利益日益为国际社会所重视,西方发达国家在上述议题的演变中起到了重要作用,甚至是主导性作用。因此,当下卡尔沃主义的回归顺应了国际社会对于加强东道国国家规制权的要求。

(三) 民粹主义的崛起

民粹主义主要表现在极端保护主义、非理性主义、盲目排外、极端平民主义等方面，就公私关系的演变上来说，民粹主义在一定程度上裹挟着公私冲突的走向，例如"英国脱欧"、美国政府推行的"美国优先"政策等都体现出一定的民粹主义特征。

国际社会因民粹主义的崛起出现裂痕，国家之间的不信任感有所增强，例如国际社会对于人权保护的程度存在争议，对于国际投资仲裁中仲裁员的身份特征存在歧视，对于国际投资协定的谈判进程缓慢。

民粹主义在多大程度上影响投资政策并不能得出一个经过量化的结论，但是民粹主义在领导人的选举、对舆论环境的影响方面是不容质疑的，尤其是在塑造投资政策时，民粹主义起到了不可忽视的作用。有学者认为，特朗普本质上是民粹主义者，其在担任美国总统期间出台的相当一部分旨在促进美国就业，且损害资本自由流动的政策就是典型的充满民粹主义色彩的政策。①

第五节　解决公私冲突的路径

一、更新完善投资协定相关条款

一是为公共利益预留政策空间。对于国家重点监管的领域可以采取国民待遇例外条款方式加以规定，例如涉及国家安全、环境保护、人权保障、公共卫生健康等方面。在管辖方面应当明确排除不接受仲裁管辖的争端类型。在当下公私冲突议题新发展的背景之下，及时更新双边投资协定中的例外条款对于保护国家规制权尤其重要，例如 RCEP 第 10 章投资章节规定了专门适用于该投资章节的安全例外；挪威 BIT 范本以一般例外和基本安全利益条款对东道国规制权进行了确认。②

二是限定间接征收范围。应当进一步明确和限缩间接征收的范围，在国际投资中东道国出台相关的政策对于投资者产生不利影响是常见的，不应当一概而论，将其认定为间接征收。因此，为防止投资者将东道国的行为动辄以间接征收为由提起仲裁，应当将公私冲突当中的新议题同间接征收加以区分，以避免在

---

① 投资者必须适应民粹主义时代的又一次到来[EB/OL]．[2021 - 05 - 27]．https://mp.weixin.qq.com/s?s rc = 3&timestamp = 1622206530&ver = 1&signature = WzABlX * vyFtkNKPJmCOAzCTxwIR4TWupAhChZm0Dwa6CpP20XU3RGnwq7tB4cfmJb6kOmt3s-om62HJm7IKx2-to0I2YHU7mp8LlFno9qLsWaRJhZcaPdyYyWC4XKoj3W65RoERARR21NfAybnST2qUea1k06I-G17jBvNbaY1Q=．

② 杨希．国际投资法中的国家"回归"趋势——兼评我国《外商投资法》中的规制权[J]．海南大学学报(人文社会科学版)，2021(1)：131 - 132．

仲裁中处于不利地位。

三是明确最惠国待遇的适用范围。最惠国待遇的援引本身存在减损东道国权利的风险,如果不加以限制,最惠国待遇适用范围无限制扩张之后,势必会加深国际投资法的不平衡性,加剧国际投资法的不协调。因此,可将最惠国待遇限制在国内法待遇和事实待遇上。①

四是对公平公正待遇条款的内涵进行明确。在投资协定中对公平公正待遇的内涵进行明确,以防止随意扩大化的解释,可根据仲裁庭的仲裁判例更新公平公正待遇的内涵,并防止投资者滥用。

五是持续关注国际投资协定中的新兴议题,尤其是对人权保障、环境保护、公共卫生健康、可持续发展等议题要重点关注。在这些领域形成完善的投资条款,对于实践中出现的此类公私冲突争端应当加以类型化,例如 WTO 成员国就新近议题向 WTO 提出相关议案,WTO 在谈判中会就该类议题进行讨论,各国也应当在本国投资范本、双边或区域化投资协定中针对该类议题提出议案,以推动此类议题在国际投资中形成相对规范化的处理方式。

二、适度加强国家规制权

在国际投资公私冲突的处理中,国家应当注意对国家规制权的加强,以防止国家陷入国家公共利益保护不能的风险。具体来说,应当在投资协定的制定、国际投资仲裁管辖、规则适用等方面明确排除部分与国家公共利益相关的争端仲裁管辖,处理好"用尽当地救济"和"待遇条款"的关系。近年来,欧盟在 ISDS 机制改革中,强调对外来投资的规制权,例如 RCEP 第 17 章规定了以保护环境、健康、安全等公共政策方面的规制权。② CETA 缩小了 ISDS 的受理范围,对投资者适用"非歧视待遇"条款进行了限制。③ 适度加强国家规制权,平衡国家公共利益和投资者的利益,防止民粹主义的过度侵蚀。目前国际社会对于"最惠国待遇"条款的适用存有质疑,在早期的双边投资协定中存在大量的简单、机械、粗糙的"最惠国待遇"条款,造成了国际投资仲裁中的适用混乱问题,故应明确"最惠国待遇"条款的适用界限,避免无限制削弱东道国的规制权,避免东道国在国际投资仲裁中处于被动地位。

---

① 王彦志. 国际投资协定最惠国待遇适用范围的新争议[J]. 清华法学,2020(5):207.
② 王彦志. RCEP 投资章节:亚洲特色与全球意蕴[J]. 当代法学,2021(2):53-55.
③ 王彦志. 国际投资协定最惠国待遇适用范围的新争议[J]. 清华法学,2020(5):182.

三、对投资者施加责任

国际投资中应当注意投资者的合法性及安全性。近年来,国际投资中出现的损害东道国安全利益、环境利益和公共健康的案件不在少数。因此,在涉及公共利益时,仲裁庭应当注意保护东道国的公共利益,不能仅依据保护投资者的期待而对东道国课以更多义务。投资者在实施商业活动时,应当注意保护东道国的公共利益。我国于 2017 年出台的《"一带一路"生态环境保护合作规划》就针对我国投资者对外投资的行为进行管制,明确要求对外投资过程中应当注重保护环境,不得损害其他国家的环境利益,甚至对违反东道国环境保护的行为,可利用国内法进行管制。① 在 USMCA 中,进一步加强对劳工的保护,将劳工标准和国际贸易、国际投资挂钩。墨西哥在 2019 年专门修改了关于劳工保护的国内法,②促使投资者提升劳工保护水平。

四、推动 ISDS 机制改革

ISDS 改革是国际社会的共识,大多数国家对于投资者与国家间投资争端解决机制改革持肯定态度。中国于 2019 年向 UNCITRAL 提交的意见书中载明:"中国认为 ISDS 是一个总体上值得维护的机制"。除此之外,欧盟成员国、俄罗斯、巴西、日本、泰国、智利等国也提出了积极的改革建议。综合来看,对于 ISDS 机制的改革主要聚焦在以下方面。

首先,在仲裁员的选任和仲裁程序方面,长期以来,发展中国家对于仲裁员的选任存有质疑,认为仲裁员多来自西方国家,因此作出的仲裁裁决明显偏向于西方国家的投资者。仲裁程序中仲裁员的选择可由争议双方进行指定,且没有硬性的标准对仲裁员的行为进行规范,因此,在作出的仲裁裁决一致性上尚有欠缺。因此,建立相对稳定的仲裁机构、保持仲裁人员的稳定性和独立性对于目前的改革来说具有重要意义。

其次,完善上诉机制。尽管《解决国家与他国国民间投资争端公约》第 52 条规定了仲裁裁决的申请撤销事由,但是并没有完整的上诉纠错程序。针对上诉的机制的改革,多个国家已经提出了改革方案,中国在提交至 UNCITRAL 的意

---

① 张小虎. 加强中非投资合作的环境法律风险防控[EB/OL]. [2021 - 05 - 16]. http://www.jccief.org.cn/v-1-10753.aspx.

② 龚柏华. USMCA 如何冲击全球经贸规则[EB/OL]. [2021 - 05 - 16]. http://news.sina.com.cn/o/2020-07-12/doc-iivhvpwx4980988.shtml.

见中也支持设立常设上诉机构。设立常设上诉机构一方面有利于维护仲裁裁决的一致性,另一方面,有利于完善争端解决机制,增强权威性。目前《中欧全面投资协定》(CAI)公布的文本并没有具体的关于 ISDS 机制的内容,具体的 ISDS 机制仍需要双方在接下来的两年里完成协商谈判。

再次,提升仲裁程序及仲裁裁决的透明度。根据 2014 年 UNCITRAL 出台的透明度规则,争议双方提交的文件、非争议双方或第三方提交的文件都应当进行披露,这在一定程度上提升了仲裁裁决的透明度,但是在其中包含的"保密或者受保护的信息"部分明确列举了可以不予公开的范围,包括争端双方约定不予公开的信息、造成阻碍法律执行的信息、导致争端恶化的信息等。事实上,此类规定对透明度规则造成了适用上的限制,涉及公共利益保护信息的不公开性容易招致国际社会对 ISDS 机制的质疑。在仲裁程序的披露方面,为了保证仲裁员的独立性,应当加强仲裁员和争端双方的强制披露义务,披露争端双方的资助情况以及仲裁员受资助情况,[1]因此,ISDS 机制改革仍然应当重视仲裁程序和仲裁裁决的透明度。

第六节　结　语

加快建设替代性争端解决办法主要有以下几点。

首先,在国内建立投资争端预防机制,包括建立投资信息的透明化机制、设立预防和管理投资争端的相关人员。政府之间的信息共享和信息透明化对于投资争端的预防具有重要意义。目前世界银行已经开始就预防或者缓解争端的最佳做法展开研究。[2]

其次,设置冷却期以推动争议双方能够采取调解、和解等方式解决争端。在 UNCITRAL 的会议当中,对于冷却期的设置大多数国家持赞成意见。[3] 当然在设置冷却期时,应当避免不必要的费用和延误。

再次,促进调解方式使用。目前大多数的投资协定中都有类似磋商解决的争端解决方法,但是并未就具体的磋商方式进行明确,因此有必要将调解的程序进行明确,在投资协定中加入关于调解程序的条款或者作为附加协议进行补充。

---

[1] 肖威. ISDS 机制变革的根源、趋势及中国方案[J]. 法治现代化研究,2020(5):159-160.
[2] 《第三工作组(投资人与国家间争端解决制度改革)第三十九届会议工作报告》,第 6 页。
[3] 《第三工作组(投资人与国家间争端解决制度改革)第三十九届会议工作报告》,第 7 页。

　　最后,建立投资争端预防机制。目前巴西在建立双边投资协定时采用了投资争端预防机制,建立了专门的投资争端预防的机构以专门处理投资争端,主要功能在于投资争端的预防,例如 2020 年,巴西和印度签署的《投资合作与便利化条约》第 18 条规定,一国认为另一国的任何措施构成违反 BIT 均应提交争端预防联合委员会。但是,该争端预防联合委员会并不涉及争端的赔偿问题,因此该争端预防机制在一定程度上发挥了对于争端的预防和控制功能。①

　　① 漆彤. 巴西—印度双边投资条约——投资争端预防机制的创新与启示[EB/OL]. [2021 - 05 - 27]. https://mp. weixin. qq. com/s?s rc ＝ 11&timestamp ＝ 1622225418&ver ＝ 3096&signature ＝ RY4JRsDPBiaiTEL8VHRrabkNe60Sgd3pTB6VhUnMDV8AwP5FA5hUegn9N30azBSMEBF8alD06YPhumGnulYFhiv6FRvpq9v1TUa8ne1TzrGWSiaLGqJBkdwm2LLbDzV2&new=1.

第九章
新一代双边投资协定中的安全例外条款

第一节 引 言

一、选题背景与研究价值

2018 年伊始,美国特朗普政府对中国启动 232 和 301 调查,大肆高筑关税壁垒,企图以各种限制措施大兴保护主义与单边主义政策,进而实现遏制中国经济发展与重新构造全球经贸、投资规则维护美国世界霸权地位的目的。这一旷日持久的贸易争端使得世界各经济体在保护主义抬头的国际变局中意识到,寻求对本国安全利益进行防御与保护的重要性,而安全例外条款作为一国捍卫自身基本核心安全利益的重要手段获得了决策者与学术界的更多关注。

GATT1994 第 21 条安全例外条款自俄罗斯过境运输措施案的专家组报告面世后,其具体适用在一定程度上实现了初步的具体化与明确化。然而纵向的时代动态发展与横向的国际形势变化都意味着,过去的安全例外条款若不作出与时俱进的解释或更新,将不再符合各经济体在国际投资活动中维护自身根本国家安全利益不受侵害的需求。例如,在中美贸易争端中,美方声称进口中国、巴西、欧盟钢铁与铝制品已经对其基本国家安全利益构成威胁,故向前述产品加征关税,拉开了中美贸易战的序幕。美方援用安全例外条款以证明自身有行使自裁决权而免受 WTO 争端解决机制客观审查的权利,中方则表示其高筑关税壁垒的行为属于保护措施,违反了 WTO 的非歧视性原则,美方对此试图架空 WTO 上诉机构并以脱离 WTO 为威胁,这便是安全例外条款缺乏足够的具象与明确程度,且滞后于条款实践发展的有力佐证。

中美贸易战加剧所引致的负面效应使得我国以及国际社会意识到,对作为一国捍卫自身基本核心安全利益重要手段的安全例外条款的文本规定与具体适用进行深入研究的重要性。作为国际投资协定中重要组成部分的新一代 BITs,其安全例外条款的设计与革新意味着明晰该条款的管辖权、自裁决性以及条款术语的解释等问题已刻不容缓。我国签署了众多的 BITs,但国际投资协定中的安全例外条款在细节上仍具有较多瑕疵与漏洞,故对新一代双边投资协定中的安全例外条款进行分析与探究兼具理论与实践的重大意义。

（一）理论意义

对新一代 BITs 中安全例外条款内含和趋向进行透析,是我国深入了解未来安全例外条款的走向和趋势,对其进行借鉴的重要途径,也是明晰"基本安全利益""国家安全""管辖权""自裁决权""可赔偿性"等术语的解释与适用问题的重要通道。这不仅对我国 BITs 安全例外条款进行理论革新具有引领作用,而且也为我国在卷入国际投资争端时提供了相应的理论支持。

（二）现实意义

在 DS512 案专家组报告以及相应裁决面世之前,已经存在的关于安全例外条款的纠纷俨然已将该问题推向了势必解决的地步。在 DS512 案后,通过对新一代双边投资协定安全例外条款的变迁进行研究,以指引新一代 BITs 中该条款的制定,并保护我国作为东道国以及我国投资者的利益具有重要意义。

二、文献综述

在 DS512 案之前,安全例外条款并未在实际的国际投资争端中被援引和适用,因此对安全例外条款的解释大多局限于理论分析,长期困扰学术界的问题也迟迟未能得到回应。

多米尼克·艾森赫特（Dominik Eisenhut）在《主权、国家安全和国际条约法,关于"安全例外"的国际法院和法庭的审查标准》[1]一文中指出,一国履行保护其公民安全的关键义务时,在国际条约法上具有相应的法律后果:当一个国家通过缔结条约来自行约束时,它保留保护其国家安全的权利,即使这意味着背离其条约义务。因此,许多国际条约都包含所谓的安全例外。国际律师不愿对国家安全问题进行细察,对任何能够采取司法行动的法庭、仲裁庭,均可以将一国以其基本国家安全利益受到妨碍为由称其保护措施具有合法性的主张予以驳

---

[1] Dominik Eisenhut. Sovereignty, National Security and International Treaty Law. The Standard of Review of International Courts and Tribunals with regard to "Security Exceptions" [J]. Archiv des Völkerrechts, 2010, 48(4).

回。他指出,不受限制地依赖安全例外来克减条约,将使一项条约的义务之履行只由缔约国自行决定而毫无意义。

罗杰·P. 阿尔福德(Roger P. Alford)在《WTO 安全例外的自裁决》[①]一文在对安全例外条款的文本内容进行剖析之余,表达了对该条款具体适用实践的关切,指出 GATT 与 WTO 相关判例缺位的情况下,国家的具体适用实践是理解该条款的重要方式。安全例外条款固然使缔约国享有自裁决权,但并不能保证所有的缔约国在援用该条款时均能够秉承善意的原则,因此对于该条款的援引理应受到一定的审查与限制。作者基于规范理论、胁迫理论以及理性抉择理论对前述观点进行了论证,并指出规范理论与理性抉择理论对于自裁决性问题能够作出最有力的分析。

有学者在《WTO 系统机制下的安全例外条款:贸易与安全的纽带还是瓶颈?》[②]一文中称,GATT 自 1947 成立以来,其安全例外条款即第 21 条长期被搁置且毫无变化,在政治与经济状况日新月异的背景下,国际投资纠纷已然不能依靠原有的 GATT 第 21 条得以解决。GATS 和 TRIPs 中的安全例外条款与 GATT 的相关文本规定各异,部分自贸协定与国际投资协定也在文本中设置了安全例外条款,其内容同 WTO 系统机制下的安全例外条款相比更是具有较大分歧。网络、恐怖活动以及能源等各个范畴的非传统安全也逐渐被决策者纳入国家安全与基本安全利益的保护范围内。作者纵观安全例外条款的发展历程,对 WTO 体系发出诘问,呼吁其对安全例外条款尚且不能有效适用的现状加以解决,以减轻争端解决机制肩负的不必要的责任。

李智英(Jisoo Lee)在《贸易限制措施与安全:WTO 安全例外的未解决问题》[③]一文中指出,自 GATT1947 引入安全例外条款以后,该条款长时间并未被缔约国所援用,其法理基础也长期未能被稳固构建夯实,因此对安全例外条款的研究予以重视具有必要性。"专家组无权审查缔约国对安全例外条款的援用情况"的观点在部分相关国际投资争端中得到认可,而这可能引致对条款规定的滥用以及纵容该条款适用的模糊性随之延续的问题发生。在非传统安全问题层出不穷的时代背景下,这种观点可能会导致更为纷繁复杂的纠纷。作者在文中提

---

① Roger P. Alford. The Self-Judging WTO Security Exception[J]. Utah Law Review, 2011(3): 697-759.

② Yoo Ji Yeong & Ahn Dukgeun. Security Exceptions in the WTO System: Bridge or Bottle-Neck for Trade and Security? [J]. Narnia, 2016, 19(2).

③ Jisoo Lee. Trade Restrictive Measures and Security : Unsettled Issues on the WTO Security Exceptions[J]. Korean Journal of International Economic Law, 2017, 15(3).

出了 WTO 争端解决机制应当具有审查安全例外相关问题的权力,并着重强调了在解释与适用该条款时平衡国家根本安全利益以及贸易自由化的客观要求,除了偏理想化的"修改条款"的方法,作者认为 WTO 争端解决机构对条款作出解释更为高效、便捷。此外,作者建议在世贸组织一级拟订解释这些条款的准则。

金碧英(Boyoung Kim)在《国家安全例外条款中"自我判断"的范围——国际公法的含义及其在 WTO 协定中的适用》①一文中将近年来一系列基于国家安全受到妨害为理由作出的贸易制裁称为威胁国际经济秩序的"特洛伊木马",而国际经贸、投资协定中纳入的安全例外条款是被采取措施国可以提起的最具有重要性的反诉之一。作者认为,对该条款的阐释与理解的核心在于其"自裁决性"的内容。一些主要贸易国认为 WTO 争端解决机构专家组对安全例外相关国际投资贸易纠纷并无管辖权,企图采用双边谈判的模式对该类纠纷予以解决。另外,国际法院对"国际协定中所谓的自我判断条款"或"涉及国家单方面行为的自我判断"是否具有管辖权的问题进行了审查,同时对该条款的审查标准,即诚信审查的内容完成了具象化。基于贸易保护主义与单边主义抬头的国际形势,作者重申了安全例外条款"自裁决性"规定具象化与明晰化的重要意义。

达里亚·博克兰(Daria Boklan)和阿姆丽塔·巴里(Amrita Bahri)在《WTO 对国家安全例外条款的初裁决:平衡利益还是打开潘多拉魔盒?》②一文中指出,免责条款的存在对于多边体系的可持续和稳定发展具有重要作用,这是各经济体得以对本国基本安全利益捍卫与维护的重要机制。但是,当这些条款的模糊性明显不契合客观实际需求时,定义其适用范围就较为困难。WTO 争端解决机构对俄罗斯过境运输措施案作出的裁决是其对安全例外条款明确化和具体化的初次努力。作者对专家组报告进行分析后认为,专家组通过主客观相结合的方式阐释了该条款。这种对 GATT 第 21 条(b)款的混合解释方法,在成员国援引安全例外以捍卫其主权权利和推进贸易、投资自由化进程之间寻求平衡点。作者也对该案的处理结果及其后续影响表达隐忧,认为对安全例外条款的此次解释仍遗有后患。

---

① Boyoung Kim. Scope of "Self-Judgment" in National Security Exceptions Provisions - Implication in Public International Law and Its Application to the WTO Agreements[J]. Korean Journal of International Economic Law,2019,17(2).

② Daria Boklan, Amrita Bahri. The First WTO's Ruling on National Security Exception: Balancing Interests or Opening Pandora's Box? [J]. World Trade Review,2020,19(1).

　　裴成浩(Sungho Bae)在《WTO 安全例外问题研究——以俄罗斯过境交通措施案为例》[①]一文中提到，GATT1994 第 21 条定义了 WTO 下的安全例外，根据第 21 条，成员国可采取通常被视为违反 WTO 法律的贸易限制措施。作者认为该条款的两大争议焦点在于：① 专家组是否对援引第 21 条的成员所采取的措施具有管辖权，或是否应由援引成员行使自由裁量权来决定是否实施保护其国家安全所需的措施；② 该措施是否在战时或国际关系中的其他紧急情况下采取。在 DS512 案中，专家组对该条款中有关管辖权的模糊规定进行了明晰化，并就审查的具体标准提供了改善的指导方针。

　　胡加祥在《国际贸易争端的解决与国家安全利益的保护——以 GATT 第二十一条为研究视角》[②]一文中指出，国际贸易争端解决中的豁免条款能够基于保护国家安全利益的事由进行援用，意味着"国家基本安全利益"的定义是否合适、援引豁免条款是否适当等问题的可仲裁性，将对相关国际投资争端的解决产生极大影响。若 WTO 争端解决机构有管辖权，援用该条款的缔约方的论证与理由达到何等标准方可得到争端解决机构乃至国际社会的普遍认可是亟待解决的关键问题。作者在最后提出秉承"善意履行"原则与明确可裁范围方是安全例外条款有效适用的必由之路。

　　余劲松在《国际投资条约仲裁中投资者与东道国权益保护平衡问题研究》[③]一文中指出，在国际投资协定及其仲裁实践中，现有的国际投资协定中设置例外条款是东道国为捍卫其国家安全和公共利益而留有余地的重要机制。针对安全例外条款，作者认为，将国家经济安全利益方面纳入考量、界分自行判断与非自行判断条款、理清安全例外条款作为特别法与国际习惯法规则之间关系与具体适用顺序等，这些问题对于海外投资者与东道国之间投资纠纷的化解具有理论与实践上的重要意义。

　　安佰生在《WTO 安全例外条款分析》[④]一文中指出，缔约国"自决权"是 WTO 争端解决机构专家组是否可对与安全例外相关的国际投资争端行使管辖权的核心，成员对关键用语诸如"核心安全利益""紧急状态""其认为…"等的"界

　　① Sungho Bae. A Study on the WTO Security Exceptions: Focusing on Russia-Measures Concerning Traffic in Transit[J]. International Commerce and Information Review, 2020, 22(1).

　　② 胡加祥. 国际贸易争端的解决与国家安全利益的保护——以 GATT 第二十一条为研究视角[J]. 上海交通大学学报(哲学社会科学版),2008(4)：14-24.

　　③ 余劲松. 国际投资条约仲裁中投资者与东道国权益保护平衡问题研究[J]. 中国法学,2011(2)：132-143.

　　④ 安佰生. WTO 安全例外条款分析[J]. 国际贸易问题,2013(3)：125-131.

定权"意味着与WTO专家组的"裁决权"存在冲突。在国家核心安全利益相关的投资贸易争议丛生的背景下，成员国秉持"善意"原则，在寻求双边解决方案的同时，着力完善优化多边贸易规则方为务实之选。

王淑敏在《国际投资中的次级制裁问题研究——以乌克兰危机引发的对俄制裁为切入点》[①]一文中指出，次级制裁将惩处范围由目标国向外伸展至同目标国具有经贸投资往来的第三国，已成为美国制裁目标国以及襄助目标国的第三国或实体的惯用伎俩，而安全例外条款的"自裁决性"才是制止美国模式的域外法权的不二法门。只有符合《联合国宪章》第7章和GATT、GATS中国家安全例外条款的次级制裁方在国际法上才具有合法性与正当性。在俄罗斯与乌克兰过境运输措施争端中，我国对外投资无法回避次级制裁的潜在风险，因此对反次级制裁进行立法刻不容缓。作者指出，对BITs中的自我裁断条款以及利益否定条款加以利用，并向WTO申诉的救济方法是行之有效的。

张庆麟在《论国际投资协定中东道国规制权的实践及中国立场》[②]一文中指出，对于海外投资者投资利益的保护，长久以来都是投资自由化趋势的价值取向，而这也引发海外投资者以国际投资协定中的相关内容为根据挑战东道国规制权的状况增多，反向地也促进了国际投资协定对东道国规制权投入关注。因此，东道国规制权在序言、程序、征收、例外等条款中普遍地被加以规定并被适用。作者称安全例外条款以绝对适用为主，政策脱轨的可能性较小，故对基本安全利益概念的认同对东道国规制权的机能性的高低具有决定性的作用。

彭德雷、周围欢、杨国华在《国际贸易中的"国家安全"审视——基于美国"232调查"的考察》[③]一文中指出，在中美贸易争端中，美国对中国大肆实施232和301调查，中国也采取了相应反制措施并将美国诉至WTO。该案的焦点是GATT中的安全例外条款的适用问题。作者对"其认为""基本安全利益"以及"所必需"三个关键术语分别作出了解释，而后将其结合，对条款上下文进行了解释，提出下列政策建议：在政府层面，我国应基于《保障措施协定》予以反制；在公力救济层面，诉至WTO为主要路径之一，但应当注意WTO争端解决时间跨度较大、美国对WTO争端解决的阻挠、上诉机构面临停摆的

①　王淑敏. 国际投资中的次级制裁问题研究——以乌克兰危机引发的对俄制裁为切入点[J]. 法商研究，2015(1)：165-172.

②　张庆麟. 论国际投资协定中东道国规制权的实践及中国立场[J]. 政法论丛，2017(6)：68-77.

③　彭德雷，周围欢，杨国华. 国际贸易中的"国家安全"审视——基于美国"232调查"的考察[J]. 国际经贸探索，2018(5)：91-104.

窘境等问题;在企业层面,以企业为主体通过跨国诉讼进行维权;在国际关系层面,继续推进中美经贸谈判对话,关注相关成员立场并积极消除负面舆论,持续深化改革开放。

王跃生、边恩民、张羽飞在《中国经济对外开放的三次浪潮及其演进逻辑——兼论 RCEP、CECAI、CPTPP 的特征和影响》[①]一文中指出,改革开放的动能由内部发展压力为主和外部推力为辅构成,作者通过对 RCEP、CECAI、CPTPP 等新型国际经贸投资协定的内容与特征的分析,展现了新一代国际投资协定对投资自由化与维护国家安全利益进行平衡的努力。

笔者认为,GATT 第 21 条乃至众多新一代国际投资协定中的安全例外条款的文本规定与具体适用,在非传统安全日益威胁一国或某一经济体基本安全利益的背景下存在改进与优化的空间。

第二节 安全例外条款概述

一、安全例外条款的历史演进与缔约实践

(一) 安全例外条款的历史演进

古罗马是安全例外条款之发源时期,狄克推多制度[②]以"危机状况"下的解决措施为其主要内容进行了阐释。"危急状况"的定义必然也具有历史演变性,在时代更迭与法治发展的宏观背景下,其条款内容所涵摄的"自保权"(self-preservation)亦随之实现了具体化,而初具安全例外条款之雏形。

安全例外条款最早于第二次世界大战后被列入美国的《友好通商航海条约》(Friendship,Commerce and Navigation Treaty,以下简称 FCN 条约)中,[③]后美国将其作为与其他国家缔结 FCN 条约中的通例性条款,然而并非所有的 FCN 条约均含有此条款。1931 年签订的《美国—澳大利亚友好通商航海条约》规定,如任一条约缔约方陷入战火,该缔约方便可通过对进出口采取一定的保护措施而满足保护其安全利益的需求。FCN 条约中的安全例外条款逐渐演化进入国际投资条约领域,德国—巴基斯坦 BIT(1959 年)是首度吸

---

① 王跃生,边恩民,张羽飞. 中国经济对外开放的三次浪潮及其演进逻辑——兼论 RCEP、CECAI、CPTPP 的特征和影响[J]. 改革,2021(5):76-87.

② 李卫海. 紧急状态下的人权克减[M]. 北京:中国法制出版社,2007:37.

③ Treaty of Friendship,Commerce and Navigation U.S.-P.R.C.,Art. XXVI.

收该条款的 BIT。^① 其后,德国所签订的 BITs 普遍包含该条款。美国—巴拿马 BIT(1982 年)也对该类条款予以规定,并广泛地在其缔结的国际、区域、双边投资条约中实现该条款的固定化。不同国家对安全例外条款的设置与适用具有差异性,意大利、丹麦、南非、冰岛等国鲜少在其缔结之 BIT 中设定此条款,而以美国为首的国家在其缔结之全部 BIT 中均将该条款纳入,而以德国、印度为代表的国家则选择性地在其缔结的部分 BIT 中订立安全例外条款。

国际投资条约中的安全例外条款,GATT 第 21 条最具代表性,是安全例外条款的国际仲裁与司法实践蓝本。20 世纪 40 年代,美国经济外交政策执行委员会(Executive Committee on Economic Foreign Policy,ECEFP)成为第二次世界大战后制定美国对外相关经济政策的主体。为切实落实国家安全保护的议题,其强化了安全例外条款的广度与深度。例如《美国—墨西哥贸易协定》第一章节“一般规则的卫生法规”中规定,美墨任何一方在战时或国家安全存在紧急状态时,该缔约方鉴于维护国家核心根本利益的需求,可豁免该协议相关义务。1944 年,ECEFP 提出在多边贸易协定中纳入安全例外条款的提议。1946 年 9月,美国向国际贸易组织(The International Trade Organization,ITO)筹备委员会提出,将国家安全例外置入一般例外条款中的正式草案。因此,ITO 的《伦敦草案》第 32 条和《纽约草案》第 37 条均包含了“一般例外”条款,安全例外条款也规定在其中。因此,早期该条款受限于一般例外条款引言的“非歧视性”等原则。1947 年,美国提议安全例外应具有独立条款的地位,故建议将其从一般例外条款中剔除,草案中具有独立地位的第 94 条安全例外条款逐步促成了最终《关贸总协定》第 21 条的成型。1947 年,《日内瓦草案》通过对第 94 条的逐步完善,使得 GATT 第 21 条得以确定。^②

美国国会拒绝通过 ITO 宪章,而与此同时,GATT 的起草相关工作也在稳步推进。二者订立时间的相近性使得安全例外条款存在相同的构造历程,GATT 第 19 条第一部分被赋名“安全例外”后,安全例外条款在 GATT 的最终草案中作为第 21 条尘埃落定。^③

---

① Treaty for the Promotion and Protection of Investments. Protocol F.R.G.- Pak. Nov. 25, 1959.

② Mona Pinchis-paulsen. Trade multilaterlism and U. S. national security: The making of the GATT security exception[J]. Michigan Journal of International Law, 2020, 41(1).

③ See Ji Yeong Yoo & Dukgeun Ahn. Security Exceptions in the WTO System: Bridgeor Bottle-Neck for Trade and Security? [J]. Journal of International Economic Law, 2016(19): 420.

　　GATT1947 作为临时协定书运行至 1995 年世界贸易组织（WTO）成立。WTO 继承了其中的安全例外条款，并为日后 WTO 框架内安全例外条款的设置奠定了基础。《与贸易有关的知识产权协定》第 73 条、《服务贸易协定》第 14 条之二仅对该条款的内容稍作修改便将安全例外条款纳入协定文本中。①

　　（二）安全例外条款的缔约实践

　　GATT/WTO 成立后，安全例外条款被援引主要存在以下两种情况：一是若缔约方实施影响投资与贸易的措施，GATT/WTO 将提供相应场所供其讨论并解决争议；二是吸纳新成员的谈判，缔约方依据安全例外条款保留并延续原先贸易限制措施的实施。由于第二种情况较为少见，故以第一种情况为主进行介绍。② 由于其具有显著的政治、军事属性，安全例外条款的援引在 2016 年以前的案例均较为克制且审慎，此前案例裁决亦缺乏约束力。截至 2019 年 6 月，在 GATT/WTO 时期涉及安全例外条款的案件共有 27 起。③

二、安全例外条款的文本解释与含义分析

　　（一）"基本安全利益"

　　基本安全利益（essential security interest）在理论与实践中均存在多种形式的表达，包括"重大安全利益""根本利益"（essential interest）、"国家安全利益"（national security interest）等。在国际法相关文件中"基本安全利益"（essential security interest）的表述相对普遍。④

　　"essential"在《布莱克法律词典》中有多项意义，其中两项意义均能说明该

---

① 李天生，臧祥真. 美国加征关税的国内法与国际法规则运用冲突研究[J]. 政法论丛，2020（2）：69 - 80.

② 刘瑛，张璐. 论 GATT 安全例外对美国 232 钢铝措施的适用[J]. 国际经贸探索，2019（12）：104.

③ GATT 时代涉及安全例外条款的案件共有 8 起：1949 年捷克斯洛伐克诉美国案（GAYT CP.3/SR22）、1961 年葡萄牙与加纳禁运案（SR.19/12）、1975 年瑞典鞋类限制案（L/4250）、1982 年美国与波兰及苏联禁运案、1982 年阿根廷福克兰岛案（C/M/157）、1982 年尼加拉瓜诉美国案（L560）、1985 年尼加拉瓜诉美国案 II 号案（L 6053）、1992 年欧盟与南斯拉夫禁运案（L/6948）。WTO 时代涉及安全例外条款的案件共有 19 起：1996 年美国赫尔姆斯伯顿法案（DS38）、1998 年印度进口限制案（DS149）、1999 年尼加拉瓜与哥伦比亚及洪都拉斯案（DS188）、2009 年中国原材料案（DS394）、2012 年中国稀土案（DS431）、2016 年乌克兰诉俄罗斯运输限制措施案（DS512）、2017 年卡塔尔与阿联茵产品与服务贸易及知识产权案（DS526）、2017 年卡塔尔与沙特产品与服务贸易及知识产权案（DS528）、2017 年卡塔尔与巴林产品与服务贸易及知识产权案（DS527）、2018 年卡塔尔与沙特知识产权案（DS567）、2018 年中国与美国钢铝产品案（DS544）、2018 年印度与美国钢铝产品案（D547）、2018 年欧盟与美国钢铝产品案（DS548）、2018 年加拿大与美国钢铝产品案（DS5）、2018 年墨西哥与美国钢铝产品案（DS51）、2018 年挪威与美国钢铝产品案（DS552）、2018 年俄罗斯与美国钢铝产品案（DS54）、2018 年瑞士与美国钢铝产品案（DS56）、2018 年土耳其与美国钢铝产品案（DS564）。

④ 曾华群，李国安. 国际经济新秩序与国际经济法新发展[M]. 北京：法律出版社，2009：720.

词属性："属于或涉及某事物的本质或内在性质"①"最重要的；基本的和必要的"。② 由此可见，安全例外条款所涉及且欲保护的国家安全利益具有首要地位且保护该利益具有必要性。

以安全例外条款被纳入条约的最初宗旨与目的角度观之，此处的国家安全的范围和领域应更加明确地限缩于国家的军事、国防安全上。根据 GATT1994 第 21 条的规定可知，条款内容中包含的"武器、弹药、军火""军事机构""战时""裂变和聚变物质""武器、弹药和作战物资"等词语已经将该条款适用之范围、领域以及情形进行了限缩性的规定。由于安全利益的外延不断扩展，其内涵也在争议中更加显示出模糊化的特征。这种趋势也使得国际、多边、双边条约的缔结者对该安全例外条款中的"基本国家安全利益"的定义与适用心存困惑与忧虑。

"国家安全"争论的核心问题是对其界限的确定化，GATT 第 21 条的表述由于其宽泛性、自裁决性、模糊性而存在明显的被滥用的可能性。故在国际司法实践中，GATT 对第 21 条的适用依赖于援用该条款缔约方的观点。③ GATT 第 21 条的起草者曾表达出对该条款适用的隐忧，"这一例外具有成为过于广泛的例外的可能性，它使得'阳光'下发生的任何事被允许，但又不可否认这一例外对真正安全利益的保护具有必要性……过分严格的规定是不适当的，纯粹因安全利益而所必须采取的措施不应被禁止；另一方面，过分宽泛的规定也是不适当的，因为国家有可能在假借安全利益的名义下，采取事实上隐含商业性质与目的的措施。"④由此可察之，安全例外条款在成型之初便存在实质上的保护国家安全利益与暗含的维护经济特权的内在平衡争议，在其后期的理论与实践发展过程中也呈现出两级制衡的态势。

（二）"国家安全"

"security"在柯林斯词典中被表述为："感到安全并免于担忧的心理状态"⑤，因此在国家、国民感到安全受到威胁并产生忧虑的心理状态时，便足以称其为一项安全事由。

---

① Black's Law Dictionary. "Of, relating to, or involving the essence or intrinsic nature of something."

② Black's Law Dictionary. "Of the utmost importance; basic and necessary."

③ 约翰·H. 杰克逊. 世界贸易体制——国际经济关系的法律与政策[M]. 张乃根译，上海：复旦大学出版社，2001：256.

④ GATT. Analytical Index: Guide to GATT Law and Practice, Updated 6th Edition, 1995：554.

⑤ Collins Dictionary. "A feeling of security is a feeling of being safe and free from worry."

学术界普遍存在如下认识,即"安全"这一概念具有本质的模糊性且从未被明晰,提出"安全"这一概念天然地存在定义的争议性而难以实现统一与明确化。① 也有观点指出,安全议题存在传统安全与非传统安全的界分。② 传统安全研究以军事安全(military security)为重点;非传统安全则以"非军事安全"(non-military security)对国家、国际安全利益施加的影响为核心。

非军事安全问题对人类的和平、安全与可持续发展具有潜在的负面影响,若此类问题不能得到重视与解决,必然会使国家安全、国际安全长期笼罩在阴影之中。③ 随着数字经济全球化不断深入发展,经济安全、网络安全、信息安全、恐怖主义、气候变化、能源安全、核生化武器扩散、暴发大规模传染病等新兴安全也进入国家安全议题的讨论范围。④ 党的十九大指出,要"坚持总体国家安全观,统筹外部安全和内部安全、国土安全和国民安全、传统安全和非传统安全、自身安全和共同安全,完善国家安全制度体系"。⑤ 将非传统安全纳入国家安全体系也充分证明了我国对国家主权理念更深层次的理解、对社会发展需求更高程度的回应、对国际形势变化更多维度的思考。

多边化存在向心力和离心两种力量,为不使对主权权力的滥用影响经济全球化之进程,以实现比较优势互补,达成共赢局面,经济、投资、贸易等议题鲜少与国家安全利益的保护具有直接联系。在多边主义式微,单边主义兴起、美式小多边主义逐渐成形的国际形势下,⑥通过援引安全例外条款,实现国家安全利益统摄经济、投资、贸易等问题的重塑以逃避承担相关国际义务,必然会在其援引过程中将国家安全的外延进行模糊化与夸大化,将经济、投资、贸易等领域的争端解释为"基本国家安全",以实现其维护经济利益的不正当目的。

在特定的时代背景下,安全例外条款规定的不确定性有可能会导致该条款

① Arnold Wolfers. National Security as an Ambiguous Symbol[J]. Political Science Quarterly,1952,67(2):482-511;Richard L. Kugler and Ellen L. Frost (eds.) The Global Century: Globalization and National Security[M]. Washington,D.C.:Institute for National Strategic Studies of National Defense University,2001:11-25.

② "非传统安全"一词最早于冷战后出现在西方国际关系学者理查德·乌尔曼于1983年发表的《重新定义安全》一文,其把人类的贫困、疾病、自然灾害、环境退化等均纳入安全的范畴。参见余潇枫. 非传统安全概论[M]. 北京:北京大学出版社,2015:40.

③ J. Ann Tickner. Re-visioning Security. In Ken Booth and Steve Smith (eds.) International Relations Theory Today[M]. Oxford:Oxford University Press,1995.

④ 曾华群,李国安. 国际经济新秩序与国际经济新发展[M]. 北京:法律出版社,2009:720-722.

⑤ 参见国际在线. 总体国家安全观视角下的生物安全治理路径[EB/OL]. [2021-07-03]. http://news.cri.cn/xiaozhi/24a7311d-24f8-9cb7-94d2-78abc91929e7.html.

⑥ 沈伟,徐驰. 逆全球化背景下美式"小多边主义"的端倪和成型——理解《中美经贸协议》(第一阶段)的变局背景[J]. 海峡法学,2020(3):38-52.

具体适用时存在非限定性与宽泛性的问题,而条款的构成要件缺乏具体性也自然会导致裁决者难以实现矛盾的解决、争端方冲突更为激烈的情况发生。

在明确"国家安全"这一术语内涵与范围的问题上,国际投资条约对安全例外条款的国家安全范畴的划定具有较为明显的缺陷,或是限缩于军事、国防等领域而致使适用范围过度狭窄,无法与国际司法实践和宏观时代形势的动态变化相适应;或是具体规定存在缺失,进而导致安全例外条款无法实现其平衡作用而被某些国家所滥用。尤其是在"9·11"恐怖袭击发生后,国际社会意识到对国家安全的范围进行扩张具备了现实意义。事实上,不将经济、贸易、投资等领域安全的内容涵盖在本国的根本安全利益之内已经不符合时代发展的需求。由此可知,增强对国家安全问题的国际共识对于安全例外条款的正确适用具有必要性。在国际司法实践中,鉴于非传统安全的概念日益被各国接受并被纳入安全例外条款的安全议题内,"基本安全利益"显示出被扩大解释为"国家安全相关的利益"的趋势。

(三)"其认为"

"it considers",即"其认为";BITs 在与根本国家安全利益相关的安全例外条款中也同样含有"it considers""it determines""in the state's opinion"等表述。缔约国倾向于将此等安全例外条款解释为自行裁决,亦有一些双边投资协定的此类条款在此基础上增加了拒绝司法审查(non-justiciabity)的内容,诸如此类的规定使得缔约国实现了东道国规制权的强化与仲裁庭针对安全例外审查权的弱化。[①]

根本安全例外条款在各国缔结的 BITs 中体现为两类不同的性质:自裁决性(自判断性)和非自裁决性(非自判断性)。具有"自裁决性"内容的安全例外条款赋予了 BITs 缔约国出于保护本国基本安全利益的目的而施行"其认为"必要或者适当的行动或措施的权利。此类型具有自裁决特性的安全例外条款往往标识"it considers necessary"为其典型特征,相反地,"非自裁决性"的安全例外条款并不会明确地纳入此类表述。BITs 缺乏对缔约国施行保护措施具有管辖权的主体的相关规定,因此为国际投资仲裁庭在其司法实践中是否有权裁断安全例外条款适用的必须或合理与否提供了解释空间。

由于"俄罗斯过境运输措施案"成为首个安全例外条款相关案件并形成了具有拘束力的裁判,故安全例外条款在 WTO 的适用实践成为其他 BITs 该条款适用实践的重要借鉴,并引导其不断适应国家与国际形势的变化以实现自身的

---

① 张倩雯,王梓萱.谁来认定国家安全例外——乌克兰诉俄罗斯运输限制措施案评析[J].情报杂志,2020(8):40-45.

完善。

安全例外条款的适用范围逐渐扩展至非传统安全领域,最直接地表现为条约缔约方形成了与某些贸易、投资行为具有政治属性的共识,且通过援用该条款实施限制措施干预国际投资贸易活动。"其认为"这一词语在安全例外条款的适用中扮演重要角色,对该词语的理解分歧对缔约方酌定权能否恰当行使影响重大,因此"其认为"锚定的问题为管辖权问题,即在国际法框架内的争端解决机构在缔约国援用安全例外条款时是否拥有相应的管辖权。然而该词在国际司法实践中却存在自我判断与裁决扩大化的现象,甚至某些成员国将该条款的自裁决性解读为排除国际争端解决机构司法管辖权的意思。WTO作为对国际贸易、投资协定中安全例外条款的完善起到引领作用的国际组织,却在"乌克兰诉俄罗斯运输限制措施案"之前的大多数案例中,对将安全例外条款的自裁决性等同于排除国际争端解决机构司法管辖权的解读表现出默认的态度,进而导致部分国家形成对安全例外广义的自我判断。

GATT第21条中国家安全例外的情形如下:基本安全利益相关的信息和资料;裂变物质或衍生物质;军事物资和相关交易或服务;战事或国际关系的紧急情况;《联合国宪章》规定的义务。由此可知,除了因《联合国宪章》项下义务而实施的行动可划归为成员客观判断的范畴,其余四种情形的判断均具有主观性,而主观判断的程度会直接影响该条款适用的标准与效果。

具体而言,根据主观性程度由强至弱,主要形成了以下三种观点:一是一项措施对成员维护其国家根本安全利益具有第一位阶的重要性,列举条件相关与否均由成员国判定;二是肯定成员国具有决定援用安全例外条款的权力,但国际司法实践应当依据善意原则树立审查标准;三是在情形二的基础上将审查标准更为客观化与明确化。[①] 广义的自我判断呈现出绝对性和排他性,狭义的自我判断则表现出克制性与受限性,这种自我克制与外部受限以遵循善意原则或客观标准而形成差异。

三、安全例外条款之纳入必要性分析

(一)安全例外条款的功能作用

1. "安全阀"

随着数字经济全球化的发展,国际经济体系中发达国家的强势话语权使得

---

① Roger P. Alford. The Self-Judging WTO Security Exception[J]. Utah Law Review, 2011(3): 704.

自由纵深化、标准高度化的投资条约成为大势所趋,而该条款的适用总是一体两面的,不论是对发达国家,还是对于发展中国家,在不同的时代背景与历史时期,其作用必然利弊参半,甚至应当根据具体情势具体分析利弊得失,考量安全例外条款应当如何适用才更符合国际经贸、投资规则以及国家安全利益的维护需求。

国际投资协定高自由、高标准的趋势是发达国家基于其话语权而推行,此趋势具有过度重视保护外国投资者利益而相对弱化东道国相应管辖权之嫌,故发达国家能够实现其海外投资的持续稳定增值,而发展中国家由于其海外投资较低的体量以及吸纳投资较高的体量而综合收益并不可观。发展中国家期冀于通过 FDI 来提升其经济发展水平,在国际、区域、双边投资协定的缔结过程中默许保护海外投资者各项利益的条款,并在外资政策上着重渲染维护海外投资者经济利益的重要性,这都导致发展中国家不仅在利益上明显居于劣势地位,而且外国投资大规模集中流入亦有酿成摧毁本国经济恶果的现实可能,存在卷入国际司法争端的隐患。事实上,近年来海外投资者诉东道国有关安全利益的管制措施的案件数量快速增长,仲裁庭对东道国尤其是发展中国家实现可持续发展愿望的熟视无睹也使得众多发展中国家败诉。[①] 在国际投资活动中单方努力显然不足以促成互利互惠、平等共赢的局面,尊重国际投资自由化的趋势、并在相关协定及条款中作出规定,是国家之间安全利益形成平衡的体现。

不论是发达国家抑或是发展中国家,设置例外条款以规避履行其在 BITs 中可能不利于其维护国家利益的义务、实现其根本防御目的,符合国家捍卫国家主权与民族生存权的根本需求。在国家安全利益岌岌可危的情形下,迫使其继续履行国际投资协定中的义务,于法或于情均有违条约的宗旨与目的。安全例外条款在条约中事先作出约定,缔约国置身于特定情形中,其因保护根本国家安全利益而可豁免其相应条约义务,且该缔约国应具有自我作出决断实施其认为确有必要的相应行动或措施与否的权利,这些行动或措施不应当被认定为违法。

安全例外条款的功用为东道国预防可能存在的危及国家主权与国家安全的屏障,是双边投资协定缔约之初,在条约文本中设定的双方在其基本国家安全陷入危险时,免除相应义务的预防性质的条款,因此被部分学者称为"安全阀",防止国家安全压力超过正常额度值而使得国家安全陷入危困之境,以保护国家的正常运行。

---

① 张光. 论国际投资协定的可持续发展型改革[J]. 法商研究,2017(5):161.

在国际投资领域,居于劣势的广大发展中国家若处于东道国的位置,在BITs 文本中加入例外条款,将某些军事、国防领域乃至危及部分经济、贸易、投资稳定性的事项排除出东道国的义务范围,赋予各东道国一定程度的自主权,这种做法逐渐得到国际社会的认可。因此诸多国际、区域、双边投资协定中的缔约国在缔约过程中十分重视一般例外条款与安全例外条款的纳入。我国作为世界上最大的发展中国家,应在有关缔结 BITs 的磋商谈判过程中保持清醒、未雨绸缪,利用安全例外条款这一"安全阀",①在保障投资者利益的基础上,完善我国双边投资协定中的安全例外条款的文本内容与法律解释。

2."风险适配器"

由于西方发达国家的强势国际话语权,以及部分发展中国家作为东道国欠缺对自身利益周详的考量,未能审慎评估签订投资协定的近景与远景的风险与收益,一些发展中国家在缔结双边投资协定的过程中过多退让,限缩其经济主权与管辖范围。资本输出国、海外投资者与资本输入国之间的博弈中暗藏着巨大的风险。

具体来说,负面影响主要有三点:一是外资大量涌入对国内相关产业可能会造成一定程度的冲击,除了在经济层面的负面影响外,纵容海外投资对本国经济的侵略,更有可能导致东道国逐渐失去相应的司法管辖权,进一步削弱经济主权,将风险传导至公共安全、政治安全等领域;二是东道国与海外投资者之间的经济摩擦引发的各类矛盾有可能触发紧急事态,若无法通过实施必要措施以缓解紧急情况,会导致内忧外患的局面;三是当一国的国家根本安全利益被撼动,国家和民族的生存权将岌岌可危,此时要求其继续履行投资协定中的义务显然不具备现实的可能性,容易造成缔约国关系的恶化与国际形势的动荡,自然也有违国际投资、贸易自由化的发展宗旨与目的。

由于国际投资条约的签订明显具有协商的色彩,在双边投资协定的缔结中存在风险适配的不同配比。若海外投资者需要承担较大风险时,投资者自然会扩大解释安全例外条款以规避投资协定义务。同样地,在国际投资纠纷中,国际法院、DSU 以及国际仲裁庭对安全例外条款解释的松紧程度也随着国家与投资者风险与收益的此消彼长而变化。

安全例外条款成为符合海外投资者与东道国共同利益而在协商后达成的重

---

① 陈安. 中外双边投资协定中的四大"安全阀"不宜贸然拆除——美、加型 BITs 谈判范本关键性"争端解决"条款剖析[J]. 国际经济法学学刊,2006(1):13 - 15.

要条款,在双边投资条约中实现了规定的普遍化和适用的扩大化,在东道国内外交困时安全例外条款便凸显出重要意义。若条约中的安全例外条款明确规定在特定情况下触动了东道国根本国家安全利益,不仅可以彻底免除其条约项下的义务,而且不必进行赔偿或补偿,如此,东道国便可以提出不履行条约项下义务的抗辩,并集中解决国内问题,将投资风险部分转嫁给海外投资者。

3.“利益平衡尺”

在具体的国际投资实践中,不论是从主观意识还是从客观能力的角度而言,双边投资协定的缔约国并不能完全精准地判断其所处境况,也并不能将涉及国家安全利益的全部因素考虑在内,因此此时安全例外条款和一般例外条款的条约文本设计就成为实现缔约国之间利益平衡的一把标尺,这不仅能够在缔约时将可能置国家安全利益于危境的条约义务预先排除在外,而且还能够将在履约过程中让与管理权限而引致的风险通过援引安全例外条款的方式予以消解,以实现缔约初衷与实践效果的平衡。[①]

共同的利益和需求是催生缔约国签订双边投资协定的根本。资本输入国将引入外资作为其加速经济高速增长的工具,以刺激就业、拉动内需、推动技术发展、增加财政收入等,同时也是吸收国外先进管理经验与科学技术的重要手段,推动经济可持续发展的良性循环;由于资本输出国投资市场饱和,故寻觅投资成本更低廉、营商环境更宽松、盈利前景更好的投资目的地,增加其海外资产是资本输出国的目标,以实现其影响东道国经济发展或促进彼此比较优势互补的目标,完成资本输出。鉴于共同的目标和利益,经由缔约国磋商而对彼此的权利义务进行适度均衡,安全例外条款在文本内容中规定:东道国在危及其基本国家安全利益的背景下享有实行相应举措的权利,并对这一权利的行使加以限制,故恰如其分地诠释了“利益平衡尺”这一功能,促进缔约国之间投资利益的平衡。

基于此功能可知,安全例外条款作为对于东道国与海外投资者及其所属国家之间的利益进行动态平衡的标尺,不仅顺应了国际投资自由化的趋势,而且符合国际投资实践应当遵循公平公正原则的宗旨。但在具体的缔约过程和司法实践中,利益的拉锯往复也必将暴露出其仍需进一步细化和明晰的问题,这也对缔约国遵循善意原则以及禁止权利滥用原则提出了一定的要求。

---

① Forji A. G. Drawing the Right Lessons from ICSID Jurisprudence on the Doctrine of Necessity[J]. social science electronic publishing,2010：44 - 57.

(二) 基于我国国情之必要性

1. 东道国视角

从静态的角度来看,在 BIT 中吸纳安全例外条款是对我国现实国情的准确判断与考量。目前我国居于全球最大发展中国家的地位。联合国贸易和发展会议的《全球投资趋势监测报告》提到,2020 年全球外国直接投资(FDI)总体额度出现了断崖式下滑,[①]但中国 FDI 却增势喜人,甚至出现了逆势增长 4% 且总额达 1630 亿美元的增长,目前中国已经超越美国,成为全球最大的外资输入国。[②] 截至目前,我国被诉于国际投资争端解决中心的案件相对较少,但参考近年国际投资协定的相关司法实践,一些案件的仲裁结果往往呈现出一味保护海外投资者利益的趋势,显然是对东道国与海外投资者及其所属国的利益平衡宗旨的背离,助长了某些海外投资者及其所属国滥诉、损害东道国经济利益的风气。

为避免我国基本国家安全利益受到伤害,在双边投资协定谈判的过程中,我们应做好预先规划,将安全例外条款列入双边投资协定作为常备性条款,这样不仅有助于稳固我国基本安全利益的保护和国家主权的捍卫,而且有助于推动我国在作为东道国时的利益以及海外投资者及其所属国家利益的平衡。

从动态的角度来看,根据客观规律可知,我国无法在 BITs 缔结的过程中事无巨细地掌握世界形势与本国发展的全部情况,所以误判的可能性是存在的,因此,将安全例外条款作为预警机制对于保护基本安全利益、实现缓冲具有重要意义。由于我国对国际投资问题的管辖权逐渐被削弱,而在该类纠纷中无法把握司法话语权,事前的概括性准许的形式替代了过去实行的逐一审核的形式,在安全例外条款的制定过程中又缺乏对其释义、构成要件、争议处理等核心问题的明确性规定,因此该条款的解释与裁断权均落入国际争端解决机构的掌握中。然而各国际争端解决机构对涉及基本安全利益的投资争端案件未必具有明确且一致的思维模式和逻辑结构,存在较大的不确定性,这使得安全例外条款在双边投资协定中对于根本安全利益的保护规定作用甚微。

2. 投资者母国视角

在经济全球化的浪潮下,我国经济实力不断提高,逐渐摒弃了过去处于"微笑曲线"底端的经济发展模式,除了推动科技自立自强,也开拓了对外投资的道

---

① 把握新机遇、迎接新挑战 努力推动我国经济长期高质量发展[EB/OL]. [2021 - 08 - 13]. http://news.pku.edu.cn/mtbdnew/73c6b6fef2c24e69ae83d3d1da2718a9.htm.

② UNCTAD. Global foreign direct investment fell by 42% in 2020, outlook remains weak[EB/OL]. [2021 - 07 - 11]. https://unctad.org/news/global-foreign-direct-investment-fell-42-2020-outlook-remains-weak.

路,截至 2020 年 11 月,中国已经与 138 个国家、31 个国际组织签署 201 份共建"一带一路"的合作文件。2020 年,我国企业对"一带一路"沿线 58 个国家非金融类直接投资 177.9 亿美元,同比增长 18.3%,占同期总额的 16.2%,较上年提升 2.6 个百分点。① 我国已基本完成了向对外投资与吸引外资并重的转变,故从投资者母国的视角来考察安全例外条款也具有必要性。根据中国统计年鉴有关中国对外直接投资的数据可知,我国对外直接投资流量于 2016 年达到峰值,即 1 961.5 亿美元。根据商务部、国家外汇管理局统计,2020 年我国对外直接投资 1 329.4 亿美元(约 9 169.7 亿元人民币),同比增长 3.3%。

随着我国对外投资额的稳步攀升,我国的对外投资国不仅包括少数以协力推进投资自由化为目标的发达国家,而且包括许多发展中国家。对比前者,后者在国际投资活动中忽视甚至损害我国投资者利益的风险相对更高。安全例外条款作为国际投资协定中保护投资者利益的重要条款之一,在我国是投资者母国时,该条款对保护我国投资者的利益具有重要意义,这也是我国坚持推进新一代 BITs 中安全例外条款的具体规则与适用优化的重要动力。

从宏观的角度来说,① 安全例外条款有助于我国在由于国际投资行为而导致基本安全利益陷入危机时,通过对基本安全利益含义的限定与解释,把握相应的司法管辖权,在国际投资活动中掌控主动权;② 投资者母国可以通过对双边投资协定中安全例外条款规定的明晰程度,以及对预备投资国的投资成本与预期收益进行综合分析,有选择性地计划资本分配策略。

从微观的角度来说,我国作为投资者母国在向东道国投资后,在双边投资协定的磋商至签订过程中必将更加聚焦于维护我国投资者利益,尤其在当前我国地方投资保持持续增长态势的背景下,重视安全例外条款的设定更加具有现实意义。首先,对外投资自由化本身就具有通过资本的跨国自由流动实现资本在世界范围内的重新配置与优化的作用,自然有益于我国通过资本的"走出去",实现收益增长、增加我国财政收入与实现再度社会转移分配,因此,对我国对外投资不进行妥善的保护不仅会折损国家的经济利益,而且也会损害了广大人民群众的利益。

不论是从东道国角度还是从投资者母国角度,将安全例外条款作为我国缔结 BITs 的常备性条款具有显著必要性。

在明晰了安全例外条款本身在功能上兼具"安全阀""风险适配器""利益平

① 2020 年中国对外投资合作情况[EB/OL]. [2021-03-24]. http://www.mofcom.gov.cn/article/i/jyjl/1/202102/20210203038250.shtml.

衡尺"的基础上,从东道国以及投资者母国的不同视角可知,在我国已签署或谈判中的 BITs 中将该条款纳入,并不断推动该条款文本内容与具体适用的革新与完善是必要的。实现高效科学运用安全例外条款的前提和基础是对该条款具有权威性的案例进行剖析与研究。

"俄罗斯过境运输措施案"作为近年来首个对该条款的解释和适用问题作出较为周详的裁决的案例,对该案例的缘起、争议焦点乃至专家组报告作出更为深度的解读,是对安全例外条款的文义法理与适用规则理解的必由之路。

第三节 安全例外条款的司法实践

安全例外条款的司法实践最早可以追溯到 DS38"美国与古巴自由与民主团结法案争端"。美国表达出援用 GATT 第 21 条进行抗辩的意愿,但美国与欧盟均不愿该案件由专家组启动审理程序,因此最终以该案"高度政治化"为由通过谈判达成了妥协。① 第二、三起为 2000 年"尼加拉瓜影响洪都拉斯和哥伦比亚进口措施案"(案号:DS188 和 DS201)。② 三起案件均解决于谈判磋商期间而并未进入专家组审理程序,因此 WTO 争端解决机构涉安全例外条款援用的案件并无深入探究。在 DS512 案之前,安全例外条款被援用的案例屈指可数,也充分体现出各国援引该条款的相对克制。

随着 DS512"俄罗斯过境运输措施案"对安全例外条款的具体适用完成了初步的明确化之后,意图援引该条款的案件数量直线上升,例如 DS567"卡塔尔—沙特阿拉伯案""特朗普政府对钢铁和铝制品进口的限制措施"案(案号:DS544;DS547;DS550;DS551;DS552;DS554;DS556)以及"日本与韩国关于出口限制案"(DS590)涉及国家安全例外条款的部分。③

一、安全例外条款之 DS512 案专家组报告解读

WTO 争端解决机构能否对特定案件作出具有拘束力的裁决取决于其是否

---

① Rene E. Browne. Revisiting National Security in an Interdependent World: The GATT Article XXI Defense after Helms-burton[J]. Georgetown Law Journal,1997(86):405,421.

② Nicaragua-measures Affecting Imports from Honduras and Columbia, Request for the Establishment of a Panel by Colombia,28 March 2000. WT/DS188/2.

③ 韩逸畴. 国际规则的"结构性挑战":以贸易协定中的例外规定为例[J]. 当代法学,2021(4):143-144.

对该案享有相应的管辖权。

历史上成员国援引安全例外条款的案件，其阐述理由时往往通过申辩其措施与该条款具有精神原则的抽象一致性，因此表现出高度概括性的特征，但却缺乏具有足够支撑力的论证过程。成员国对该条款的解释和适用问题呈现出莫衷一是的状态，由于该条款天然具备的政治、安全属性，争端解决机构对该条款的文义解释和具体适用存有诸多分歧。

欧共体等国对阿根廷的贸易禁运案（1982）发生的背景是阿根廷出兵占领弗兰克岛，引发了欧共体及其伙伴国诸如澳大利亚与加拿大等国的抵制，联合起来对阿根廷实行贸易禁运，联合国安理会也提出阿根廷应当从弗兰克岛撤出。1991年，欧共体指责南斯拉夫社会主义共和国内部战争引致的人道危机严重波及其周边的欧共体国家，故联合其伙伴国家对其实施了经济制裁。①

在该案中，美国代表不认可GATT可以插手政治、安全的问题。与此同时，欧共体的代表也提出，基于援用安全例外条款而实施的对应措施无需进行通知、辩护或者批准。除欧共体以外的伙伴国澳大利亚、加拿大等虽然与该争端并无直接利益联系，但也随欧共体对阿根廷进行了经济制裁。其所谓的中止履行相应条款规定的义务是为推动和平解决欧共体与阿根廷争端的解释显然是经不住推敲的，无法证明这些伙伴国对阿根廷实施经济制裁与其基本国家安全利益的保护存在显著的相关性。

在涉及阿根廷—美国BIT安全例外条款的仲裁案件中，仲裁庭明显表现出较为审慎和保守的倾向，从ICSID经手仲裁案件的结果来看，东道国的胜诉率往往低于投资者母国的胜诉率。在CMS案件与LG&E案件中，ICSID仲裁庭做出了自相矛盾的两种互斥性裁决。前一案件仲裁庭对阿根廷援用安全例外条款并实施相应保护其基本安全利益的措施的合理性和合法性予以否认，但在后一案件中却对阿根廷实施措施的合理性和合法性予以认可。国际投资争端解决中心作为世界上首个专门解决国际投资争端的仲裁机构，其宗旨是在东道国和海外投资者及其母国之间夯实互信、互惠、互利的基础。在阿根廷—美国BIT援用安全例外条款的案件中却呈现出截然不同的裁决结果，反映了该条款在理论建构和司法实践中的高度不确定性和模糊性。

在"美国对尼加拉瓜的贸易禁运案"（1985年）中，美国总统以行政命令的形

---

①　Roger P. Alford. The Self-Judging WTO Security Exception[J]. Utah Law Review，2011(3)：706－725.

式停止了与尼加拉瓜之间的所有商业来往及空运、海运输交易。在该案中,美国仍然坚持其在欧共体等国对阿根廷的贸易禁运案中展现出的观点,即否认GATT 具有干涉成员国政治、安全领域争端的权力,同时强调安全例外条款给予缔约国自我判断权利的事实。① 古巴、印度、波兰代表则对美国代表提出的观点进行了反驳,例如"适用安全例外条款须以事实作为支持""基本国家安全利益与基于此实施的措施间存在客观联系""GATT 促进纠纷解决和推动贸易自由化发展故允许其对任何贸易相关事端争议进行管辖"等。② 美国对成立专家组与否的态度经历了从反对到附条件同意的转变,其条件限制了专家组在对美国援用安全例外条款的有效性和动机审核调查并做出裁决的权力,但专家组仍然享有对安全例外条款用语及其解释和适用进行审查的权力。③ 管辖问题最终还是被专家组所回避,但其报告仍然对该条款的援用情况表现出担忧,若将权力完全归属于缔约国而不对其加以限制,就无法杜绝安全例外条款适用不适当扩大之后患。④

在 DS512 案后,上述存在争议的部分问题初步得到了较为系统的解释。

第一,DS512 案是在援引安全例外条款抗辩的案件中,首个明确争端解决机构专家组拥有管辖权的案件,专家组还同时对其有权进行客观性审查的内容以及缔约国自我决断的范围进行了明确划分。专家组指明其有权对缔约国援用该条款的行为进行管辖,基于两个理由:一是《关于争端解决规则与程序的谅解》,即 DSU 第 1.1、1.2 条及附件一、二中并没有规定任何涉及安全例外条款的特别程序,成员对该条款进行援用不应当认为不符合争端解决程序的具体要求;⑤ 二是无论对安全例外条款进行目的解释、历史解释、体系解释均能得出若排除专家组对涉及该条款案件的审查裁判权力是对缔约宗旨目的的违逆的结论是不可取的。

第二,专家组认为缔约国在援引安全例外条款时,是否合乎条款内容规定的标准与条件应当由其进行客观审查,成员国根据该条款实施的措施之各项构成要件能否与该条款规定的情形相吻合,属于对客观事实的判断。GATT 第 21

① 曹国红,周宝根. WTO"安全例外"条款的应用与争论[J]. 黑龙江对外经贸,2009(8):31-32.

② 刘瑛,张璐. 论 GATT 安全例外对美国 232 钢铝措施的适用[J]. 国际经贸探索,2019(12):105.

③ Panel Report. United States - Trade Measures Affecting Nicaragua(US - Nicaraguan Trade),L/6053,13 October,1986,para.5.3.

④ Panel Report. United States - Trade Measures Affecting Nicaragua(US - Nicaraguan Trade),L/6053,13 October,1986,para.5.17.

⑤ Report of the Panel. Russia-Measures Concerning Traffic In Transit,WT/DS512/R,5 April 2019,paras.7.53 - 7.58.

条 b 款罗列的三种情形均为限制性修饰条款,且为穷举而非举例,该条款(i)(ii)(iii)项的限制作用,在缔约国对援引安全例外条款具有绝对的自我判断权利时必将形同虚设。专家组在对其进行客观审查的过程中应当注意维系条款中所列举情形短语"相关的"(relating to)如何进行具体的解释。GATT 第 20 条中同一短语曾由上诉机构解释为目的和手段应具有紧密和真实的关联性,因此对"相关的"的判断具有客观性。"战争""国际关系紧急情况"既然在条款的文本结构中呈现出并列的组合特征,故对"国际关系中的紧急状况"的判定也应当归于客观的事实范畴。①

第三,缔约国对涉及安全例外条款的事项自我判断的权利应当受到必要的限缩,"基本国家安全利益"以及实施措施之"必要"程度由缔约国自我判断,但不应当在"基本国家安全利益"的界分上完全排除专家组对其进行的必要的客观审查。

DS512 案专家组推翻了过去国际司法实践中对安全例外条款的援用完全取决于缔约国自我判断的观点,肯定了争端解决机构专家组在涉及安全例外条款的案件中具有对"基本国家安全利益"的具体内涵、"国际关系紧急情况"的客观审查权,也肯定了为了维护"基本国家安全利益"而实施的相关措施的"必要"与否的决断权利属于援引该安全例外条款的缔约国。

二、专家组对安全例外条款的文本解释

(一)"战争或国际关系中的其他紧急情况"之文本解释

就"战争或国际关系中的其他紧急情况"这一争议焦点,乌克兰否认俄罗斯对 2014 年两国国际关系处于紧急态势履行了相应的举证责任,俄罗斯则针锋相对地在第二次会议中将四种紧急态势的具体情况进行了陈述:一是缔约国邻国领土爆发的动乱恰好在缔约国边境;二是缔约国邻国边陲态势已经脱离其控制;三是难民流向该缔约国领土范围内;四是该邻国或其他国家实施单方制裁没有经过联合国有关方面授权。俄罗斯点明其对乌克兰实施的制裁措施为其所罗列的紧急态势中的最后一种情况。②

专家组在综合俄乌两方观点后进行了审查后表示,2016 年年底联合国大会

---

① 赵迪. 国家安全例外条款的审查问题研究——以 GATT 1994 第 21 条为例[J]. 对外经贸,2020(8):85 - 89.

② Russia's opening statement at the second meeting of the Panel,para.24. Panel Report,para.7.114.

认为俄乌之间存在武装冲突,[①]且多国针对俄罗斯进行了制裁,故不能否认俄罗斯此时处于"国际关系中的紧急情况"。

"国际关系中的紧急情况"的范围具有模糊性,需要通过类比的手段将性质为客观事实的"战争"与其相联系,因此,必须与军事、国防安全利益不分轩轾的安全利益等级才能被归类于"基本国家安全利益"。因此,专家组在对缔约国援引安全例外条款时对"国际关系中的紧急情况"做出的解释判断,应当以基本国家安全利益的层级为尺度进行衡量,避免缔约国因一般国家安全利益而援引该条款为自身之贸易保护行为进行辩护,从而伤害相对国的利益。[②]

(二) GATT 第 21(b)条起首条件之文本解释

专家组提及 GATT 第 21(b)条起首条件中"其认为"的"必要"程度必须达到为了保护缔约国的"基本国家安全利益"的程度,但其具体的解释存在严格到宽松的不同类型。第一种类型强调维护"基本国家安全利益"与所实施措施具有必要程度的相关性;第二种类型要求确定"基本国家安全利益"与所实施措施具有必要程度的相关性;第三种类型要求符合 b 款罗列的三种情形且与所实施措施具有必要程度的相关性,但是专家组并没有对这三种类型的具体内涵作出肯定的解释。[③]

不可否认的是,在 DS512 案中,《乌克兰—欧盟联合协议》签订后部分缔约国对俄罗斯实施了经济制裁,在双方关系严峻的态势下俄罗斯进行了反制。俄罗斯施行反制措施是为保护其基本国家安全利益的缘由得到了专家组的认可,专家组对"基本国家安全利益"与"一般国家安全利益"的认知也在一定程度上能够代表当前国际形势下对两个术语的认知情况。缔约国援用安全例外条款的举证责任的大小与其欲维护的国家安全利益偏向"一般国家安全利益"的程度呈正相关性,该结论对后续援引安全例外条款的国际投资案件的裁判具有示范作用。

总体来说,DS512 案结果显示专家组对俄罗斯援用安全例外条款抗辩予以支持,专家组得出结论运用了历史解释、目的解释、体系解释等多种解释方法,审查侧重于文义解读和联系宗旨的方式,但鉴于事物发展变化的性质,安全例外条

[①] UN General Assembly Resolution No 71/205,December 19,2016 (Exhibit UKR-91).

[②] Panel Report. RUSSIA-Measures Concerning Traffic in Transit,WT/DS512/R,5 April 2019,paras.7.74 – 7.76.

[③] Panel Report. RUSSIA-Measures Concerning Traffic in Transit,WT/DS512/R,5 April 2019,para.7.127.

款的理论及适用都应做出与时代发展相适应的解读。

DS512 案后，沙特阿拉伯与保护知识产权有关的措施案（DS567），沙特阿拉伯作为被申诉方也援引了 TRIPS 中的第 73 条安全例外条款以作出其涉诉措施具有合法性的抗辩。2020 年 6 月 16 日，DS567 案专家组发布的报告称：DS512 援用 GATT 第 21 条安全例外条款的具体适用与 DS567 援用 TRIPS 第 73 条安全例外条款的适用具有一致性。①

第四节　BITs 中安全例外条款的实践、现状及不足

一、安全例外条款的实践现状

（一）国际投资条约对安全例外条款的不同规定

在国际投资领域，安全例外条款因其维护国家基本安全的作用而发挥着极为重要的功能，故国际条约、惯例以及国际投资协定将其包括其中，然而该条款的表述和内容在不同国际投资协定中存在差异，其原因指向保护不同领域利益的目的，诸如生态环境、人类生命与健康、动植物健康的可持续发展、公共安全以及包括历史遗产保护和知识产权保护的文化安全、残障人士群体（监狱服刑人员和从事慈善事业）等人群产品或服务、国家的自卫行为、依据有关法律作出的安全行为、全球和平与安全及联合国宪章项下安全利益相关义务等。此类例外条款具有共性，亦存在差异，条款内容的模糊性容易引致条款的不当适用，进而给相关的国际司法实践带来困扰。

1. 多边性国际条约中的安全例外条款

（1）OECD 法律文件中的安全例外条款。经济合作与发展组织（Organization for Economic Cooperation and Development，OECD）是由 38 个实行市场经济制度的成员国共同组建的政府间国际经济组织，其宗旨是致力于举成员国之力消化迅疾发展的全球化伴行的经济、政治、社会乃至全球治理的疑难问题与重大挑战，推动全球化发展的可持续良性行进的步伐。该组织的运行助推了成员国自身及成员国之间的经济高效发展、社会协调进步，对全球经济的整体稳步前进亦

---

① Panel Report. Saudi Arabia-Measures Concerning the Protection of Intellectual Property Rights，WT/DS567/R，16 June 2020，paras.7.241 - 7.243.

有丘山之功。

在国际性的多边投资领域，OECD 制定的诸多法律文件也占有一席之地，尤其是其中的 MAI(Multilateral Agreement on Investment)被视为全球第一个多边性质的投资协定，是 OECD 在 1995—1998 年以搭建多边投资协定框架为目标所进行的努力成果。然而当时的成员国不能形成统一的意见，最终仅形成了 MAI 草案，其趋向于极度扩大投资自由度与市场开放度，并在投资者与东道国之间聚焦于投资者的利益保护。[①] MAI 草案不能为发展中国家成员所接受，受制于发展中国家相对较低的综合国力、经济实力和研发水平。发展中国家若一味接受 MAI，将会导致外资涌入，挤占本土资源与发展空间，可能产生危及基本国家安全利益的问题。

因此，MAI 草案对诸多用以规避此类危险的条款进行了规定，统括于一般例外条款之中，也将后来普遍独立规定的安全例外条款的内容涵盖在内，例如战争、武装冲突或其他足以损害国家根本安全利益的紧急情形，同时对反对大规模扩充杀伤性武器装备及该类武器装备生产的国际协定和国家政策予以支持和执行。

MAI 对例外条款的适用情形与程序都作出了较为明确而具体的规定，但其保护国家基本安全利益的条款内容仍不可避免地存在一定的弊端。针对适用情形而言，MAI 规定的情形也存在范围狭窄的问题，更加关注军事、政治领域，而忽略了非传统安全的重要性。从细节上看，诸如赔偿与否与紧急情况下纠纷仲裁者的确定等问题也未能加以明确。但 MAI 作为 OECD 制定的关于国际投资领域最重要的法律文件之一，又作为世界上第一个多边投资协定，对安全例外条款的设置和具体规定在当时国际投资领域的协定中具有重要地位。

(2) ECT 中的安全例外条款。《能源宪章条约》(Energy Charter Treaty, ECT)，制定于 1991 年，生效于 1998 年，该多边条约在国际能源领域具有法律约束力，其内容包括与国际能源运输、贸易和投资活动相关的国际法律规范，对严格规范国际能源运输、贸易和投资活动并促进其良性发展贡献良多。该条约聚焦投资、贸易、运输保护与效率提高，并注重涉能源争议的解决。[②] 在国际能源领域的投资，ECT 也致力于效仿 BITs 对海外投资者施以保护，其争

---

① Riyaz Dattu. A Journey from Havana to Paris: the Fifty-Year Quest for the Elusive Multilateral Agreement on Investment[J]. Fordham International Law Journal，2000(24): 295.

② 夏亦冬. 国际投资中的经济安全例外及对中国的启示[J]. 湖北经济学院学报(人文社会科学版)，2020(2): 93.

端解决体系也成为海外投资者及其母国解决触动该国根本性安全利益争议的长效机制。

安全例外条款的具体内容规定在 ECT 的第 24 条,列出了可使缔约国因本国基本安全利益陷入危机时采取某些行动而免于本应负担的责任的情形,即战争、武装冲突发生时和有关能源领域中军事物资的供应等情形,给予缔约国援引 ECT 中安全例外条款的权利。值得注意的是,该条款通过"包括"这一措辞赋予了缔约国对其援引安全例外条款与否进行自我判断的权利。

2. 区域性国际投资法律文件中的安全例外条款

(1)欧盟国际投资法律文件中的安全例外条款。欧盟是欧洲地区乃至世界范围内规模、体量、联合程度较高的区域性国际组织,其已实现了经济领域的相对深度合作,让渡了经济领域中诸如货币政策、金融政策、对外贸易和内部市场方面的部分国家主权,并谋求将来在横向扩张的基础上实现纵向多领域深化合作。欧盟的发展进路呈现出类联邦制的特征,但欧盟只是接受了成员国让渡的部分国家主权而非全部,因此其不可能擅自行使缔约国的国家主权。

鉴于欧盟的国际地位与综合实力,其在全球经济发展中的影响力可谓举足轻重,但在国际投资领域,欧盟内部却未能切实针对投资问题订立详备的规则,投资相关规范零星散落在《欧洲共同体条约》(《罗马公约》)和《欧洲联盟条约》(《马斯特里赫特条约》)及商法、债权法、企业法、消费法等法律文件中。

在欧盟政治经济一体化水平居于全球前列的背景下,完全独立作出投资行为而不受成员国牵制是不合理的,从法律规范的角度来看,缔约国国内法会制约和影响欧盟的投资活动乃至投资相关立法进程。由于既缺乏专门设立的投资法,又不能对一些相对有争议的条款达成一致,故为安全例外条款无法实现法度统一埋下了伏笔。因此,欧盟将安全例外条款的统一化,以及法律解释和法律适用的规范化提上日程是极为必要的。

安全例外条款在欧盟国际投资法律文件中的零散特质以及该条款普遍存在的抽象特质,都是通过欧洲法院在具体的司法裁断过程中以不断形成判例的形式使该条款逐步完成了从模糊到清晰的转化。实践证明,欧洲法院秉承着尽量在尊重缔约国意愿并最大限度地捍卫缔约国根本安全利益不受侵害两者中达成平衡。

在欧共体诉美国《赫尔姆斯—伯顿法》案中,欧共体称:美国的《古巴民主法》及《赫尔姆斯—伯顿法》对其投资贸易利益形成了严重的妨害与约束,欧共体于 1996 年 5 月 3 日提出磋商请求后，[①]历经三次谈判也未能在美欧之间寻得合意的处理方案，因此欧共体于 1996 年 10 月 3 日请求设立专家组，对美欧纠纷予以解决。[②] 1997 年 4 月 11 日，欧盟与美国通过双边谈判达成《欧盟—美国：关于美国〈赫尔姆斯—伯顿法〉和美国〈伊朗与利比亚制裁法〉的谅解备忘录》后，该纠纷落幕。虽然双方的争议并未以具有权威性的裁决形式形成定论，但欧共体在启动程序后，关于美国经济制裁的合规性问题的争论对于安全例外条款的研究具有重要意义。

欧共体在设立专家组对该争议进行解决的请求中，将美国对古巴实施的经济制裁措施违反的条款进行了列举。[③] 从欧共体援用的条款可知，欧共体（欧盟）在国际投资实践中更加偏向于援引条款文本内容与具体适用更为明确的条款以保护自身利益，这一情况也与《欧共体条约》中安全例外条款的具体规范相对零散、在 WTO 争端解决机制下话语权不强、援用效率较低密切相关。

欧洲法院会根据《欧共体条约》中关于安全例外条款的规定，在成员国基本安全利益有受妨害之虞时，授予该国通过援引安全例外条款以适用其相关的国内法而捍卫本国根本安全利益的权利。即使如此，欧洲法院也不能完全将各国的全部诉求在结合该国国情与国际形势的情况下作出精准判断，期望欧洲法院能够毫无过失地达成争议国的利益平衡亦不符合客观规律，因此给予各成员国以一定程度和范围的自由空间以灵活机动地制定规则来规避上述风险，在顶层设计中加强安全例外条款具体内容与国际形势的契合性是合理的。

（2）NAFTA 中的安全例外条款。《北美自由贸易协议》（North America Free Trade Agreement，NAFTA）是在欧洲经济一体化迅速发展的背景下催生的，由美国、加拿大和墨西哥于 1992 年签署并于 1994 年生效的三国为实现全面自由贸易而作出的协议。[④] 但不同于欧洲联盟，NAFTA 的地位不是高于国家政府与国内法的协定。

由于美国 BITs 实践较为成熟，故其双边投资协定不仅成为全球其他 BITs

[①] WT/DS38/1, UNITED STATES - THE CUBAN LIBERTY ANDDEMOCRATIC SOLIDARITY ACT.

[②] WT/DS38/2, UNITED STATES - THE CUBAN LIBERTY ANDDEMOCRATIC SOLIDARITY ACT.

[③] 列举条款包括 GATT 第 5 条"过境自由"、GATT 第 11 条"普遍对数量限制予以取消"、GATT 第 13 条"对数量限制进行非歧视管理"，以及 GATS 第 2 条"最惠国待遇"、GATS 第 3 条"透明度"、GATS 第 6 条"国内规制"、GATS 第 16 条"市场准入"、GATS 第 17 条"国民待遇"以及自然人流动附件。

[④] 陈宪民. 论区域性国际经济组织建立和完善对国际多边贸易制度的发展和影响[J]. 政治与法律，2004(1)：88-94.

的范本,而且对其他多边、区域性双边投资协议的构建具有指导性意义,因此以美国 BITs 为蓝本制定的投资协定着力强调对投资者的保护和鼓吹投资自由化。NAFTA 作为深受美国 BITs 影响的投资协议,与美国 BITs 有明显的承继性。

NAFTA 对投资问题的规制主要集中于协议的第十一至十六章,以投资领域的服务事项为主并同样注明了国民待遇和最惠国待遇。安全例外条款则规定在该协议的第二十一章第 2102 条,规定了三类为捍卫国家根本安全利益而不得不采取的措施,包括军事器械运输相关措施、战争或国际关系陷入的其他紧急状况下应当采取的举措,以及为执行核武器非扩散化的国际协议与政府政策应采取的举措。NAFTA 的安全例外条款也显著具有肯定成员国自我裁决的特征。NAFTA 安全例外条款呈现出继承 GATT 第 21 条的特点。

美国在 NAFTA 订立过程中占绝对主导地位,以签订国际协议的形式巩固自身经济霸权、增强自身国际经济话语权。美、加作为 NAFTA 中的发达国家,贸易、投资自由化都有助于其根据比较优势理论利用发展中国家当地廉价劳动力资源并侵占其市场。1989 年,《美加自由贸易协定》正式生效,NAFTA 是在 1989 年生效的《美加自由贸易协定》成型后扩张发展的结果。《美加自由贸易协定》是发达国家彼此互为投资国和东道国的前提下,双方达成的高标准的投资保护、互利互惠的协议。

墨西哥作为唯一的发展中国家,为迁就美加两国而迫不得已地接受高于其可承受范围的投资自由化标准,使得美加的投资倾泻而入冲击本土产业,又不得不为顺从美加两国保护其投资者利益的要求而承诺作出倾斜美加投资者利益保护的条款内容。[①]

NAFTA 的安全例外条款对捍卫美墨加三国根本国家安全利益和保护投资者利益具有重要的正面作用是不争的事实。事实上,NAFTA 不仅以美国的双边投资协定为蓝本汲取其所长,而且针对 BITs 中不够完善的实践经验加以完善,该协定的文本及规定也被其他区域性国际经济组织所效仿。作为当时世界上最大的区域经济一体化组织,它顺利完成了双边向三边的转变,使得北美共同市场的发展如虎添翼,其示范作用的影响范围已不局限于双边、多边和区域投资协定的构建,对国际投资规则的夯实塑造也具有深远的意义。克林顿、小布什在任期时,中美经济实力的巨大差距尚不足以引发美国政府的高度警惕,而为将中

---

① 吴欢欢. 从根本安全利益条款探析国际投资中的再平衡问题[J]. 吉林工商学院学报,2017(4): 90.

国市场打开,美国实施了"接触"政策,承认中国国际社会"正式成员"的地位,并借此机会使得中国逐渐因利益相关程度的扩大化而不得不分担美国的国际责任。[①]

(3) RCEP 中的安全例外条款。区域全面经济伙伴关系协定(Regional Comprehensive Economic Partnership, RCEP) 是 2012 年东南亚国家联盟(Association of Southeast Asian Nations—ASEAN, 以下简称东盟)作为发起者,连同亚太地区的中国、韩国、日本以及澳大利亚、新西兰、印度共 16 个成员方签订的协议。2020 年 11 月 15 日,在第四次 RCEP 领导人会议会后,东盟 10 国与中、日、韩、澳、新共 15 个国家正式签订了 RCEP。RCEP 的签署意味着当今世界范围内人口数量最多、经济贸易最具规模化、成长潜力最显著的 FTA 的形成。[②] 2021 年 3 月 8 日,中国政府正式对 RCEP 予以核定。[③] 2021 年 4 月 15 日,中国向东盟秘书长提交核准书。[④]

RCEP 的形成历时 8 年,是以"东盟＋1"为雏形进行不断扩充与整合而日益成型的。作为以 21 世纪高水准经济贸易合作伙伴关系的建设为目标的区域性协定,其欲构建远超世界贸易组织现存投资贸易机制的规范标准,而事实上从 RCEP 协议已面世的文本也呈现出全面、包容、开放的特征。[⑤]

然而,由于 RCEP 之成员国中发展中国家居多,虽然其目标瞄准于构造更为高标准化的区域经济投资贸易体制,但不可避免地由于经济实力、政治因素、文化差异等原因,在规范制定与制度搭建上存在分歧,其锚定的"高质量"发展目标也需要经历成长与磨合方可实现。显然,在现期设置的"高质量"目标,以及在成员国之间实现"互惠"和达成"平衡"等努力并不能齐头并进。[⑥]

由于缔约国之间综合国力以及经济实力的差距,围绕成员国彼此贸易与投资交往的安全问题也随着对安全问题的认识和变迁而在内容上作出了进一步的

① 张宇燕,冯维江. 从"接触"到"规锁":美国对华战略意图及中美博弈的四种前景[J]. 清华金融评论,2018(7): 24 - 25.

② 2019 年,RCEP15 国总人口达 22.7 亿,GDP 达 26 万亿美元,出口总额达 5.2 万亿美元,均占全球总量约 30%。RCEP 主要涵盖 20 个章节,通过给予最不发达国家特殊与差别待遇实现了包容性与高质量的统一,协定生效后还将实现区域内 90%以上货物贸易零关税。根据世界银行数据库与联合国贸易统计数据库的相关数据,CPTPP 成员国人口为 5.08 亿,占世界比重为 6.62%；GDP 与货物进出口贸易总额分别为 11.2 万亿美元与 5.76 万亿美元,占世界比重分别为 12.77%与 15.72%。CPTPP 虽冻结了美国提出的 22 项条款,降低了协商难度,但仍保留了 TPP95%的内容。

③ 中华人民共和国商务部. http://brisbane.mofcom.gov.cn/article/jmxw/202103/20210303046168.shtml.

④ 中华人民共和国商务部. http://fta.mofcom.gov.cn/article/rcep/rcepnews/202104/44879_1.html.

⑤ 庄芮,林佳欣. RCEP: 进展、挑战与前景[J]. 东南亚研究,2018(4): 87 - 102.

⑥ 齐力. 盘点 2020 年外贸关键词[J]. 中国对外贸易,2021(1): 8 - 11.

细化和补充。

RCEP 的安全例外条款是以保护本国安全利益为中心的,将目光锁定于信息与行动两个范畴。针对信息这一范畴,违反成员国基本安全利益维护的客观要求,而要求其提供"其认为"如果披露将会有损该国基本安全利益的信息是不应当的。针对行动这一范畴,除了因为行使其基于遵循《联合国宪章》中所规定的维护国际范围内和平与安全的义务而实施的相关行动不应受到阻碍之外,缔约国认为必须采取的保护该国根本安全利益不受妨害的任何行动同样不应被阻止,对于后者,RCEP 的安全例外条款除了传统安全例外条款中涉及的"裂变、聚变物质以及衍生此类物质的物质""武器、弹药等相关军事物资交易以及直接或间接供给军事机关的此种交易运载输送的其他货品和物资或提供的服务等""国家处于紧急状态、战时或陷入国际关系其他紧急状况时"而采取的相关行动不应当被不合理地阻止,还增添了有关"包括通信、水利以及电力基础设施的具有关键作用的公共基础设施"的保护作为安全例外的内容。

基于借鉴过往形成范式的国际投资协定在实际运行过程中存在的过度鼓吹投资高度自由化以及投资者扩大化保护的负面影响,RCEP 为了避免海外投资者过度保护与东道国规制权的冲突造成失衡局面,结合成员国国情与国际形势规定了具有自身区域特色的例外条款。这主要是由于 RCEP 的构建是以"东盟＋1"的模型为基础逐步完成了整合,且由于东盟利用例外条款来保护东道国自身的规制权历史较早,因此,RCEP 中的例外条款沿袭了历史版本中的文本内容并加以改进。

虽然 RCEP 第 17 章第 13 条对安全例外作出了初步规定,但第 10 章作为主要限定投资领域的章节又针对投资领域对安全例外另作专门规定,两者虽存在一定程度的重合,但第 10 章的安全例外条款更加具有针对性,[①]除了在军事、战争及相当情形下,为捍卫基本安全利益不受妨害的行动免于履行协定项下的相关义务之外,又增加了对核心基础设施的关注;更值得注意的是,对"其认为""必要"的保护举措的规定,RCEP 中的安全例外条款通过该措辞赋予了东道国对安全例外所涉情形的自我裁断权,这也使得东道国对规制权的把握具有更多的主动性。

尽管相较于 CETA、CPTPP 等综合规模更大的 FTA,RCEP 的均衡、互惠、高质的目标相对更难达到,整体发展水平也略逊色,但 RCEP 依然被评估为新一

---

① 王彦志. RCEP 投资章节:亚洲特色与全球意蕴[J]. 当代法学,2021(2):53-54.

代具有较高水平、符合现代化特征的深度 FTA。①

(4) CPTPP 中的安全例外条款。《全面与进步跨太平洋伙伴关系协定》(CPTPP),其前身是《跨太平洋伙伴关系协定》(TPP),更早可以追溯至由亚太经合组织中的新加坡、新西兰、智利、文莱四个成员国建立的《跨太平洋战略经济伙伴关系协定》(Trans-Pacific Strategic Economic Partnership Agreement,P4)。在美国宣布退出 TPP 后,2017 年 11 月 11 日,启动 TPP 磋商谈判的 11 国公开声明就新协议已形成关键共同认识,并表示一致决议将该协定更名为《跨太平洋伙伴关系全面进展协定》,2018 年 12 月 30 日,CPTPP 正式生效。

在美国退出 TPP 之前,奥巴马政府大力鼓吹与宣扬加入 TPP 之优势,并在 TPP 的谈判过程中居于核心主导地位,其目的除了稳固并强化美国全球经济话语权、掌握并重构有利于美国实施经济霸权的全球经贸规则体系之外,更为直接的是通过不合理地拔高准入等各项标准门槛以及否定中国"自由、开放、弹性、包容"的主张来实现对中国加入的阻拦,并实现对中国经济发展的围堵。② 在特朗普执政后却对美国加入 TPP 大加抨击并直接宣布退出,并对 TPP 的发展造成了毁灭性冲击,后期在日本的不懈努力下,通过对部分条款的修改才促成了 CPTPP 的最终落地。

失去了美国的干预与主导,又因各种国际力量的参与,CPTPP 不同于 TPP 对中国的强针对性,而是着力于推动将亚太地区经贸投资发展置于全球范围内的平衡,因此,有别于我国决策机构与学术界对加入 TPP 的犹疑与反对,对于是否加入 CPTPP 的态度也因中美贸易战的加剧、新冠疫情波及全球的国际形势,加上本国对外开放的动态需求而发生了转变。2020 年 11 月 20 日,习近平主席表示:"中方将积极考虑加入全面与进步跨太平洋伙伴关系协定。"③

在我国是否加入 CPTPP 的争议中,焦点是对于我国来说相对更为严苛、标准更高的条款,然而这些标准和内容在 RCEP 和中欧全面投资协定中存在。相较于 CPTPP 的成员国,发展历史更悠久、成员国组成结构更单一、经济实力更强、一体化程度更深的欧盟在与中国协商谈判后达成的中欧全面投资协定标准不可能低于我国将来同 CPTPP 成员签订协议的标准。即使 CECAI 文本的完

---

① Robert Z. Lawrence. Regionalism,Multilateralism and Deeper Integration[J]. George Washington Journal of International Law & Economics,1996(73):17 - 18;WTO. world Trade Report 2011:The WTO and Preferential Trade Agreements:From co-existence to Coherence [R]. World Trade organization,2011:9.

② 苏庆义. 中国是否应该加入 CPTPP? [J]. 国际经济评论,2019(4):107 - 127.

③ 新华网. https://baijiahao.baidu.com/s?id=1684070113483769514&wfr=spider&for=pc.

全面貌尚不可知，其条款还处于深度雕琢的过程中，此推断具有合理性。[①]

2020年10月，党的十九届五中全会通过了《中共中央关于制定国民经济和社会发展第十四个五年规划和二〇三五年远景目标的建议》，明确"加快构建国内国际双循环新发展格局"成为"十四五"时期我国经济社会可持续发展的基本原则及指导思想。[②] 中国面临着诸如国企改革、营商环境优化、知识产权保护、跨境数据流通以及劳工权益切实保障等国内改革的挑战；日本作为牵头CPTPP组建的核心力量在国际关系中对我国的态度暧昧不清，以及拜登政府为稳固美国的全球霸权地位对我国实施的各项阻挠策略。面对上述内外形势，中国若欲加入CPTPP，应当注意利用安全例外条款来维护自身安全利益。

CPTPP第29.2条规定了安全例外，内容主要包括信息和措施两部分，缔约国在其确定若披露即有悖于其根本安全利益保护的信息不得要求其提供或允许获得，缔约国在其认为应当维护该国基本安全利益或者履行维护国际和平与安全义务时，所必须采取的措施不应当被阻止。相较于其他国际投资协定中的安全例外条款，CPTPP的安全例外条款的文本内容缺乏足够的具体性，适用范围也较为狭窄。虽然在面对新兴安全领域的问题时，具有模糊性的条款的包容性更强，但条款的高度概括性也同样存在着一定的弊病，会使得通过该条款抗辩的成功概率降低。该条款也容易被部分在国际司法实践中具有强大话语权的国家所滥用，而使真正需要得到保护的安全利益被忽略，扰乱国际司法秩序。CPTPP的安全例外详尽性不足是由多种因素综合造成的。若我国欲加入CPTPP，应当着力于推动安全例外条款的具体化。

（二）BITs中安全例外条款的发展历程

BITs是相较于其他国际投资协定更加能够体现安全例外条款作用的协定类型，BITs是仅由两国在谈判达成一致意见后达成的，因此可知双边投资协定相对于多边、区域性的国际投资协定而言，其矛盾和分歧都更容易通过磋商形成共识。

安全例外条款在双边投资协定中的作用对缔约国而言同时具备国内法和国际法双重保障功能。从国内法的角度来看，对于投资国而言，海外投资活动都能够得到妥善保护，东道国也有动力营造投资友好的营商环境，完善国内法度；对

---

① 王跃生，边恩民，张羽飞. 中国经济对外开放的三次浪潮及其演进逻辑——兼论RCEP、CECAI、CPTPP的特征和影响[J]. 改革，2021(5)：76-87.

② 刘鹤. 加快构建以国内大循环为主体、国内国际双循环相互促进的新发展格局[J]. 人民日报，2020-11-25(6).

于东道国而言,其国内法对于投资事项缺失的相关法律规定,以及涉及触动该国基本安全利益的情况下可以采取的保护措施不够完善时,BITs 中有关于安全例外的规定是进行补充的重要法律文本。从国际法的角度来看,BITs 中关于安全例外的规定能够通过对该条款的援引有效地保护海外投资者及其母国的利益,又同时能够发挥其"安全阀"的作用,实现对东道国根本安全利益的维护。

纵观双边投资协定的发展历程,根据时间顺序可以大致将东道国与投资国之间力量博弈的变化过程分为三个阶段:20 世纪 80 年代之前、八九十年代、90 年代以后。

第一个阶段也被称为"欧式"阶段,大多数包括我国的发展中国家或新兴经济体的经济都处于刚刚起步的状态,其整体体量不能与发达国家相抗衡,尤其是多数发展中国家仍处于微笑曲线的底端,急迫需要引进先进技术与发展经验,同时也需要拉动内需,实现本国经济增长,故当时大多数东道国通过与投资国缔结双边投资协定来满足其需求,为此,发展中国家在 BITs 中做出了较多让步与妥协,此阶段的 BITs 更加倾向于对发达国家的海外投资者利益的维护。

第二个阶段也被称为"美式"阶段,相较于第一个阶段,其对投资自由化的推崇更为狂热,这也使得拉美的发展中国家受此影响,主动或被迫签订了众多偏向于保护发达国家投资者的双边投资协定。利益的天平在向发达国家倾斜,这不仅表现在立法过程中对海外投资者过分的偏袒,[①]而且也表现在司法实践过程中对 ICSID 的接受,导致对国际投资纠纷的管辖权逐渐被削弱乃至被剥夺。由于相较于发达国家,发展中国家处于更为复杂的国际和国内环境,因此更容易受困于诸如金融危机、恐怖主义等问题,[②]在他国经济有较大波动时,其经济安全更易受到冲击。进入 20 世纪 90 年代后,这些发展中国家便尝到了苦果,签订盲目保护投资者利益而忽略东道国利益的双边投资协定的风向式微,广大在全球投资自由化的浪潮中大受折损的发展中国家不得不努力探索破局之法。

第三个阶段,主要处理进程一埋下的隐患与进程二集中产生的困境,该阶段涌现了众多新型双边投资协定,同时也唤起了原有双边投资协定的更新转变,其文本内容体现了受损的发展中国家谋求增强对自身作为东道国安全利益的保护,这从协定条款来看,主要以安全例外条款的形式呈现。

---

① 王燕. 中资数据处理企业在美国投资面临的安全审查及法律应对——以 TikTok 在美国被封杀为例[J]. 法治社会,2020(5):50.

② Burke-White, William, von Staden, Andreas. Investment Protection in Extraordinary Times: The Interpretation and Application of Non-Precluded Measures Provisions in Bilateral Investment Treaties[J]. Virginia journal of international law, 2008(48):307 - 410.

通过对现存的已经缔结的新一代 BITs 来看,各国并不能够对安全例外条款的文本达成共识,更遑论形成相对一致的司法实践,甚至部分国家对安全例外条款是否应当被置入双边投资协定仍持保留意见。但安全例外条款依然以不同的形式存在于各双边投资协定中,主要呈现为四种模式:一是待遇给予模式。东道国基本安全利益陷入危机时,其不得不采取一定的保护措施,因此,在条款中规定相对国享有国民待遇以及最惠国待遇作为补充。二是专门规定模式。在协定中作出安全例外相关规定的条款或者独立开辟相应章节,并对援用安全例外条款的具体条件和要求作出详细规定。三是反向排除模式。BIT 的缔约国通过诉诸国际投资争端解决机制,在得出必须援用安全例外相关条款的结论后,东道国有权在排除投资国救济措施并免除 BIT 规定的相应义务的前提下,采取为保护其基本安全利益不受损害的保护措施。四是国内管辖模式。BIT 应当在其文本中明确规定,在东道国的根本安全利益的底线被触及时,该争端由东道国国内法律约束,肯定东道国拥有此类纠纷的管辖权。

同前述的多边、区域投资条约相比,对于安全例外条款的具体内容,由于 BIT 缔约国间相对更容易消弭分歧、达成共识,因此也更容易将其进一步细化、具象化。除了在协定的正文中予以规定,在诸如备忘录、附加议定书等辅助性法律文件中也应当作出延伸解释。因条款具有时效性,[①]导致将来国际投资纠纷陷入胶着状态而难以解决是有极大可能性的。

(三) 各 BITs 对安全例外条款的差异性规定

1. 各 BITs 范本对安全例外条款的差异性规定

尽管安全例外条款具有普遍性的特征,且存在类似甚至完全相同的条款,但是各双边投资协定中该条款文本依旧有别。伴随着国际投资自由化的不断发展,各国逐渐在国际投资实践中形成了具有本国特色的双边投资协定的范本,安全例外条款作为能够起到“安全阀”作用的重要条款在特定的某些国家具有规范性规定。[②] 然而,区别于诸如美国、加拿大、印度等使得安全例外条款逐步成型、标准化且为其 BITs 常备性条款的国家,某些国家并不将安全例外条款视作不可或缺的条款。虽然范本仅能够作为缔约国家加以参考、后续再进行磋商的工具而不具备国际法上的效力,事实上最终通过的协定的大部分内容与范本别无二

---

① 林桂军,Tatiana Prazeres. 国家安全问题对国际贸易政策的影响及改革方向[J]. 国际贸易问题,2021(1): 4.

② 陈安. 中外双边投资协定中的四大“安全阀”不宜贸然拆除——美、加型 BITs 谈判范本关键性“争端解决”条款剖析[J]. 国际经济法学学刊,2006(1): 13 - 15. 该文将双边投资协定中的四大“安全阀”归纳为“逐案审批权”“当地救济优先权”“东道国法律适用权”“重大安全例外权”。

致。因此,针对已经形成 BIT 范本的国家可以就其 BIT 范本中的安全例外条款加以剖析,反之则可以对其嵌入安全例外条款的协定予以探究。

2004 年,美国 BIT 范本已经表现出强调东道国主权的趋势,并在之后的国际投资纠纷中屡次援用安全例外条款。① 2012 年,美国对安全例外条款做出了较大的改动,改动后的安全例外条款位于第 18 条,不仅在适用范围上扩展至整个协定,不再局限于某些条款,而且赋予了缔约国"自我判断"的权利,"其认为""有必要"等内容首度出现在范本的安全例外条款中。由此可见,美国对 BIT 范本进行更新的目的就是对国际争端解决机构的裁断权甚至管辖权予以限缩。

加拿大 BIT 范本(2004 年)的安全例外条款规定在第 10 条第 4 款,明确了武装交通、军械装备以及战争、核扩散、核武器位于基本安全利益领域之列。安全例外条款如此规定也是为了规避国际投资司法实践中国际争端解决机构的裁量权,防止争端解决机构对规定不明确的安全例外条款随意解释。鉴于美国 BIT 范本(1986 年)的实践,加拿大的 BIT 范本对可援引安全例外条款的情况进一步细化,尤其是对国家根本安全利益进行了详细界定,但是随着时代的发展,这些界定也必然会存在局限性而不足以涵盖全部类型的基本国家安全利益。

印度 BIT 范本(2003 年)的安全例外条款规定在第 12 条第 2 款,着眼于保护在东道国的重大安全利益遭受侵害或特殊紧急情况下,以该国法律为依据,基于非歧视原则采取合理、合法的保护措施权利。作为安全例外条款的援引情形的核心关键词,"重大安全利益""特殊紧急情况"缺乏具象的阐释。印度 BIT 范本草案(2015 年)将安全例外条款规定在第 17 条,文本内容发生了较大变化。首先,较 2003 年的版本,2015 年的范本草案也使用了"其认为所必需"的措辞,但同美国 BIT 范本有所区别的是,印度在第 17 条第 1 款中对国家实施的保护措施划定了参照范围,②意味着自裁决权在一定范围内受到限制与约束;其次,2015 年的 BIT 范本草案将 2003 年要求的保护措施的正常、合理的标准予以取

---

① Jose E. Alvarez. The Return of the State[J]. Minnesota Journal of International Law,2011,20(2):237-238.

② 印度 BIT 范本草案(2015)第 17 条第 1 款,对国家为维护根本安全利益所采取的行动作了以下规定:"本条约不得解释为:(i) 要求缔约方提供任何信息,其认为违反其基本安全利益的信息;(ii) 防止一缔约方采取其认为对保护其基本安全利益所必需的任何行动,包括但不限于:(a) 与核裂变和聚变材料或其衍生材料有关的行动;(b) 在战争或其他紧急情况下在国内或国际关系中采取的行动;(c) 关于贩运武器、弹药和战争工具以及为供应军事设施而直接或间接进行的其他货物和材料的贩运的行动;(d) 采取行动保护包括通信、电力和水基础设施在内的关键公共基础设施免遭蓄意企图破坏或降低这种基础设施的企图;(iii) 防止一方根据'联合国宪章'为维持国际和平与安全所承担的义务采取任何行动。"

消;最后,在第17条第2款中要求BIT缔约国应当尽可能将根据第17条第1款(i)(ii)条实施的相应措施及终止措施通知相对国,该程序的明确化是相对国把控与实施保护措施的国际投资纠纷的重要前提。

2. 新一代BITs中的安全例外条款

新一代的双边投资协定主要包括欧式BITs以及美式BITs。对新一代BITs中的代表协定CETA、EUSFTA、EVFTA、CECAI以及USMCA中的安全例外条款的文本内容、签署与生效时间作出对比具有重要性。

(1) CETA中的安全例外条款。《欧盟与加拿大全面经济贸易协定》(CETA)是欧盟与加拿大首次达成的自由贸易协定,也是加拿大自NAFTA以来签订的规模最大的双边经贸协定。欧盟基于"欧洲2020"战略制定了推动贸易、投资自由化以维持两个经济体经济稳定可持续增长的目标。2017年9月,经临时申请,CETA条款中90%的内容已生效,但依然有待欧盟全体成员国通过方可全面生效。CETA的文本内容对经贸投资等各领域均有覆盖。[①]

作为典型的欧式BIT,欧盟与加拿大也同样对通过例外条款保护自身权益较为重视,CETA的第28.6条即为该协定的安全例外条款。区别于大部分国际自由贸易协定中采取"安全例外"条款的表述,CETA采用了位列"例外"这一章节下的"国家安全"的表述。该条款内容分为三个部分:不应要求一方提供或允许获取该信息,如果该方认为该信息的披露与其基本安全利益相抵触;不应阻止一方采取其认为为保护其基本安全利益所必需的行动;不应阻止一方为履行其国际义务以维护国际和平与安全而采取的任何行动。其中第二项内容又包括三种情况:一是与武器、弹药和战争工具的生产或贩运有关,与其他货物和材料、服务和技术的贩运和交易有关,与直接或间接为供应军事或其他安全机构而进行的经济活动有关;二是在战争或国际关系中其他紧急情况有关;三是与裂变和聚变的材料或其来源的材料有关。该安全例外条款属于较为典型的安全例外条款模式,这是基于传统对该条款文本内容的继承与延续。

值得注意的是,《欧盟—韩国自由贸易协定》第15.9(c)条规定,将"应当基于《联合国宪章》项下规定履行相关义务"的内容从其安全例外条款中的"维护国际范围内和平与安全"义务的内容中去除,CETA安全例外条款中的相关内容也呈现出对欧韩FTA的承继性,扩大了安全例外条款的适用范围。在CETA对协定中安全例外条款的联合宣言中,欧盟与加拿大在"维护国际范围内的和平与安

---

① 陈品. 加欧综合经济贸易协议(CETA)及对加拿大影响分析[J]. 中国外资,2019(23):46-49.

全的相关措施"中新增了"人权保护"的内容,此举是为了在投资保护与人权保护两者中达成平衡。① 这在事实上反映了欧盟日益重视安全例外条款中"基本安全利益""国家安全"范围的界定,是对该条款适用范围的有序扩大,展现了欧盟为掌握国家规制权与履行国际义务做出平衡的努力。

(2) EUSFTA 中的安全例外条款。《欧盟—新加坡自由贸易协定》(EUSFTA)是欧盟(EU)与东盟国家(ASEAN)之间的第一个自由贸易协定。新加坡和欧盟于 2009 年启动了欧盟自由贸易协定谈判。商品和服务贸易谈判于 2012 年结束,投资保护贸易谈判于 2014 年结束。其中,投资保护要素后来成为欧盟—新加坡投资保护协定(the EU-Singapore Investment Protection Agreement,EUSIPA)。EUSFTA 与 EUSIPA 于 2018 年 10 月签署,并于 2019 年 2 月获得欧洲议会批准。欧盟自由贸易协定于 2019 年 11 月 8 日获得欧盟理事会批准,并于 2019 年 11 月 21 日生效。欧盟成员国的区域议会和国家议会正在批准该方案,预计至少需要两年时间。②

新加坡和欧盟互为重要的贸易和投资伙伴。2017 年,欧盟是新加坡最大的服务贸易伙伴,新加坡是欧盟在东盟的最大服务贸易伙伴。2017 年,欧盟是新加坡最大的外国投资者,外国直接投资存量超过 3 760 亿新元。同年,新加坡在欧盟的对外直接投资(DIA)约为 1 220 亿新元,成为欧盟第七大外商投资国和东盟第一大投资国。③ 2018 年,双边货物贸易额超过 1 140 亿新元。同年,欧盟是新加坡的第三大货物贸易伙伴,新加坡是欧盟在东盟的第一大货物贸易伙伴。

鉴于欧盟与新加坡之间紧密的贸易和投资关系,考虑到欧盟开创与ASEAN 成员国经贸联系并加强与东盟国家区域联系的战略需求,为了避免两大经济体在未来可能面临的利益纠纷,尤其在涉及国家的基本安全利益时,协定内容中设置安全例外条款的必要性便凸显出来。

EUSFTA 的安全例外条款是协定的第 16.11 条,除了安全例外条款中常备的有关"其认为披露有损其基本安全利益的任何信息不应要求缔约国提供""任何一方为维持国际和平与安全的目的采取任何行动不应当被阻碍"之外,还规定

① 隽薪. 将人权纳入投资规则:国际投资体制改革中的机遇与挑战[J]. 环球法律评论,2016(5):182.

② 刘春宝. 欧盟国际投资协定政策的革新及其对中欧 BIT 谈判的影响[J]. 国际经济法学,2015(2):84-112.

③ Ministry of trade and industry Singapore. The European Union-Singapore Free Trade Agreement (EUSFTA)[EB/OL]. [2021 - 06 - 16]. https://www.mti.gov.sg/en/Improving-Trade/Free-Trade-Agreements/EUSFTA.

"任何一方为保护其基本安全利益而采取其认为必要的任何行动不应当被阻止"。b 款的(i)(ii)(iii)具体包括：(i) 与武器、弹药和战争物资的生产或贸易有关，与其他物资的贩运有关，与直接或间接为供应军事设施而进行的经济活动有关的行动；(ii) 为提供军事设施而直接或间接提供服务有关的行动；(iii) 与裂变或聚变材料有关的，或与衍生这些材料的材料有关的行动，而其中的(iv) 款的内容为在战时或国际关系中其他紧急情况下采取的，主要为了保护重要的公共基础设施（向公众提供基本商品或服务的通信、电力或水的基础设施）不被蓄意破坏，彰显了 ASEAN 国家对国民和国家安全的重视。

EUSFTA 是欧盟与东盟国家签订的首个自贸协定，其磋商谈判更是早于2009 年便开始，因此在后续的以东盟国家牵头谈判的 RCEP 中的安全例外条款也延续了对基础设施安全的重视，其文本内容与 EUSFTA 中安全例外条款的内容高度一致。

（3）EVFTA 中的安全例外条款。《欧盟—越南自由贸易协定》（EVFTA）是 28 个欧盟成员国同越南达成的"新一代"自贸协定，且越南是与欧盟签订自贸协定国家的东南亚国家顺位中仅次于新加坡的国家。2012 年，越南与 EU 启动了自贸协定的磋商并于 2015 年年末经 14 轮洽商后达成协议。① 欧盟在法律审查后于 2017 年作出了将该协定划分为《欧盟—越南自由贸易协定》（EVFTA）以及《欧盟—越南投资保护协定》（EVIPA）两部分。2019 年 6 月 30 日，EVFTA和 EVIPA 在河内签订。2020 年 2 月 12 日，欧洲议会投票通过了《欧盟—越南自由贸易协定（EVFTA）》，该协定包括 FTA 和 IPA 两大部分。该协议共 17章，主要内容涉及货物贸易、服务、知识产权、政府采购、电子商务与投资自由化，还覆盖了诸如原产地规则、卫生和植物检疫措施、海关和贸易便利化、贸易的技术壁垒、合作与能力建设、可持续发展以及相关法律制度等内容。2020 年 8 月，EVFTA 正式生效。

EVFTA 有助于越南在农产品、水产品等出口方面发挥一定的比较优势；对欧盟而言，EVFTA 彰显了欧盟开发越南乃至东南亚国家市场的意愿。总体观之，该协定对欧盟与越南双方经济发展均有促进作用，也有助于欧盟与越南乃至更多的东盟国家的关系密切化。

考虑到欧盟与越南之间经济实力存在较大差距，越南产品的国际竞争力不足，欧盟为越南目前出口规模最大的市场之一，因此，EVFTA 基于市场开放承

---

① 周杰，张嘉欣.《欧盟—越南自由贸易协定》简析及对中国的启示[J]. 河北企业，2021(1)：33.

诺给予越南产品出口上的优惠,提高出口欧盟越南产品的价格竞争力。纵使在协定中对越南出口商品大开方便之门,但贸易、投资自由化本身就对在全球经济竞争中居于劣势的发展中国家存在风险与隐患,甚至有使得发展中国家安全利益罹于危难之境的可能性,[①]故安全例外条款的存在尤为重要。

由于 EVFTA 是继 EUSFTA 之后达成的,因此安全例外条款的内容也呈现出承继的特征,该条款规定在第 17.13 条,但与 EUSFTA 中安全例外条款的内容有明显不同的为其中的 c 款,即该协议中任何内容均不得解释为阻止一方为维持国际和平与安全而根据《联合国宪章》采取的任何行动,在该协定中强调了遵循《联合国宪章》项下的义务。

(4) CECAI 中的安全例外条款。《中欧全面投资协定》(China-EU Comprehensive Agreement on Investment,CECAI)历时 7 年共 35 轮磋商谈判,2020 年 12 月 30 日中欧领导人称双方对协定文本内容达成了高度一致,意味着中欧关系达到了新的"里程碑"。

CECAI 文本内容的核心主要涉及四个方面:一是保证中欧互相投资得到妥善保护,加强尊重和保护知识产权的力度,保证补贴透明程度的提高;二是优化中欧双方市场准入的标准与条件;三是保证投资整体环境与监督管理程序公平公正、清晰透明;四是完善优化劳工标准,推进、鼓励可持续发展。[②]

欧盟 27 个成员国的经济发展水平较高,其投资自由化程度以及相应规范标准相对高于我国,但追求更高层次和高标准的贸易、投资规则实质上符合我国在推动改革开放与经济稳步发展的长期目标。目前 CECAI 的规则与标准对我国在宏观层面的经济发展与社会运行、在微观层面的企业运作相对较为严格,也必将纵向地从宏观到微观给我国带来全新的挑战,而这也将是中国实现推动对外开放扩大化与制度改革深入化的大好机遇,有助于我国未来更为广泛地深入到经济区域化与全球化的进路中,进而逐步掌握全球经贸、投资规则制定的话语权。

但 CECAI 的签订以及最终生效依然面临着较大的阻碍。2021 年 3 月,CECAI 审议会被欧洲议会取消。同年 4 月,部分欧洲议会议员宣称要对《中欧全面投资协定》予以冻结,这与美国对欧盟不断施压有关。这种声音也凸显出欧盟内部对中国态度的分歧,西欧国家相对而言更为坚持继续 CECAI 谈判并坚持推进该协定的签署,西班牙首相桑切斯公开称,若 CECAI"告吹",西班牙愿同中

---

① 吴泽林. 欧盟与越南签署自贸协定及其影响[J]. 和平与发展,2020(5):106-115.
② 卢进勇,李思静,张晨烨. 中欧 BIT 谈判重点、难点及策略[J]. 国际经济合作,2020(3):16-34.

国协商签订双边协定而避免受到欧盟举棋不定的负面影响。同样地,意大利、法国及德国等欧盟国家也表示出同样的态度。[1]

在 CECAI 的签订与生效遭到阻拦的背景下,若能够达成该协定,在美国施压下对安全利益的保护也应更为重视。虽然 CECAI 的文本内容尚未全部面世,但从现有的文本中可以一窥安全例外条款之初步面貌。在第六章的"最终条款"中,其第 10 款对安全例外进行了规定。其内容同样是不得要求一方提供或允许其查阅其认为违反其基本安全利益而披露的任何信息,或阻止一方为保护该国基本安全利益而实施其认为必要的举措或行动(与生产或贩运弹药、武器以及战争装备的;与前述生产、贩运其他货物与材料、服务和技术的往来交易具有相关性的;与直接或间接为军事设施的运行所需供给而实施的经济行为有关的;与裂变和聚变材料或该两者之来源物质存在关联的,以及战时或者陷入国际关系中相当紧迫危急情况下的),或阻止一方基于《联合国宪章》项下为维持国际和平与安全而应当履行的相应义务所采取的措施与行动。从该安全例外条款的文本看来较之 EVFTA 以及 CETA 的文本具有高度一致性,这也彰显了欧式 BIT 对安全利益关注点的共同特征。

3. 国际协定中的安全例外条款

《美墨加协定》(USMCA)基于《北美自由贸易协定》(NAFTA)发展而来。特朗普当政后,于 2018 年 8 月启动了美国与墨西哥之间的自由贸易协定,其后于 2018 年 9 月美国同加拿大也在先前未达成一致的争议问题上形成共识后,三者决定构建北美新的自由贸易协定,并将其重新命名为 USMCA,于 2018 年 11 月 30 日完成了签署。[2] 在墨西哥于 2019 年 6 月 19 日率先对该协定予以批准后,由于美国国会中对 USMCA 中有关劳工、环境与药品价格的问题以及钢铁、铝等相关内容颇有争议,协定因国会的阻挠而迟迟未能批准,同时加方也称其对该协定批准与否取决于美国。这份仅由墨西哥批准的旧版 USMCA 显然无法促使美加双方加速推进批准程序,故由美国民主党牵头美墨加的协商谈判并逐步完成对协定内容的修改,最终新版 USCMA 于 2019 年 12 月 10 日签订,尔后于 2020 年 7 月 1 日生效。[3]

论及 USMCA 的性质,呈现出经济与政治并重的战略意义。美国作为该协

① 王跃生,边恩民,张羽飞.中国经济对外开放的三次浪潮及其演进逻辑——兼论 RCEP、CECAI、CPTPP 的特征和影响[J].改革,2021(5):81-83.

② 张丽娟,郭若楠.国际贸易规则中的"国家安全例外"条款探析[J].国际论坛,2020(3):71-72.

③ 白洁,苏庆义.《美墨加协定》:特征、影响及中国应对[J].国际经济评论,2020(6):123-124.

定的主导者,其意志很大程度上投射于协定本身。虽然 USMCA 是承继于 NAFTA,但两者之性质可谓大相径庭,原因有二:一是是否属于 WTO 项下并遵循 WTO 多边规则;二是是否履行了区域贸易协定要求的相关义务。

从原因一的角度观之,NAFTA 是在 WTO 范畴内制定的区域经贸协定,而 USMCA 则相反,这从特朗普上任后大兴单边主义、架空 WTO 争议解决机制以及诸多"退群"政策中可见一斑。更为直观的是 USMCA 的名称强调了美墨加三国,却并未如 NAFTA 表现出对区域内推进经济一体化的意志。因此,在对 USMCA 进行定性时,应当明晰其并非区域经贸协定,而事实上属于美墨加三国之间的协议。

WTO 规则引致特朗普政府最大不满的是国民待遇、最惠国待遇原则及前两者共同体现的非歧视原则对在数量上具有绝对优势的发展中成员国给予过多的利益倾斜。由于 WTO 为推动发展中国家稳步发展、世界经济平衡,国民待遇、最惠国待遇原则事实上仅由少数的发达国家遵循。同时,特殊差别待遇(Special and differential treatment,SDT)原则就减让承诺而言,允许发展中国家较发达国家做出更少承诺,在乌拉圭回合中针对发展中国家和最低限度开发国家所适用的原则宽松于发达国家所适用的原则。

根据比较优势理论,对于美国而言,制造业外流以及贸易逆差的形成是不可避免的。特朗普政府应对选民非难的重要举措便是营建更易由其控制的贸易、投资环境,因此,其大力宣扬美国在 WTO 自由贸易机制下所面临的"不公",除了着力干预架空 WTO 争议解决机制外,多边与区域投资贸易协定也被排出其考虑范围之外,特朗普政府为提高其议价能力而更偏好双边谈判。

因此,USMCA 的性质是在经济全球化、经济自由化趋势不可逆的时代背景下,美国为重新调整世界经贸规则以及稳固霸权地位而采取的权宜之计,因此,该协定不能被认定为区域自由贸易协定,而应当被认定为国际协定。[①]

从原因二的角度观之,在 WTO 多边机制下的区域贸易协定应当遵循 GATT 中的相关义务,例如 GATT1947 第 24.4 条规定,成员国为推进贸易自由化进而实现区域经济一体化目标,允许其自行决定签署自由贸易协定。GATT1994 第 24 条也规定,区域自由贸易协定的签订需要履行两项义务:一是要求协定的缔约国不应当人为地给其他成员国创设更高的贸易壁垒;二是要求

---

① 翁国民,宋丽.《美墨加协定》对国际经贸规则的影响及中国之因应——以 NAFTA 与 CPTPP 为比较视角[J]. 浙江社会科学,2020(8):22-23.

该区域自贸协定签订后缔约国有义务促成贸易自由、开放程度的提高。

USMCA 中的"非市场经济国家条款"作为"毒丸条款"规定了以下内容。

首先,该条款第 1 条对"非市场经济国家"作出了规定,主要指 USMCA 签订前被至少一个缔约成员国根据贸易救济法认定为"非采取市场经济体制"的国家,且该国与其他三国均不存在自由贸易协定,因此,美国只需在签订协议前根据其国内法认定某国属于非市场经济国家,即可自动获得审查和否决某一缔约国与该"非市场经济国"拟谈判达成的自贸协定的权利。

其次,该条款的第 2、3、4 条对缔约国谈判通知、信息披露的义务作出了详尽的规定,缔约国若欲与非市场经济国家进行有关自由贸易的磋商与谈判,则负有提前三个月的期限通知其他缔约国的义务,且需要将谈判目标等具体内容及资料完整地递交其他缔约国予以审查。若缔约国在谈判后表达出欲与非市场经济国家签订自贸协定的意愿,则在协定签订 30 日前向其他缔约国提供囊括全部附件的双边投资、贸易协定的全文。

再次,该条款的第 5 条也同样在美墨加中某缔约国欲同非市场经济国家签订自贸协定时,赋予该缔约国自由退出 USMCA 而订立新双边自由投资、贸易协定的权利。

最后,该条款的第 6、7、8 条对决定签订替代性双边投资、贸易协定的后续内容也作出了规定,实质上是为"踢群"进行铺垫。

从上述"毒丸条款"可以看出,第三国若抱有和 USMCA 缔约国中任一方签署区域贸易、投资协定的意愿,都必须做出自身采取市场经济体制、属于市场经济国家的证明,这显然对第三国施加了义务,有悖于 WTO 体制下推进区域贸易自由化的规定。[①]

从以上两方面的原因分析可知,USMCA 并非区域自由贸易协定,而是美国主导下的国家间协定。USMCA 作为全球经贸独占鳌头的大国主导建立的具有"美国优先"意味的协定。[②]

作为与一国利益之根基的安全利益相关联的安全例外条款也是我国在同美墨加各国经贸往来中切实保护自身权益的重要依据,对该条款的深入研究具有必要性。

旧版 USCMA 的内容与 TPP 的文本存在较高程度的重合,但其属于在

---

① 刘卫平. 大国竞合下的美墨加协定[J]. 人民论坛,2020(27):126-129.
② 李馥伊. 美墨加贸易协定(USMCA)内容及特点分析[J]. 中国经贸导刊,2018(34):28.

TPP 的标准下完成的本质性的修改与更新。新版则在旧版协定的组织结构和章节脉络的基础上，针对众议院抱有疑义的部分进行了优化。

通过 USMCA 的发展历程可知，其同 TPP 与 CPTPP 中大多数的条款内容都具有较高的重合度。从文本内容来看，USMCA 与 CPTPP 的安全例外条款具有高度一致性，因此，该条款对基本安全利益的维护呈现出双刃剑的作用，虽然条款内容的概括性与抽象性在面对新型安全问题上更为灵活机动，但具体性不足的安全例外条款也同样会使得条款的适用受到限制，用以抗辩成功的可能性也会呈现出降低的趋势，过于宽泛的表述有可能使得掌握国际司法话语权的国家滥用该条款，进而导致全球经济实力严重的扭曲与不公。

4. 我国 BITs 中的安全例外条款

正如前文所述，我国并不存在成型的双边投资协定范本，安全例外条款也并非常规性条款。由于我国并未专门制定 BIT 范本，安全例外条款也不具有统一性。

第一种类型是以专门规定的形式存在，该类型的规定以"禁止和限制"为共性，强调缔约国出于捍卫该国基本安全利益、维护公共健康利益等目的，不应对其实施任一类型的"禁止或限制"或其他措施的权利进行限制和约束。中国与新加坡、新西兰、毛里求斯的双边投资协定都含有此类条款，主要采用了对其欲保护的利益不同形式的表达，诸如"基本安全利益""根本安全利益""国家利益"等。

第二种类型同样以专门规定的形式存在，该类型的规定以列举基本安全利益情况为共性，BIT 缔约国在其具体条款内容中规定的事项发生时，可采取保护措施而免除协定规定的相关义务。例如，在中国与日本、韩国签订的双边投资协定中对安全例外条款规定了"其认为"危害该国基本安全利益的情况，诸如战争、武装冲突以及其他紧急危机的出现，或贯彻实施武器非扩散化的一国政策或国际协议的情形等，同时也包括联合国宪章下对国际和平与安全维持保护的义务。

第三种类型以待遇例外的形式呈现，对国民待遇、最惠国待遇等作出例外的优待。我国与日本、德国、芬兰、葡萄牙等国的 BIT 中的安全例外条款即属于这种类型。投资待遇是东道国对海外投资者及其投资母国给予的法律上的待遇标准。[①] 虽然投资待遇要求条约中所有条款必须遵循这一原则性例外，但是除了投资待遇，东道国仍须承担国际投资条约中包含的其他义务，因此投资待遇例外在某种程度上不能将安全例外条款的全部适用范围涵盖在内。

---

① 余劲松. 外国投资法[M]. 北京：法律出版社，2012.

第四种类型以反向排除的形式呈现,其主要是通过对有违维护本国基本安全利益根本目的的投资者进行筛选,并将不能达到标准的投资者从双边协定安全例外对海外投资者的保护范畴内剔除,例如中国与菲律宾签订的双边投资协定就采取了该种形式。

第五种类型是采纳他国范本的形式,在我国与其他国家对双边投资协定进行协商谈判的过程中,通过参考对方的 BIT 范本,并对其范本中的安全例外条款予以认可,进而直接规定在两国的双边投资协定文本中。例如,我国与印度签订的 BIT 第 14 条就是直接将印度 BIT 范本中的安全例外条款移植入双方的 BIT 文本中,规定内容为:缔约东道国因为保护其根本安全利益,或在紧迫危急境况下基于遵循合理性与非歧视性原则对相关法律予以适用,不得受到不合理的阻挠。

综上可知,我国与他国签订 BITs 安全例外条款具有不同的表现形式。鉴于我国并无标准化的 BIT 文本,因此除了直接套用相对国家 BIT 范本的情况外,作出直接专门规定、待遇例外、反向排除等形式成为该条款的主流形式。虽然不拘一格的条款规定具有较大的灵活性和针对性,但实则导致我国 BITs 中的安全例外条款失去了稳定性和统一性,这样的安全例外条款与我国保护本国作为东道国的利益、保护本国与海外投资者的利益的客观要求契合度不足。

二、全球新一代 BITs 中安全例外条款的不足

WTO 争端解决机构对 DS512 案的解读完成了安全例外条款司法实践中具有争议的核心问题的清晰化。然而,新一代 BITs 中的安全例外条款仍然存在着诸多隐患,这集中表现在缔约国滥用自裁决权的行为未能通过行之有效的规则做出规范与预防,也未能为缔约国在其称之为"为保护国家基本安全利益"而采取保护措施时,明确审查的具体权限以及客观标准,对于安全例外条款在各国的适用实践中普遍出现的扩张性也未能及时遏止,"非传统安全"的范畴也未能予以界定清楚。[①]

(一)自裁决权的行使缺乏客观限制

由 WTO 争端解决机构就 DS512 案的处理结果可知,就当下安全例外条款的司法实践而言,赋予国际投资贸易协定缔约国以自裁决权,而自裁决权具有高度的主观性。其他缔约国乃至国际范围内对"基本安全利益"的不同意见则不在

其考虑范畴内,目前世界范围内也并未对这些概念进行精准的定义。对安全例外条款的自我裁断权利进行限制的唯一主体为 WTO 争端解决机构的专家组,而专家组进行审查的标准却有失客观性,原因在于该标准基于"善意"原则进行度量。

"善意"原则,作为具有普遍国际司法公信力的 WTO 争端解决机制对安全例外条款适用状况的衡量标准,难免缺乏足够的说服力,这也同该原则本身的原则性与抽象性有关,因此需要其他规则乃至与其他原则相结合进行解释方能实现该条款的具象化。基于各方国际力量不同立场和时代变迁,该原则也呈现出动态变化,因此当前以"善意"原则为基准的审查机制存在漏洞,[①]安全例外条款具有被某些协定缔约国滥用自裁决权而扰乱审查机制以及国际司法秩序的隐忧。

(二)"必要性"审查需加以重视

DS512 案的专家组报告除了对缔约国自裁决权的认可之外,同样对缔约国实施的保护举措与"基本安全利益"存在最低程度合理性的相关度的前提下,赋予缔约国对实施保护举措的"必要性"的判断与决定权。[②] 区别于国际投资争端解决机构对缔约国行使自裁决权仍进行以善意原则为衡量标准的审查,对于"必要性"的判断决定权利则全然由投资协定缔约国自行行使。

缔约国实施的保护举措的"必要性"审查存在一定程度的宽泛性和模糊性。从目的角度来看,缔约国实施保护措施的目的并不一定纯粹为维护国家基本安全利益,由于缺乏评判审查机制以及严格的审查标准,缔约国极有可能打着保护国家安全的幌子,而借以实现其他诸如贸易保护等实质上扰乱国际经济秩序的不合理目的;从结果的角度来看,缔约国所实施的保护措施是否能够起到直接捍卫基本安全利益的目的,以及措施对目的的贡献程度,这些内容并不在争端解决机构的考察范围内,理所当然地,对缔约国实施保护措施的其他目的的贡献程度更不在争端解决机制的审查领域内。[③]

从上述两个角度观之,国际争端解决机构未能对安全例外条款中"必要性"

---

① 刘瑛,张璐. 论 GATT 安全例外对美国 232 钢铝措施的适用[J]. 国际经贸探索,2019(12):109 - 110.

② Tsai-fang Chen. To Judge the Self-judging Security Exception under the GATT 1994-Systematic Approach[J]. Asian Journal of WTO and International Health Law and Policy, 2017(12):342 - 343.

③ 丁丽柏,陈喆. 论 WTO 对安全例外条款扩张适用的规制[J]. 厦门大学学报(哲学社会科学版),2020(2):135.

的审查作出符合国际经济秩序维护要求的规制,在当下非传统安全备受重视的时代背景下反而催生了部分缔约国通过对该条款的扩张化解释忽视甚至践踏其他国家的安全利益,以实现自身不正当国际竞争以及贸易保护的目的的行为。这种负面行为本身是经济全球化以及投资、贸易自由化的倒行逆施,有违国际经济发展的客观规律。

(三)"国家安全"概念解释扩大化

"国家安全"的范围已难以适应当下各国对保护其安全利益的需求。就DS512案而言,专家组就"国家安全""基本安全利益"允许投资协定的缔约国以具体境况为基础对该条款进行相对动态化的解释。而该种演化解释的形式与方法最早可以追溯至"美国虾及虾制品进口限制案"。WTO 上诉机构对迁徙和濒危的海龟与美国保护措施具有充分的联系程度做出了肯定。上诉机构指出,虽然 GATT 第 20 条(g)项文本内容并未对有生命与非生命的自然资源进行区别划分,但肯定了自然资源可再生与可用尽之间并不存在互斥性的观点,因此,海龟在该案中被认定为"可用尽自然资源"。[1]

上述两个案件在一定程度上推动了安全例外条款对国家安全与基本安全利益的概念解释出现扩大化的趋向,而这也同当前国家安全议题多元化、对非传统安全的重视程度日渐提高的走向大体一致。

事实上,DS512 案对"国家安全"的扩大化解释问题并未涉及,对非传统安全的界定在国际社会也尚未形成共识,而且"国际关系中的其他紧迫危机情况"的解释也并不具体。除了前几项情况,要求术语的解释具有相当性之外,在对非传统安全被纳入基本安全利益范畴的趋势下,并无对该泛化解释进行客观约束与规制的规则,因此某些缔约国基于非传统安全而维护自身基本安全利益之外的利益的不当行为蔚然成风。[2]

虽然非传统安全的保护问题日益进入国际视野,允许对安全例外条款进行合理的扩展适用有助于缔约国适应时代发展的变化,避免受到条款原文本内容过度狭窄的限制,但具有高度机动性的解释存在隐患,因此对于"国家安全"范围以及"基本安全利益"的概念仍应由 WTO 争端解决机构在未来的相关实践中逐步加以明晰,厘清非传统安全与传统安全的边界。

---

① Report of the Panel. Russia-Measures Concerning Traffic In Transit,WT/DS512 /R,5 April 2019,paras.7.146 - 7.147.

② 刘美. 论 WTO 安全例外对单边贸易制裁的有限治理——基于"俄罗斯过境限制案"的分析[J]. 国际经贸探索,2020(1):105.

第五节 完善投资条约中安全 例外条款的对策

一、明晰安全例外条款适用范围

安全例外条款对"国家安全""基本安全利益"内涵的非具象性已使得该条款在实践中广被诟病。当下国际社会对前述两个概念的认知依然呈现出相对审慎的态度,对非传统安全的纳入表现出较强的克制,对于基本安全利益的认定也聚焦于军事、武装冲突等直接涉及国家根本安全的领域和情况。

当前国际投资协定的安全例外条款存在两种适用范围,过度狭隘、缺乏变通的情况将适用范围限缩于军事领域,过度泛化、缺乏约束规范的情况将适用范围不合理地扩大到非传统安全领域,这两种倾向都明显存在着弊端。前者在非军事领域的安全问题危及一国基本安全利益时,容易陷于无从着手的窘境,而后者则有可能导致滥用安全例外条款,对国际经济、司法秩序造成极大破坏,因此促进我国已签订以及将来签订的 BITs 中的安全例外条款的适用范围的明晰化极为重要。

如前所述,安全例外条款中"基本安全利益"这一概念的范围不应当仅局限于军事、政治等领域,在安全问题日益扩散至非传统安全领域的背景下,对于经济安全、社会公共健康、资源安全、生态环境安全以及信息安全等可能涉及基本安全的问题,也应当考虑合理地、有选择性地将其纳入该条款的适用范围中。

当前国际社会仅通过国际仲裁实践对非传统安全中的经济安全问题纳入安全例外条款的适用范畴予以肯定,也同样被愈来愈多的颇受经济安全问题威胁其国家核心利益的国家所认可和赞同,但对于社会公共健康与利益、资源安全、生态环境安全以及信息安全等领域的安全问题的纳入仍需审慎考虑。安全例外条款的适用范围不合理地扩大化的趋势,已使得国际社会对该例外的文本规定和具体适用的隐患产生了警觉,因此,出现了诸如将来该条款可能"吞没"规则、部分国家违反 BITs 规定而以该条款为借口规避应承担的责任等相关问题的讨论。[①]

不论是经济安全还是其他领域的非传统安全,在将其具体规定纳入安全例

---

① Anne Swardson. U. S. Comes Out Ahead in Trade Skirmishes, SEATTLE TIMES, Oct. 16, 1996, at A3.

外条款时,对采用的术语以及选定的情形都应当进行充分的考虑,原因在于 BITs 条款同时适用于缔约国,不论是东道国抑或是投资母国,在强调对我国经济乃至其他非传统安全领域保护的同时,也意味着相对国拥有这些权利,而在当下单边主义与贸易保护主义兴起的国际背景下,相对方存在泛化利用安全例外条款以实现其贸易保护目的的可能性,这不仅会影响我国的投资贸易活动,减损我国经济利益,而且还会扰乱国际投资、贸易秩序,破坏投资、贸易自由化与经济全球化进程。

因此,我国在 BITs 中吸纳非传统安全问题并列入条款时应当慎重,在具体制定 BITs 安全例外条款时,应当对安全例外条款的适用范围根据当时的国际形势与本国国情作出有针对性的规定。

二、确定安全例外条款管辖权归属

就安全例外条款的管辖权以及是否具有可仲裁性这一问题而言,未在协定中明确规定该条款的可仲裁性意味着该条款可以依循协定的宗旨与目的得出可仲裁的推论,反之,若在协定中将该条款明确规定为不可仲裁,则意味着该条款相关的国际投资争议不可仲裁,这已经成为国际仲裁实践中形成的普遍共识。

DS512 案确认了 WTO 对援用 GATT 第 21 条的国际投资案件有权管辖,且有对成员国实施的保护举措进行客观审查的权力。一方面,在对"国家安全"概念过度扩张化导致的个别国家对安全例外条款的不当援用行为进行打击之外,也更容易获得以推进投资自由化为目标的成员国对 WTO 争端解决机制的认可,进而获得这些国家对面临被架空威胁的 WTO 争端解决机制的声援;另一方面,部分成员国因自裁决权受到限制,反而会促使其转向通过双边或其他多边协商谈判的形式来实现其保护自身某些利益的目的。[①]

在我国所签署的内嵌安全例外条款的 BITs 中,鲜有对该条款的管辖权与可仲裁与否的内容作出明确规定,这也表明基本安全利益在罹于国际投资纠纷和在该纠纷诉诸国际仲裁机构时,我国无法排除其对该争议的管辖权。我国基本安全利益的争议同我国国家主权息息相关,但原则上我国国家主权排除仲裁机构的管辖权,这显然同前述的现状存在矛盾。

双边投资协定中的条款对缔约国双方均有效,在我国作为投资国的情况下,东道国通过援用含有规定了经济安全利益属于基本安全利益内容的安全例外条

[①] 梁咏. 论国际贸易体制中的安全例外再平衡[J]. 法学,2020(2):155.

款,针对我国采取保护措施时,完全排除国际仲裁机构对该类纠纷的管辖权并不能起到维护我国利益的作用,反而具有弊端,因此针对我国同其他经济体所签订的 BIT 管辖权这一问题,也应当区别划分不同情形对条款进行规定。

三、精细安全例外条款审查标准

相较于美国等具有 BIT 范本的国家,在我国现存的 BITs 中规定自裁决权的安全例外条款数量较少,"其认为"这一术语下的自裁决权是一国援用安全例外条款,并排除国际仲裁实践对其实质审查的重要内容和有力武器。

由于 BIT 对缔约国双方均具有拘束力,而安全例外条款的审查尺度与标准一旦作出了规定便对双方均具有规范作用,国际仲裁实践普遍地将审查尺度与标准划分为自裁决与非自裁决两种,但现存的 BITs 中的安全例外条款一般均规定国家的自裁决权。为了确保在适用该条款时自裁决权的行使不被过度干预,在 BIT 协商谈判直至签订过程中,对安全例外条款的自裁决性质的规定理应明确作出。

具体地,对 BIT 缔约国行使自裁决权、援用安全例外条款的客观审查的尺度与标准全然交付于缔约国,抑或是采用"善意"原则或在"善意"原则进行评判的基础上对标准进行再度精细化。审查的尺度与标准采用专门条款规定与否,我国与其他经济体在 BITs 的协商谈判过程中应根据彼此国情以及国际形势再做出相应的规定,不可一概而论,[①]在制定条款的过程中也同样应当注意规定的合理性、必要性并遵从比例原则。

精细安全例外条款审查标准,除了基于"善意原则"进行审查意外,由于运行不同内在机制的 BIT 之间各有差异,因此还需要"具体问题具体分析"。[②]

首先,从相对国与其他国家的角度来看,意图通过援用安全例外条款的缔约国需要证明其所处境况符合该条款的适用条件,其他成员国可以针对援用了该条款的国家能否有效免责进行质疑,并应当列出"信息性"的标准。此种细化审查标准的方案是个性化与制度化的,突破了完全依赖于增加援用成本和免责者具有赔偿意愿与否的局限。[③]

其次,从国际经贸投资体系的角度来看,在缔约国援用安全例外条款以规避

---

① 南丁夫,孙增芹. 从中美贸易争端看 WTO 的国家安全例外条款[J]. 内蒙古民族大学学报(社会科学版),2020(1):107.

② Shin-yi Peng. Cybersecurity Threats and the WTO National Security Exceptions[J]. Journal of International Economic Law, 2015, 18(2):449.

③ See Krzysztof J. Pelc.

安全利益受损的风险扩大时,国际经贸投资体系应当对援用该条款的国家所处境况是否符合条款的适用条件进行验证。争端解决机构专家组可以将其从其他政府或非政府实体获取的相关信息做出整合,以便最大限度地保证裁决的公正性和合理性。同时,也不应当排除专家组对非违约之诉中的利益损益问题的管辖权,即使援用安全例外的缔约国所实施的举措已经被承认且确定为符合"善意原则"的前提。[①]

四、优化安全例外条款告知程序

GATS 的第 14 条第 2 款便涉及了告知程序的内容,要求成员国在其基本安全利益受到妨害或者处于将受到妨害的紧迫情势下,决定采取一定的措施以实现其保护目的时,负有向保护措施相对国进行告知的义务,且保护措施以及该措施终止的状况均应包含在内。

告知义务的设置对 BIT 缔约国,不论是东道国抑或是投资母国均有所裨益,原因在于若是 BIT 中明确了安全例外条款的可赔偿性,东道国一方在做出通知后能够提示投资国做好准备,同样也能够降低自身损失,投资母国一方在接到保护措施及相关事项的告知后,能够及时预期并筹划准备措施,以防范海外投资收益流失的进一步增加。而在 BIT 缔约双方均未在安全例外条款中规定赔偿责任的情况下,抑或是条款的可赔偿性并未直接作出明确规定的情况下,东道国在实施保护举措造成海外投资者利益减损,却基于安全例外条款中赔偿责任不确定的状态,规避其应当承担的赔偿责任,会造成更复杂的争端。

告知义务的内容应包括触发该国实施保护措施的前因、采取保护措施的内容及其目的,该措施引致相对国的负面影响,诸如可能波及的领域,对预期违反BIT 的相关条款、义务进行背书。除了告知内容,告知程序对时间的设定也应当以"尽可能早"作为标准,而这一程序标准可以效仿日本—越南 BIT 的相关规定予以细化。[②] 基于此,我国已签署以及预期签署的 BIT 存在着不断完善告知义

---

① 除 WTO 争端解决机构可以管辖与安全有关的纠纷之外,联合国安理会与国际法院同样可以根据GATT 第 23 条(全体缔约国如认为具有必要性,可以同其他缔约国、联合国经济与社会理事会和部分合适的政府间组织协商)对此类纠纷进行管辖,且后续在具体程序上仍需 WTO 争端解决机构同联合国协商使得两者的权力与职责明确化。

②《日本—越南 BIT》(2003)第 15 条第 3 款对告知程序的规定内容如下:"缔约方若需对本条第 1 款的进行援引,不遵循本条约条款(第 10 条除外)并实施相关措施,必须在其实施的措施正式生效前'尽可能早'地将以下内容通知相对方:(a)可能受影响的部门;(b)与其实施的措施具有关联性的缔约国应承担之义务及相关条约条款;(c)其实施措施的法律法规依据;(d)对其实施措施的简单说明;(e)实施该措施的目的。"

务的具体内容与程序的必要性。

五、区别安全例外条款赔偿责任

现存的国际投资协定中尚未有对援用安全例外条款后的赔偿责任作出过明确规定,因此,赔偿责任问题在国际仲裁实践中众说纷纭。同样,中外 BIT 中的安全例外条款也并未对该条款援用后应当承担赔偿责任与否作出明确规定。

在 BIT 未能对该问题作出具体明确的规定的情况下,仲裁机构将适用国际习惯法,即 2001 年《关于国家责任的条文草案》第 27 条对纠纷予以裁决。根据该《草案》第一部分第五章第 20—26 条的内容,必要性是对不法行为予以排除的情形之一,包括同意(consent)、自卫(self-defence)、对国际范围内不法行为的反制措施(countermeasures in respect of an internationally wrongful act)、不可抗力(force majeure)、危急紧迫情况(distress)及对强制性规范的遵循(compliance with peremptory norms)等情形。在第 27 条规定,即使此类情形的发生能够排除国家实施保护措施行为的不法性,但对实施保护措施的行为给相对国造成的实质损失(material loss)履行赔偿(compensation)责任不受影响。该草案第二部分第 31 条规定了责任国对其所实施的国际不法行为有对其造成损害全部赔偿(full reparation)的义务,损害的范围同时包括物质(material)与精神(moral)层面的损害。第 34 条和第 38 条对赔偿形式作出了更为深入的规定,包括恢复原状(restitution)、补偿(compensation)、赔偿(satisfaction)以及利息(interest)。[①]

虽然该条不强制成员国负担赔偿利益受损相对国的损失,仲裁机构有权作出使东道国向利益受损的投资者进行赔偿的裁决。东道国援用安全例外条款后承担赔偿责任与否的问题,应当以 BIT 中有关征收补偿的规定为依据。对海外投资者而言,将东道国的赔偿责任理所当然地予以免除,会引致安全例外条款的滥用,同时也将使征收补偿条款名存实亡。[②] 如果一味免除东道国的相关赔偿责任,处理其实施保护举措行为给相对国造成的负面影响、确定其对第三方以及国际社会的潜在义务的难度将显著提升。[③]

对安全例外条款中的赔偿责任加以重视是对该条款灵活高效适用的重要表

---

① 韩秀丽. 论国际投资协定中的"根本安全利益"与"公共目的"[J]. 现代法学,2010(2):110.

② 叶瑞. 论中美 BIT 中根本安全例外条款的设置——从应对我国企业海外并购"安审"法律风险的角度分析[J]. 重庆工商大学学报(社会科学版),2015(4):84.

③ Vaughan Lowe. Precluding Wrongfulness or Responsibility:A Plea for Excuses[J]. European Journal of International Law,1999(2):410-411.

现之一,可赔偿性规定的不明晰极有可能在我国卷入的国际投资纠纷诉诸国际仲裁机构时陷入极大的被动中,从而受制于仲裁庭。这也从侧面反映出将安全例外条款的赔偿责任专门作出规定的关键性作用。

我国目前签署 BIT 的国家主要分为政治经济环境较为动荡的亚非拉“第三世界”国家以及发达国家两种类型。这两类国家由于其经济发展水平与政局稳定程度的不同,对与其签订 BIT 的安全例外条款中赔偿责任的设置作出区分是合理的。

目前与中国签订 BIT 的国家中亚非拉地区的发展中国家数量较多,与其签订 BIT 的目的更多偏向于稳固外交关系,背后的政治意义大于经济意义。[①] 鉴于此类国家的赔偿力相对不稳定,为了减少我国海外投资的损失,有必要在 BIT 中规定缔约国援用安全例外条款后对相对国做出赔偿。

对于发达国家,则可以不规定安全例外条款的赔偿责任,但同样应当注意,即使是发达国家依然有可能在特定的时代背景下大力鼓吹贸易保护与单边主义以限制他国经济发展,因此在存在该种可能性的情况下,对于完全不设定安全例外条款中的赔偿责任需要慎之又慎。在与该国订立 BIT 时可以参考本国与该国经贸、投资往来历史,预测该国是否有可能采取贸易限制等保护措施,并在谈判的过程中与相对国协商,将安全例外条款的可赔偿性以及赔偿责任作出双方均认为合宜的规定。当然,若缔约国援用安全例外条款并实施的相关保护举措具备合理性、比例性,则应当基于安全例外的设置宗旨,排除其保护举措的违法性质,并免于其对相对国的赔偿责任。

BIT 设置安全例外条款已经日益受到重视,我国也应当重视条款文本的规定以及对条款的适用,以维护我国作为东道国、投资母国的安全利益以及我国投资者的利益。在日后同他国的 BIT 谈判与签署过程中也应当着力完成 BIT 范本,搭建安全例外条款的基本框架。在容纳安全例外条款的基础文本内容的前提下,根据政局稳定程度、经济发展水平以及其他因素,在面对不同类型的国家时对 BIT 条款进行有针对性的调整。

六、提高国内群体谈判参与程度

从条款本身的视角来看,适用范围、管辖权归属、审查标准、赔偿责任等是重要部分,但是否援用安全例外条款往往由协定的缔约国做出,而事实上促进缔约

---

① 李思奇,杨玉瑶. 中国自贸协定投资规则的文本研究与前景展望[J]. 国际贸易,2021(6):30.

国援用该条款的直接动力大多与国内利益群体的诉求息息相关,而并非国家政策的制定者。

大多数西方国家民主制度下的政党之争以及选举模式都要求政府必须依赖国内利益群体的支持,以最大限度地获得选票、占据选举中的有利地位;对贸易投资自由化呈现出开放与保守不同态度的利益群体的交锋也会对政府决策产生直接的影响。因此,国际投资协定的签订和政府的国内政策制定会发生各种作用和波动。①

国际投资协定包括 BITs 中安全例外条款设置的初衷是通过对缔约国实施保护举措的行为进行合理限制,进而推动投资自由化进程。若缔约国为实现其政治目的而援用该条款,并通过事后赔偿等方式而实施保护措施,这与该条款设置的本意相违背。因此,政府在进行 BIT 的谈判应当增加国内利益群体及其选民的参与度,进而提升国际利益与缔约国国内利益的适配程度,在为缔约国降低国内政治压力的同时能够抑制缔约国滥用安全例外条款的利益驱动,从根本上减少东道国与投资母国之间摩擦的可能性,推动国际投资自由化的发展。

第六节 结 语

中美贸易战爆发,美国重启 232 调查 301 调查,并通过次级制裁大力扩张其治外法权的行为,使得世界各国对经济安全等非传统安全利益的认知逐步深化。为了在抵制以美国等发达国家在当下所宣扬的保护主义、重商主义和单边主义,推动投资与贸易自由化的进程,世界各经济体都着力于寻求维护自身基本安全利益的有效途径,而通过安全例外条款具体适用与文义法理的明晰化,是各国达到保护本国核心国家安全利益的最为直接和有效的方式。

安全例外条款在国际投资活动与协定中存在的历史较短,过去较长的一段时间也未曾有针对该条款适用问题做出具备权威性的裁决与判例。自"俄罗斯过境运输措施案"的专家组报告公布后,该条款的适用实现了一定程度上的具体化。该报告对该条款的关键术语以及上下文的解释较为合理且具有权威性,因此对其他现存的国际投资协定乃至新一代 BIT 中安全例外条款的设置与适用

---

① Rachel Brewster. The Domestic Origins of International Agreements[J]. Virginia Journal of International Law. 2003(43): 501, 503.

产生重要影响。

　　本章对安全例外条款的文本内容进行分析，以具体权威裁决案例为基础，结合新一代国际投资协定中条款的变迁与趋势，对该条款现存的缺憾之处提出优化的建议，期冀能够为我国新一代 BIT 中该条款的完善与革新、实现更高标准的投资自由化以及捍卫我国根本安全利益产生积极的作用。

第十章
正当程序原则在外资国家审查中的适用

第一节 引　言

外商投资国家安全审查(以下简称国安审查)指东道国为维护国家安全,审查有危害或者危害之虞的外商投资,并通过禁止、增加附加条件等手段以化解安全威胁的法律制度。正当程序原则是指权力的运行必须遵循正当的方式与步骤。在经济全球化背景下,促进投资自由化和保护国家安全犹如"车之两轮鸟之双翼",是国安审查制度所联结的两端。2009 年,为规范东道国国安审查行为,限制其自由裁量权,消除国内相关法规模糊性,经济合作与发展组织在《东道国国家安全投资政策指南》中倡导了"透明度原则",通过披露决策行动、征求投资者意见、严格时限等措施,在保护国家机密信息的同时,维护投资者合法权益。[①] 这实际上就是正当程序原则在国际投资法之适用,强调国安审查的监管目标和做法应具有可预测性。本章从《外商投资安全审查办法》(以下简称《审查办法》)出发,发掘正当程序原则的内涵,评估我国外资国安审查制度的现状,并试图将正当程序原则建构于其中,使其内容能成为完善我国外资国家安全审查制度适用的"一剂良药"。

2020 年 12 月 19 日,国家发改委、商务部颁布了《审查办法》。这是继 2019 年我国颁布《外商投资法》之后的又一部外资领域的重要法律文件,完善了《外商投资法》第 35 条"国家建立外商投资安全审查制度,对影响或者可能影响国家安全的外商投资进行安全审查。依法作出的安全审查决定为最终决定"之规定,将

---

① See OECD. Guidelines for Recipient Country Investment Policies Relating to National Security [EB/OL]. [2021 - 05 - 27]. www.oecd.org/investment/investment-policy/43384486.pdf.

原先一个短短的条文扩展到具体实施细则,彰显了在经济全球化背景下国家对如何平衡促进投资自由化和保护国家安全的重视。《审查办法》规定了审查范围、审查工作机制、审查流程、申报制度、监督实施和违规处理等,[①]内容全面翔实,是新时代外国投资者和国安审查工作机制的行为准则和程序依据。

　　然而,目前的《审查办法》着重规定形式上的流程,即通过确定国安审查的操作步骤来规范国安审查工作机制的权力,程序真正且独立之价值尚未得到充分彰扬。纵览上下条文,我们需要回答"如何应对国家安全概念泛化问题,避免国安审查变成东道国政治性操作的工具""国安审查工作机制如何在一般审查和特别审查中行使自由裁量权从而作出合理的审查决定""外国投资者如何在国安审查过程中主张自身权利"等问题。"程序正义,意味着程序不是权力的附庸,而是制约专横权力的屏障"。[②] 外资安全审查不是"开放倒退",[③]在过分强调"程序其形"的《审查办法》业已付诸实施的今日,尽可能地运用程序法治思维应对"闭门造车""黑箱作业""政治泛化"等无理指责是依法治国的应有之理,[④]否则,程序不当会打击外国投资者的积极性,因为它将不确定性和不可预测性的负担置于广大外国投资者身上,进而产生阻止本应受到欢迎的外国投资的负面效应,不利于构建国内国际双循环的新发展格局。

第二节　适用依据:正当程序原则的普适性及其中美国别内涵

　　"程序是实现法治的基石"。[⑤] 正当程序原则脱胎于英国"自然公正"原则,即权力行使应按照自然法所确定的"最低标准":一是法官应保持中立、公正和没有偏见,一个人不能在他有某种利益的事业中担任法官(Nemo judex in causa sua);二是在对当事人做出不利影响的行为时,应赋予当事人陈述自身意见的权

---

　　① 中华人民共和国发展和改革委员会外资司. "国家发展改革委、商务部发布《外商投资安全审查办法》". [EB/OL]. [2020 - 12 - 19]. https://www.ndrc.gov.cn/xwdt/xwfb/202012/t20201219_1255023. html.

　　② 蒋秋明. 程序正义与法治[J]. 学海,1998(6):86.

　　③ 参见顾阳. "外资安全审查导致开放倒退"是误读[N]. 经济日报,2020 - 12 - 25(3);陈岱松,蔡丽楠. 外资安全审查不是"开放倒退"[J]. 法人,2021(2):14.

　　④ See Xingxing LI. National Security Review in Foreign Investments: A Comparative and Critical Assessment on China and U.S. Laws and Practices[J]. Yale Law Journal,2016(13):255 - 256.

　　⑤ 季卫东. 程序是实现法治的基石[J]. 法制资讯,2010(9):10.

利(Audi alteram partem)。① 随后"自然公正"原则传入美国,经宪法第 5、14 修正案和判例确认,正当程序原则走向成熟,并从原先仅一项司法原则演变成为宪法和行政法领域的重要原则。20 世纪,大陆法系国家借鉴英美法系国家做法,纷纷引入正当程序原则。经过我国学者孜孜不懈地努力和推动,正当程序原则亦成为我国公法领域一项基本原则,指引权力行使的方向。②

一、正当程序原则的普适性

正当程序原则是实现法治的必然要求,其在各国立法、行政、司法等公权力行使的领域普遍适用,具有内生性。大陆法系国家借鉴英美法系国家经验使正当程序原则最终被确认为一项法治原则。自从启蒙运动以来的"法治国思想"为正当程序原则之适用奠定了理论基础。不同于神权国和专制国,限制公权和保障人权是法治国家的基本目的,守法和遵守程序是法治国家生活的基本准则。事实上,"大自然迫使人类去解决的最大问题,是建立一个普遍法治的社会",③无论是英美法系的"自然正义",还是大陆法系的"法治国思想",随着各国逐渐把法治确立为基本方略,并由自由法治国家向社会法治国家过渡,正当程序原则不再仅作为裁判合法性之准绳,更成为衡量所有公权力行使合法性、合理性、公平性的尺度之一,故各国推动法治完善,正当程序都是必可缺少的一环。为了走出自由主义范式中形式法危机所造成的人与人之间事实不平等和福利国家中的实质法危机所造成的国家公权力主体家长主义之困境,哈贝马斯更是提出"交往行为理论"和"程序主义法律范式",试图通过不同主体之间的互动形成商谈性意见,促进人们与公权力主体沟通,相互理解协调各方以使公权力形成意志做出决定,化解公权力和私人自由间的矛盾。④ 由是观之,诸如当事人参与等正当程序之设计有助于寻找公权力行使合法性、正当性、公平性的边界。

诚然,基于不同的国情和历史背景,各国正当程序原则的具体内涵难免会有所不同。但无论如何,正当程序原则的普适性决定了其实质均为"着眼于权力行

---

① 薛波. 元照英美法词典[M]. 北京:北京大学出版社,2017:949.

② 季卫东. 法律程序的意义:对中国法制建设的另一种思考[J]. 中国社会科学,1993(1);周佑勇. 行政法的正当程序原则[J]. 中国社会科学,2004(4);朱淑娣,周诚. 国际经济行政法基本原则:平等保护与正当程序[J]. 北方法学,2011(5).

③ 康德. 历史理性批判文集[M]. 何兆武译,北京:商务印书馆,1997:8.

④ See Jurgen Habermas. Morality and Ethical Life: Does Hegel's Critique of Kant Apply to Discourse Ethics?, Northwestern University Law Review,1988 - 1989(83):38.

为的过程,确定程序标准来控制权力";①其特点均是通过适当设计权利行为程序,使得相对人与权利行使主体在过程中发生"交涉",充分保障决定程序法律结果的法律主体行使权力的正当性,并维护相对人的正当权益;其根本追求都是法律程序本身体现出来的、独立于实体结果正确性的程序正义价值。② 由于正当程序原则最先在美国成文化,且与众多大陆法系国家结合自身国情所确立的正当程序原则存在较大区别,以下分别讨论中国法和美国法上正当程序原则之内涵,在相得益彰的同时以期他山之石可以攻玉。

二、中国法中的正当程序原则内涵

随着依法治国写入宪法,正当程序原则在中国内发性地成为一项法治原则,相关研究和适用亦进入了快车道。20 世纪末—21 世纪初,我国学界曾经就正当程序的内涵展开过激烈的讨论。汪进元从宪法出发,认为正当程序构成要件包括程序合法、主体平等、过程公开、决策自主、结果合理;③季卫东以法理的维度,归纳正当程序原则具有中立性、正当过程、条件优势、合理化四项子原则;④周佑勇从行政法视角,提出程序中立性、程序参与性、程序公开性三项要求;⑤等等。

事实上,学者结合自身研究领域对于正当程序原则内涵的不同理解均合理正确,上述学者针对正当程序的学理探讨都包含了三大内容——客观中立的处事立场、明白公开的程序结果和通达顺畅的沟通机制。首先,从法律主体角度来看,客观中立的立场是正当程序的基础,公权力机关同一情况平等对待是做出公正决定、合理结果的前提;其次,从公权力行为进度角度来看,明白公开的程序结果是正当程序的重点,透明可知贯穿事前事中事后全过程是规范自由裁量、自主决策的必需手段;再次,从公权力主体与当事人关系角度来看,通达顺畅的沟通机制是正当程序原则的要求,赋予当事人参与公权力决定过程的民主权利是最小化阻碍与浪费、最大化效果与支持、实现合理化的应有之义。因此,取学者观点之交集并归纳大同小异部分可知,中国法上正当程序原则至少要求上述三大内容,由此概括出正当程序原则中普遍的三点原则:一是偏私排除原则;二是公开透明原则;三是公众参与原则。这些便是中国法上正当程序原则的内涵。

①　孙笑侠. 程序的法理[D]. 北京:中国社会科学院研究生院博士学位论文,2000:127.
②　陈瑞华. 走向综合性程序价值理论——贝勒斯程序正义理论述评[J]. 中国社会科学,1999(6).
③　汪进元. 论宪法的正当程序原则[J]. 法学研究,2001(2):51.
④　季卫东. 程序比较论[J]. 比较法研究,1993(1):12.
⑤　周佑勇. 行政法基本原则研究[M]. 武汉:武汉大学出版社,2005:247.

(一) 偏私排除原则

"要使事物合乎正义,须有毫无偏私的权衡"。[①] 偏私排除原则要求公权力主体居中持平,排除利益瓜葛和自身好恶对权力行为的干扰,不偏不倚地做出公正合适的价值判断和决定。偏私排除原则贯彻于权力运行始终,从一开始启动行为到调查过程中,再到最终做出决定,公权力主体都要保持客观公正的态度。为保证偏私排除原则的实施,现实中采取了回避、职能分离等措施。在国际经济行政法上,偏私避免原则可延伸得到非歧视原则,包括最惠国待遇和国民待遇原则等,旨在保障各国平等行使权利,[②]以消除贸易和投资壁垒。

(二) 公开透明原则

正义不仅应该被实现,而且要眼见着被实现。公开透明原则意味着除了国家秘密、个人隐私和商业秘密之外,公权力主体在实施权力行为时应将权力行使的主体状况、法律依据、特定原因、运行过程、最终结果等向相对人或者公众公开。其实质是赋予公民、法人和其他组织对公权力主体行为的知情权,防止公权力主体"黑箱作业"和滥用权力,保障相对人合法权益和公众可预见性,进而提升公权力主体公信力,减少不必要的争议和指摘。同时公开透明原则亦具有纠错的职能,"公开是防止自由裁量权恣意最有效的工具",[③]人们在公开中获得对公权力主体的监督权,降低公权力主体腐败和因"闭门造车"导致决策失误的可能性有利于避免人治,促进法治。

(三) 公众参与原则

"公众参与是破解行政法治'合法性难题'的出路"。[④] 公众参与原则下,公众不再是仅被动接受"反射利益或不利益"的"他者",而是实实在在作为权利主体主动介入到权力运行的全过程当中,与公权力主体交互沟通,提出自己的利益诉求,陈述自己的辩解和意见,对权力运行结果施加影响。如此,一方面,可以提高权利行使的准确性,避免因专横擅断而导致法治危机;另一方面,有助于当事人与公权力主体建立互信,使其更容易接受权力行使结果,化解公权力主体与当事人之间的矛盾。公众参与的形式多种多样,包括咨询、听证、陈述、申辩等制度。其中听证是公众参与的核心,权力行使并非胡作非为,相反,其必须以获取证据认定事实为前提,因此在权力行使过程中,公权力主体应当征询当事人意

---

① 亚里士多德. 政治学[M]. 吴寿彭译. 北京:商务印书馆,1983:169.
② 朱淑娣,蒋梦娴. 国际经济行政法的理论界定[J]. 东方法学,2008(2):95.
③ 王名扬. 美国行政法[M]. 北京:中国法制出版社,1995:975.
④ 王锡锌. 公众参与和中国新公共运动的兴起[M]. 北京:中国法制出版社,2008:11.

见,尤其是当要做出对当事人不利决定时,应为他们创造解释和抗辩的机会,从而为权力的行使和最终决策提供依据,以免侵害自然公正所赋予当事人的权利。

三、美国法中的正当程序原则内涵

作为美国宪政制度上一项历史悠久的基本原则,自麦迪逊将"非经正当法律程序,不得剥夺任何人的生命、自由或财产"写入《宪法(第5修正案)》开始,正当程序原则就在保障人权和自由、维护私有财产、维系民主法治社会发挥了重要作用。在判例的推动下,美国逐步确立了对正当程序原则的二分法,即程序性正当程序原则和实质性正当程序原则。程序性正当程序着眼于法律如何实施和执行,而实质性的正当程序着眼于法律将对谁产生影响以及法律将产生什么影响。①

(一) 程序性正当程序原则

起初的美国正当程序原则仅指程序性正当程序原则,其从公权力实施过程出发,要求公权力主体行使权力对生命、自由或财产造成不利影响时,方式程序符合基本的公平,包括给予当事人听证权、对待决案件的知情权、根据有关情况在沉默或者争辩间作出抉择的自由,以及在相应的公权力主体陈明其抉择事由的权利。② 由是观之,程序性正当程序原则围绕两个问题展开:一是生命、自由或财产是否受到影响;二是公权力主体行使权力的程序方式是否公平。在解答第一个问题时,重点在于对"生命、自由或财产"进行定义,起初程序性正当原则仅保护由法律决定受法律保护的"权利",不保护由行政赋予从政府取得的"特权",③后"戈德堡诉凯利案"中以布伦南大法官为首的联邦最高法院抛弃了先前对"权利"和"特权"的区分,认为政府赋予市民的福利亦属于"生命、自由或财产"中的财产范畴,进而判决国家终止市民福利之前,必须根据正当程序条款要求进行充分的听证。④ 从此,法院通过扩大解释,"生命、自由或财产"逐渐泛指所有可以在法律上主张的权益。第二个问题实际上是在谈论程序方式公平的判断标准,占主导地位的是由"马修斯诉埃尔德里奇案"所确立的"利益均衡测试",即为了确定现有公权力行使程序方式的正当性,法院必须考虑以下事项:① 受公权

---

① See Peter Strauss. Due Process[EB/OL]. [2021 – 04 – 30]. https://www.law.cornell.edu/wex/due_process.

② 参见薛波. 元照英美法词典[M]. 北京:北京大学出版社,2017:448.

③ 参见杨炳超. 论美国宪法的正当程序原则——兼论我国对该原则的借鉴[J]. 法学论坛,2004(6):92.

④ Goldberg v. Kelly,397 U.S. 254 (1970).

力行为影响所涉及的私人利益;② 现有程序下公权力行为错误剥夺该私人利益所可能产生的风险,以及若采取替代措施所产生程序保障的可能价值;③ 现有程序下政府履行职能所产生的利益,包括所涉及的职能以及附加或替代程序要求将带来的行政成本和财政负担。①

(二) 实质性正当程序原则

判例法不断向前发展,实质性的正当程序原则亦随之逐渐形成。实质性正当程序原则旨在弥补程序性正当程序原则在保护当事人实体权利上的不足,不同于程序性正当程序原则对于权力行使的过程方式正当性之强调,实质性正当程序原则要求权力行使本身和作为权力行使依据的法律要公平合理,从而有效地实现对当事人生命、自由和财产权利的直接保障。在立法层面,制定的法律法规必须与合法合理的政府利益或目标相关,且在对当事人生命、财产、自由进行限制时,不得包含不公平、任意或不合理待遇的规定。② 在司法层面,裁判内容应该努力实现公平正义,不能恣意对当事人权利进行剥夺。③ 在行政层面,如果政府行政行为明显不合理,属于"全然恣意"地剥夺当事人合法权益,且与公共卫生、安全、道德或者普遍福利等目标没有实质性联系,那么它就违反了实质性正当程序。④

四、小结

尽管正当程序原则源于英美法,然而我国正当程序原则有着不同于英美法系正当程序原则的独立内涵。前者细致,从程序正义角度出发,提出对公权力行使程序的要求;后者宏大,不仅涉及程序方式本身,而且引申到对实体权利是否得到公平合理维护之讨论。正因为如此,在充分发掘中国正当程序原则的同时,英美法系正当程序原则亦值得借鉴,尤其是形式性正当程序原则中判断程序方式正当的标准和实质性正当程序原则中对于实体权利的重视。笔者在下文会同时运用中美正当程序原则之内涵,使其相互交融,编织"经纬网"以建构完善我国的国安审查制度。在此之前,笔者需先对正当程序原则在国安审查中的可适用性和我国国安审查的具体状况进行评估。

---

① Mathews v. Eldridge, 424 U.S. 319 (1976).

② 汤德宗. 论宪法上的正当程序保障[J]. 宪政时代,2000(4): 21.

③ See BMW of North America, Inc. v. Gore, 517 U.S. 559, 574 - 75 (1996).

④ See Village of Euclid v. Ambler Realty Co, 272 U.S365 (1926); City of New Orleans v. Dukes, 427 U.S. 297 (1976).

第三节　适用分析：正当程序原则在
我国国安审查中的可适用性

国安审查本质是公权力对于财产自由流动的限制,其采取禁止或者增加附加条件措施意味着对外国投资者的财产权、根据投资合同所产生可预期利益、投资自由施加不利影响。而正当程序原则正是在公权力主体干涉当事人权利的场合下适用的行为准则,二者具有形式上的契合性。下文从美国"罗尔斯(Ralls)案"这个有关实然层面正当程序原则在国安审查中运用的案例引入,分别从国安审查的定性、适用正当程序原则的必要性、重要性角度讨论正当程序原则在国安审查中应然层面的可适用性。

一、案例设置：实然层面正当程序原则在国安审查中的适用

Ralls 公司是一家中资美国公司,在收购俄勒冈州四个风力发电场的所有权时,因这四个风力发电场靠近一个军事禁区,被美国外国投资委员会责令停止所有施工,将房产出售给美国外国投资委员会批准的买方,拆除房产上的所有设备,并销毁任何已完工的建筑。根据美国外国投资委员会的建议,奥巴马总统发布总统行政令解除了收购交易。随后,Ralls 公司对美国外国投资委员会和奥巴马总统提起诉讼,在上诉中,巡回法院以"美国外国投资委员会在做出行政决定前未事先通知"确认了 Ralls 公司的第五修正案正当程序索赔。最终 Ralls 公司和美国政府达成和解,结束了旷日持久的诉讼。①

二、行政许可：国安审查受正当程序原则调整

按照《审查办法》,国安审查流程为：首先,影响或者可能影响国家安全的特定类型外商投资应主动向国安审查工作机制办公室申报;其次,工作机制办公室决定是否启动国安审查,假如做出不需要审查决定的,当事人可以实施投资;再次,工作机制办公室进行一般审查,假如认为申报的外商投资不影响国家安全的,应当做出通过安全审查的决定;接着,假如一般审查认为影响或者可能影响

---

① See Xingxing LI. National Security Review in Foreign Investments：A Comparative and Critical Assessment on China and U.S. Laws and Practices[J]. BERKELEY Bus. L.J., 2016(13)：255.

国家安全的,应当启动特别审查,如果经特别审查发现申报的外商投资不影响国家安全的,应做出通过安全审查的决定,假如影响国家安全则应做出禁止投资的决定,如果通过附加条件能够消除对国家安全的影响,且当事人书面承诺接受附加条件的,可以作出附条件通过安全审查的决定,并在决定中列明附加条件。申报、决定是否启动审查、一般审查、特别审查、决定允许或禁止投资,这一系列流程明显符合《行政许可法》第 2 条"行政许可,是指行政机关根据公民、法人或者其他组织的申请,经依法审查,准予其从事特定活动的行为"的定义,属于典型的行政许可,受到作为公权力行使基本原则之一的正当程序原则的调整。

三、裁量性行政行为：正当程序原则在国安审查中适用的必要性

裁量性行政行为与羁束性行政行为相对,是指行政主体在面对同一案件事实时,可以采取不同做法,作出不同决定的行政行为。裁量性行为包括两种：一是决定裁量;二是选择裁量。前者是指行政主体可以决定采取措施,也可以决定不采取措施;后者是指行政主体可以做出此决定,亦可以做出彼决定。事实上,国安审查既包含了决定裁量,亦包含选择裁量。

当外国投资者申报时,工作机制办公室根据《审查办法》第 4 条和外商投资负面清单判断该外国投资是否属于审查范围,以确定是否进行后续审查,这基本属于根据法律规定做出行政决定,很少有自由裁量权的羁束性行政行为。然而,与之相对照,当进入审查后,工作机制办公室便"大权在握",由于"影响国家安全"非确定性概念,许可外商投资与否全凭行政主体的事实理解和经验分析,权力运行自由空间巨大,这属于裁量性行政行为中的决定裁量。其中,不透明的决策程序容易造成对国家安全审查的任意执法,偏私歧视的主体心态会导致相似案件不同判断,不听取外国投资者意见会导致国安审查的滥用和操纵。当最终特殊审查认定外国投资影响国家安全后,工作机制办公室根据具体投资情况做出禁止投资或者附加条件投资的决定,这属于裁量性行政行为中的选择裁量,如果只要附加条件即可保护国家安全却采纳禁止投资决定,外商投资的投资自由就会被剥夺。因此,为防止工作机制办公室在审查中滥用自由裁量权,正当程序原则有广阔的适用天地和必要性。

四、兼具授益性和负担性行政行为：正当程序原则在国安审查中适用的重要性

给相对人带来利益的行政行为是授益性行政行为,给相对人带来不利益的

行政行为是负担性行政行为。国安审查中,既有通过国安审查被给予投资许可的授益性行政行为,又有未通过国安审查"在被禁止交易同时强制要求其放弃对于已获得的股权或资产的所有权"①的负担性行政行为。无论是授益性行政行为还是负担性行政行为,当事人的营业自由、财产权等正当利益都受其影响。

营业自由是指当事人自主选择自己所从事事业的自由,包括选择交易对象、确定交易内容、决定交易方式等。如果出于政治原因,审查主体以国安审查为工具,在外国投资者面前专横而毫无理由地树立起投资壁垒,则外国投资者的营业自由将无法得到保证。同理,若审查决定恣意而不符合实际地做出,在给予许可的同时,给本不该附加条件的投资实际附加条件,则会使外国投资者徒增交易成本,甚至导致投资失败,这亦不合理地剥夺了外国投资者确定交易内容的自由,是对营业自由的不当影响。公法上的财产权指取得和拥有财产的一般性权利,②如果国安审查肆意行使,即使《审查办法》第 8 条规定审查期间不允许进行投资,但那些基于合理信赖为投资做准备的前期投入会化为泡影,外国投资者的财产权仍会受到不公平地侵害。由是观之,为保障外国投资者的合法权益,正当程序原则引入国安审查具有重要意义。

五、小结

正当程序原则具有普适性,亦在国安审查中有充分的适用空间。实然层面中,缺乏正当程序原则的国安审查被诟病、被判决败诉。应然层面中,国安审查属于行政许可性质,属于正当程序原则适用领域;国安审查中行政主体具有很大的自由裁量权,为了限制其滥用,正当程序原则有适用的必要性;国安审查的恣意行使会不正当地剥夺外国投资者的合法权益,正当程序原则有适用的重要性。

第四节　适用场景:我国外资国安
审查状况具体评估

尽管《外商投资安全审查办法》2020 年年底才出台,其实施效果尚待时日检

---

① 黄洁琼. 论比例原则在外资国家安全审查中适用[J]. 河北法学,2020(10):158.
② 芦部信喜. 宪法(第六版)[M]. 高桥和之补订,林来梵,凌维慈,龙绚丽译. 北京:清华大学出版社,2018:183.

验,但不可否认的是,我国国安审查 20 年的实践给国家安全审查制度带来了很多宝贵的经验教训。此外,"新冠肺炎疫情的暴发使投资和贸易保护主义在全球甚嚣尘上,世界各国各自为营,对外资安全的审查更为严格,外资政策趋紧",①域外日益泛政治化的国家安全审查似乎代表着一种趋势,中国亦难以置身事外。

我国国安审查制度的发展历程是以"粗放式"为立法特色构造相关制度走向以"集约式"为立法特色构造相关制度的过程,是审查主体由不作为到滥作为再到规范作为的过程,是中国特色社会主义法治日臻成熟的过程。为此,下文试图通过梳理"旧法新规"的文本和实践,对我国外资国安审查状况进行评估,为后文正当程序原则在国安审查中的适用建构做铺垫。

一、"旧法":国安审查制度演进轨迹及实践梳理

总的来说,改革开放以来中国对外商投资逐步放开,然而中国政府对与外国投资有关的潜在安全问题变得更加谨慎。② 纵观中国国家安全审查的历史,中国外资国家安全审查制度在中国对外开放 30 多年后,直到 2011 年才正式亮相。2011 年之前,中国没有系统的外资国家安全审查,尽管与外商投资有关的文件中有一些零散的规定。通过梳理与我国国家安全审查相关的法律、法规、规章、一般规范性文件及相关案例,笔者发现,在《审查办法》出台前,我国外资国家安全审查制度演进轨迹大致可以分为以下三个时期:2007 年以前的自然生长时期、2007—2011 年的初步探索时期以及 2011 年开始的独立发展时期。

(一) 2007 年以前的野蛮生长时期

加入 WTO 后,中国的境内外商投资呈现快速增长的态势。担心监管不力的外商投资活动可能导致"外资垄断,制约中国经济发展……其后果包括环境恶化、中国员工利益受损和国有资产流失",③中国政府决定以国家安全为由对这些担忧做出回应。

国家安全审查的概念第一次正式出现在中国法律体系中是 2003 年四部委联合颁布了《2003 年外国投资者并购境内企业暂行规定》,要求投资者

---

① 赵蓓文. 全球外资安全审查新趋势及其对中国的影响[J]. 世界经济研究,2020(6):8.

② See Cheng BIAN. National Security Review of Foreign Investment:A Comparative Legal Analysis of China,the United States and the European Union[M]. Routledge,2020:59.

③ See Cathleen Hamel Hartge. China's National Security Review:Motivations and the Implications for Investors[J]. Stanford Journal of International Law 2013(49):239,273.

对影响"国家经济安全"的投资进行说明,"国家安全"作为反垄断措施的一部分被提及。[①] 然而,法条中一笔带过的一句话无法填补制度规范上的缺失。和加入 WTO 之前一样,这时候的外国投资者在华投资仍会出现两个极端——要么监管机构完全不管,放任国有财产被外资低价纳入囊中,对国家安全造成影响;要么监管机构严格监管,最终导致收购失败,对当事人财产安全造成影响。为了避免第二种极端发生,针对可能影响"国家经济安全"的领域,外国投资者很少会主动向审查主体做出报告。外国投资者对在华投资充满热情,收购就像"雨后春笋"一样进行,然而野蛮生长、拒绝主动报告势必会引发政府担忧并激发政府监管。在不透明流程的基础上,外国投资者对政府决策缺乏清晰明了的可预测性,反过来这又会抑制外国投资者对中国投资的兴趣,不利于外商投资的可持续发展。

改变开始于"凯雷收购徐工案",由于彼时社会所普遍具有的反国有企业财产流失情绪高涨,审查工作不得不一度被拖延搁置。为防止国有财产流失及装备制造业被外国控制,危害我国实体经济发展,政府一面进行审查,另一面创制新规则溯及既往地适用,包括《2006 年国务院关于加快振兴装备制造业的若干意见》《2006 年关于外国投资者并购境内企业的规定》《2006 年关于推进国有资本调整和国有企业重组的指导意见》等文件,使得国安审查逐渐有法可依,直接推动了外商投资和国安审查制度由野蛮生长时期向初步探索时期的过渡。

(二) 2007—2011 年的初步探索时期

2006 年出台的《关于外国投资者并购境内企业的规定》强调影响"国家经济安全因素""必要行业"的外商投资需要向商务部申报,国家安全审查制度雏形初显,但距离形成系统的、可操作的法律制度仍任重道远;随后 2008 年《反垄断法》明确规定对外资并购境内企业进行国家安全审查,这在全国人大颁布的法律中尚属首次。

至此,"国家安全"已经逐渐成为外国投资者在华投资的一个重要关注点。然而,令中国监管部门和外国投资者感到困惑的是,所有的相关规定都只是对国安审查的重申和号召,法律本身并没有为这种审查在实践中如何进行提供任何可操作的或系统的框架。此外,同样令人不解的是,外资国安审查制度规则繁多

---

① 2003 年《外国投资者并购境内企业暂行规定》第 19 条:"……存在其他严重影响市场竞争或国计民生和国家经济安全等重要因素的,也可以要求外国投资者作出报告……"。

粗浅、只言片语、不成体系性,且所有相关条款的定义都很模糊,"国家安全"等重要概念在规范中没有进一步解释。因此,在没有对国家安全这一法律前提进行明确、详细定义的情况下,外国投资者和审查主体仍然不知道这些规定在实践中是否适用以及如何适用。

初步探索时期较为有名的案例当属"阿尔斯通收购武汉锅炉案"。一度处于军工产业链上游的武汉锅炉之所以能成功被外资收购,笔者认为实然层面有五方面的原因:一是因为涉军技术年久落后,现存价值不大,并购不会危害国防安全;二是因为市场份额较小,并购不会影响产业安全;三是因为其增加了就业机会,减少国有财产流失,缓解了舆论压力;四是因为收购得到湖北省、武汉市两级政府发改委和国资委的同意和大力支持。笔者认为,为防止造成偏私不公正,下级政府的支持与否不应是国安审查中考虑的因素,未允许当事人参与审查决定形成过程,并表达意见即作出决定属于人治而非法治。

(三) 2011—2019 年的独立发展时期

事实上,在反垄断法律法规中规范国家安全审查制度存在概念上的混淆和价值上的错位,[①]反垄断是为了促进市场公平竞争,而国家安全审查则是为了维护国家长治久安,这两种制度隐含着不同的政策考虑和利益衡量,将国家安全审查作为反垄断法之部分,只能强调国家安全审查的必要性,明显无助于提高国家安全审查的可操作性。

经过近 10 年的逐步演进,2011 年,《国务院办公厅关于建立外国投资者并购境内企业安全审查制度的通知》和《商务部实施外国投资者并购境内企业安全审查制度的规定》使得外商投资国家安全审查的制度正式从反垄断只言片语的条文中脱离出来,成为一项单独的制度而得以确立。两个文件确立了国家安全审查委员会作为承担审查程序的机构,由商务部和国家发改委牵头成立。无疑,这种制度安排代表了更大的可预见性、透明度和公开性。

随着党的十八大提出全面深化改革,中国法治建设更加健全,外资管理体制发生根本变化,2015 年的《外国投资法(草案征求意见稿)》用了整整一章的篇幅(第 48—74 条)详尽规定了对外国投资的审查机制。但需要强调的是,《外国投资法(草案征求意见稿)》自 2015 年公开征求意见之后便销声匿迹。

---

① 参见彭岳. 外资并购国家安全审查中的权限配置问题:中美之间的差异及启示[J]. 国际商务研究,2012(4):53.

换言之,2020年《审查办法》出台前的近十年,国家安全审查制度一直沿用2011年的两份文件。

"永辉超市收购中百集团案"是独立发展时期唯一的国安审查已知案例,其深刻阐释了"盖天下之事,不难于立法,而难于法之必行"的道理。

永辉超市是一家在中国成立的外商投资企业,中百集团是武汉市国资委下的一家零售公司。2019年,国家发改委宣布对永辉超市收购中百集团进行国安特别审查。不过,在国家发改委做出国安审查决定前,永辉超市就主动放弃了收购。[①]该案引发了众多议论与质疑,有学者指出,永辉仅要求收购中40%的股份,且没有公开证据表明永辉希望谋求对目标公司的实际控制权,不符合2011年两份文件规定的国安审查启动条件,且此次合并只涉及两家经营超市的零售企业,不属于国安审查的行业范围。

各时期外资国安审查代表性案例见表10-1。

表 10-1　各时期外资国安审查代表性案例

	凯雷收购徐工案	阿尔斯通收购武汉锅炉案	永辉超市收购中百集团案
发生背景			
收购时间跨度	2005—2007 年(基本搁浅)—2008 年(彻底放弃)	2006—2007 年	2019 年
收购所处时期	野蛮生长到初步探索时期	初步探索时期	独立发展时期
计划收购份额	起初 85%,后降至 45%	51%	40%
因素 1:收购双方			
收购方	美国另类资产管理公司	法国大型外商独资企业	外资为最大股东的中国籍零售企业
被收购方	国有重大装备制造企业	国有设备制造企业,曾处于军工产业链上游	国有零售服务企业

① See DING Yi. Yonghui Drops Plans to Increase Stake in Chinese Retailer After National Security Probe, Caixin[EB/OL]. [2019-12-17]. https://www.caixinglobal.com/2019-12-17/yonghui-drops-plans-to-increase-stake-in-chinese-retailer-after-national-security-probe-101495178.html.

续　表

	凯雷收购徐工案	阿尔斯通收购武汉锅炉案	永辉超市收购中百集团案
因素 2：政策制度			
机构程序	收购双方先进行资产评估，签订股权转让协议，再因徐工主要生产领域为装备制造业而受发改委审查，因徐工国有企业性质而受国资委审查，然后因涉及外资受商务部外资司批准，最后因徐工为上市公司，为变更股权结构向证监会备案。	当事人签订协议后向商务部申报材料，商务部会同诸如发改委等相关部门受理当事人的申报，认为阿尔斯通的收购对国家安全没有重大影响，予以批准。	当事人订立协议并申报材料后，由发改委商务部牵头联席会议进行一般性审查，联席会议认为永辉超市收购对国家经济稳定运行、社会基本生活秩序可能会造成影响，于是启动特别审查并向永辉超市下发《特别审查告知书》。
适用法律规则	《2003 年外国投资者并购境内企业暂行规定》《2006 年国务院关于加快振兴装备制造业的若干意见》《2006 年关于外国投资者并购境内企业的规定》《2006 年关于推进国有资本调整和国有企业重组的指导意见》	《2006 年国务院关于加快振兴装备制造业的若干意见》《2006 年关于外国投资者并购境内企业的规定》《2006 年关于推进国有资本调整和国有企业重组的指导意见》	《2011 年国务院办公厅关于建立外国投资者并购境内企业安全审查制度的通知》《2011 年商务部实施外国投资者并购境内企业安全审查制度的规定》
政府干预特点	拖延搁置，一面进行审查，另一面创制新规则加以适用。	规则繁多粗浅、只言片语，无成体系性外资国安审查制度	从反垄断条文中脱离出来，成为一项单独的制度为政府所用
因素 3：社会			
舆论压力	担忧国有财产流失、装备制造业被外国控制，对我国实体经济发展有害。舆论压力很强	担忧国有财产流失，军工技术流向外国，国防安全无法得到保障。舆论压力强	舆论压力弱
最终结果			
成功与否	未批准，收购失败	批准，收购成功	审查主体宣布审查后，主动撤回收购

续　表

	凯雷收购徐工案	阿尔斯通收购武汉锅炉案	永辉超市收购中百集团案
成功/失败原因	收购确有危害产业安全之虞;制度不完善导致政策效力高于既有法律规定,为了达到维护国安之目的,审查主体利用行政权力单方高权性,设置不透明程序,排除收购方在程序中的参与	涉军技术年久落后,现存价值不大,并购不会危害国防安全;市场份额较小,并购不会影响产业安全;增加就业机会,减少国有财产流失,缓解舆论压力;收购得到湖北省、武汉市两级政府发改委、国资委的同意和大力支持	未达规则所要求"实际控制权被外国投资者取得"之国安审查启动前提条件,便错误启动程序,给收购方造成困惑,延误了收购进度,耽误了收购的最佳时期
审查程序存在问题	和反垄断审查混在一起,相互之间的不同机构、不同职权、不同程序未能厘清;因为制度的不健全,没有规定审查时间,不合理地拖延审查时间;在审查进行中制定众多新规则加以适用,对投资者而言不具有可预测性	国安审查作出批准收购决定的部分原因是阿尔斯通得到了下级政府的支持。但这一点站不住脚,非充分允许当事人参与过程表达意见即作出决定,属于人治,仍非法治,易造成偏私不公正	虽然国安审查制度独立发展,然而发改委未按规则要求即轻率启动审查:一般而言,零售业的并购并不会影响日常生活进而危害国家安全,但联席会议不仅暗中完成了一般性审查,而且还进入了特别审查阶段,颇有矫枉过正之嫌。在这种情况下,不透明的过程和参与权的剥夺致使陈述申辩空间被堵死,程序明显不正当

二、"新规":《审查办法》制度评价及文本解读

毋庸置疑,《审查办法》的出台是我国外商投资国安审查制度的一个重要里程碑,标志着我国外资国安审查由初步探索时期进入日臻成熟时期。自此,几乎所有有关国安审查的实体和程序要求都"定于一法",而不再如之前野蛮生长时期那样无法可依,也不像初步探索时期的碎片化立法,同时也比独立发展时期的2011年两份文件内容更充实完善。

随着立法更加集约、审查行为更加便捷,我国已形成以2019年颁布的《外商投资法》为框架、2020年出台的《外商投资安全审查办法》为填充、《外商投资准入特别管理措施(负面清单)》为补充的外商投资新格局。不过,仔细分析其文本,在权责配置、程序细化、沟通途径等方面仍有着较大提升空间。

(一) 权责配置需完善

首先,我国审查机制牵头机构的设置采取"双头制"既有其合理性,又着力化解因权责不清而导致的矛盾。2011年的《国务院办公厅关于建立外国投资者并购境内企业安全审查制度的通知》规定:"联席会议在国务院领导下,由发展改革委、商务部牵头,根据外资并购所涉及的行业和领域,会同相关部门开展并购安全审查",确立了我国外商投资国家安全审查牵头机构的"双头制"。2020年的《审查办法》亦没有改变这种模式,只不过办公室设在发改委,发改委是主场,商务部客场作战。事实上,之所以两个部门协同牵头,正是因为发改委和商务部的职能不同所决定的。吸引外资是商务部的职责,而规划和保障是发改委的工作,二者在联席会议中都发挥着举足轻重的作用,如果仅一个部门牵头,一是会产生牵头部门超越职权的争议;二是不能调动另一个部门的积极性。同时,把发改委设为"主场"亦体现了我国对"总体国家安全观"的坚持。不可否认,"双头制"的牵头机构设置和后续审查活动中尚未明晰的职责分工会引发推诿,致使程序的不当拖延,从而导致外国投资者合法权益的损害。"由国务院发展改革部门和国务院外资主管部门共同作为召集单位,这不利于建立统一国安审查制度的精神,容易造成职责不清,相互推诿,行政效率难以保证"。[①] 虽然《审查办法》规定了审查的时限,但其同时允许特殊情况下延长期限就为行政拖延创造了机会。程序的拖延亦是一种不正当的程序,其实质上是对外国投资者投资自由和财产权不公平的剥夺。对此,笔者认为与其纠结于牵头机构部门数量,不如考察商务部和发改委本身的职权,将其发散延伸至国安审查当中作为二者在审查机制内的权责分工,例如商务部多从优化营商化境、国民待遇等角度考虑,发改委多从经济安全、产业安全等方面斟酌,事实上这本身亦体现了平衡投资自由化和国家安全的制度构思。

其次,其他部门在国安审查中是否发挥作用难以看出。《审查办法》仅提到两大牵头机构,参与联系机构的其他部门并未涉及,外国投资者难以了解其他部门介入国安审查的门槛和程序,[②]亦不知道它们在国安审查工作机制办公室发挥什么作用、怎样发挥作用。程序公开性的不足导致国安审查程序可预测性不够,对外商投资者具有一定的消极作用。

(二) 决策程序要透明

中国的国家安全审查自2011年开始正式独立运作,但关于该制度的执行

---

① 参见黄翔. 关于我国国家安全审查制度完善之思考[J]. 国际贸易,2016(6):60.

② 孙南申,彭岳. 外资并购国家安全审查制度的立法改进与完善措施[J]. 学海,2014(3):147.

情况却鲜有披露。2015 年的《外国投资法（草案征求意见稿）》确实要求商务部编制并公布部门指南和年度报告，但随着草案的失效，审查过程仍然是秘密的。工作机制办公室如何做出决定，要不要表决，决定理由是否公开？这一连串问题代表了众多学者的思考。① 国家安全审查会有很多信息涉及国家机密，因此对其公开程度没有特别高的要求，但这并不等于没有要求，国家安全审查的标准、证据甚至会对外国投资者产生影响的信息还应公开。② 不可预测的程序对潜在的外国投资者来说意味着"抽奖"，外国投资者无法事先察觉其潜在交易对国家安全的影响，不利于外国投资者积极主动参与国家安全审查的过程，也不利于对外国投资者利益的保护和审查程序的高效进行。③ 不透明的决策程序容易造成对国家安全审查的过度执法，使得国家安全审查在外国投资者脑海中先入为主地形成"闭门造车"和"黑箱操作"的印象。④

（三）沟通途径应打开

投资者保护机制包括事前咨询机制、事中参与机制和事后救济机制。《审查办法》第 5 条建立了事前咨询机制，外商投资者在国安审查申报前，可以就相关问题咨询国安审查工作机制办公室。然而，事中参与机制却在《审查办法》中只字未见。"兼听则明，偏听则暗"，如果国安审查的过程中没有外商投资者的参与和沟通，则成了审查主体的"独角戏"和"一言堂"，自由裁量权亦得不到限制和监督。

同时，众多学者认为，《外商投资法》规定"依法作出的安全审查决定为最终决定"即断绝了因对于审查决定不服而提起行政复议、诉讼等事后救济措施的路径，故呼吁尽快建立司法审查机制。⑤ 然而，笔者认为，强调投资者保护并不意味着必须建立司法审查机制。首先，我国国家安全审查制度规定对审

① See Mo ZHANG. Change of Regulatory Scheme: China's New Foreign Investment Law and Reshaped Legal Landscape, UCLA Pacific Basin Law Journal, 2020(37): 179, 212;黄翔. 关于我国国家安全审查制度完善之思考[J]. 国际贸易,2016(6): 61.

② 参见刘磊. 中国外国投资国家安全审查制度研究[J]. 江南社会学院学报,2016(4): 10.

③ See Saha, Souvik. CFIUS Now Made in China: Dueling National Security Review Frameworks as a Countermeasure to Economic Espionage in the Age of Globalization, Northwestern Journal of International Law & Business, 2012(33): 201, 215.

④ See Cheng BIAN. National Security Review of Foreign Investment: A Comparative Legal Analysis of China, the United States and the European Union[M]. Routledge, 2020: 81.

⑤ 参见漆彤. 论外商投资国家安全审查决定的司法审查[J]. 武汉大学学报(哲学社会科学版),2020(3): 141;刘惠明,徐文婕. 中美外商投资国家安全审查制度比较——兼论《中华人民共和国外商投资法》的完善[J]. 长江论坛,2020(3): 99;李首阳. 安全审查决定的救济措施探究[J]. 安徽警官职业学院学报,2019(5): 32.

查决定不可复议上诉有其合理性，一是因为涉及国家安全这种专业性强且与政治牵连较深的问题，法院难以解决且不应解决；二是正如美国"谢弗林尊重"原则，法院应对行政机关依据听证等特定程序做出的行政决定保持一定的谦抑性。[①]

其次，允许对国家安全审查司法审查并非国际通例，美国等诸多国家都与中国一样，采取了"国安审查终局"的模式，那些持"应建立司法审查"的学者往往会以美国"Ralls 案"作为他们的论点，可事实上，"Ralls 案"的判决实质上是裁定外国投资者应得到程序上的保护，如被告知：① 官方行动；② 决定所依据的非特定证据；③ 反驳证据的机会。[②] 国安审查终局性并不意味着排除所有诉讼、复议之可能，当国家安全审查不符合正当程序原则时，法律法规并没有堵死复议、诉讼的路径。

再次，《外商投资法》第 26 条规定："外商投资企业或者其投资者认为行政机关及其工作人员的行政行为侵犯其合法权益的，可以通过外商投资企业投诉工作机制申请协调解决。外商投资企业或者其投资者认为行政机关及其工作人员的行政行为侵犯其合法权益的，除依照前款规定通过外商投资企业投诉工作机制申请协调解决外，还可以依法申请行政复议、提起行政诉讼"。这一条款是对外商投资者一般性的救济，如何衔接国家安全审查和一般救济方法，给外商投资者增加一次被重新审查、增进和有关部门交流的机会，提供缓解矛盾的可能性比设置司法审查更为可行。正如学者所言，"法院缺乏足够的信息和认知能力来处理国家安全审查争议，即使赋予法院以最终决定权，其象征意义也大于实际功效"。[③]

在现有的国安审查制度中，投资者保护机制缺乏仅指事中参与机制缺乏。然而，这是最不可或缺的投资者保护机制，因为这直接影响外国投资者听证等程序性权利和投资自由等实体性权益是否被剥夺。

（四）审查标准开放性是否我国国安审查的不足？

纵观《审查办法》，并未出现与《外国投资法（草案征求意见稿）》类似的"国安审查考查因素"等词语。换言之，《审查办法》没有对国安审查的审查标准进行规定，即审查标准具有"开放性"。很多学者认为，正是由于审查标准的开放性导致

① See Chevron U.S.A., Inc. v. Natural Resources Defense Council, Inc., 467 U.S. 837 (1984).
② Ralls Corp. v. Committee on Foreign Inv. in U.S., 758 F.3d 296 (2014).
③ 孙南申，彭岳. 外资并购国家安全审查制度的立法改进与完善措施[J]. 学海，2014(3)：149.

我国国安审查制度的不透明和难以预测。① 然而,笔者不同意这种观点。国家安全的概念不是静止的;相反,它是随着时代的发展而不断变化的,保持审查标准的开放性便于实践灵活操作。同时,个案评估是世界各国所普遍采取的国安审查模式,代表了一种实事求是和与时俱进的治理态度。如果用一个静态的标准去人为地划定一个标准,一是容易被时代淘汰,为了防止淘汰,则审查标准一定要有兜底条款,而兜底条款为了包罗万象,必然是模糊表述的,最终还是要回到"难以预测"上,人为划定标准没有意义;二是过于教条,把国安审查从一个裁量性行政行为变成羁束性行政行为,使其本身丧失了张力和适用的生命力。因此,笔者认为,审查标准开放性并非我国国安审查的不足。

三、小结

从 2003 年至今,国安审查近二十年的发展历程中,法治成为"主旋律",从一开始没有规则到繁多粗浅再到"定于一法",制度日趋成熟和完善。同时必须承认,在实践执法中,审查主体的程序意识尚有很大提升空间。现有国安审查制度仍应主要在程序上加以进步,包括权责配置需完善、决策程序要透明、沟通途径应打开,否则,决策机构的混乱会导致程序的拖延和可预测性不够;决策程序秘密易引发对国家安全审查的任意执法;投资者保护机制中事中参与机制的缺乏会影响外国投资者听证的程序权利和投资自由等实体权利。同时,国家安全审查有时会受到部分行业或者群体利益的不当影响。为实现效率和公正以及维护国家整体、长远的安全和利益,通过法治化的思维和正当程序的约束性显得尤为重要。

第五节　适用方法:正当程序原则在
我国国安审查制度中的建构

国安审查是由一系列程序所组成的行政许可制度,在识别可能存在的国安风险并采取限制措施的过程中,处处涉及行政行为自由裁量权的行使。而正当

---

① See Xingxing LI. National Security Review in Foreign Investments: A Comparative and Critical Assessment on China and U.S. Laws and Practices, Yale Law Journal 2016(13): 255, 283;李军. 外国投资安全审查中国家安全风险的判断[J]. 法律科学(西北政法大学学报),2016(4): 190;甘培忠,王丹. "国家安全"的审查标准研究——基于外国直接投资市场准入视角[J]. 法学杂志,2015(5): 38.

程序原则直接体现了现代法治国家对行政权力公正行使的最低限度也是最基本的要求,从根本上承载了现代行政程序的基本价值追求——程序正义是确保程序正义观念在行政行为中得以实现的重要保障。① 因此,为了弥补前述现有国安审查制度在程序上存在的明显缺漏,正当程序原则应在我国国安审查制度中加以建构。

中美法上的正当程序原则具有相互借鉴的巨大空间。中国法上正当程序原则的内涵是对程序正义所应具备的法律程序的探讨,而美国法则既有对程序方式本身的规制及评估,又有涉及实体权利是否得到公平合理保护之讨论,中美正当程序原则两者相辅相成。因此,下文以中国正当程序原则建构深度和美国正当程序原则建构广度,共同编织国安审查"经纬网",以规范审查主体自由裁量权之运用,更好地平衡投资自由和维护国家安全,保障外国投资者的合法权益。

一、经线 1:程序性正当程序原则在国安审查中的建构

在国安审查中,美国程序性正当程序原则这一"经线"可以和中国偏私排除、公开透明、公众参与这三条"纬线"结合,在国安审查中分别形成类案检索机制、行政公开、听证程序三大程序,保障程序本身的正当性,确保程序正义。同时,美国程序性正当程序原则"利益均衡测试"亦可被用作衡量现有程序正当程度的标准,为改进审查程序提供依据。

(一) 纬线 1 偏私排除:建立类案检索机制

偏私排除在程序上要求审查主体在审查中排除一系列不合理限制措施,不带歧视地对待每个外商投资者,让国安审查回归审查本身。面对产业领域类似、投资风险相当、投资水平相近的外商投资,审查主体应该做出相近的处理决定。而类案检索机制正是一种约束"同案不同裁"的措施,通过"搜索—比较—预警—决定"四步骤科学地过滤歧视,排除偏私。首先,审查主体在审查具体外商投资做出初步审查意见的同时被课予进行类案搜寻和分析之职责;其次,根据个案中的国安审查考量因素,发掘个案与类案之间的关联,比较个案与类案的相同之处,同时考察不同之处避免机械行政;再次,若初步审查意见与先前类案决定差异过大,则触发重审预警;最后,在充分完成上述三部分后,做出最终是否许可、是否附加条件的审查决定。

类案检索机制能够最大限度地避免出于诸如外商投资者母国与东道国外交

---

① 周佑勇.行政法原论(第三版)[M].北京:北京大学出版社,2018:66.

关系不佳、对本国产业过度保护等歧视性目的,以"国家安全"审查为借口做出不公正的决定。

（二）纬线2公开透明：公开审查过程和结果并说明裁量理由

公开透明在程序上意味着外国投资者和公众对于审查主体、审查内容、审查流程、审查结果等事项具有知情权,审查主体亦有义务充分且主动地向外商投资者和公众公开这些信息。尽管国安审查不可避免地涉及国家安全,然而就在国家安全外围的其他一切信息而言,审查主体不能以"国家安全"为由拒绝向相对人或公众公开。审查主体公开主要是明晰国安审查工作机制办公室的职权,包括牵头机构"双头制"下发改委、商务部职权的划分,其他部门在工作机制办公室的作用,以及牵头机构和其他部门工作的衔接等。审查内容公开则是指尽管因审查标准开放性,不事先在立法中确立审查考虑因素具有合理性,但在审查过程中决定个案投资是否批准的理由和依据应该公开。审查流程公开强调审查的每一步骤必须公开透明,包括决定是否进行国安审查、一般审查、特殊审查。审查结果公开要求审查主体在审查结束后及时告知外国投资者是否批准或是否附加条件,并说明决定理由。此外,还应通过组织查阅等方式向普通公众包括潜在外国投资者公开,便于他们了解国安审查,为日后参与对华投资及国安审查汲取经验。

（三）纬线3公众参与：设置听证程序

程序上的公众参与原则离不开听证制度,国安审查作为行政许可的一种表现形式亦应在许可决定做出前给予外国投资者充分的解释、辩护机会,吸收他们的合理意见。听证程序在国安审查中的建构应包括审查与决定职权分离、提前告知、充分参与(陈述申辩举证质证)、笔录核实等内容。审查与决定职权分离是听证程序对国安审查工作机制办公室职权划分的要求,"一个人不能在他有某种利益的事业中担任法官"原则是其直接根源,案件调查人员要和主持听证做出决定的人员相分离,避免"既当追诉员又当裁判员"的程序不公正,同时听证程序中回避原则亦是这项内容之延伸。在听证开始前,审查主体应提前告知外国投资者听证的时间、地点以及案件调查人员的初步审查意见,给予外国投资者完善准备的合理期限。听证开始后,听证主持人应该充分听取案件调查人员和外国投资者双方主张,尤其应当保障外国投资者有效行使陈述、辩论、举证、质证等程序性权利。听证结束后,听证主持人应将制作听证笔记交双方核实,认为笔录有错误的,则可要求补正。

（四）程序性正当程序原则总要求：采用"利益均衡测试"确定采取程序的程度

中国正当程序原则和美国程序性正当程序原则"经纬线"结合所产生的类案

检索机制、行政公开、听证程序是审查中所必备的程序。然而类案检索"个类案同裁"应该"同"到什么程度、公开审查的尺度如何把握、听证应该设置到什么程度,这些并不能单从中国正当程序原则中推导出来,相反,美国程序性正当程序原则中的"利益均衡测试"能够判断现有程序是否具有正当性,进而调整改进采取程序的程度。"利益均衡测试"通过判例制度所确定,其没有强调个人利益必须服从公共利益,亦没有过分保障个人利益而不成比例地牺牲整体经济性和效率,而是通过计算来平衡个人利益和公共利益,既体现了以人为本和对个体的尊重,又维护服务了大局,达到动态平衡,更具有先进性。因此,当审查主体在进行国安审查时,应该将"利益均衡测试"作为自己行使权力的程序标准。具体而言,首先,应该计算外国投资者的投资成本和合理的可预期收益多少;其次,应在过程中时刻检视在现有审查程序下做出错误审查决定的可能性,及时调整程序措施,赋予外商投资者更多地程序保障,并计算这种替代性程序措施所带来的保障是否充分,判断是否还需再调整;最后,还要计算国安审查程序设置的成本,以及禁止投资或者有附加条件投资保护国家安全所带来的价值,以实现国家安全这一公共利益和外商投资者投资自由这一个人利益平衡的最优解。

二、经线 2:实质性正当程序原则在国安审查中的建构

虽然实质性正当程序原则是美国所独有的正当程序制度,但是其直接保障实体权利、促进实体公平的价值追求值得借鉴。将该原则作为经线,以中国三大正当程序子原则作为纬线可以建构出确立非歧视自由裁量基准、引入监督问责制、加强与外国投资者交涉三大要求。此外,实质性正当程序原则所体现出的公平价值亦可以直接作为衡量程序正当的一把标尺。

(一) 纬线 1 偏私排除:确立非歧视自由裁量基准

自由裁量权并非漫无边界,限制自由裁量权的直接措施就是设置裁量基准,给公权力施加禁止逾越的制度之约束。针对国安审查中易出现的偏私不公现象,确立非歧视自由裁量基准、将审查程序控制在基准之内有助于保障外国投资者合法权益。构建国安审查上的非歧视自由裁量基准可以借鉴 WTO 基本原则,包括最惠国待遇和国民待遇等理念。事实上,作为一种外资准入措施,TRIMS、GATS、TRIPS 所确定的准入基准理应在货物贸易投资领域、服务贸易投资领域、知识产权投资领域得到适用。以 TRIMS 为例,其强调在制定规范或者具体执行有关引导、限制外资的行政行为时,成员方应避免这些措施造成扭曲贸易的后果,例如第 2 条即要求不得采取不符合国民待遇、一般禁止数量限制立

场的投资措施。国安审查作为一种限制外资的行政许可措施,亦应将此作为控制货物贸易投资领域自由裁量的基准。一言以蔽之,非歧视自由裁量基准给国安审查划定了底线,除非真的攸关国家安全,否则对待外商应一视同仁。

（二）纬线 2 公开透明：引入监督问责制

当国安审查完全是"闭门造车"时,审查过程便充满秘密性,审查主体也就有了恣意滥权的可能。在程序中引入监督问责制,对"黑箱操作"侵害外商投资者合法权益的审查行为追究其主要负责人责任,迫使其程序公开,采用包括表决制、咨询其他部门意见、编制年度审查报告等一系列措施,确保程序规范行使。同时,在审查过程中,当审查程序不透明或有侵害外国投资者之虞时,外国投资者有权向审查主体提出质疑并进行监督,审查主体有义务答复并进行改正。在审查结果发生后,外国投资者及其他相关主体有权提出查阅案卷和进行舆论监督的权利。

（三）纬线 3 公众参与：加强与外国投资者交涉

国安审查过程中,外国投资者的缺位给了审查主体居高临下不作为、滥作为的可乘之机。以工作机制办公室各部门互相推诿为例,其逻辑原因在于缺少外国投资者的参与,各部门缺少处理问题的动力,面对职权划分的不明和国家安全判断的复杂,审查主体很难一鼓作气、高效地做出审查决定而导致程序拖延,进而增加外国投资者的投资成本,降低可预期收益。现代社会,权力与其说是一种强制,不如说更应该是服务。尽管国安审查仍属于"高权行政"范畴,然而"相互信任是服务与合作的观念基础",[①]审查主体应加强与外国投资者交涉,相互沟通、促进理解,避免误会,在事实认定和法律适用上达成共识,改进个案审查程序,增进信任,确保公平对待,以获得外国投资者长久的支持,增加其在中国投资的积极性。

（四）实质性正当程序原则的总要求：把公平作为衡量程序正当的标尺

公平作为其独立价值贯穿于实质性正当程序原则始终。如前所述,实质性正当程序原则对于公权力本身进行规制,以确保其行使的公平性,直接实现对当事人生命、财产、自由等权益的维护。国安审查中,无论是非歧视自由裁量基准,还是引入监督问责制,抑或是加强与外国投资者交涉,都应将公平作为衡量程序正当的标尺,考察当事人实体权利有无充分保障,判断现有程序是否需要完善。

三、小结

不同于从微观出发,仅针对部分问题小修小补的"头痛医头,脚痛医脚",在

---

① 叶必丰. 行政法的人文精神[M]. 武汉：湖北人民出版社,1999：220.

国安审查中建构正当程序原则有利于从根本上破解现有制度下存在的问题,更具综合性。具体建构上,编织中国法上的正当程序原则同美国法上的正当程序原则结合形成的"经纬网",将美国法上程序性正当程序原则与中国法上偏私排除、公开透明、公众参与三大子原则结合,形成类案检索、行政公开、听证三大程序,运用"利益均衡测试"衡量现有程序正当程度并以此为依据加以改正;将美国法上实体性正当程序原则与中国法上三大子原则结合,形成确立非歧视自由裁量基准、引入监督问责制、加强与外国投资者交涉三大要求,并把公平价值直接作为衡量程序正当的标尺。由此,在国安审查中,正当程序原则既包含对程序本身的探讨,又涉及实体权利是否得到公平保障,更能系统全面地维持投资自由和维护国家安全之平衡。

第六节 结 语

自加入 WTO 以来,中国经济取得了举世瞩目的成就,外商直接投资日益繁荣。2020 年,我国超越美国,成为世界第一大外资输入国。[①] 2021 年"两会"期间,李克强总理更是表示要"继续让中国成为外商投资的重要目的地、世界的大市场",[②]彰显了中国吸引外资深化开放之决心。诚然,经过二十年的发展,中国外商投资审查已形成以 2019 年颁布的《外商投资法》为框架、2020 年出台的《外商投资安全审查办法》为填充、《外商投资准入特别管理措施(负面清单)》为核心的、较为完整和先进的制度性安排。然而,不可否认的是,无论是法律制度还是实务操作,世界各国对于国安审查争议很大,"闭门造车""黑箱作业""政治泛化"等指摘层出不穷,我国亦概莫能外。我国应运用法治化的思维和程序约束性,将正当程序原则引入国安审查。

正当程序原则是普适的,是实现法治的内生要求。它起源于英国"自然公正"原则,强调对公权力行使程序进行控制,但在不同的国家具有不同的具体内涵。中国法上的正当程序原则从程序正义角度出发,提出对公权力行使程序的要求,包括偏私排除、公开透明、公众参与三大子原则。而美国法上的正当程序

---

① 孔德晨. 中国成为世界第一大外资流入国,这个"第一"是如何做到的?[EB/OL]. [2020 - 03 - 23]. https://m.gmw.cn/baijia/2021-03/23/1302183540.html.

② 李克强. 十三届全国人大四次会议国务院总理李克强答中外记者问[EB/OL]. [2021 - 03 - 11]. http://lianghui.people.com.cn/2021npc/n1/2021/0311/c437077-32049416.html.

原则不仅包括涉及程序方式本身的程序性正当程序原则,而且还引申到讨论实体权利是否得到公平合理保障的实质性正当程序原则。国安审查本质上是一种行政许可,属于正当程序原则适用领域;为了限制行政主体滥用国安审查中的自由裁量权,避免其恣意行使不正当剥夺外国投资者的合法权益,正当程序原则有适用的必要性和重要性。因此,正当程序原则在国安审查中具有广阔的适用空间。

第十一章
外资法律体系中的投资争端预防机制

第一节 引 言

一、选题背景及意义

近年来,全球经济形势大环境并不乐观,全球国际直接投资的增长趋势逐渐放缓甚至有下行趋势。联合国贸发会议(United Nations Conference on Trade and Development,UNCTAD)曾预测 2019 年全球国际直接投资将低于过去 10 年的平均水平。[①] 且因新冠疫情的影响,UNCTAD 预测 2020 年全球国际直接投资流量将在 2019 年的基础上降低约 40%,达到近 20 年以来的最低水平,并在 2021 年进一步下跌 5—10 个百分点。[②] 这意味着我国利用外资的形势将面临复杂严峻的国际环境挑战。为此,必须及时有效解决国际投资争端,否则,国际投资争端将影响外国投资者进入我国市场的信心,阻碍我国实现持续优化外商投资环境、做好稳外资工作的战略目标。

当前,国际上对国际投资争端的解决方法主要包括 ISDS 机制[③]与 ADR 机制,[④]且国际投资争端解决方法仍以 ISDS 机制为主。尤其在契约引起的国际投资争

[①] See UNCTAD. World Investment Report 2019. 2019:13.

[②] See UNCTAD. World Investment Report 2020. 2020:10.

[③] ISDS(Investor-State Dispute Settlement),投资者—国家争端解决机制发展于传统商事仲裁机构,存在于国际双边或多边投资协议中。当协议缔约方东道国违反条约义务时,私人投资者通过国际仲裁来实现自我利益保护的机制。陈怡. ISDS 机制运用的发展变化及我国的应对[D]. 上海:华东政法大学硕士学位论文,2017:8-9.

[④] ADR(Alternative Dispute Resolution),选择性的解决争议的方法源于美国,原指当事人之间约定的通过除诉讼以外的方法解决争议的各种方法的总称。现在一般指通过诉讼和仲裁之外的方法解决国际争议的各种程序的总称,包括协商、调解、调停等形式(将仲裁排除在 ADR 之外)。郭寿康,赵秀文. 国际经济法(第五版)[M]. 北京:中国人民大学出版社,2015:339.

端方面,ISDS 争端解决机制是保证国际投资条约实体规则得以实施的"基石"或者"支柱"。① 然而,经历了从东道国当地救济到外交保护再到以国际仲裁为核心的 ISDS 机制,ISDS 机制也逐渐暴露出一系列问题,例如合法性与透明度问题、裁决的一致性问题、仲裁员的公正性问题,以及私人滥诉、矫正机制不足等问题。② 国际上对 ISDS 机制改革的讨论方兴未艾:越来越多的国家将 ISDS 机制视为一匹从马厩中脱缰而出的马,希望将马厩重新关闭,并对不同的改革建议进行思考和斟酌。③

在逆全球化和区域主义兴起、国际投资环境恶化、ISDS 机制亟待改革的背景之下,我国从 2013 年起便启动了有关外商投资立法制度的修改,以更高水平、更科学的外资法律体系适应国际投资环境的大变局,④2019 年 3 月 15 日经全国人民代表大会正式表决通过了《外商投资法》。

值得注意的是,《外商投资法》第 26 条明确确立了外商投资企业投诉工作机制,首次在我国外资基本法中建立了投资争端预防机制。⑤ 所谓投资争端预防机制是与上文所述 ISDS、ADR 机制相区别的一种投资争端预防路径,其最大区别在于投资争端预防机制发生于"事前",ISDS 机制与 ADR 机制发生于"事后"。

目前,我国有外商投诉中心、外商投资企业协会和台商投诉协调处(中心)三类平台处理外资对行政机关的纠纷投诉,以达到预防投资者争端发生的目的。⑥ 同时,中国国际贸易促进委员会(以下简称贸促委)按照共商共建共享原则,联手国外的工商组织于 2020 年 10 月 15 日在北京设立国际商事争端预防与解决组织。⑦ 但上述四个机构中只有外商投诉中心有立法支持,是我国外资立法体系中明文规定的投资争端预防机制。

在《外商投资法》颁布之前,我国地方已经通过地方行政规章的形式建立了相关

① 陈安. 国际经济法学专论[M]. 北京:高等教育出版社,2006:672.
② 王少棠. 投资者与东道国投资争端解决方式发展脉络及展望[J]. 文化学刊,2019(11):191.
③ 肖威. ISDS 机制变革的根源、趋势及中国方案[J]. 法治现代化研究,2020(5):162.
④ 孔庆江,丁向群. 关于《中华人民共和国外商投资法》立法过程及其若干重大问题的初步解读[J]. 国际贸易问题,2019(3):3.
⑤《外商投资法》第 26 条:"国家建立外商投资企业投诉工作机制,及时处理外商投资企业或者其投资者反映的问题,协调完善相关政策措施。外商投资企业或者其投资者认为行政机关及其工作人员的行政行为侵犯其合法权益的,可以通过外商投资企业投诉工作机制申请协调解决。外商投资企业或者其投资者认为行政机关及其工作人员的行政行为侵犯其合法权益的,除依照前款规定通过外商投资企业投诉工作机制申请协调解决外,还可以依法申请行政复议、提起行政诉讼。"
⑥ 徐芳. 论我国新型外国投资投诉协调处理机制的构建——兼评《外国投资法(草案征求意见稿)》相关规定[J]. 河北法学,2016(2):47.
⑦ 国际商事争端预防与解决组织由中国贸促会、中国国际商会联合来自亚洲、欧洲、非洲、北美洲和南美洲 20 多个国家和地区的 45 家商协会、法律服务机构、高校智库等共同发起设立,类似于 ICC 国际商会。相关仲裁规则、调解规则、投资争端解决规则正在起草,未对外公布。

的外商投诉规则,最早可追溯至 1989 年上海市出台的《上海市外商投资企业投诉及处理办法》。① 商务部也于 2006 年 9 月 1 日公布了《商务部外商投资企业投诉工作暂行办法》,尝试以部门规章的形式统一投诉工作的立法体系,但该部门规章仍未对争端预防机制的相关细节程序进行规定,没有形成有效的体系化建设。该阶段的外商投诉工作规则没有达成一致规范,致使其运作遭受诸多诟病,① 地方各级政府受理职能部门的受理投诉范围不一、对涉及行政复议或向人民法院提起诉讼等情形的处理方式不同。② ② 将诉讼程序规则一成不变地应用于投诉流程,对投诉程序简而概之,缺乏必要的沟通渠道。③ ③ 各地制定的投诉工作办法对投诉受理主体的规定十分宽泛,上至省级机关下至县级经济开发区都可以设立单独的投诉机构。④

随着《外商投资法》的颁布,我国开始重视散见于中央与地方的外商投资企业投诉工作机制。为加快推进投诉工作机制相关法律规定的配套措施制定,国务院于 2019 年 12 月 12 日公布《中华人民共和国外商投资法实施条例》(以下简称《外商投资法实施条例》);商务部于 2020 年 3 月 23 日、8 月 25 日分别公布《外商投资企业投诉工作办法(征求意见稿)》(以下简称《投诉工作办法征求意见稿》)、《外商投资企业投诉工作办法》(以下简称《投诉工作办法》),形成了"一法一条例一办法"的立法结构,即我国外商投资企业投诉工作机制的发展以 2019 年 3 月 15 日《外商投资法》的颁布为标志,前后分为两个阶段(详见图 11 - 1)。

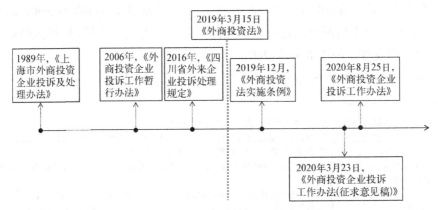

图 11 - 1　《外商投资法》颁布前后我国外商投资企业投诉工作机制

① 《上海市外商投资企业投诉及处理办法》于 2010 年 12 月 20 日修正后重新发布。
② 欧达婧. 外商投资企业投诉工作机制探究——《外商投资法》26 条的适用、局限与完善[J]. 现代管理科学,2019(10):111.
③ 参见《外商投资企业投诉工作暂行办法》第 8—12 条。
④ 参见《河南省外商投诉处理办法》第 7 条。

在商务部制定了《投诉工作办法》、确定了投诉工作机制在全国范围内的运作模式基础之上,部分省市针对《外商投资法》的颁布对原投诉工作规定作出修订,例如《天津市外商投资权益保护工作联席会议制度》《贵州省外商投资企业投诉及处理办法》《陕西省外商投资企业投诉受理工作实施细则》等。[①] 若能进一步对该外商投资企业投诉工作机制进行完善与落实,将会为我国有效解决国际投资者争端提供新的途径,有利于改善我国吸引外资的国际投资环境,缓冲全球国际直接投资的环境压力。

二、文献综述

(一) 国内研究现状综述

针对投资争端预防机制及外商投资企业投诉工作机制的研究,有国内学者围绕外商投资企业投诉工作机制的法律规则、投资争端预防机制的法学理论进行了相关研究并予以肯定,提出了自己的见解。

徐芳总结了处理外国投资投诉的三类平台及其存在的问题,认为应当以我国制定"三法合一"的《外国投资法》为契机,明确、细化我国外资投诉协调处理机制的法律地位、受案范围、处理方式与程序、处理结果效力、与行政复议及行政诉讼机制的衔接协调等方面的内容,加快我国新型外国投资投诉协调处理机制的构建。[②] 该论文发表于《外商投资法》颁布之前,其对外商投诉工作机制进行立法完善的建议在《外商投资法》及其配套法律文件中得到了体现。

漆彤认为,各界对于国际投资争议的关注焦点大多放在事后的法律解决,而对争议的事前预防及友好解决相对缺乏重视,并在其论文中提出国际投资争议处理体系的理想模型应当由争端预防机制、替代性争议解决方法、改良后的争端解决机制共同构成,其中有效的投资争议预防政策被视为可以提升东道国的整体法治环境,防止投资纠纷升级为投资协定下的投资争议,避免解决投资争议的困难和巨额成本。[③] 但漆彤的论文并没有对投资争端预防机制作出精确的定义,也没有与投资争端解决机制进行区分,未指出外商投诉工作机制与投资争端预防机制间的关系。

刘万啸认为,处理投资者与国家间投资争端的最佳方法是国家实施有效的

---

① 池漫郊,任清. 中国国际投资仲裁年度观察(2020)[J]. 北京仲裁,2020(2):34-35.
② 徐芳. 论我国新型外国投资投诉协调处理机制的构建——兼评《外国投资法(草案征求意见稿)》相关规定[J]. 河北法学,2016(2).
③ 漆彤. 投资争议处理体系的三大构成[J]. 社会科学辑刊,2018(4).

投资争端预防政策,建立投资争端预防机制,并指出投资争端预防机制的主要制度设计应包括:建立系统的投资争端预防和管理机构体系、确认并监控敏感行业、建立政府机构责任制度等。① 其肯定了投资争端预防政策的作用与意义,并提供了预防机制的制度设计的设想。

孔庆江、丁向群在解读外商投资立法的过程中肯定了《外商投资法》第 26 条规定的外商投资投诉工作机制,客观上增加了外商投资企业及其投资者寻求救济的途径,在维护外国投资者和外商投资企业救济权的同时也体现了法院作为解决争议的最后仲裁者角色的现代法治理念,体现了法治的要求。②

还有国内学者围绕"一带一路"倡议的投资预防机制建设、中非合作上的投资预防机制构建撰文。

漆彤分析了争端预防与争端解决的关系、投资争端解决机制存在的若干问题,并认为中国应当在投资便利化框架下突出争议的事前管理和预防机制建设,进而提出一整套有关国际投资规则体系改革的中国方案、推进"一带一路"的建设。③

漆彤、鲍怡婕认为,防范投资风险、避免并化解投资纠纷是"一带一路"建设的现实需要和紧迫课题,与 ISDS 机制相比,投资争端预防机制更利于长期合作,故应当推动国家间投资争端预防机制的谈判、通过"一带一路"沿线各国的共同协作,打造更具友好特性的"一带一路"投资争议处理体系。④

蔡高强、刘明萍认为,在中非合作的推进过程中,过于依赖事后救济的中非投资争端应对策略无法平衡争端双方利益,从提高我国政府投资服务透明度、设立中非投资争端预防专门机构以及建立母国、投资者、东道国间的多方互动平台三个维度构建中非投资争端预防机制将成为防止中非投资争端发生的有效途径。⑤

除上述代表文献之外,还有硕士、博士论文及其他论文值得关注。例如,刘雷冰重点分析了外国投资投诉协调处理机制的内部构建与外部运行,提出可以考虑在 BIT 或 FTA 等协定中提供投资仲裁前进行外国投资投诉协调处理机制

---

① 刘万啸. 国际投资争端的预防机制与中国选择[J]. 当代法学,2019(6).
② 孔庆江,丁向群. 关于《中华人民共和国外商投资法》立法过程及其若干重大问题的初步解读[J]. 国际贸易问题,2019(3).
③ 漆彤. 论"一带一路"国际投资争议的预防机制[J]. 法学评论,2018(3).
④ 漆彤,鲍怡婕. "一带一路"投资争议处理体系的构建[J]. 人民法治,2018(3).
⑤ 蔡高强,刘明萍. 基于中非合作发展的投资争端预防机制论[J]. 湘潭大学学报(哲学社会科学版),2020(3).

先行处理投资争议的方式,以实现预防投资争议的目的;①杨璇认为,"一带一路"倡议背景下的国际投资风险可以分为商业风险和非商业风险,针对非商业风险应当设立或指定专门的"国内投资争议预防部门"、专门的"一带一路"信息共享委员会,通过构建预防机制防范;②熊诗瑶认为,外商投资企业投诉工作机制的构建应当明确受理机构的法律性质、具体受理范围、统一处理投诉原则、明确处理方式和处理结果的效力以及加强与国内其他争端解决方式的衔接。③

上述文献在一定程度上肯定了投资争端预防机制的作用和地位,同时也对投资争端预防机制在我国的实践和国际经验进行了简要的罗列和分析。其中"一带一路"项目下投资争端预防机制的研究对本书具有启示意义,表明了我国建立并进一步完善投资争端预防机制的大趋势。但需要注意的是,本书的研究侧重点在于外资法律体系中的投资争端预防机制建设与完善,"一带一路"项目下成立的国际商事争端预防与解决组织具有国际组织的性质,不在本章讨论的范畴。上述所罗列文献主要存在的不足之处是,没有明确投资争端预防机制的精确定义及其与争端解决机制的区别、未讨论预防机制如何发挥争端预防的功能、缺少对《外商投资法》颁布后一系列立法成果的预防机制研究、对域外投资争端预防机制的实践论述不足等。本章希望从以上几个角度对我国外资立法中的投资争端预防机制进行分析研究。

(二) 国外研究现状综述

在国外研究方面,投资争端预防机制领域中值得关注的专著如下。

2010 年 UNCTAD 的第四章指出,解决外国投资者和政府机构之间争端的最佳机会可能是在投资争端根据投资条约演变为争端之前,并详细列举了国际上已有的争端预防机制经验和先进做法,即信息共享机制、敏感部门调查机制、行政审查机制、监察专员制度、东道国与母国国家间合作机制等。④UNCTAD2011 年的另一出版物着眼于秘鲁的争端预防机制框架,肯定了秘鲁建立的国家机构间信息共享模式,并认为一个透明、定义明确且结构良好的争端

①　刘雷冰. 外国投资投诉协调处理机制研究——以《外资法草案》为例[D]. 武汉:武汉大学硕士学位论文,2018.

②　杨璇. "一带一路"投资争端的双轨制因应机制[J]. 华中师范大学研究生学报,2019(2).

③　熊诗瑶. 我国外商投资企业投诉工作机制研究[D]. 长沙:湖南师范大学硕士学位论文,2020.

④　UNCTAD. Investor‐State Disputes:Prevention and Alternatives to Arbitration[R]. 2010:65‐97.

预防机制可以对改善投资环境做出积极贡献。①

在国外学者的期刊论文中,也有相关主题的研究文献。

首先,有学者分析国际仲裁作为当下的争端解决机制面临诸多问题。例如,苏珊·D. 弗兰克(Susan D. Franck)指出,国际投资仲裁会带来包含社会不稳定在内的社会成本、牺牲国家主权的政治成本、包含机会成本的经济成本、可能影响主权债务信用评级的声誉成本以及与支付律师、仲裁员等费用的相关交易成本。② 克莱姆·伊维卡(Kelam Ivica)甚至通过 8 家外资银行对克罗地亚共和国提出的损害赔偿仲裁请求等案例为例,说明国际仲裁在确保外国投资者的利益的同时侵害了东道国的伦理规范、环境保护、民主人权和法制环境。③ 国际投资仲裁面临的正当性危机和疲软态势是投资争端预防机制正受到重视的原因之一。

其次,学者们希望建立除国际仲裁以外的其他方式化解可能产生的国际投资争端。苏珊·D. 弗兰克认为,仲裁无疑是解决国际投资争端的主要途径,然而建立更系统的争端系统设计(Dispute Systems Design)来管理国际投资冲突能够更好地评估冲突、提升冲突解决效率。作者主张建立一个系统的争端系统设计,从而达到利用投资争端的积极方面、削减消极方面的目的。例如,在投资条约争端的背景下考虑条约可能出现的争端类型,设立监察专员制度作为外商的投诉中心从而在争端形成之前提前进行管理。通过系统的设计方法使投资者相信其权益能够获得保护。④

凯瑟琳·提提(Catharine TiTi)研究了防止和解决国际投资争端的三种"软"或非裁决性的国家间程序。文章审议了巴西模式的协调中心或监察员制度,认为巴西 CFIAs 仍面临的一个挑战是,在起草这些条约时条约尚未得到批准。作者认为,协调中心或监察员制度可以在其他投资条约中加以仿效。此外,巴西模式的 CFIA 的焦点是建立在巴西对外贸易局内部,其本身的一个政治机构属性可能会导致投资争端的部分政治化,应予以谨慎注意。⑤

---

① UNCTAD. Best Practices in Investment for Development: How to Prevent and Manage Investor-State Disputes – Lessons from Peru[R]. 2011.

② Susan D. Franck. Rationalizing Costs in Investment Treaty Arbitration[J]. Washington University Law Review, 2011(4).

③ Kelam Ivica. Investor to State Dispute Settlement. A Challenge for Democracy, Ethics, the Environment, and the Rule of Law[J]. Synthesis philosophica, 2019(1).

④ Susan D. Franck. Integrating Investment Treaty Conflict and Dispute Systems Design[J]. Minnesota Law Review, 2007(92).

⑤ Catharine TiTi. Non-Adjudicatory State-State Mechanisms in Investment Dispute Prevention and Dispute Settlement: Joint Interpretations, Filters and Focal Points[J]. Brazilian Journal of International Law, 2017(14).

除此之外，有学者针对当下的国际仲裁、调解制度以及监察专员制度的关系进行了相关论述。雪莉·A.威根（Shirley A. Wiegand）认为，国际仲裁和调解并不能较好地解决国际投资纠纷，且监察专员制度显然比调解制度有优势。[①] 苏珊·D.弗兰克强调，以仲裁为核心的 ISDS 争端解决机制存在很多问题，即使在仲裁前对争端予以调解，仍可能因采取"拖延战术而受挫"，因此可以采用事前的监察员预防制度防止国际投资争端的产生。[②] 凯西·L.瑟敏纳拉（Kathy L. Cerminara）认为，监察专员制度区别于国际仲裁、调解制度，其目的在于协助申诉方就适用的申诉制度进行谈判，有助于在提升申诉方的投资满意度同时确保东道国维护自身的营商环境。[③]

可以说，上述研究都非常重要，不仅对投资争端预防机制与 ISDS 机制之间的关系进行了梳理，而且还汇总分析了国际上已有的争端预防机制实践，同时我国国内关于投资争端预防机制的立法也受到了学界的肯定。但就目前的国内立法现状而言，尚没有学者对我国最新的立法动态予以评述分析。因此，本章以我国投资争端预防机制的外资法律体系立法现状为研究方向，首先对投资争端预防机制的定义进行界定，并分析我国外资立法建立投资争端预防机制的必要性；其次，对外资立法中的法律规则进行立法技术上的分析；最后比较分析了其他经济体投资立法中的投资争端预防机制，在一定的法理分析、法律文本研究和域外实践研究的基础上，提出如何借鉴域外的实践经验对我国外资立法中的争端预防机制进行完善的思路。

本章着重研究我国外资法律体系如何设立投资争端预防机制，并通过立法对相关规则进行规范，以达到在一定程度上预防外商投资争端发生的目的。

学界对我国投资争端预防机制的最新外资立法研究并不充分，无论是理论成果还是相关的实践经验都不足，需亟待解决。笔者在上海市外商投资企业投诉中心成立后以邮件方式询问了投诉中心负责人，希望获得投诉工作的案例信息予以研究分析，但被告知现阶段投诉中心的投诉工作信息均不公开，因此本章的论述缺乏一手案例分析材料，甚为遗憾。[④] 在此现状下，对外商投资企业投诉

---

① Shirley A. Wiegand. A Just and Lasting Peace：Supplanting Mediation with the Ombuds Model [J]. Ohio State Journal on Dispute Resolution，1996(1).

② Susan D. Franck. Challenges Facing Investment Disputes：Reconsidering Dispute Resolution in International Investment Agreements[M]. Oxford University Press，2008.

③ Kathy L. Cerminara. Contextualizing ADR in Managed Care：A Proposal Aimed at Easing Tensions and Resolving Conflict[J]. Loyola University（Chicago）Law Journal，2002(33).

④ 上海市外商投诉中心成立于 2020 年 12 月 2 日，设在上海市外商投资协会。

工作机制的研究可能不易抓住关键要点,对当前实践中面临的问题可能无法透彻分析,对其发展前景的期待与完善建议亦不易鞭辟入里,故本章的研究意在用不成熟的经验与结论为以后的研究做抛砖引玉。

第二节　我国外资立法建立投资争端预防机制的法理分析

根据国际投资争议的演化进程,理想的投资争议处理模型有三种:① 作为事前预防措施,投资争端预防机制(Dispute Prevention Policies,DPPs)能够在实际争议产生甚至是当事人冲突产生之前就发挥阻却作用;② 若争议发生且必须进行事后救济时,则优先考虑采用 ADR 机制以通过双方妥协达到双赢;③ 如果仍未能解决争议,则通过 ISDS 机制以法律手段作为最后保障。[①] ISDS 机制广泛出现在 BIT 投资协定中,甚至当东道国或母国一方非 ICSID 缔约国时也可以选择适用 ICSID 附加便利规则解决争端,因此,至今其仍是国际投资争端解决的主要途径。DPPS 主要通过既定的程序减少潜在的投资纠纷,阻止其升级成为正式的投资争端。[②] UNCTAD 主张由下设秘书处向各国提供实施 DPPs 的技术支持,分享其他国家已有的实践经验。[③]

在我国现有的 DPPs 研究中,此种争议处理模式尚未取得统一的名称指代,有学者称之为争议预防政策或争议预防措施。[④] 漆彤将 DPPs 定义为"包括所有为降低争议的实际发生并趋于恶化的预防和阻却机制"。[⑤] 笔者认为,将 DPPs 直译为争端预防政策过于凸显其政治性而忽略了 DPPs 的法律性,事实上,近年来我国对国际投资的学术研究已经逐渐开始重视投资争端预防机制的建立与完善。因此,笔者认为用投资争端预防机制或争端预防机制指代 DPPs 更符合该争议处理模式的法律属性,同时也能与 ISDS 机制相呼应。

投资争端预防机制的本质是通过既定的运作机制,将尚未发生而可能发生

---

① 漆彤. 投资争端处理体系的三大构成[J]. 社会科学辑刊,2018(4):137.

② See UNCTAD. Investor-State Disputes:Prevention and Alternatives to Arbitration[R]. 2010:XIV.

③ See UNCTAD. Investor-State Disputes:Prevention and Alternatives to Arbitration[R]. 2010:65-66.

④ 漆彤,鲍怡婕. "一带一路"投资争端处理体系的构建[J]. 人民法治,2018(3):20. 刘雷冰. 外国投资诉协调处理机制研究——以《外资法草案》为例[D]. 武汉:武汉大学硕士学位论文,2018:55.

⑤ 漆彤. 论"一带一路"国际投资争议的预防机制[J]. 法学评论,2018(3):79-80.

的争端及时阻却在萌芽阶段,防止其演变升级成矛盾激烈的争端。因此,各经济体可能基于各自经济发展的需求不同对该机制采取不同的构建模式。我国在以《外商投资法》为核心的外资立法体系中建立了我国的投资争端预防机制——外商投资企业投诉工作机制,本章重点阐述如何界定该机制的内涵及其在我国的表现形式,以及在外资立法体系中建立该机制的外部原因和内在优势。

一、投资争端预防机制的内涵及表现形式

(一) 投资争端预防机制的概念厘清

1. 正确理解投资争端预防机制的预防功能

随着争端预防机制的提出,预防功能的目的或许会受到质疑,即具有未知性的争端能否被预防? 如何确定一项立法能够起到预防的功能或作用? 所谓预防理论,原是刑法学中关于刑罚功能的重要理论,根据预防的对象可以分为一般预防和个别预防。[1] 随着民商法学的发展,在民商法学的领域中也出现了对预防功能的重视与研究,例如在侵权法研究领域中,通过各种制度安排特别是通过预防义务的有效分配、损害的合理分担和适当损害赔偿数额的确定,来为行为人提供良好的激励,促使他们采取预防措施以减少不必要的侵权行为,使侵权行为的数量处于社会最佳水平。[2] 制定规则以使侵权行为不发生或少发生是立法的追求,但是,侵权行为法所面对的常态是损害的发生。[3]

对于外国投资者与东道国之间的投资争端而言,其常态是投资争端的发生,争端预防机制的预防功能只是希望通过确定的规则对可以预见的争端进行预防。换言之,预防功能鼓励当事人(外国投资者、东道国)预防损害,并不是要求遏制各种损害的发生,更不是要消灭一切投资争端。

争端的演变是一个从最初的纠纷逐步发展为矛盾激烈的争端的过程。妥善处理好投资纠纷从而抑制其发展是争端预防机制的功能所在,但与侵权责任法中借用损害赔偿来达到的预防功能不同,争端预防机制的预防功能是借用"事前"的沟通渠道,在当事人间探讨投资过程中产生的纠纷的解决方案:或达成谅解,或协调处理,或提出完善建议。

2. 投资争端预防机制与争端解决机制的区别

与具有鲜明对抗性的争端解决机制相比,ADR 以及争端预防机制的突出特

① 丁海俊. 民事责任的预防功能[J]. 现代法学,2001(2):144.
② 龚赛红,王青龙. 论侵权法的预防功能——法经济学的分析视角[J]. 求是学刊,2013(1):104.
③ 尹志强. 侵权行为法的社会功能[J]. 政法论坛,2007(5):156.

点是强调争议的友好解决,而 ADR 与争端预防机制虽都关注和谋求当事人的合作共赢但仍存在"预防"和"解决"的本质区别——争端预防机制侧重在争议发生前采取措施从而避免争议真正发生,属于事前防范;ADR 则是在争议实际产生后所采取的措施,是相比争端解决机制更为缓和的事后救济。① 笔者认为,我国的投资争端预防机制(外商投诉工作机制)与争端解决机制相比较具有如下特征。

一是主体区别。投资争端预防机制的运作主体主要是指东道国国内的内部机构。例如,秘鲁等国家设立的协调员、特别委员会等机构,韩国等国家设立的监察专员机构,以及部分国家要求行使行政救济权力的行政机关等。当然,也有国家在实践中设立非正式的协调员或监察员,通过东道国国内民间的自治机构发挥争端预防的功能。无论是行政机关还是自治机构,争端预防机制的主体明显区别于传统争端解决机制的主体,不是东道国司法救济中的司法机关或国际仲裁中的国际仲裁机构,具有一定行政性的同时拥有国内外资立法的授权。在我国,投资争端预防机制的运作主体特指全国外资投诉中心及其他地方外资投诉中心。

二是客体区别。争端预防机制意识到在投资活动中争端在所难免,即并不能试图阻止所有争端产生,故专注于发现潜在可预见的争端并提早予以解决,从而避免纠纷升级或恶化为争端。② 因此,投资争端预防机制负责对可能演变为投资者争端的投资纠纷进行处理,防止其进一步恶化升级,否则一旦产生争端便需要诉诸调解、东道国司法救济、国际仲裁等手段予以解决。

在国际投资争端从纠纷演变为争端的过程中能够明显观察到上述客体的区别。一个国际投资争端的产生必然经历了如下过程:投资者在东道国内进行相关投资活动后,在投资协议履行过程中或项目执行过程中,因契约或契约外的因素在投资者与东道国之间产生了对某一投资内容的分歧或纠纷(此时尚不称为争端),进而阻碍了投资计划的实施,若不能及时解决这一纠纷,便有可能成为投资争端的导火索,最终演变为恶行的投资争端事件(见图 11 - 2)。

从纠纷到争端,关键的区别在于投资者与东道国之间冲突矛盾的严重性程度。若投资者与东道国间的矛盾初现,则争端预防机制便开始发挥作用,通过解决纠纷防止其转化为较难调和的争端或争议;当投资者必须通过诉诸协商、调解、东道国司法救济、国际仲裁等手段进行解决时,则意味着纠纷已经演化升级

---

① 漆彤. 投资争端处理体系的三大构成[J]. 社会科学辑刊,2018:136.

② See Susan D. Franck. Challenges Facing Investment Disputes: Reconsidering Dispute Resolution in International Investment Agreements[M]. Oxford University Press, 2008:160.

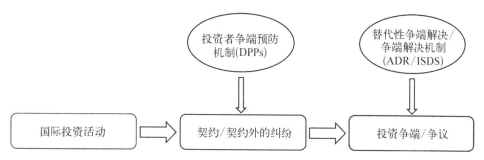

图 11-2　投资争端预防机制与争端解决机制作用客体不同

为争端,投资者与东道国之间协调的可能性降为最低。从另一个角度来说,争端预防机制作用于争端的"事前",体现预防性;争端解决机制作用于争端的"事后",体现补救性。

三是作用效果区别。与争端解决机制相比,投资争端预防机制针对一起纠纷解决产生的作用效果或具有普适性。无论是协商、调解等替代性争端解决方法,还是法院诉讼、国际仲裁等传统争端解决方式都严格遵循"一事一议""一案一结"的原则,即上述解决方法或方式在生效后仅产生针对本争端的解决效力,无法作用于其他相类似争端。而争端预防机制往往会根据投资者提起的纠纷对国内投资政策环境予以相应的改善,以期能够预防其他类似纠纷的产生。此特征反映在我国《外商投资法》第 26 条第 1 款中表述为:"及时处理外商投资企业或者其投资者反映的问题,协调完善相关政策措施"。

四是法律渊源区别。争端解决机制在本质上是投资者利益与东道国利益相互平衡后选择的争端解决方式,因此争端解决机制必须见诸特定的国际投资协定、国际公约等国际法法律渊源中,方能被投资者与东道国共同接受。例如,当投资者母国与东道国之间不存在任何投资协定或未共同加入相关国际公约的情形下,投资者单方提起国际仲裁申请,东道国当然可以拒绝承认仲裁结果,否则将视为对东道国在国际法上的国家属地管辖原则之侵犯。

相较之下,投资争端预防机制是东道国为了给外国投资者营造良好的投资环境而在国内立法体系中建立的机制,故其法律渊源为东道国的外资立法。例如,秘鲁 28933 号法案、韩国《外国投资促进法案》,以及我国《外商投资法》《投诉工作办法》等。

（二）投资争端预防机制在我国的表现形式

正如绪论所述,我国通过《外商投资法》《外商投资法实施条例》《投诉工作办法》使得外商投诉工作机制在《外商投资法》颁布之后获得了外资立法的支持。

《外商投资法》第 26 条第 1—2 款规定："国家建立外商投资企业投诉工作机制，及时处理外商投资企业或者其投资者反映的问题，协调完善相关政策措施。外商投资企业或者其投资者认为行政机关及其工作人员的行政行为侵犯其合法权益的，可以通过外商投资企业投诉工作机制申请协调解决。"

《投诉工作办法》第 2 条规定："本办法所称外商投资企业投诉是指：（一）外商投资企业、外国投资者（以下统称投诉人）认为行政机关（包括法律、法规授权的具有管理公共事务职能的组织）及其工作人员（以下统称被投诉人）的行政行为侵犯其合法权益，向投诉工作机构申请协调解决的行为；（二）投诉人向投诉工作机构反映投资环境方面存在的问题，建议完善有关政策措施的行为。"

外商投诉工作机制包含两类可投诉行为：投诉人认为具体行政行为侵犯其权益希望能协调解决的；投诉人提出的投资环境方面的投诉建议。第二类可投诉行为并不针对具体的纠纷，类似于行政法中的抽象行政行为，可以被视为预防机制的一种模式。但第一类可投诉行为或引起歧义：投诉人通过投诉工作机制"协调解决"纠纷应被认定为争端解决机制还是争端预防机制。笔者认为，判定其属于预防机制还是解决机制并不能仅从"协调解决"的文义去理解，而应当从该制度设定的目的与意义出发。设立投诉工作机制的本意是避免传统投资争端解决机制面临的问题，例如裁决的不一致性、透明度问题、高额的赔偿损失等，同时也是为了能够从国际投资东道国的角度，由东道国主动与投资者沟通优化国际投资的营商环境。这一点结论也能从《投诉工作办法》第 26 条中得出："地方投诉工作机构在处理投诉过程中，发现有关地方或者部门工作中存在普遍性问题，或者有关规范性文件存在违反法律规定或者明显不当的情形的，可以向全国外资投诉中心反映并提出完善政策措施建议，由全国外资投诉中心汇总后提交联席会议办公室。"即使投诉工作机构受理的是第一类投诉行为，投诉机构依然能够依职权主动反映政策措施问题，优化营商环境，达到与第二类投诉行为同样的目的。

无论从设立的目的还是从运行的方式出发，外商投诉中心不仅是一个以处理外国投资者投资纠纷为目的的专业投诉处理机构，而且更是为了能够发现"普遍性问题"并提前自我纠正完善从而预防可能发生的投资纠纷，符合投资争端预防机制"通过既定的程序减少潜在的投资纠纷，阻止其升级成为正式的投资争端"的特征。

（三）缺少外资立法支持的其他表现形式

目前我国除外商投诉中心外，还有外商投资企业协会和台商投诉协调处（中心)三类平台处理外资对行政机关的纠纷投诉,以达到预防投资者争端发生的目的。① 同时,中国贸促委按照共商共建共享原则,联手国外的工商组织共同筹建国际商事争端预防与解决组织,并于 2020 年 10 月 15 日在北京成功设立国际商事争端预防与解决组织。笔者简要梳理上述几个机构间的区别及其发挥的作用。

1. 外商投资企业协会

外商投资企业协会由各地外商投资企业、从事外商投资服务工作的机构、团体和专业人士等自愿组成。外商投资企业协会属于社会团体,履行包括接受会员的申诉并向政府有关部门反映会员、境外投资者对改善投资环境的意见等职责。

协会拥有明显的自治性,仅在协会的自治章程中规定了接受会员投诉的职责而没有形成配套的法律法规立法,例如《上海市外商投资企业协会章程》规定:"维护会员和中外投资者的合法权益,调查了解会员存在的困难和问题,接受会员的投诉,向政府及有关部门反映会员的意见和要求";《山东省外商投资企业协会章程》规定:"调查了解会员的情况和问题,接受会员投诉,向政府有关部门反映会员和投资者的意见及要求,并提供法律服务;提出行业发展和立法的意见和建议,参与相关法律法规和产业政策的制定"。②③ 笔者认为,因缺乏必要的国内外资立法支持,外商投资企业协会提起的协会会员投诉事项、政策建议并不能对投资争端起到良好的实质性预防作用,且不属于笔者讨论的外资法律体系中的投资争端预防机制。

2. 台商投诉受理机构

台商投诉受理机构则是自 1995 年以来,由国务院台办(国务院台湾事务办公室)推动,在中央到地方的各级台办中设立的。2000 年机构改革后,国务院台办经济局专设"台商投诉协调处",协调和处理有关台商投资纠纷。④ 目前,国务院台办的"台商投诉协调处"更名为"台商投诉协调局",具体职责包括:负责协调处理重大、复杂的台湾同胞投诉案件;指导检查各地台办的台胞投诉案件的处理等。⑤

---

① 徐芳. 论我国新型外国投资投诉协调处理机制的构建——兼评《外国投资法(草案征求意见稿)》相关规定[J]. 河北法学,2016(2).

② 《上海市外商投资企业协会章程》第 7 条第(3)项。

③ 《山东省外商投资企业协会章程》第 6 条第(3)项。

④ 依法协调台商纠纷保护台商合法权益[J]. 两岸关系,2004(8): 23.

⑤ 台商投诉协调局的具体职责包括:"协调处理重大、复杂的台湾同胞投诉案件;指导检查各地台办的台胞投诉案件的处理;组织各地台办投诉协调工作经验和信息交流,通报台湾同胞投诉案件处理情况;负责台胞、台属来信来访及涉台维稳工作;承担国共两党有关机构保护台商合法权益工作平台的联系、服务工作;承担台商权益保障工作联席会议办公室工作职责"。

台商投诉受理机构的投诉受理工作已经产生了一定的成效。例如,2018 年江苏省各级台办受理台商、台企投诉求助案件超过 600 件,江苏省台办直接受理案件 60 余件,结案率均达到 95％。① 但是,台商投诉受理机构仅接受台商的投诉,对其他外资主体并不开放,具有明显的投诉主体限制,因此不属于本章讨论的外资立法体系中的投资争端预防范畴。

3. 国际商事争端预防与解决组织

在"一带一路"倡议的背景下,中国贸促会法律事务部副部长、中国贸促会企业权益保护中心负责人刘超在 2020 年 5 月 11 日"一带一路"商事法治环境主题论坛中提到,要积极筹建国际商事争端预防与解决组织,并提出了预防"一带一路"商事争端的三个方向:启动国别法律研究工作,为"走出去"企业保驾护航;成立双边商事法律合作委员会,为企业提供全方位咨询服务;打造国际法律咨询平台,完善国际商事争端预防机制。②

随后,国际商事争端预防与解决组织于 2020 年 10 月 15 日在北京成功设立,该组织具有鲜明的特殊性:立足于"民间发起、政府支持推动"的民间性质定位,属于非政府间国际组织;将国际商事争议、投资者与国家间争端纳入受案范围;提供的案件服务包括商事仲裁、投资仲裁、争端预防、商事调解等。笔者认为,国际商事争端预防与解决组织虽然由贸促委支持推动设立,但其本身的性质是围绕国际商事争端预防与解决的国际组织,与本书探讨的国际投资争端预防机制有本质区别。

一方面,国际商法与国际经济法是两个性质不同的法律部门。国际商法是调整国际商事关系(具有国际因素的平等商事主体之间的财产关系)的统一实体规范和争端解决程序规范的总称,调整的是"民商事关系"。③ 国际经济法是调整国家间经济管制关系的法律,覆盖国际投资、多边贸易体制等领域,调整的是"经济关系"。④ 国际商事争端预防与解决组织以预防与解决国际商事争端为主要目的,属于国际商法的争端预防与解决范畴,区别于本书研究的属于国际经济法争端预防范畴的投资争端预防机制。另一方面,国际商事争端预防与解决组织虽然也将投资者与国家间争端纳入受案范围,或许具有一定的投资者争端预

---

① 马春晖. 2018 年江苏省台商投诉协调及服务工作[J]. 台湾工作通讯,2019(4):30.

② "国际在线对中国贸促会法律事务部副部长刘超的访谈"[EB/OL]. [2021-04-02]. https://baijiahao.baidu.com/s?id=1600704007098246574&wfr=spider&for=pc.

③ 左海聪. 国际商法是独立的法律部门——兼谈国际商法学是独立的法学部门[J]. 法商研究,2005(2):37.

④ 左海聪. 国际经济法基本问题论纲[J]. 法学评论,2009(1):50.

防功能,但与外商投资企业协会一样,缺乏国内、国际法律规范支持,属于民间的国际组织。因此,国际商事争端预防与解决组织囿于其调整的关系、组织的民间性而不属本章讨论的范围。

二、我国外资立法建立投资争端预防机制的必要性分析

(一)建立投资争端预防机制的外部原因

1. 与双边投资协定衔接的必然需要

外国投资者与东道国之间的投资争议的解决方式往往规定在投资者母国与东道国的双边投资协定中。中国与其他经济体的双边投资协定则通常要求在发生投资争议后,争议双方先通过友好协商解决,无法友好协商解决的才由投资者提交有管辖权的法院或仲裁机构。①

例如《中法双边投资协定》规定投资者与东道国之间的投资争端应当由双方当事人友好解决,未能在六个月内友好解决的,投资者可选择提交至有管辖权的法院或根据《联合国国际贸易法委员会仲裁规则》设立的专设仲裁庭。② 又如《中加投资协定》第 21 条提供了友好协商和国际仲裁的争端解决方式,同时要求"在争端投资者将诉请提请仲裁之前,争端各方应首先进行磋商,以求友好解决诉请"。③ 从《中加投资协定》第 21 条及其附录的协定规则表述上来看,投资协定将磋商友好解决、投资仲裁及其前置复议程序视为三个独立的程序。孔庆江认为,"这里显然缺乏一个可能的解决路径,即东道国国内机制在解决争议中的作用"。④ 因此,在外资立法体系中建立投资争端预防机制既符合外国投资者在我国投资的保护需要,也填补了中国对外双边投资协定所约定的"友好解决"途径的空白。

2. 顺应争端解决制度改革的趋势

当今国际社会中,投资者争端解决制度主要指 ISDS 机制。ISDS 机制是投资者与东道国不满于外交保护与东道国法院救济,但又为了主张自身利益,从而相互妥协的产物。⑤ 而投资争端预防机制产生的一个重要历史原因在于 ISDS 机制的缺陷日益凸显,且带来了对东道国社会和环境管理的多维度挑战。

---

① 笔者认为,此处的"友好解决"并不意味着其属于争端解决的范畴,应当从制度设定的目的与意义出发。

② 参见《中华人民共和国政府和法兰西共和国政府关于相互促进和保护投资的协定》第 7 条。

③ 参见《中华人民共和国政府和加拿大政府关于促进和相互保护投资的协定》第 21 条。

④ 孔庆江,郑大好. 我国《外商投资法》下的外商投资保护制度[J]. 国际贸易,2019(5):86.

⑤ 余劲松. 国际投资法(第四版)[M]. 北京:法律出版社,2018:319.

在第二次世界大战之前以及结束后的十年间,投资者可以通过协商、调解、东道国当地救济、外交保护等手段寻求国际投资争端的解决。[①] 直到1965年在世界银行的主导下通过了《解决国家与他国国民之间投资争端公约》(Convention on the Settlement of Investment Disputes Between States and Nationals of Other States,以下简称《华盛顿公约》),并于次年正式成立ICSID,ISDS机制方才正式登上历史舞台。ISDS机制常被用于特指外国投资者向国际仲裁机构提起仲裁的争端解决方式,但准确地说,ISDS机制只是基本上借用了国际商事仲裁制度。[②] 换言之,ISDS机制的外延涵盖了协商调解机制以及东道国救济,仲裁是其主要表现形式。[③] 以《华盛顿公约》为说明,《华盛顿公约》第26条明确承认了东道国有要求首先用尽当地救济的权利,并在ICSID中设立了调解员小组与仲裁员小组,因此,协商调解以及东道国救济也是ISDS机制解决投资争端的途径之一。

然而,正因为ISDS机制的运作并不局限于国际仲裁,所暴露出来的问题反而更具有多样性、综合性。一方面,协商、调解往往面临着强制执行的效力问题,而东道国救济始终难以获得投资者的青睐。另一方面,ISDS的主要表现形式国际仲裁常因其保密性、裁决的不一致性、透明度问题、高额的赔偿损失等遭受诟病。[④] 例如,伴随着仲裁结果产生的高额赔偿费用以及仲裁费用严重破坏了仲裁对于投资者与东道国的价值。[⑤] 在东道国国家管理层面上,ISDS也因为自身对东道国关于外资的管理、社会和环境的管理、公共资源的利用可能产生的挑战并带来的深远影响而受到广泛的争议。[⑥] 有学者甚至认为,ISDS机制正在破坏普遍的伦理原则和民主制度,使得资本的经济利益凌驾于社会福利、个人以及环境之上。[⑦]

因此,近年来国际社会正在积极探索ISDS机制的改进革新,例如渐进式改

---

① 王飘. 投资者—国家争端解决(ISDS)机制发展研究[D]. 南昌:南昌大学硕士学位论文,2019:3-4.

② 张庆麟. 欧盟投资者—国家争端解决机制改革实践评析[J]. 法商研究,2016(3):143.

③ 张熠星. 投资者—东道国争端解决机制发展的新趋势——TTIP形成中的欧盟模式及中国应对[J]. 现代管理科学,2016(3):46.

④ See Jahangir Ahmad khan. Managing Investment Disputes:A Critical Analysis of Investor State Dispute Settlement Mechanism in Bilateral Investment Treaties [J]. Journal of Management and Public Policy,2017(8):33.

⑤ See Susan D. Franck. Rationalizing Costs in Investment Treaty Arbitration[J]. Washington University Law Review,2011(4):770.

⑥ 余劲松,詹晓宁. 论投资者与东道国间争端解决机制及其影响[J]. 中国法学,2005(5):175.

⑦ Kelam Ivica. Investor to State Dispute Settlement. A Challenge for Democracy,Ethics,the Environment,and the Rule of Law[J]. Synthesis philosophica,2019(1):59.

良（Incremental Reform）、系统性改革（Systemic Reform）、颠覆性改革（Paradigmatic Reform）。① 我国学者认为，ISDS机制的改革主要包括两种形式：投资争端刚性解决方式的司法化以及投资争端柔性解决方式的规范化。②

在刚性解决方式司法化方面，欧盟在《跨大西洋贸易与投资伙伴关系协定》投资章节草案中引入世界贸易组织争端解决机制的元素，将投资者—国家争端解决机制从仲裁推入诉讼，以期消除该机制存在的缺陷，追求东道国公共利益的平衡，成为当下最激进的改革方案。③ 然而，尽管该改革方案确实对ISDS的合法性缺口做出了实质性的回应，但并没有有效解决对ISDS的批评。④ 同时，非洲国家对ISDS机制认可度也极低，南非更是彻底摒弃了ISDS，将国际投资争端重新拉回国内诉讼体制中。

在柔性解决方式规范化方面，有不少学者提出要重视ADR机制的作用。但从客观上来说，ADR机制仍有待获得进一步的关注与改进。根据ICSID提供的数据报告，ICSID于2019年登记的39件案件中仅有1件为调解案件，而迄今为止ICSID总共登记的745件案件中也仅有10件为调解案件。⑤ 虽然大量调解的案件并没有被正式提交至ICSID，而是通过私下或其他途径调解解决，但非规范化的调解容易带来遗留问题，必须予以重视。

综上所述，目前各经济体对ISDS机制、ADR机制持不同态度，具有调和性的争端预防机制正在逐渐受到各国尤其是主张对ISDS机制进行颠覆性改革的国家支持。相对于ISDS机制以及ADR机制的事后救济用途，投资争议预防机制具有事前阻却争端发生的功能，不管对投资者、母国还是东道国都具有正面效应。⑥ 故投资争端预防机制的产生是非常必要的，若预防机制能在我国得到完善与发展，也许能够利用其优势弥补ISDS机制的不足。

3. 适应国际投资环境多变的挑战

投资争端预防机制产生的另一个外部原因在于我国国际投资环境正在发生

---

① Anthea Roberts. Incremental, Systemic, and Paradigmatic Reform of Investor-State Arbitration [J]. American Journal of International Law, 2018(3)：410.

② 陶立峰. 投资者与国家争端解决机制的变革发展及中国的选择[J]. 当代法学，2019(6)：37.

③ 张庆麟. 欧盟投资者—国家争端解决机制改革实践评价[J]. 法商研究，2016(3)：143.

④ See Thomas Dietz, Marius Dotzauer, Edward S. Cohen. The legitimacy crisis of investor-state arbitration and the new EU investment court system[J]. Review of International Political Economy, 2019 (4)：749.

⑤ ICSID. The ICSID Caseload—Statistic(2020-1 EDITION)[EB/OL]. [2021 - 03 - 17]. https://icsid.worldbank.org/en/Pages/resources/ICSID-Caseload-Statistics.aspx.

⑥ 蔡高强，刘明萍. 基于中非合作发展的投资争端预防机制论[J]. 湘潭大学学报，2020(3)：84 - 85.

一系列变化。一方面,面对新冠疫情的全球蔓延,国际投资活动将受到直接且持续性的影响,例如,包括亚马逊(Amazon)收购英国外卖公司户户送(Deliveroo)、波音(Boeing)收购巴西航空工业公司(Embraer)在内的许多国际收购兼并项目被暂停甚至在未来可能被取消。① 因此,经济活动亟须通过相对温和、能够及时反映投资者诉求的机制解决潜在的投资危机,在这一点上,争端预防机制有其不容忽视的作用。

另一方面,随着"一带一路"作为近年来我国主导的与有关国家间的国家级顶层合作倡议的推进,建设工程领域的潜在纠纷风险也在不断积聚:久拖不决的工程结算、索赔以及质量纠纷等使得风险管理越来越受到重视,通过协作共同努力避免分歧升级转化为争端的预防理念符合各方诉求,也与"一带一路"倡导的"合作共赢"理念相契合。② 也有观点认为,"一带一路"倡议中非商业风险型争端政治性强,受国家主权原则影响,无论诉讼还是仲裁制度都面临无管辖权或无法执行等问题,对此类争端应主要通过构建预防机制防范。③

除此之外,各国改变投资政策不仅给国际投资活动带来不确定性因素,而且也驱使着国际投资争端的发生。例如,1996 年"劳德诉捷克案"的起因便是捷克议会违背承诺、修改了本国媒体法,不再允许电视台的批准执照持有者与运营商相互"分离",导致美国投资者罗纳德·劳德作为合伙人在 TV Nova 的投资利润下降的同时,其与投资对象的独占性商业关系灭失,进而引发一系列仲裁。④ UNCTAD 在近年来的世界投资报告中指出,全球各国投资政策的变化使得国际投资受到的政策性管制有了明显的增加。2018 年全球新出台的 112 项国际投资政策措施中有 34% 的政策措施采取了更多的限制性或监管性规定,该占比与 2017 年的 21% 相比提升了 13%,是 2015 年的两倍。⑤ 而发达经济体则在 2019 年进一步设立了更多的与国家安全有关的投资政策。⑥

正因如此,为了避免发生投资争端后国家资源的浪费以及高额的国家赔偿,尽可能在保护国家管理经济社会事务主权的前提下减少国际投资者与东道国发生投资者争端的可能性,对于我国而言具有重要意义。在此认识的基础上,我国

---

① See UNCTAD. World Investment Report[R]. 2020:3.

② 魏庆. "一带一路"建设工程争端预防机制的应用[J]. 国际贸易,2020(2):84.

③ 杨璨. "一带一路"投资争端的双轨制因应机制[J]. 华中师范大学研究生学报,2019(2):48.

④ See Susan D. Franck. The Legitimacy Crisis in Investment Treaty Arbitration: Privatizing Public International Law Through Inconsistent Decisions[J]. Fordham Law Review,2005(73):1559 - 1562.

⑤ See UNCTAD. World Investment Report[R]. 2019:84.

⑥ See UNCTAD. World Investment Report[R]. 2019:97.

投资争端预防机制的产生、发展与完善便具有充分的必要性。

（二）建立投资争端预防机制的内在优势

投资争端预防机制作为弥补 ISDS 机制不足的机制，相较于协商、调解、东道国当地司法救济、仲裁等，将给我国的外商投资纠纷解决带来如下优势。

1. 及时发现纠纷并友好解决

投资者争端的解决往往会因为解决时间漫长、程序烦琐等因素而产生不必要的诉累风险。例如，"澳门世能公司诉老挝"一案便因为管辖权问题经历了五年的诉讼，[1]且此类现象在国际投资争端解决中尤为常见，但若能够在纠纷产生时就通过东道国国内争端预防机制进行沟通解决，而不必通过诉讼或仲裁的程序，便能规避此类诉累风险。

我国《投诉工作办法》第 19 条规定"投诉工作机构应当在受理投诉之日起60 个工作日内办结受理的投诉事项"，这在很大程度上增加了纠纷解决的效率。除此之外，相比具有强制性的诉讼结果或裁决结果，预防机制对纠纷的解决具有柔和性，解决过程中投资者与东道国的对抗性较弱，避免在纠纷的解决过程中影响投资者投资热情与信心，促进纠纷的友好解决。

2. 处理更多类型的投资纠纷

国际仲裁作为 ISDS 机制的主要表现形式，对可提交仲裁的争端范围有所限制。我国 1998 年前与外国签订的投资协定关于提交 ICSID 的仲裁事项很窄，包括就征收补偿数额发生的争端、双方同意提交仲裁的争端、除我国声明保留不提交 ICSID 争端以外的争端。[2] 1998 年后，我国签订的部分投资协定则对上述可提交仲裁的范围限制进行了突破。然而，世界上仍存在部分国家对仲裁的范围保留了部分限制。例如，2015 年印度 BIT 范本一方面将"投资"定义从资产为基础转为以企业为基础模式，另一方面，将诸多争议类型排除在 ISDS 条款之外，从而缩小了 BIT 下的投资者与国家争端范围。[3]

相比之下，投资争端预防机制原则上并不限制可解决的纠纷类型以及投资者或外商投资企业的主体身份。我国《外商投资法》规定，只要外商投资企业或外国投资者认为其合法权益受到侵犯，便能诉诸外商投资企业投诉工作机制。各国外资立法对争端预防机制采取这样的规定显然能够将可解决的纠纷范围进

① 戴瑞君. 中国缔结的双边条约在特别行政区的适用问题——兼评"世能诉老挝案"上诉判决[J]. 环球法律评论,2017(5)：167.

② 余劲松,詹晓宁. 国际投资协定的近期发展及对中国的影响[J]. 法学家,2006(3)：157.

③ 陶立峰. 印度投资条约之投资者与国家争端解决机制的最新发展与中国的应对[J]. 社会科学, 2017(12)：105.

行了扩大,弥补了投资者争端解决机制作用范围不够全面的缺点。

3. 形成争端预防的规模效应

争端预防机制摆脱了 ISDS 机制下"一案一结"的解决方式。在预防机制中涵盖了对东道国国内立法、政策的审查功能,或是在纠纷解决之后必须重新审查东道国的国内立法、政策,从而可以帮助东道国完善法律政策,进一步改善国内投资环境。

我国通过设立争端预防机制,一方面,能够从根源上解决纠纷;另一方面,能够预防类似纠纷的产生,形成同类纠纷解决的规模效应。从更长远的东道国国家利益来看,该机制能够维护国家公信力,提升国家在外国投资者眼中的国家形象,吸引更多外资进入东道国。

第三节　我国外资立法如何规定投资争端预防机制

自 2013 年起,我国启动了有关外商投资立法制度的修改工作,在经历了《外国投资法(征求意见稿)》《外商投资法(草案)》的制定与修改后,最终形成《外商投资法》并于 2019 年 3 月 15 日正式通过。《外商投资法》的出台被认为是顺应了高水平投资自由化与便利化的要求,体现了对外国投资国际规则的充分接受。①

《外商投资法》强化了保护外商投资合法权益的相关制度,进一步加快了我国投资争端预防机制的建立,以积极呼应国务院 2017 年发布的《国务院关于促进外资增长若干措施的通知》、2018 年发布的《国务院关于积极有效利用外资推动经济高质量发展若干措施的通知》等文件。② 正如绪论所述,《外商投资法》《外商投资法实施条例》和《投诉工作办法》使得我国投资争端预防机制的立法与研究在此期间进入了一个新的发展阶段。

一、外资立法中投资争端预防机制的法律安排

(一)《外商投资法》及其实施条例建立的纲领性规定

《外商投资法》第 26 条对外商投诉工作机制进行了以下规定:首先,定性外

---

① 宋晓燕. 中国外商投资制度改革:从外资"三法"到《外商投资法》[J]. 上海对外经贸大学学报,2019(4):5.

② 刘馨蔚.《投诉办法》完善外商投诉工作机制:强化投诉人权益保护[J]. 中国对外贸易,2020(10):48-49.

商投诉工作机制的作用是处理投资者纠纷、完善政策措施；其次，确定外商投诉工作机制的处理方式是协调解决；最后，说明投诉工作机制是行政复议、行政诉讼的并行措施。

在《外商投资法》颁布后 9 个月，国务院便公布了《外商投资法实施条例》，反映了《外商投资法》对配套规则的迫切需要。《外商投资法实施条例》第 29—31 条对投诉工作机制进行了适当补充说明，主要补充内容为：商务部、县级以上人民政府指定的部门或机构分别负责处理中央、地方的外商投诉工作；商务部会同有关部门建立外商投资企业投诉工作部级联席会议制度，协调并推动中央层面的工作，指导监督地方的投诉工作；被申请的行政机关及其工作人员应当予以配合，且处理结果必须书面通知申请人；申请人可以通过其他合法途径反映问题。

上述两个法律文本的制定使得外商投诉工作机制第一次被规定在狭义上的法律文本中，是对该机制法律地位的一次具有重要意义的确认，体现了我国立法机关对该投资争端预防机制的重视。两个法律文件明确了该投诉工作机制的基本运作原理，包括该机制的主要功能、处理方式、主体机关、与其他纠纷解决方式的关系。同时也授权商务部、县级以上人民政府对投诉工作的具体规则、投诉方式、处理时限等内容进行更细致的补充规定。

可以说，《外商投资法》及其实施条例使得外商投诉工作机制有了"纲领性"的法律文件，标志着该投资争端预防机制在我国外资法律体系中正式生根发芽。

（二）《投诉工作办法》的具体规则制定

基于《外商投资法实施条例》第 29 条对商务部及县级以上地方人民政府进一步建立健全外商投诉工作机制的授权，商务部于 2020 年 3 月 23 日公布《投诉工作办法征求意见稿》公开征求社会意见，并于 2020 年 8 月 25 日颁布《投诉工作办法》。

《投诉工作办法》的制定目的是依托《外商投资法》及其实施条例的规定，对外商投诉工作机制的健全做示范作用，引导地方县级以上人民政府制定、修改或完善外商投资企业投诉处理工作制度，同时将 2006 年 10 月 1 日生效的《商务部外商投资企业投诉工作暂行办法》废止，因此，在此次《投诉工作办法》制定中，为了适应新的立法需要，对投诉人、被投诉主体、投诉工作机构、投诉受理及处理程序、投诉处理方式及结果等内容都进行了大幅度改动，并新增了档案管理及报告制度、法律责任等内容（详见表 11-1）。

表 11-1 《外商投资企业投诉工作办法》与《商务部
外商投资企业投诉工作暂行办法》对照①

	《外商投资企业投诉工作办法》主要内容	《暂行办法》对应条款及内容
1	第2条： 行使行政行为的行政机关工作人员亦可成为被投诉人	第2条： 原被投诉主体仅指行政机关
2	第2条： 地方投诉受理机构为县级以上地方人民政府指定的负责受理外商投资企业投诉的部门或者机构	第5条： 地方各级政府具有受理职能的部门
3	第2条： 投资纠纷不包括外商投资企业或外国投资者与私主体之间的纠纷	/
4	第3条： 投诉工作机构坚持公平公正合法、分级负责原则	第4条： 原投诉受理机构工作原则为"遵循公平、公正、合法"
5	第5条： 建立联席会议制度，联席会议办公室设立在商务部外国投资管理司，指导、监督全国外商投诉工作	第6条： 原对应功能机构为"商务部外商投资企业投诉协调办公室"
6	第6条： 全国外商投资企业投诉中心设立在投资促进事务局，处理包括对国务院有关部门、省级人民政府及其工作人员的相关投诉或建议，以及全国外资投诉中心认为可由其处理的事项，开展相关宣传辅助性工作	第5条： 全国外商投资企业投诉中心受理跨省市、影响重大的投诉事项
7	第8条： 对投资纠纷的申诉不影响行政复议、行政诉讼的权利	/
8	第11—12条： 确定投诉材料，允许证据与材料提交外文原件并附中文翻译件，允许委托投诉	第8条： 原投诉材料不包括抽象性投诉

---

① 《商务部外商投资企业投诉工作暂行办法》2006年5月17日通过，2006年9月1日公布，是《外商投资法》颁布前外商投资企业投诉工作的最高位阶立法文件，旨在统一《外商投资法》颁布前的外商投资企业投诉工作规则，因《外商投资企业投诉工作办法》的颁布同时废止。

续　表

	《外商投资企业投诉工作办法》主要内容	《暂行办法》对应条款及内容
9	第13条： 补正材料的通知期限增长至7日,投诉人于15日内补正	第10条： 原补正材料通知期限为5日
10	第14条： 投诉机构不予受理的九种类型,以及一种可以不予受理的类型	第9条： 原不予受理类型仅四种
11	第15条： 受理决定期限延长至7日	第10条： 原受理决定期限为5日
12	第17—18条： 采取召开会议、听取专家意见的形式处理投诉,形成谅解、协调、向行政部门提出建议等处理结果,谅解协议具约束力	第11条： 未规定投诉处理方式,投诉处理结果包括移交相关部门处理
13	第19条： 投诉处理时限延长至60日	/
14	第20条： 投诉终结处理的六种类型（申请诉讼、复议的视为撤回投诉）,3日内将投诉终结通知投诉人	第12条： 申请诉讼、复议的视为处理终结
15	第22条： 投诉不予受理或对投诉结果有异议的,可向上级投诉机构另行提起投诉	/
16	第24—25条： 确定投诉档案管理及报告制度,投诉工作机构每两个月向上一级投诉工作机构上报投诉工作处理情况	/
17	第26条： 认为规范性文件违反法律规定或明显不当的,由全国外资投诉中心汇总后提交联席会议办公室处理	/
18	第29条： 新增投诉工作机构及其工作人员的法律责任	第14条： 仅规定工作机构及其人员的义务,未规定相关责任
19	第31条： 港澳台投资者及定居国外的投资者的投诉工作参照《外商投资企业投诉工作办法》办理	/

(三) 外资立法中投资争端预防机制的立法技术分析

投资争端预防机制的立法进步及其意义

《投诉工作办法》与 2006 年版本的《商务部外商投资企业投诉工作暂行办法》相比,有了诸多重要的改动,将对地方政府建立或完善外商投资企业投诉处理工作制度产生重要的指导意义。笔者认为,《投诉工作办法》的重要改动具有如下几个方面的现实意义。

一是延伸投诉人概念外延。《外商投资法》的生效系新法替代旧法,导致原有的三资企业法废止,从法理上讲,国务院依据原三资企业法制定的实施条例或细则及国家工商行政管理局、商务部、国家发改委等部门,以及各地方人大和政府针对外商投资中的具体问题出台的许多具体的规定("部门规章""地方人大条例"和"地方政府规章")也将因失去依据而失效。① 因此,若像广东、福建等省的外商投资企业投诉处理办法一样,将投诉人定义为"依法设立的中外合资经营企业、中外合作经营企业和外商独资企业及其中外投资者"则是不合理的,故《投诉工作办法》继承了 2006 年《商务部外商投资企业投诉工作暂行办法》对投诉人的规定,将其定义为"外商投资企业或者其投资者"。此举不仅符合《外商投资法》中第 26 条的相关规定,而且再一次证明了各地方外商投资企业投诉处理工作办法中对投诉人的定义已经无法适应立法现状。

《投诉工作办法》第 31 条规定:"香港特别行政区、澳门特别行政区、台湾地区投资者以及定居在国外的中国公民所投资企业投诉工作,参照本办法办理。"该条文将我国港澳台地区的投资者及定居国外的投资者纳入了投诉人的范畴,明确解决了在外商投资企业投诉工作机制中港澳台地区投资是否属于外商投资的问题。事实上,我国吸收的外来的投资中 70%—80% 来自我国港澳台地区,《外商投资法》适用范围包括港澳台地区的投资是顺理成章的。② 因此,《投诉工作办法》在《外商投资法》没有"港澳台投资者参照适用"条款的情况下,将港澳台地区投资者纳入投诉人的范畴并非越俎代庖,而是对投诉人概念的正确解释。

二是限缩被投诉主体范围。此前,有地方行政机关出台外商投资企业投诉处理办法规定,投诉工作机制的被投诉主体包括其他企业等私主体。③ 此规定

---

① 孔庆江.《中华人民共和国外商投资法》与相关法律的衔接与协调[J].上海对外经贸大学学报,2019(3):12.

② 孔庆江,丁向群.关于《中华人民共和国外商投资法》立法过程及其若干重大问题的初步解读[J].国际贸易问题,2019(3):5.

③《宁波市外商投资企业投诉处理办法》第 3 条第 3 项[EB/OL].[2021 - 03 - 17]. http://www.mofcom.gov.cn/article/b/g/200407/20040700242734.shtml.

并不符合争端预防机制的定义,且预防机制的目的是提早发现投资者与东道国之间可能产生的争端并予以及时解决,改善投资软环境。若预防机制还需顾及外国投资者与私主体之间的纠纷解决,不仅对预防投资者争端没有促进作用,而且还势必会增大投诉工作机构的工作压力,影响预防机制发挥的作用。因此,《投诉工作办法》第2条第3款明确排除了此类民商事纠纷主体,是对投诉工作机制受理范围的必要纠正。

三是多层级投诉处理结构。依据《外商投资法实施条例》第29条、《投诉工作办法》第2条第2款以及第5条,由商务部(具体执行机关为全国外资投诉中心,暂设在商务部投资促进事务局)、地方各级外资投诉工作机构负责处理外资投诉,同时由联席会议办公室(设在商务部外国投资管理司)作为投诉工作的协调、统筹机关(详见图11-3)。

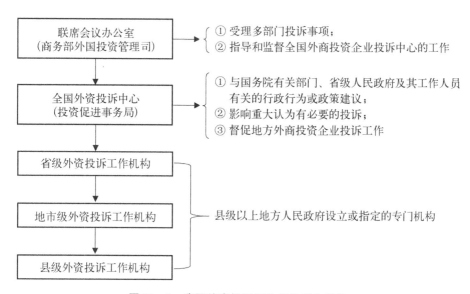

图 11-3　我国外商投诉工作机构纵向结构

纵向观察,我国从中央到地方的外商投诉工作机构分为四级,但就《外商投资法实施条例》与《投诉工作办法》的表述来看,四级工作机构之间的关系仅限于督促与协助的关系,[1]即在上下级投诉工作机构之间,尚未同海关、金融、国税、外汇管理等机关一样形成上下级之间的垂直领导关系,各级投诉工作机构仍对

---

[1] 参见《外商投资企业投诉工作办法》第6条:"督促地方做好外商投资企业投诉工作";《外商投资企业投诉工作办法(征求意见稿)》第7条:"省级投诉工作机构应该调查情况,予以协调,反馈信息"。

所属政府部门或人民政府负责。

根据我国检察系统、司法系统中的上下级关系实践,要充分发挥对行政权力的监督、监察功能,必须保证自身的独立性。同样,与外商投资企业投诉工作机制相似的韩国监察专员制度也要求能够独立于立法机关与行政机关。[1] 例如,韩国监察专员制度为了保证其充分发挥争端预防作用,规定监察专员机构独立于韩国投资促进公社,仅对韩国总理负责。因此,投诉工作机构的纵向体系结构是否有助于充分发挥争端预防机制的预防作用,目前尚难预测,需结合未来的实践予以评价。

四是两类可投诉行为。根据全国投资投诉中心的职能规定,受理的投诉事项包括两类:涉及国务院有关部门、省级人民政府及其工作人员行政行为的投诉;建议国务院有关部门、省级人民政府完善相关政策措施的投诉。

第一类投诉对应的条文是《外商投资法》第 26 条第 2 款、《投诉工作办法》第 2 条第 1 款第(一)项,表述为:"外商投资企业或者其投资者认为行政机关及其工作人员的行政行为侵犯其合法权益的,可以通过外商投资企业投诉工作机制申请协调解决。"可见,第一类投诉被受理的前提条件是行政机关及其工作人员的行政行为侵犯了投资者的合法"权益"。

此处条文使用"权益"而非"权利",体现了立法的严密性以及立法对投资者利益的保护。权益与权利在内涵上有一定的趋同,但是趋同不是相同,合法权益的范围大于合法权利,合法权益还包括合法权利之外的合法利益,两者不能等同使用。[2] 法益概念的区分在国际投资争端解决中有过先例。国际法院在"巴塞罗那公司案"中就明确区分了股东权利与公司权利,拒绝仅侵犯公司权利而未侵犯股东权利时股东寻求其国籍国外交保护的权利。[3] 若改变股东权利的表述为"股东权益",则无须考虑应当以公司国籍国法律还是公司成立地国法律为准据法,判断其作为股东权利是否受到侵犯。[4] 因此,第一类投诉的表述为"合法权益",是希望能够推动投资者积极通过投诉工作机制解决纠纷。

第二类投诉对应的条文是《外商投资法》第 26 条第 1 款:外商投资企业投诉工作机制"及时处理外商投资企业或者其投资者反映的问题,协调完善相

---

[1] Larry B. Hill. Institutionalization, the Ombudsman, and Bureaucracy[J]. American Political Science Review, 1974(3): 1077.

[2] 刘芝祥. 法益概念辨识[J]. 政法论坛, 2008(4): 99.

[3] 宋天应. 股东国籍国对公司的外交保护的资格探析[J]. 研究生法学, 2010(4): 118.

[4] 张磊. 论股东国籍国对公司的外交保护资格[J]. 华东政法大学学报, 2012(2): 38-39.

关政策措施"。① 这一条文揭示了投诉工作机制区别于 ISDS 机制的明显优势：帮助东道国完善法律政策，进一步改善国内投资环境，形成同类纠纷解决的规模效应。当然，投诉工作机构对相关政策措施的影响力如何，是否真正起到改善投资软环境的作用，还需考察投诉工作机构与其他行政管理部门之间的联动效应。

五是投诉程序与逐级投诉制度。《投诉工作办法》第 2—3 章共计 14 个条文，对投诉工作机制的投诉条件、受理条件、处理结果等内容都进行了规定。在整个投诉工作程序中，投诉程序、受理程序、与民事诉讼程序仍具有高度的相似性（详见图 11-4）。投诉程序中还仿照民事诉讼程序新增了委托投诉、投诉上诉制度，目的使得投诉程序更具人性化，保障投诉工作的廉洁性。

为了防止行政复议、行政诉讼、纪检、监察、信访等程序（以下称其他程序）的结果与投诉处理结果不一致，《投诉工作办法》规定：投诉受理前其他程序已经启动的，不予受理；投诉受理后其他程序启动的，视为撤回投诉。《投诉工作办法》如此规定，能够避免国际仲裁制度中"一致性危机"在外商投诉工作中重现。

除此之外，《投诉工作办法》确定了投诉事项的逐级投诉制度，允许投诉人在本级投诉机构投诉未果或对投诉结果不满意的情况下逐级向上投诉，理论上最高可诉至全国外资投诉中心。② 《投诉工作办法征求意见稿》并未对投诉处理结果的救济措施进行相关规定，反而能在《浙江省外商投资企业投诉处理暂行办法》等地方性政府规章中看到向上一级投诉处理机构申请重新处理等救济手段的规定。③ 作为一套处理投资者纠纷的纠纷解决体系，救济措施的缺失将使得投诉人在对投诉结果不满意的情况下无法表达自己的诉求。《投诉工作办法》对《投诉工作办法征求意见稿》救济缺失的突破是尤为必要的。与东道国国内诉讼救济两审终审制以及国际仲裁一裁终局相比，该"上诉"制度不仅满足了投诉人对投诉结果的补救需求，而且还反映出行政机关对保护投诉人权益的重视。

---

① 《投诉工作办法》第 2 条第 1 款第（二）项的表述为："投诉人向投诉工作机构反映投资环境方面存在的问题，建议完善有关政策措施的行为"。

② 参见《投诉工作办法》第 22 条："投诉人对地方投诉工作机构作出的不予受理决定或者投诉处理结果有异议的，可以就原投诉事项逐级向上级投诉工作机构提起投诉。上级投诉工作机构可以根据本机构投诉工作规则决定是否受理原投诉事项。"

③ 参见《浙江省外商投资企业投诉处理暂行办法》第 17 条；《上海市外商投资企业投诉及处理办法》第 15 条；《福建省外商投资企业投诉办法》第 17 条等。

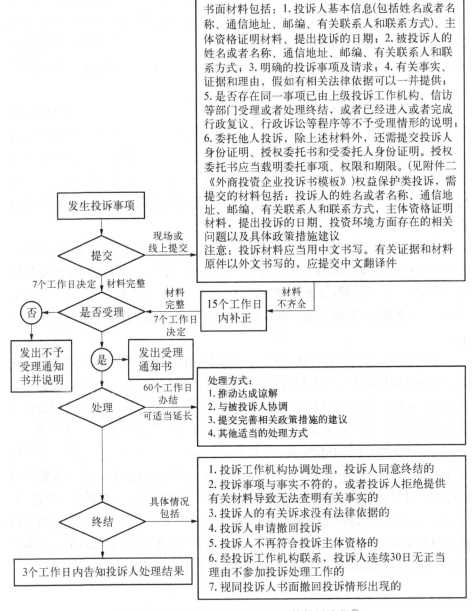

书面材料包括：1. 投诉人基本信息(包括姓名或者名称、通信地址、邮编、有关联系人和联系方式)、主体资格证明材料、提出投诉的日期；2. 被投诉人的姓名或者名称、通信地址、邮编、有关联系人和联系方式；3. 明确的投诉事项及请求；4. 有关事实、证据和理由，假如有相关法律依据可以一并提供；5. 是否存在同一事项已由上级投诉工作机构、信访等部门受理或者处理终结，或者已经进入或者完成行政复议、行政诉讼等程序等不予受理情形的说明；6. 委托他人投诉，除上述材料外，还需提交投诉人身份证明、授权委托书和受委托人身份证明。授权委托书应当载明委托事项、权限和期限。(见附件二《外商投资企业投诉书模板》)权益保护类投诉，需提交的材料包括：投诉人的姓名或者名称、通信地址、邮编、有关联系人和联系方式，主体资格证明材料，提出投诉的日期、投资环境方面存在的相关问题以及具体政策措施建议

注意：投诉材料应当用中文书写。有关证据和材料原件以外文书写的，应提交中文翻译件

处理方式：
1. 推动达成谅解
2. 与被投诉人协调
3. 提交完善相关政策措施的建议
4. 其他适当的处理方式

1. 投诉工作机构协调处理，投诉人同意终结的
2. 投诉事项与事实不符的，或者投诉人拒绝提供有关材料导致无法查明有关事实的
3. 投诉人的有关诉求没有法律依据的
4. 投诉人申请撤回投诉
5. 投诉人不再符合投诉主体资格的
6. 经投诉工作机构联系，投诉人连续30日无正当理由不参加投诉处理工作的
7. 视同投诉人书面撤回投诉情形出现的

图 11 - 4 投资企业投诉工作机制的投诉流程①

---

① 《全国外商投资企业投诉中心办事指南》[EB/OL]. [2021 - 04 - 07]. http://www.gov.cn/xinwen/2020-10/03/content_5549170.htm.

（四）投资争端预防机制的立法不足

1. 投诉受理期限过长

《投诉工作办法》中规定了两个期限：投诉受理期限和投诉处理期限。《投诉工作办法》规定投诉处理期限为 60 日且经投诉工作机构负责人同意可适当延长，似乎是缩短了《外商投资法》颁布之前各地方规定的最长投诉处理期限。

但在投诉受理期限方面，《投诉工作办法》将 2006 年《商务部外商投资企业投诉工作暂行办法》规定的 5 日延长至 7 日。究其原因，可能是考虑到投诉机构工作人员在投诉工作机制运作初期对相关法律法规、国际协定并不完全熟悉，不能及时作出是否受理的决定，也可能是出于与民事诉讼法立案受理期限保持一致的目的。在韩国监察专员制度中，"外国投资监察专员处"（The Office of the Foreign Investment Ombudsman，以下简称 OFIO）在收到投诉申请后必须于 48 小时内给予投诉人反馈。我国也有学者认为投诉受理的审核期限以 3 个工作日以内为宜。[①]　相比之下，《投诉工作办法》规定的投诉受理期限过长，与投资争端预防机制及时发现纠纷并友好解决的目的不符。

2. 未明确投诉处理结果效力

投诉处理结果条款最容易受到投资者关注，尤其是对投诉处理结果的救济制度以及投诉处理结果法律效力的相关条款。正如前文所述，《投诉工作办法》设定了逐级投诉制度，能够确保投诉人的救济需求得到保障。

但在投诉处理结果的法律效力方面，《投诉工作办法》仅规定："依法订立的和解协议对投诉人和被投诉人具有约束力"，"被投诉人不履行生效和解协议的，依据《外商投资法实施条例》第 41 条的规定处理"。[②]《外商投资法实施条例》第 41 条规定："政府和有关部门及其工作人员有下列情形之一的，依法依规追究责任：……（四）不履行向外国投资者、外商投资企业依法作出的政策承诺以及依法订立的各类合同"。

可见，《投诉工作办法》仅对投诉处理形成的和解协议规定了"约束力"，对包括达成谅解、协调、政策性建议在内的其他处理结果效力并无定论。不仅如此，即使是形成的和解协议，其约束力仍不明确。依照上述条款规定，《投诉工作办法》没有赋予和解协议具有司法上的强制执行力，且行政机关及其工作人员因违反和解协议导致其最终将被追究的责任究竟是行政责任还是民事责任，从现行

---

① 徐芳. 论我国新型外国投资投诉协调处理机构的构建——兼评《外国投资法（草案征求意见稿）》相关规定[J]. 河北法学，2016(2)：53.

② 参见《投诉工作办法》第 18 条第 2 款。

规定中难以得知。明确投诉处理结果的法律效力，有利于投诉事项的真正解决。① 笔者认为，《投诉工作办法》对投诉处理结果的效力规定仍有待完善，例如考虑是否规定行政机关所作的行政决定不可撤销。

3. 投诉程序过于"诉讼化"

目前投诉工作机制沿用了较多诉讼程序的相关制度。例如《投诉工作办法》规定：投诉工作机构依照严格的类"诉讼"程序受理、处理投诉；对补正后仍不符合要求的投诉材料不予受理、依照法定结果处理终结等。

笔者认为，投诉工作机制作为争端预防机制的一种形式，应当具备争端预防机制的特征，形成预防争端的优势。投诉工作机制应当与诉讼制度有严格区别。诉讼解决是争端解决机制的内涵，其本质是将争端交由争端双方授权的机构，由授权机构对争端进行终局性裁判，故诉讼过程往往具有独断性，即以法官的认定作为对法律事实、权利分配的最终确定。而争端预防机制侧重于沟通解决，投诉机构只是投诉的受理者、沟通的协调员、处理的传话人。因此，应该对投诉工作机制的"判决""裁决"性质做减法，对其"沟通""协商"属性做加法。换言之，投诉工作程序应当有更多的创新，避免"诉讼化"。

第四节　投资争端预防机制的域外实践经验

鉴于外国资本的双重性作用，同时由于世界各国社会政治情况、经济基础、经济结构和体制差异以及经济和技术发展水平的差异，不同利益群体对国际投资规则体系的演变进程安排和各项具体投资规则的内容调整采取不同主张。② 反映到各国对投资争端预防机制的投资立法上，则表现为不同国家采取不同的立法规则，建立不同的预防机制类型。

有的国家以外国投资法中章节或条款对预防机制进行规定，有的国家则通过制定专门的国内法律、法规进行构建。例如埃及 2017 年《投资法》设立处理投资纠纷部际委员会以审议投资者的申请、投诉或投资者与国家、有关部门、国有公司之间可能发生的争议。我国在《外商投资法》实施之前，通过《商务部外商投

---

① 熊诗瑶. 我国外商投资企业投诉工作机制研究[D]. 长沙：湖南师范大学硕士学位论文,2020：31.
② 叶钊君. 国际投资规则的演变与我国投资立法[D]. 北京：中国政法大学硕士学位论文,2005：1.

资企业投诉工作暂行办法》及其他地方性法规对外商企业投诉工作机制进行规定;在《外商投资法》颁布后,制定了《投诉工作办法》。

UNCTAD 在 2010 年发布了国际投资政策发展的系列出版物之一:投资者与国家之间的争端:预防和替代仲裁(Investor‐State Disputes:Prevention and Alternatives to Arbitration),该出版物第四章展示了世界范围内的投资争端预防机制已有的实践,包括行政审查机制(Administrative Review)、信息共享制度(Information Sharing)、监察专员制度(Ombuds and Mediation Services)、敏感部门调查机制(Targeting Sensitive Sector)等。其中,行政审查机制主要规定在双边投资协定中,信息共享制度和监察专员制度分别由东道国的外资立法建立。从制度的形式上看,我国投诉工作机制与秘鲁 28933 号法案建立的信息共享制度、韩国《外国投资促进法案》建立的监察专员制度具有很大程度上的相似性,同时也有一定的区别。我国正处于投资争端预防机制的建立阶段,学习他国的实践经验对于发展、完善我国外商投资企业投诉工作机制具有重要意义。

一、国外投资争端预防机制的立法实践

(一) 秘鲁 28933 号法案

秘鲁自 2003 年因面食工厂案、能源案被起诉后,政府认为,随着越来越多涵盖投资争端解决条款的双边协议被签订,中央、区域或地方政府机构间存在着管理上协调不力的弊端,中央缺乏足够的、及时的和协调的管理纠纷能力,投资争端发生的风险过高。[1] 为应对国家治理能力上的不足,秘鲁于 2006 年通过 28933 号法案,与随后在 2008、2009 年颁布的几项监管法令相结合,建立了"国际投资争端协调和反应体系",以期优化对国际投资争端的应对能力。[2]

UNCTAD 认为,通过实施 28933 号法案,能够确保国际投资相关信息在国内各公共机构之间无延迟共享及协调,并对投资争端的预算事项和支付事项进行妥善安排,因此,将秘鲁对争端预防机制的实践称为信息共享机制(Information Sharing)。[3]

在秘鲁的信息共享机制中,首先,将各级政府机构、国有企业以及其他公共基金界定为受该法律约束的公共实体(Public Entities),即确定了东道国内部能

---

[1] UNCTAD. Best Practices in Investment for Development:How to Prevent and Manage Investor‐State Disputes‐Lessons from Peru[R]. 2011:17‐19.

[2] UNCTAD.Best Practices in Investment for Development:How to Prevent and Manage Investor‐State Disputes‐Lessons from Peru[R]. 2011:20.

[3] UNCTAD. Investor‐State Disputes:Prevention and Alternatives to Arbitration[R]. 2010:72.

够成为国际投资争端纠纷被诉主体的机构；其次，设立经济和财政部（Ministry of Economy and Finance）作为协调机构（Coordinator），负责接收并建立所有国际投资协定与其他相关协定的资料数据库、接收上述公共实体提供的争端信息；最后，在经济和财政部内设立特别委员会（Special Commission），代表国家处理已经升级为 ISDS 案件的争端。

各方主体的交互关系详见图 11-5。

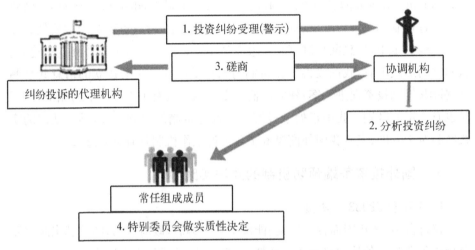

图 11-5　秘鲁信息共享机制①

在这三方主体的功能结构中，信息的收集功能与争端的解决功能被拆分赋予两个独立的机构：协调机构与特别委员会。协调机构收集基础信息并进行简单的预分析处理，将分析提交给特别委员会后，由特别委员会对争端的解决做实质性的决定。特别委员会在获得协调机构提交的纠纷信息后，行使包括评估争端达成和解的可能性、从涉案公共实体处获得技术报告、参与争端谈判、提议聘用法律人员、指定仲裁员、协助律师的工作、批准仲裁或调解的费用、确定涉案公共实体对案件费用的责任等在内的具体职能。②

协调机构的作用等同于中介机构，在投资者与特别委员会之间架起信息沟通的桥梁，最后由特别委员会决定对纠纷实体权利的取舍。对此，UNCTAD 认为，"（秘鲁建立的信息共享机制）可能存在一个结构性缺陷，即信息的收集和纠

---

① UNCTAD. Investor-State Disputes：Prevention and Alternatives to Arbitration[R]. 2010：72.
② 特别委员会由秘鲁经济和财政部的代表担任主席，外交部代表、司法部代表、投资促进机构代表担任常设人员，个案涉及的公共实体代表或外贸旅游部代表担任上限为两人的非常设人员。

纷的解决并非由同一个机构主导。对投资争端的解决通过机构间(协调机构与特别委员会)的协调合作而非单一机构主导,可能妨碍谈判中的有效决策,并导致处理机构对 ISDS 案件解决能力的内部缺失"。①

尽管秘鲁的信息共享机制有待改进,但其大胆创新的立法思路仍值得重视,其通过信息共享,一方面,让国家各级政府机关了解中央政府在投资协定中做出的国际承诺,使得地方立法能够与国际承诺相协调;另一方面,让各级政府及时告知中央政府外国投资者面临的投资问题并寻找解决的途径,同时为外国投资者反映投资问题提供了门路。目前,除了秘鲁外,危地马拉、巴拿马、多米尼加共和国等已经开始实施或正在建立该机制。② 若能在东道国国内建立完整的投资争端信息共享机制可加强政府有效处理投资者与国家间争端的应对能力。

(二) 韩国《外国投资促进法案》

监察专员(Ombuds)制度是指"由立法机关任命监察专员,负责处理外国投资者针对东道国行政或司法行为的投诉",监察专员凭借其自身的独立性、专业性、公正性、可及性,充当东道国行为的"监督者"。③

1998 年韩国制定《外国投资促进法案》,次年 10 月 26 日设立 OFIO,帮助外国投资者解决投资过程中的困难,并要求国内相关行政机关或其他机关对该机构职能的运作进行协助。④

依据韩国《外国投资促进法案》的规定,该监察专员机构被设置于韩国投资促进公社(KOREA TRADE-INVESTMENT PROMOTION AGENCY, KOTRA)内部,其组成成员必须具有丰富的外国投资理论或实践经验,经工业部、贸易部、能源部部长的提名,外商投资委员会审议后,最后由总统任命。⑤ OFIO 的主要功能是领导由 KOTRA 设立的申诉处理机构,以解决外国投资者或外商投资企业的投诉,同时制定完善外商投资制度的政策措施,并向有关行政机关和国家机关提出实施建议。⑥ 为此,与投诉个案相关的行政机构负责人和外商投资有关机构在必要时必须为 OFIO 提供职能上的协助,例如向有关机关说明情况或按照总统令规定的标准报送资料;陈述相关员工、利害关系人的意

---

① UNCTAD. Investor - State Disputes: Prevention and Alternatives to Arbitration[R]. 2010: 72.

② 刘万啸. 国际投资争端的预防机制与中国选择[J]. 当代法学,2019(6): 54.

③ Shirley A. Wiegand. A Just and Lasting Peace: Supplanting Mediation with the Ombuds Model [J]. Ohio State Journal on Dispute Resolution,1996(1): 112.

④ 梁孝玲. 韩国 1998 年《外国人投资促进法》[J]. 环球法律评论,2002(2): 243.

⑤ 参见韩国《外国投资促进法案》第 15 条之二第 1、2 款。

⑥ 参见韩国《外国投资促进法案》第 15 条之二第 1、10 款、第 21 条之三第 2 项、第 21 条之四第 2 项。

见;为实地考察提供便利等。① OFIO 在投诉处理完成后也可以在必要时建议相关行政机关、公共机关负责人对有关事项实施纠正措施,并要求负责人在规定期限内(收到提出的采取纠正措施建议后 30 天)做出回应,否则可提交至外商投资委员会请求处理。② 总之,韩国通过外商投资立法的形式将 OFIO 的监察专员职能从各方面予以确认和支持。

此外,OFIO 官网还列出了 KOTRA 其他下设机构与 OFIO 的关系(详见图 11-6)。作为独立的机构主体,OFIO 与外国投资者支持办公室(Foreign Investor Support Office)各司其职、相互合作,成立投资咨询中心(Investment Consulting Center)、投资者善后办公室(Foreign Investor Aftercare Office),在工作上形成"事前服务""事后安置"的分工关系。

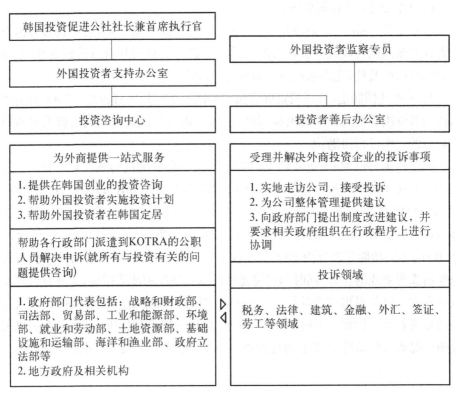

图 11-6　韩国外国投资监察专员制度③

---

① 参见韩国《外国投资促进法案》第 15 条之二第 3 款。
② 参见韩国《外国投资促进法案》第 15 条之二第 4、5、6 款。
③ 参见 OFIO 官网[EB/OL]. [2021-04-07]. https://ombudsman.kotra.or.kr/eng/au/org.do.

OFIO 对投资纠纷的缓和作用也得到了实践的证明。据统计，2013—2017年，OFIO 处理解决的外国投资者投诉多达 2 035 件，年均处理量高达 407 件，与 2000—2007 年的年均处理量持平。①

韩国 OFIO 之所以能够针对外国投资者投诉提供有效的解决方案，以维持极高的投诉处理效率，一方面，在于其具有极强的专业性，OFIO 内设 9 个投诉领域的投诉处理部门，被誉为"家庭医生"，能够根据投诉类型对投诉做出快速且专业的处理分析，提出处理建议；另一方面，在于其能够与外商投资委员会、监管改革委员会两大韩国国内最权威的投资、改革部门保持密切联系，敦促与投诉相关的行政机关、投资机关实施投诉处理建议。②

当然，各国实施监察专员制度的规定不尽相同，监察专员可正式或非正式；可以作为构成强制实施渠道亦可作为投资者的附加选择项；可基于严格的程序运行亦可以更灵活的方式运作。③ 目前，对于监察专员制度与国际仲裁的关系问题并无定论，强制实施的监察专员制度可能从理论上具有排他性，但更加可能的情形是监察专员制度作为国际仲裁的补充机制前置于仲裁程序或与仲裁程序同步运行。④

与监察专员制度相类似的，也有一些东道国通过建立投资调解机制听取投资者的投诉，在投诉升级为投资争端前促进其解决。例如，摩洛哥王国通过投资委员会、区域投资中心分别处理全国性的投资纠纷、区域性的投资纠纷。⑤

无论是监察专员制度还是投资调节机制，解决纠纷的本质是一样的，都是以调停者、沟通者、建议者的功能代替管理者或裁判者的功能，有助于纠纷的和平解决，具有可取性。对于投资者而言，监察专员制度是一种早期干预制度，能够在其投入大量资源进行纠纷解决前，对纠纷进行预处理甚至达到解决纠纷的目的；对于东道国而言，监察专员制度是确保行政机关的行政行为遵守了相关法律。⑥ 因此，相较于信息共享制度对信息流通性的重视，监察专员制度更侧重于纠纷解决过程中对各方利益的保护。

---

① OFIO 官网[EB/OL]. [2021 - 03 - 17]. http://ombudsman.kotra.or.kr/eng/au/act.do.
② UNCTAD. Investor - State Disputes: Prevention and Alternatives to Arbitration[R]. 2010: 90 - 91.
③ UNCTAD. Investor - State Disputes: Prevention and Alternatives to Arbitration[R]. 2010: 87.
④ Franck, S. D. Integrating Investment Treaty Conflict and Dispute Systems Design[J]. Minnesota Law Review, 2007(92): 214.
⑤ UNCTAD. Investor - State Disputes: Prevention and Alternatives to Arbitration[R]. 2010: 92.
⑥ Kathy L. Cerminara. Contextualizing ADR in Managed Care: A Proposal Aimed at Easing Tensions and Resolving Conflict[J]. Loyola University (Chicago) Law Journal, 2002(33): 563.

二、其他形式的投资争端预防机制实践

(一) 双边投资协定中的东道国行政复议

东道国国内行政审查机制是指在投资者提起仲裁等争端解决措施之前,要求投资者通过东道国国内的行政复议与东道国的行政当局提前沟通。行政诉讼程序具有强对抗性,应归类于东道国国内法院解决机制,而争端预防机制语境下的东道国国内行政审查机制应仅指东道国国内行政复议程序。UNCTAD对该预防机制的表述为"行政复议"(An Administrative Review),也正好说明了这一点。

通常该行政审查模式规定在东道国与投资者母国的国际投资协定中。例如,2009年卢森堡经济联盟与哥伦比亚在投资协定中规定:"依据本协定提起仲裁或东道国国内诉讼前,必须用尽东道国国内行政救济。"①目前,世界上各国对东道国国内行政审查机制的态度有所区别。

以印度为代表的国家要求投资者在用尽东道国的行政救济后方能提出投资仲裁,例如,2015年印度BIT范本中明确要求用尽当地救济,且在用尽当地救济5年后还未得到满意的解决时,才可依据条约的规定提起仲裁。② 通过国内行政审查机制,东道国可以重新审视国内政策措施是否与投资协定中的承诺相抵触,完善国内立法与行政体系,同时避免冗长的仲裁程序以及向投资者支付高额的赔偿。

但大多数国家间签订的双边投资协定没有规定强制用尽东道国行政复议救济,而是将选择权交予投资者,甚至要求投资者在选择国际仲裁后必须放弃当地救济。例如,NAFTA第11章及美国、加拿大的投资协定范本都有关于"放弃"利用其他救济程序的规定。③

对此,中国的态度是在近年来重新签订以及新签订的双边投资协定中规定要求用尽当地行政复议程序。例如2003年重新签订的《中德双边投资协定》规定,德意志联邦共和国的投资者仅可在把争议提交行政复议程序3个月后,争议仍然存在的情况下提交仲裁;④2012年新签订的《中加双边投资协定》规定,诉请涉及中国时,要求投资者使用中国国内行政复议程序,只有在提出行政复议申请

---

① UNCTAD. Investor‐State Disputes:Prevention and Alternatives to Arbitration[R]. 2010:77.

② Jarrod Hepburn and Ridhi Kabra. India's new model investment treaty:fit for purpose? [J]. Indian Law Review,2017(2):109.

③ 余劲松. 国际投资法(第四版)[M]. 北京:法律出版社,2018:324.

④ 参见《中华人民共和国和德意志联邦共和国关于促进和相互保护投资的协定的议定书》第6条。

4个月后投资者认为争端仍旧存在或者不存在可用的此种救济,投资者才可将其诉请提交仲裁。[1]　而中国在20世纪八九十年代签订的双边投资协定中并不要求外国投资者用尽行政复议程序,例如1988年签订的《中华人民共和国政府和新西兰政府关于促进和保护投资协定》、1991年签订的《中华人民共和国和匈牙利共和国关于鼓励和相互保护投资协定》等。

此外,国际投资协定中还存在类东道国国内行政审查机制,例如巴西与拉美、非洲国家签订的诸多双边投资协议,其中巴西与安哥拉双边投资协议、巴西与墨西哥双边投资协议已生效。[2]　巴西合作与便利投资协定范本(Cooperation and Facilitation Investment Agreement,CFIAs)与大多数现代国际投资条约的最大区别在于未涵盖ISDS条款,而是在东道国国内设立专门的联合委员会处理投资者提起的申诉。该机制具有一定的东道国国内行政审查机制的特征,但两者并不完全一致。联合委员会由缔约国派代表共同组成,事实上其解决纠纷的形式更类似于东道国与投资者母国之间的对话互动,属于东道国国内行政审查机制与"国家—国家"争端解决机制的混合体。[3]

(二)东道国国内敏感部门调查

敏感部门(Targeting Sensitive Sectors)是指在国际投资活动中容易发生投资纠纷的经济部门。例如,ICSID数据统计显示,1966—2019年ICSID登记的所有案件中石油、天然气、采矿行业占24%,电力和其他能源行业占17%,制造业、运输业分别占9%。[4]　而2019年ICSID新登记的案件中石油、天然气、采矿行业以及电力和其他能源行业占26%,制造业占15%,运输业占8%,大致符合ICSID 1966—2019年总数据的分布形态。[5]　可以预见,上述行业部门不仅构成了2019年国际投资活动的敏感部门,而且在未来的国际投资活动中很可能继续保持其敏感地位。

但敏感部门调查并没有被规定在东道国对外双边投资协定或东道国国内外资法律体系中,而是在东道国制定或落实外资立法或对外签订双边投资协定前予以贯彻执行。各国在处理预防争端政策方面的经验表明,制定这些政策的一

---

① 参见《中华人民共和国政府和加拿大政府关于促进和相互保护投资的协定》第21条。

② UNCTAD. Investment Policy Hub[EB/OL].[2021 - 03 - 17]. investmentpolicy. unctad. org/international-investment-agreements.

③ 季斯雨. 巴西投资条约争端预防与解决条款研究[D]. 重庆:西南大学硕士学位论文,2020:13.

④ ICSID. The ICSID Caseload—Statistic(2020-1 EDITION)[EB/OL].[2021 - 03 - 17]. https://icsid. worldbank. org/en/Pages/resources/ICSID-Caseload-Statistics. aspx.

⑤ ICSID. The ICSID Caseload—Statistic(2020-1 EDITION)[EB/OL].[2021 - 03 - 17]. https://icsid. worldbank. org/en/Pages/resources/ICSID-Caseload-Statistics. aspx.

个重要步骤是确定经济中的敏感部门或敏感的合同安排,进而针对这些敏感部门采取预防措施以防止东道国在这些部门领域中有违反承诺的行为或产生投资争端。① 其中一个例子便是多米尼加共和国投资促进机构在实施中美洲自由贸易协定时,对外国投资者投诉的领域类型进行调查统计。② 当然,敏感部门的调查方式包括但不局限于对争端常发领域进行调查、对易引发争端的合同安排进行调查、对其他国家的敏感部门进行调查,以及将 UNCTAD 做出的投资政策审查作为参考等。多维度的调查方式能够更好地保证确定敏感部门的精确度,有助于投资预防机制的建立与完善。

第五节 借鉴国际经验进一步完善 我国投资争端预防机制

一、完善我国《外商投资法实施条例》的信息共享机制

我国《外商投资法实施条例》已经确立了以下几类信息共享机制。

一是与外商投资有关的法律、法规、规章、规范性文件、政策措施和投资项目信息的社会公示信息共享。③

二是标准化行政主管部门制定的国家标准、行业标准、地方标准的全过程信息共享。④

三是外国投资者、外商投资企业提供的商业秘密在行政机关内部有条件的信息共享。⑤

---

① UNCTAD. Investor - State Disputes: Prevention and Alternatives to Arbitration[R]. 2010: 74 - 75.

② UNCTAD. Investor - State Disputes: Prevention and Alternatives to Arbitration[R]. 2010: 75.

③《外商投资法实施条例》第 9 条:"政府及其有关部门应当通过政府网站、全国一体化在线政务服务平台集中列明有关外商投资的法律、法规、规章、规范性文件、政策措施和投资项目信息,并通过多种途径和方式加强宣传、解读,为外国投资者和外商投资企业提供咨询、指导等服务。"

④《外商投资法实施条例》第 13 条:"外商投资企业依法和内资企业平等参与国家标准、行业标准、地方标准和团体标准的制定、修订工作。外商投资企业可以根据需要自行制定或者与其他企业联合制定企业标准。外商投资企业可以向标准化行政主管部门和有关行政主管部门提出标准的立项建议,在标准立项、起草、技术审查以及标准实施信息反馈、评估等过程中提出意见和建议,并按照规定承担标准起草、技术审查的相关工作以及标准的外文翻译工作。标准化行政主管部门和有关行政主管部门应当建立健全相关工作机制,提高标准制定、修订的透明度,推进标准制定、修订全过程信息公开。"

⑤ 参见《外商投资法实施条例》第 25 条:"行政机关依法履行职责,确需外国投资者、外商投资企业提供涉及商业秘密的材料、信息的,应当限定在履行职责所必需的范围内,并严格控制知悉范围,与履行职责无关的人员不得接触有关材料、信息。行政机关应当建立健全内部管理制度,采取有效措施保护履行职责过程中知悉的外国投资者、外商投资企业的商业秘密;依法需要与其他行政机关共享信息的,应当对信息中含有的商业秘密进行保密处理,防止泄露。"

四是外国投资者、外商投资企业报送提供的投资信息在行政机关内部的信息共享。①

但遗憾的是,目前《外商投资法实施条例》以及《投诉工作办法》都没有对上述各项信息共享机制进行具体的规定。笔者认为,双边投资协定一般在国家之间进行正式谈判与数轮磋商,并就核心条款达成共识后,最后由商务部予以签署。例如,中国加拿大双边投资协定自 1994 年启动,历经 18 年共 22 轮正式谈判和数轮非正式磋商,于 2012 年 9 月 9 日签订。② 换言之,各地方行政机关并不实际参与到相关条款的谈判中,地方行政机关对我国签订的双边投资协定难免存在认识上的不足或欠缺。同时我国的立法体系又具有多层级性,市级以上行政机关一般拥有一定的行政立法权。因此,建立国际投资协定与其他相关协定的资料数据库、加强地方对投资协定的理解,尤其是其中相关义务条款的理解是必要的。此方式能够避免地方行政立法与东道国国际承诺相违背,减少投资纠纷的产生。我国可以向秘鲁建立的东道国国内信息共享机制学习,在相关信息共享机制的执行机构、共享功能方面进行立法上的完善。

(一) 确定《外商投资法实施条例》信息共享机制执行机构

在秘鲁的信息共享机制实践中,将接收并建立所有国际投资协定与其他相关协定资料数据库的责任交由不实际处理纠纷的协调机构。我国可以借鉴此类做法。目前,在我国投诉工作机制中实际处理投诉的主体是各级投诉工作机构,但一些地方投诉工作机构欠缺对国际投资协定与其他相关投资资料的全面认识,而由不实际处理纠纷的联席会议办公室建立国际投资协定与其他相关协定资料数据库,从而为各地方协调机构工作提供法律依据或许能解决此问题。

一方面,联席会议办公室设在商务部外国投资管理司,拥有对国际投资协定的一手信息与资料,构建相关资料数据库没有技术上的障碍或操作上的困难;另一方面,联席会议办公室的职责是指导和监督地方的外商投资企业投诉工作,由

---

① 参见《外商投资法实施条例》第 38 条:"外国投资者或者外商投资企业应当通过企业登记系统以及企业信用信息公示系统向商务主管部门报送投资信息。国务院商务主管部门、市场监督管理部门应当做好相关业务系统的对接和工作衔接,并为外国投资者或者外商投资企业报送投资信息提供指导。"《外商投资法实施条例》第 39 条:"外商投资信息报告的内容、范围、频次和具体流程,由国务院商务主管部门会同国务院市场监督管理部门等有关部门按照确有必要、高效便利的原则确定并公布。商务主管部门、其他有关部门应当加强信息共享,通过部门信息共享能够获得的投资信息,不得再行要求外国投资者或者外商投资企业报送。外国投资者或者外商投资企业报送的投资信息应当真实、准确、完整。"
② 商务部就中加(拿大)双边投资保护协定的解读[EB/OL].[2021-03-17].http://www.mofcom.gov.cn/aarticle/ae/ai/201209/20120908328835.html.

其建立数据库,符合其对地方投诉工作予以支持的职能要求。[①] 因此,联席会议办公室担任信息共享机制的执行机构将有助于最大限度地发挥信息共享机制的效用,符合中央领导地方的工作原则。

作为《外商投资法实施条例》第 9 条所描述的"全国一体化在线政务服务平台",联席会议办公室门户网站汇总了诸多国际投资协定及投资信息。目前,商务部条约法律司承担了该项功能,但在相关网络平台上,条约法律司仅就投资协定进行文本展示。联席会议办公室门户网站在继承该功能时,应当为投资协定文本提供相关解释,以便地方投诉机构对协定条款的理解更加透彻。除此之外,联席会议办公室还可以负责处理完善政策措施建议的投诉,故应当由其汇总相关政策完善措施,在门户网站上予以展示,一方面,对投诉人的措施建议予以反馈;另一方面,为地方投诉机构提供投诉处理的参考。[②]

(二) 充分发挥信息共享机制的引导与共享功能

秘鲁对信息共享机制的实践主要集中在建立投资协定数据库、传递投诉信息方面。笔者认为,我国可以利用信息共享机制执行机构的中央协调作用,结合敏感部门调查机制以及《外商投资法实施条例》的相关规定进行以下信息共享机制的强化。

首先,发挥法律、法规、规章、规范性文件、政策措施和投资项目信息的共享功能。目前,我国对外与 104 个国家签订了双边投资协定及附加议定书。[③] 违反双边投资协定承诺的地方性行政规章制定可能源于东道国地方行政机关对体量庞大的双边投资协定不了解或理解不透彻。同时,政策措施、投资项目信息的不透明也可能会带来透明度问题,因此对规范性法律文件、政策措施以及投资项目信息的信息共享机制能够规避中央、区域或地方政府机构间存在的此类管理上的协调不力。

其次,发挥敏感部门标准化合同的共享功能。国际投资合同因涉及的权利义务多、国际投资活动较复杂,可能产生复杂的投资纠纷,故可以针对易发生投

[①]《投诉工作办法》第 5 条:"商务部会同国务院有关部门建立外商投资企业投诉工作部际联席会议制度(以下简称联席会议),协调、推动中央层面的外商投资企业投诉工作,指导和监督地方的外商投资企业投诉工作。联席会议办公室设在商务部外国投资管理司,承担联席会议的日常工作,指导和监督全国外商投资企业投诉中心的工作。"

[②]《投诉工作办法》第 26 条:"地方投诉工作机构在处理投诉过程中,发现有关地方或者部门工作中存在普遍性问题,或者有关规范性文件存在违反法律规定或者明显不当的情形的,可以向全国外资投诉中心反映并提出完善政策措施建议,由全国外资投诉中心汇总后提交联席会议办公室。"

[③] 商务部条约法律司官网[EB/OL]. [2021 - 03 - 17]. http://tfs.mofcom.gov.cn/article/Nocategory/201111/20111107819474.shtml.

资纠纷或投资项目较多的投资敏感领域,建立投资合同的模板数据库,从而规范敏感部门的合同条款。目前,国家标准、行业标准、地方标准都能在全国标准信息公共服务平台上进行查询,但该平台尚未提供相关投资合同模板。笔者认为,利用联席会议办公室的中央数据库功能,结合敏感部门调查机制,可以对敏感部门内投资合同的签订进行规范。

最后,发挥外国投资者、外商投资企业报送的投资信息、投诉案例的共享功能。将外国投资者、外商投资企业报送的投资信息在行政机关内部进行共享,可以免于外国投资者、外商投资企业重复提交相关信息,提高投诉处理的工作效率。同时,利用联席会议办公室原职责,按年度制作投诉处理典型案例,为各地方投诉工作机构提供示范与指导,共享投诉处理经验。[①]

如上所述,联席会议办公室作为信息共享机制的执行机构,能够发挥构建规范性文件数据库、规范合同数据库、投资信息和投诉案例数据库的功能,起到引导、共享的作用(详见图11-7)。

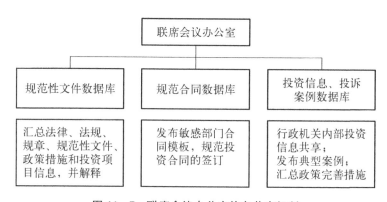

图 11-7 联席会议办公室信息共享机制

二、加强《投诉工作办法》的投诉机构建设

无论是巴西、秘鲁还是韩国,都通过设立独立的专门部门接收、处理投资者投诉。三者各具特点:巴西设立的联合委员会侧重投资者母国的参与,其投诉处理结果具有国家间协商的特色;秘鲁设立的特别委员会基于信息共享机制,与协调机构相沟通,并不直接受理投资者投诉;韩国设立的监察专员机构集受理投

---

① 参见《投诉工作办法》第25条第2款:"省、自治区、直辖市投诉工作机构应当在单数月前7个工作日内向全国外资投诉中心上报前两个月本地区投诉工作情况,由全国外资投诉中心汇总后提交联席会议办公室。"

诉、处理投诉功能为一体,强调投诉处理的效率。同时域外经验表明,调查、统计我国外商投资敏感部门有利于对纠纷的预防提前进行统筹安排。因此,进一步加强预防机制中的投诉机构建设、提高投诉机构处理投诉的效率有助于更好发挥预防机制的预防功能。

(一) 确保《投诉工作办法》投诉机构独立性

韩国设立的监察专员制度,由韩国投诉委员会统一受理外商投资企业投诉,具有明显的统一性和事务处理的独立性。在对具体地方投诉事项的调查中,由投诉委员会主任指定地区投诉处理专员,对相关投诉进行调查。① 而我国《投诉工作办法》第 6—7 条规定全国外商投资企业投诉中心、地方投诉工作机构分别处理中央与地方的外商投诉工作,同时中央督促地方开展外商投资企业投诉工作。

与韩国监察专员制度相比,我国授权地方各级投诉工作机构受理、处理外商投诉,且各级投诉工作机关之间尚未形成上下级之间垂直的领导与被领导关系。换言之,我国将投诉工作处理职责由中央下放至各县级以上地方,中央对地方投诉工作仅起监督作用,与我国各级法院审判工作的开展具有相似性。

笔者认为,权力下放能够缓解投诉处理工作压力,也能适应我国行政区划多、外商投资体系庞大的现状,但对投诉处理的效果、质量或有潜在负面影响。一方面,《投诉工作办法》仅授权地方人民政府指定“负责受理外商投资企业投诉的部门或者机构”,给予地方政府很大的自治性,这容易导致出现地方投诉机构种类多、性质不一致、权力不统一的问题。例如,可能重蹈《外商投资法》颁布前各地方投诉工作办法的覆辙,形成地方商务行政主管部门、开发区管委会等部门承担投诉处理职责的局面。另一方面,地方投诉工作机构仍隶属于地方行政机关,当其处理地方行政机关的侵害投诉人行为时,可能会受到掣肘。相较于我国法院司法系统完全独立于行政系统,这样的局面或许会演变为地方投诉机构的行政不作为或无力作为,影响投诉工作机制的实践效果。

因此,为防止地方投诉机构杂乱不统一、处理投诉事项时受制于地方政府的领导,建议统一地方投诉机构的种类,例如指定由各级地方商务主管部门设立投诉工作机构,并形成上级投诉机构领导下级投诉机构、下级投诉机构对上级投诉机构负责的垂直领导体系,从而确保投诉机构的独立性。

(二) 设立投诉机构子部门

韩国监察专员制度另一大特色在于设立 9 个投诉领域的投诉处理部门,提

① 韩国《外国投资促进法案》第 21 条之四第 5 款。

高投诉处理的专业性和效率。笔者认为,我国外商投资企业投诉工作机制可以此为鉴,在投诉工作机构中设立处理对应投诉事务的工作部门。

据商务部统计,2019 年我国外商直接投资行业主要集中在:制造业(25％);房地产业(16.6％);租赁和商务服务业(15.6％);信息传输、软件和信息技术服务业(10.4％);科学研究和技术服务业(7.9％);金融业(7.2％);批发和零售业(6.4％);交通运输、仓储和邮政业(3.2％),以及电力、热力、燃气及水生产和供应业(2.5％)。① 2019 年投资来源地前 8 的国家(地区)分别为:中国香港(68.2％)、新加坡(5.4％)、韩国(3.9％)、英属维尔京群岛(3.5％)、日本(2.6％)、美国(1.9％)、开曼群岛(1.8％)、荷兰(1.3％)。②

我国可以根据不同的投资行业或投资来源地,在投诉机构下设立对应的投诉部门。当然也可以模仿韩国监察专员制度的分类,分别设立 9 类投诉部门:劳动投诉、税收投诉、环境投诉、财政投诉、生活环境投诉、关税投诉、工业建设投诉、知识产权/信息技术投诉及其他类别投诉。③ 对投诉机构投诉部门的分类既可以交由投诉人选择按其投诉内容诉至不同部门领域,又可以对投诉工作进行分工化处理,在各专业部门内形成高效的投诉处理流程。

三、为《投诉工作办法》投诉受理程序去"诉讼化"

投资争端预防机制的特点在于运用机制的可协调性,加强东道国与投资者间的对话沟通,避免具有强制性、终局性的判决或裁决,一方面,可以减轻东道国承担巨额债务责任的压力;另一方面,可以缓解投资者的诉累风险,并维护投资者继续投资的商业信心。因此,各国尤其重视建立非诉程序,以替代不具备"回转"能力的诉讼或仲裁解决途径,典型的代表便是双边投资协定中约定的行政复议。当然,外商投资企业投诉工作机制是独立于行政复议的非诉程序,理应对投诉工作机制的诉讼性质做减法,对其"沟通""协商"属性做加法。

(一) 完善《投诉工作办法》中投诉受理的前置程序

1. 设置受理前沟通程序

巴西在其启动预防程序前,要求投诉人先就投诉事项提交至巴西对外贸易

---

① 2020 年中国外资统计公报(附表 20)[EB/OL]. [2021 - 03 - 17]. 访问地址: http://www.fdi.gov. cn/come-datatongji-con.htm l?id=14681.

② 2020 年中国外资统计公报(表 2)[EB/OL]. [2021 - 03 - 17]. 访问地址: http://www.fdi.gov.cn/come-datatongji-con.htm l?id=14681.

③ OFIO 官网[EB/OL]. [2021 - 03 - 17]. https://ombudsman.kotra.or.kr/eng/rsc/case.do.

局,与行政机关提前沟通,这给我国外商投资企业投诉工作机制的启示是:投诉人在向投诉机构提请投诉前,应提前与涉诉行政机关沟通。

笔者认为,设置该前置程序是有意义的。一方面,依照《投诉工作办法》,投诉工作机构将在县级以上行政单位中设立,届时全国范围内将从地方到中央产生四级投诉工作机构。数量庞大的投诉工作机构可能会使各地区的投诉处理工作需要相关的专业人才,专业人才的供给与需求或许会产生一定的落差。若能将投诉数量减少,则能在减少投诉工作业务量的同时减少对专业人才的需求,集中专业人才处理争议较大的投诉,提高争议处理质量。另一方面,设置前置程序为投诉人与被投诉人提供了提前沟通对话的渠道,反映了投诉工作机制的沟通特性,为投诉受理程序"去诉讼化"。因此,可以考虑在投诉机关中内设专门机构将投诉信息提前移交涉诉行政机关。若涉诉行政机关可以直接处理投诉内容,则不必启动投诉工作程序;若涉诉行政机关无法解决相关投诉,则由投诉机构受理投诉,以组织会议和专家研讨的方式进一步予以协调解决。

2. 设置并案处理机制

我国《民事诉讼法》规定了共同诉讼、追加必要共同诉讼人制度,即诉讼当事人对诉讼标的是共同的或同一类的可以合并审理,且对必要共同诉讼人进行追加。[①] 笔者认为,可以参照该制度为投诉工作的受理添加并案处理机制,以提升投诉工作的效率。

但同时,并案处理机制不应当照搬《民事诉讼法》的共同诉讼制度,应当考虑对投诉标的不同或不同类的投诉也并案处理。原因在于,同一地区多个外商投资企业或个人可能遇到相似甚至一致的投资纠纷,或对同一行政政策有相同的政策建议,故应当设置相关程序,允许当投诉标的不同或不同类时,其他外商投资者也能参与到已受理的外商投诉中。

以外国投资者在股份有限公司中的占比为例,若某地方行政规章要求外资在某行业股份有限公司中投资占比不得高于某一比例,恰有英国投资者 A、美国投资者 B 两个独立的投资主体分别在甲公司、乙公司的投资比例超过了该比例规定,且分别认为该规章违反了中英、中美双边投资协定中的投资开放承诺,A率先提起了投诉程序要求确认其投资合法。此时,可以考虑在投诉工作处理过程中允许 B 参与到已受理的投诉中,对该行政规章进行统一审查,以提高相似纠纷的处理效率。这一程序规则不应与民事诉讼程序一致,要求起诉标的严格相

---

① 参见《中华人民共和国民事诉讼法》第52、132条。

同或同类,否则因 A、B 两投资者所提起的纠纷投诉标的不同且不同类(分别为与甲公司、乙公司的投资纠纷,在民事诉讼法上认定为不同且不同类)要求投资人分别提起外商投诉,将大大降低投诉处理的及时性。

(二)完善《投诉工作办法》中关于受理结果的规定

《投诉工作办法》规定了投诉工作机构不予受理的九种情形,且投诉事项的受理结果仅限于受理或不予受理。[①] 笔者认为,当前的投诉工作机制正如前文所述,更像更换名称后的行政诉讼程序。为突出投诉工作机制对纠纷处理的缓和性特征,应当将投诉程序与行政诉讼程序严格区分开,进一步强调投诉工作机制的沟通机制。

例如,针对投诉受理或处理结果可以做如下安排:当投诉材料不符合要求时,投诉机构做出"材料待补充"的受理结果,而非"不予受理";当所诉事项涉及的行政政策正在或即将进行修正时,投诉机构做出"暂搁待决"的处理结果,待政策修正完成后,由投诉者根据新政策是否侵犯其权益决定是否继续进行投诉程序,而非"投诉终结处理"。如此变更投诉受理、处理结果,能够向投资者传递出以下信息:投诉人并非"等待审判"的"起诉者",而是参与协商对话必不可少的一方。

事实上,在《投诉工作办法》在制定过程中,也回避了某些与行政诉讼相似的程序:商务部在《征求意见稿》的基础上制定《投诉工作办法》时,删除了《征求意见稿》中投诉工作人员回避制度。[②] 商务部对回避制度的态度转变或许表明了投诉工作制度是与行政诉讼不同的争端预防方式,那么,在将来对投诉工作机制进行完善的过程中,应当重视其与行政诉讼之间的区别,突出强调投诉程序的沟通属性。

---

① 参见《投诉工作办法》第 14 条:"投诉具有以下情形的,投诉工作机构不予受理:(一)投诉主体不属于外商投资企业、外国投资者的;(二)申请协调解决与其他自然人、法人或者其他组织之间民商事纠纷,或者不属于本办法规定的外商投资企业投诉事项范围的;(三)不属于本投诉工作机构的投诉事项处理范围的;(四)经投诉工作机构依据本办法第十三条的规定通知补正后,投诉材料仍不符合本办法第十一条要求的;(五)投诉人伪造、变造证据或者明显缺乏事实依据的;(六)没有新的证据或者法律依据,向同一投诉工作机构重复投诉的;(七)同一投诉事项已经由上级投诉工作机构受理或者处理终结的;(八)同一投诉事项已经由信访等部门受理或者处理终结的;(九)同一投诉事项已经进入或者完成行政复议、行政诉讼等程序的。"

② 参见《投诉工作办法(征求意见稿)》第 22 条:"投诉工作机构负责投诉事项协调处理的工作人员与投诉人或者被投诉人有利害关系且可能影响投诉事项公正处理的,应当回避。投诉人或者被投诉人对投诉工作机构有关工作人员提出回避申请,投诉工作机构应暂停投诉处理工作,并作出是否回避的决定。决定回避的,应当及时更换有关工作人员;不需要回避的,应当告知投诉人理由。"

第六节 结 语

随着 ISDS 机制在实践中暴露的问题越来越多,国际社会对 ISDS 机制展开了不同程度的改革,但至今仍未能在诸多 ISDS 机制改革措施中达成一致意见。有国际组织认为应避免因疫情措施引起的投资仲裁潮,甚至呼吁在疫情期间暂停私营企业基于国际投资条约向东道国提起投资仲裁的行为,并永久限制对涉及政府抗疫措施及其影响的仲裁请求。[①]

在这样的国际环境下,我国外资立法和学术研究逐步开始重视投资争端预防机制的建立与完善。希望通过发挥争端预防机制及时友好解决纠纷、形成争端预防规模效应的独特优势,弥补 ISDS 机制的缺陷,营造良好的外商投资软环境。鉴于目前国内对争端预防机制尚未形成充分的研究资料,本章从该机制在我国现阶段的实践以及相关法理分析、比较分析的角度展开研究,研究我国争端预防机制的立法不足,最后提出一些不成熟的建议。

首先,对我国外资法律体系中建立投资争端预防机制的法理进行了分析,包括如何界定投资争端预防机制和在外资法律体系中建立投资争端预防机制的必要性。投资争端预防机制具有鲜明的纠纷预防优势,且符合国际投资当前的发展趋势。其次,对我国现阶段外资立法如何对投资争端预防机制进行法律规定进行研究,主要研究了《外商投资法》《外商投资法实施条例》《投诉工作办法》,并将《投诉工作办法》与 2006 年 10 月 1 日生效的《商务部外商投资企业投诉工作暂行办法》进行了逐条对比分析。笔者认为,现行外资立法体系中的“一法一条例一办法”的立法结构在投诉人概念延伸、投诉主体限缩、多层级投诉处理结构、确定可投诉行为、逐级投诉制度五个立法技术上具有进步性,但也存在投诉处理期限、投诉处理结果、投诉程序三个方面的不足。最后,根据 UNCTAD 的相关报告以及相关国家的法律文本,笔者分析了包括秘鲁 28933 号法案、韩国《外国投资促进法案》在内的两个国外外资立法实践,以及双边投资协定中的东道国行政复议和东道国敏感部门调查,并分别概括其特点,分析其对我国的启示。

---

① 哥伦比亚可持续投资中心（CCSI）．“Call for ISDS Moratorium During COVID-19 Crisis and Response”：“In this regard，we call on the world community for an IMMEDIATE MORATORIUM on all arbitration claims by private corporations against governments using international investment treaties，and a PERMANENT RESTRICTION on all arbitration claims related to government measures targeting health，economic，and social dimensions of the pandemic and its effects．”

　　本章以争端预防机制的域外实践为经验,对我国现阶段外资立法中的投资争端预防机制提供了少量完善建议。笔者认为,《外商投资法》及其实施条例提升了外商投资企业投诉工作机制的法律地位,《投诉工作办法》则为相关地方配套措施的制定与完善提供了指引。但我们也应当看到,外商投资企业投诉工作机制作为我国投资争端预防机制的具体表现形式,是未来促进外商投资的重要制度安排,其发展任重而道远。未来,投诉工作机制既要进一步突出体现预防机制的沟通属性,也要建立良好的内部信息共享机制,并确保投诉机构的独立性,加强机构建设。

第十二章
跨境数据流动的国际经济法规制

第一节　引　　言

大数据时代,全球互联网平台和跨境电子数据流动在一定程度上丰富了国际贸易的内容。过去借助实体形式交易的商品,例如音乐、软件、书籍,现在比较倾向于以电子数据的形式完成跨国交易。但数据跨境也会对国家数据安全、个人隐私以及企业隐私形成威胁和挑战。虽然对跨境数据流动的法律规制已有30余年,但目前全球范围内对跨境电子数据流动相关的法律规制体系安排尚不成熟,各国间贸易规则的设计也有所差异,其目的是兼顾数据保护、跨境数据自由流动和本国数据保护自主权。对中国而言,如何在保证国家利益的前提下,平衡跨境电子数据贸易带来的利弊需要深入思考与研究。

第二节　文　献　综　述

一、国内研究现状

目前我国的数字经济正处于快速发展阶段,对跨境数据流动的法律规制作为近年来的热点研究方向,我国学者已进行了大量的研究工作,现以《我国数据跨境流动规制的相关问题研究——以中国(上海)自由贸易试验区临港新片区为例》一文举例,[①]关注了上海市政府出台的我国首部涉及数据跨境流动的地方性

---

① 刘俊敏,郭杨. 我国数据跨境流动规制的相关问题研究——以中国(上海)自由贸易试验区临港新片区为例[J]. 河北法学,2021(7):76-90.

法规,提出我国可以借鉴国外经验并结合中国国情,在临港新片区推行跨境数据流动规则试点,实施跨境数据分类别、分国家管理制度,探索建立标准格式合同管理模式,引入第三方对数据保护能力认证机制等,以完善我国规制跨境数据流动的法律规则,这些建议具有一定的可操作性。

在专著成果方面,尚没有专门针对跨境数据流动进行研究的著作,但是在一些研究个人数据信息保护的专著中,会把跨境数据流动作为部分内容进行研究和讨论。例如,孔令杰在其所著的《个人资料隐私的法律保护》一书中分析了数字化背景下对个人资料隐私进行保护的原因以及法理基础,并对比研究了美欧资料隐私的法律保护机制。① 此外,齐爱民在《大数据时代个人信息保护法国际比较研究》中,对全球个人信息保护的立法模式和制度进行了全面系统的研究,并针对个人信息流动和保护的基本原则进行了详细介绍。② 对于近几年区域贸易协定中的跨境数据流动法律规制规则,欧美等国家在跨境数据流动问题上的最新立法,目前我国尚无专著涵盖这部分内容,具有一定的滞后性。

在论文方面,我国学者的研究成果在一定程度上弥补了专著成果空白的遗憾。早在 1998 年,程卫东就在《跨境数据流动的法律监管》一文中较为详尽地介绍了美国、英国、德国和一些国际组织对跨境数据流动的监管模式。③ 在此后的 10 多年间,我国学者对跨境数据流动问题的研究主要集中在跨境数据流动与个人信息保护的关系以及对欧盟、美国的法律规制经验进行考察。例如冯立杨在《跨境数据流中的个人信息保护》中分析了跨境数据流生成的途径以及跨国公司数据传输对个人信息保护的影响。考虑到欧盟具有较为成熟的个人数据跨境流动规制经验,很多学者都对欧盟的跨境数据流动规则进行了深入的研究和总结。④ 高明在《欧盟跨境数据流动的法律研究》一文中深入地分析了欧盟数据保护的法律渊源与权利界定、欧盟规制跨境数据流动的立法设计以及对其他国家的启示。⑤

不同于欧盟对跨境数据流动的规制主张,美国一直提倡跨境数据的自由流动,因此我国很多学者也会将欧盟与美国的跨境数据流动规则进行对比研究,曹杰和王晶在《跨境数据流动规则分析——以欧美隐私盾协议为视角》中探讨欧美

---

① 孔令杰. 个人资料隐私的法律保护[M]. 武汉:武汉大学出版社,2009.
② 齐爱民. 大数据时代个人信息保护法国际比较研究[M]. 北京:法律出版社,2015.
③ 程卫东. 跨境数据流动的法律监管[J]. 政治与法律,1998(3):72-76.
④ 冯立杨. 跨境数据流中的个人信息保护[J]. 法制与社会,2008(22):344.
⑤ 高明. 欧盟跨境数据流动的法律探究[J]. 法制与社会,2011(28):20-21,23.

《隐私盾协议》的由来与构成,及其与《安全港协议》的区别,并在此基础之上进一步研究构建全球统一跨境数据流动规制规则的难点。①

贾开在《跨境数据流动的全球治理:权力冲突与政策合作——以欧美数据跨境流动监管制度的演进为例》中指出欧美间不同的跨境数据流动制度冲突来自规制传统的差异,并将《安全港协议》与《隐私盾协议》作为欧美寻找政策共识而做出的努力成果加以分析。② 洪延青在《推进"一带一路"数据跨境流动的中国方案——以美欧范式为背景的展开》中提到美国推行的基于低水平保护的数据跨境流动模式,压缩了各国自主选择数据保护水平的规制空间,中国应通过双多边数据保护合作,切实促进基于"一带一路"的数据跨境流动,充分释放国际合作发展的潜力。③

鉴于目前全球尚未统一对电子数据跨境流动进行规制的法律框架体系,近些年,国内部分学者从国际法层面对具有代表性的多边贸易协定(WTO、CPTPP 等)进行研究,通过分析域外和国际法规制经验,最终落脚到我国的立场及应对。比较具有代表性的研究成果如下。

石静霞在《数字经济背景下的 WTO 电子商务诸边谈判:最新发展及焦点问题》中提到 WTO 成员发起的"电子商务诸边谈判"由于成员数字经济发展水平不同导致核心利益诉求有别,而我国需在积极参与谈判的同时,注重推动谈判符合最大多数成员的利益,以提升我国在电子商务以及数字贸易领域的规则话语权。④

王中美在《跨境数据流动的全球治理框架:分歧与妥协》中提出目前各国对跨境数据流动下的各类细分议题存在重大分歧。通过一定程度地满足核心成员的首要诉求,方可在多边框架下达成妥协方案。⑤

而关于我国该如何进行电子数据跨境流动规制,有专家学者做出了如下的建议。

胡炜在《跨境数据流动立法的价值取向与我国选择》中提出我国需要确立数据主权优先、个人信息保护与经济发展并重的法律原则,在国际法方面需依托跨

① 曹杰,王晶. 跨境数据流动规则分析——以欧美隐私盾协议为视角[J]. 国际经贸探索,2017(4):107-116.

② 贾开. 跨境数据流动的全球治理:权力冲突与政策合作——以欧美数据跨境流动监管制度的演进为例[J]. 汕头大学学报(人文社会科学版),2017(5):57-64.

③ 洪延青. 推进"一带一路"数据跨境流动的中国方案——以美欧范式为背景的展开[J]. 中国法律评论,2021(2):30-42.

④ 石静霞. 数字经济背景下的 WTO 电子商务诸边谈判:最新发展及焦点问题[J]. 东方法学,2020(2):170-184.

⑤ 王中美. 跨境数据流动的全球治理框架:分歧与妥协[J]. 国际经贸探索,2021(4):98-112.

境贸易的中国方案和"一带一路"沿线国家,先从区际规则着手积极参与国际规则的制定。①

王淼在《数字经济发展的法律规制——研讨会专家观点综述》中提出,为了应对数字经济国际化发展形势及国际规制需求,我国要重视多边协商合作,表达利益诉求并提升话语权,在数据跨境流动监管问题上确立以安全保护为主、兼顾数据流动性的宏观监管体系,对数据本地化要求做出合理回应。②

刘典在《全球数字贸易的格局演进、发展趋势与中国应对——基于跨境数据流动规制的视角》中提出中国亟须制定双循环的跨境数据流动制度框架,建立健全基于数据自主权的数据安全与产业利益联结机制,以提升在全球数字贸易格局中的竞争力。③

二、国外研究现状

相较国内目前的研究成果,国外学者在跨境数据流动相关领域的研究较为前沿,既能够及时结合最新的国际法规则发展,又具有较为宏观的研究视野。

在科技发展的背景下,关于数据保护的国际标准问题,艾哈迈德·沙哈布在《关于在全球范围内协调数据保护规则实践性方案的讨论》中分析了不同国家设定的数据保护标准,并探讨了如何在全球层面逐步融合不同国家间的数据保护规则。④ 梅尔兹·J. 施瓦茨在《互联网、跨境数据流动与国际贸易》中探讨了互联网以及跨境数据流动对国际贸易的重要性,并提出了在国际层面上制定新的贸易规则来支持跨境数据自由流动的必要性。⑤ 克里斯托弗·库尔在《数据保护法和隐私法对跨境数据流动监管的历史、现状及未来》中描述了跨境数据流的监管现状,并引发对监管的目标、运作、有效性、现在和未来的反思。⑥

由于跨境数据流动议题逐渐成为自由贸易协定中的重要组成部分,有一些国外学者开始从贸易协定的角度来研究跨境数据流动。例如米拉·布瑞在《贸

① 胡炜. 跨境数据流动立法的价值取向与我国选择[J]. 社会科学,2018(4): 95 - 102.

② 王淼. 数字经济发展的法律规制——研讨会专家观点综述[J]. 中国流通经济,2020(34): 114 - 124.

③ 刘典. 全球数字贸易的格局演进、发展趋势与中国应对——基于跨境数据流动规制的视角[J]. 学术论坛,2021(1): 95 - 104.

④ Ahmed S. A Discussion of Practical Steps to Harmonize Data Protection Rules Globally[M]. Social Science Electronic Publishing,2011.

⑤ Meltzer,Paul J. The Internet,Cross-Border Data Flows and International Trade[J]. Asia & the Pacific Policy Studies,2015(2): pp.90 - 102.

⑥ Kuner C. Regulation of Transborder Data Flows Under Data Protection and Privacy Law: Past,Present,and Future[M]. Social Science Electronic Publishing,2010.

易协定中对数据流动的监管》一文中研究了美国、欧盟所签订的贸易协定中的跨境数据流动条款,并将这些条款内容归为美式模板和欧盟式模板,从宏观的角度为跨境数据流动国际规则的构建模板提出了自己的建议。[1] 此外,安德鲁·D.米切尔(Andrew D. Mitchell)和贾罗德·赫伯恩(Jarrod Hepburn)在《不要拒绝:通过改革贸易投资法以更好促进跨境数据流动》一文中从投资协定的角度来研究跨境数据流动,除了探讨典型的自由贸易协定中的跨境数据流动条款外,还考察了 WTO 框架下与跨境数据流动有关的规则,并且针对如何改革贸易和投资法律来促进跨境数据的自由流动提出了建议。[2]

乔瓦尼·布塔雷利在《欧盟 GDPR 吹响了全球数字化(领域)黄金标准的号角》指出,《欧盟数据保护通用条例》(GDPR)有着巨大的灵活性,其确立隐私保护,并允许不同部门为适应特定情况而设立新规范,其基础为信任数据管理者能负责任地对待个人信息,信任规则将得到有效执行。[3]

保罗·M. 施罗茨等学者在《欧洲数据法和国际数据流动监管》中提出,欧洲的数据保护制度对世界的数据跨境流动引起了一系列的限制作用。[4] 约安娜·图尔克谢尔提在《〈欧洲数据隐私条例〉中的跨大西洋数据流动和国家安全例外:寻求法律保护以免受监管》中提到,欧盟、美国之间数据跨境转移的国家安全例外,是通过专门的国内法规定、正式谈判、框架协议或者司法援助等方式来进行的。[5]

第三节　跨境电子数据流动的
概念与意义

一、跨境电子数据流动的概念

鉴于研究领域和研究需求的不同,一直以来学者们对"数据"这一概念给出

---

① Burri M. The Regulation of Data Flows Through Trade Agreements [J]. Social Science Electronic Publishing,2017(48):407-448.

② Mitchell,Andrew D. et al. Don't Fence me in:Reforming Trade and Investment Law to Better Facilitate Cross-border Data Transfer[J]. Yale Journal of Law and Technology,2018(19):4.

③ Giovanni B. The EU GDPR as a clarion call for a new global digital gold standard[J]. International Data Privacy Law,2016(2):2.

④ Schwartz P. M. European Data Protection Law and Restrictions on International Data Flows[J]. Iowa Law Review,1994(80):471-496.

⑤ Tourkochoriti I. The Transatlantic Flow of Data and the National Security Exception in the European Data Privacy Regulation:In Search for Legal Protection Against Surveillance[J]. Social Science Electronic Publishing,2014(36):459-524.

的定义并不完全一致,大部分学者肯定了数据与信息之间的关联性,有学者认为数据即是对所承载信息的一种具体表现方式。① 在大数据时代背景下,也有学者认为数据是海量、高增长和多样化的信息资产。② 国际数据公司总结了大数据的四项特征,包括海量数据模型、快速数据流转和动态数据体系、多样数据类型、巨大数据价值。③ 从数据类型的角度,有学者将数据定义为个人数据与商业数据、技术数据和公共数据的总和(非个人数据,例如政府数据)。④ 如果基于这个分类,可以说,目前国际法层面的制度和规则,更多还是针对个人数据(personal data)/个人信息(personal information)⑤的跨境流动进行规制,故本章所指对电子数据跨境流动的规制,除在讨论特定贸易协定时涉及"政府"信息公开和政府电子数据流动的规则,其余均指代"个人"电子数据的跨境流动。

2014 年的世界经济论坛,将个人数据的收集确定为以下三种类别和领域。

一是个人自愿创建的在线数据,例如通过在线注册、电子商务交易、社交网络、电子邮件、推文产生的数据。

二是从互联网浏览中观察到的数据,以及从智能手机中观察到的位置数据。

三是用于从一系列推断个人档案的数据,其中一些是个人数据,有些是非个人数据,但后者在合成和分析后可以生成个人档案。

对于跨境数据流动概念的界定,目前国内学者的主要观点可以分为"一元说"与"二元说"两种。前者与经济合作与发展组织(OECD)的法律解释和法律定义类似。1980 年 OECD 发布的《关于隐私保护与个人数据跨境流动的指南》第 1 条第 2 款中,将"个人数据"界定为"任何与已被识别或可识别的个人(数据主体)有关的信息"。第 3 款则对个人数据跨境流动进行了界定,表述为"个人数据跨越国境的移动"。OECD 于 1985 年在《跨境数据流动宣言》中首次对跨境数据流动作出了法律解释,"计算机化的数据或者信息在国际层面的流动"。⑥ 我国最早关注跨境数据流动的程卫东教授就将其定义为"跨越国家、政治疆界的数

---

① 齐爱民. 信息法原论:信息法的产生与体系化[M]. 武汉:武汉大学出版社,2010:50.

② 马见光,姜巍. 大数据的概念、特征及其应用[J]. 国防科技,2013(2):12.

③ McAfee A., Brynjolfsson E., Davenport T. H. Big data:the management revolution[J]. HARVARD BUSINESS REVIEW, 2012(10):60, 68.

④ 李思羽. 数据跨境流动规制的演进与对策[J]. 信息安全与通信保密,2016(1):97 - 102.

⑤ 个人数据是欧洲地区立法的习惯性表达,可见于欧盟 1995 年的《个人数据保护令》以及 2016 年的《欧盟数据保护通用条例》;个人信息则是美国、新加坡、澳大利亚、中国等国家和诸如 APEC 等国际组织常用的表述。笔者认为二者在内涵上并无太大的区别。

⑥ OECD. Declaration on Transborder Data Flows, Adopted by the Governments of OECD Member countries on 11th April 1985.

字化数据传递"。① 还有同样持"一元说"的胡炜教授将跨境数据流动定义为"可被计算机等互联网设备识别的数据跨越国境进行读取、处理、存储等活动",②这个概念进一步具体化了数据流动的表现方式,是对概念内涵的一个补充完善。

持"二元说"观点的学者,例如齐爱民教授,将跨境数据流动的概念根据外延大小划分为广义与狭义。广义的跨境数据流动同时囊括了数字化形式和实体化形式(纸质文件)的数据在国家间以各种形式流动;而狭义的概念是指将个人资料经由(或)为了电脑自动化处理,而借助通信网络跨越国境进行流动。③ 本章的研究对象,在跨境数据流动这一表述基础上对数据进行了"电子化"这一限制性特征的表达,是在采纳"二元说"观点的基础上,结合当下研究现状和法律规制重点主要集中在通过计算机等互联网设备处理的,以二进制形式表达的无实体的信息数据上这一趋势所进行的狭义限定。

在英文概念的表述方面,有 transborder data flows(跨境数据流动,强调数据的流通和转移);④cross-border data flows(跨境数据流动,强调数据流动对行政边界的跨越);⑤international information transfer(国际数据传递)等,⑥也有学者曾用 cross-border electronic data flow(跨境电子数据流动)的表述。⑦ 笔者选用"数据"(digital)而非电子(electronic)是因为后者倾向于强调与电有直接的关系,而"数据"一词在电子计算机领域运用更多。

此外,提到对跨境电子数据流动的规制,还有一个绕不开的概念是(电子)数据本地化,指一国要求收集或产生于该国的数据存储于境内,并限制或禁止数据跨境流动。⑧ 从规制结构上分析,其中禁止数据出境、本地存储和处理数据是数据本地化的基本措施,而经过数据主体或数据管制机构同意可以跨境流动数据则是数据本地化的例外。⑨

① 程卫东. 跨境数据流动的法律监管[J]. 政治与法律,1998(3).

② 胡炜. 跨境数据流动立法的价值取向与我国选择[J]. 社会科学,2008(4).

③ 齐爱民. 大数据时代个人信息保护法国际法比较研究[M]. 北京:法律出版社,2015:296-300.

④ Kuner C. Regulation of Transborder Data Flows Under Data Protection and Privacy Law:Past, Present and Future[J]. Social Science Electronic Publishing,2010.

⑤ Meltzer,Paul J. The Internet,Cross-Border Data Flows and International Trade[J]. Asia & the Pacific Policy Studies,2015(2):90-102.

⑥ Schwartz P. M. European Data Protection Law and Restrictions on International Data Flows[J]. Iowa Law Review,1994(80):471-496.

⑦ Warren E.A.,Scott N.K. A Framework for Understanding Electronic Information Transactions [J]. Albany Law Journal of Science & Technology,2005(15):277.

⑧ 陈咏梅,张姣. 跨境数据流动国际规制新发展:困境与前路[J]. 上海对外经贸大学学报,2017(24).

⑨ 彭岳. 数据本地化措施的贸易规制问题研究[J]. 环球法律评论,2018(40).

二、跨境电子数据流动的意义

全球数据流是全球价值链（Global Value Chains，GVCs）的基础，为参与国际贸易创造了新的机会，对于许多经济体而言，参与全球价值链是发展国际贸易的决定因素，现在已经有超过 50% 的货物贸易和 70% 以上的服务贸易是来自全球贸易链里的中间投入。[①] 全球价值链的发展已通过全球网络的连通和跨境数据流得以推动，这些数据流促进了通信行业发展，甚至还可用于协调物流。[②]

跨境电子数据流动的意义还体现在对数据的访问、交互和使用，这些对创新生产力，推动全球经济增长和贸易发展具有重要意义。以人工智能（AI）为例，这种数据驱动技术，可以在未来 10 年为全球产出增加数万亿美元，并加速全球经济模式向服务驱动型模式过渡。[③] 麦肯锡全球研究院（McKinsey Global Institute）估计，到 2030 年人工智能可以为全球产出增加约 16%，即增加约 13 万亿美元。[④] 云计算（cloud computing），[⑤]常见的如网络搜索引擎、网络邮箱、网盘则是另一种依赖跨境数电子数据流动的技术，它作为计算机网络领域的一次技术革命，同时也带来了巨大的经济利益，引导着人们生活方式的改变。

一方面，对数据的收集和分析使新的数字服务能够为国际货物贸易增添价值，跨境的数据流动可实现整个制造企业的数字化，带来更快的生命周期以及协作和连接的供应链。可以说，全球数据的流动和新兴技术越来越成为国际贸易的主要驱动力。根据 2019 年联合国贸易和发展会议（UN Conference on Trade and Development，UNCTAD）的报告，2017 年全球电子商务价值 29 万亿美元，约有 13 亿人选择在线购物——同比增长了 12%，[⑥]到 2030 年，使用数字技术降低的贸易成本可以使世界贸易增长 34%。跨境电子数据流动促进了知识和技术的传播，并使商品和服务的生产在各个国家之间处于分散状态，从而促进国际

---

① OECD. Mapping Global Value Chains. TAD/TC/WP/RD(2012)9. 2012.

② Helpman E. Understanding Global Trade[M]. Cambridge Mass: Harvard University Press, 2011.

③ Jacques Bughin et al. Notes from the AI Frontier, Modeling the Impact of AI on the World Economy[N]. McKinsey Global Institute Discussion Paper, September 2018; Paul Daugherty and Mark Purdy. Why AI is the Future of Growth? [EB/OL]. [2016 - 09 - 01]. https://www.accenture.com/t20170524T055435__w__/ca-en/_acnmedia/PDF-52/Accenture-WhyAI-is-the-Future-of-Growth.pdf.

④ McKinsey Global Institute Discussion Paper, September 2018.

⑤ 云计算的核心是可以将很多的计算机资源协调在一起，因此，使用户通过网络就可以获取到无限的资源，同时获取的资源不受时间和空间的限制。

⑥ UNCTAD. Global e-commerce sales surged to $29 trillion[EB/OL]. [2019 - 10 - 01]. https://unctad.org/en/pages/newsdetails.aspx? OriginalVersionID=2034.

劳动分工协作不断提高。

另一方面,跨境电子数据的流动对于服务贸易增长也特别重要。越来越多的服务可以在线购买和使用,新的数字服务(例如云端服务)正在成为至关重要的产业发展方向,金融业也可以依靠跨境传输数据来完成很多电子交易。

跨境的数据流动是潜在变革性发展的基础,例如通过增材制造(例如 3D 打印)可以将商品贸易转变为设计贸易,此外,依赖于从不同国家收集的数据进行的大数据分析正在彻底改变银行业、保险业、娱乐业、零售业等诸多领域的发展方向。

第四节 跨境电子数据流动的
隐患与法律规制阻碍

一、数据隐私泄露的隐患

在线提供搜索、通信、健康、教育、零售和金融等服务往往依赖于对个人数据的收集、分析和传递。互联网的全球性意味着可以将这些数据快速轻松地传输给其他司法管辖区的第三方。虽然跨境电子数据的流动可以促进全球贸易和投资的增长,但是数据作为信息载体,在跨境流动的过程中不可避免地会伴随一定的安全问题。当公民的个人数据流向国无法为他们提供和数据流出国相同甚至更优的数据保护时,这些承载着个人隐私的数据很容易在流动过程中被泄露、窃取乃至滥用。例如,2021 年年初发生的 Facebook 超 5 亿用户数据泄露的事故,这是对个人权利极大的侵犯,严重时甚至可能威胁国家经济和国家安全,因此很多国家国内的数据保护法都包含了与跨境数据流动相关的条款,进一步促使国内监管机构限制数据的跨境自由流通,从而形成一个恶性循环。

二、采取法律规制的经济成本

正如跨境数据流动产生了经济利益一样,限制跨境电子数据流动也可能会产生经济成本。以欧盟为例,在完全禁止从欧盟向美国出口个人数据的极端情况下,据估计,欧盟 GDP 将下降约 1%,欧盟对美国的出口将下降约 5%,而从美国到欧盟的服务出口则减少约 20%。在目前欧盟对跨境电子数据流动的规制模式下,在欧盟有约束力的公司规则和示范合同之外,传输个人数据的每一种方案都将带来巨大的合规成本,特别是对数据保护意识不强、跨境电子数据流动隐私保护制度设计不到位的发展中国家而言,更可能面临违规的法律风险。对欧盟而言,对跨境电子数据流动予以过于严格的限制,其结果将会迫使发展中国家减少向欧盟基于数据的服务出口,其中可能包括重要的数据处理和计算机服务,以避免可能面临的违法处罚。宏观来看,限制对个人数据的访问和使用也会削弱大数据开发中实现互联网规模经济的范围,从而限制全球电子商务贸易发展的经济潜力。为了追求电子数据跨境流动带来的巨大经济利益,很多国家会反对进行过于复杂、严格的数据流动监管和数据本地化限制,不同的价值追求成为国家间难以达成共识的阻碍。

三、采取法律规制的监管成本

为了解决跨境电子数据流通和不同国家隐私保护标准间的紧张关系,目前国际上存在两种合作监管模式:① 监管机构间的国际合作;② 谈判制定相关国际贸易规则。

在第一种模式下,面对本国电子数据的跨境流动,各国数据监管机构正在合作寻找在不损害互联网经济和贸易潜力的情况下达到理想的隐私保护水平的方法。例如,2013 年《亚太经合组织准则》(OECD Guidelines)的更新中明确承认跨境数据流动对隐私及其对经济和社会利益的影响,并呼吁经合组织成员"支持那些发展和促进隐私保护框架之间操作性的国际安排,从而使这些准则切实可行。"

然而不论通过相互协调和相互承认来实现国家之间监管合作的传统方法是否可行,这种合作监管的模式本身就不足以实现对国际数据跨境流动的规制。出于保护本国公民的利益,每个国家的监管机构都需要干涉其管辖范围之外的实体对数据处理的行为;其他辖区中对这些实体具有控制权的监管机构则无权寻求其他国家公民的利益,从而无法规制本国范围内的实体经济行为,即使每个国家都有相同的国家法规,这种监管责任与监管机构之间的鸿沟仍将存在。因此,比较可行的是通过国家间的贸易协定来达成监管目标。

四、立法价值取向的冲突

跨境数据流动规制体系在经过 30 多年的发展后,逐渐分化成两个价值倾向完全不同的阵营。一是以欧盟为代表的,主张对数据采取高水平的隐私保护的国家,它们强调事前防范和数据本地化主义,在国家立法或政策中往往明确要求采集或产生于本国的数据必须留存于境内,并限制或禁止数据的跨境传输,俄罗斯、印度、澳大利亚等都是支持这一原则的国家。二是以美国为典型代表,主张数据自由化的国家,它们追求数据的自由流动,主张以行业自律的形式进行事后问责,当然这种价值倾向也源于美国作为互联网经济巨头,在数据获取领域的巨大优势。

这两种价值取向所分别导向的两个规则体系会相互竞争,也会尝试妥协,但目前难以兼顾和平衡数据保护、数据跨境自由流动和数据保护自主权之间的分歧,这既是全球统一规制体系达成的障碍,也是推动跨境电子数据流动规制演进的重要动力。

第五节　跨境电子数据流动法律规制的域外经验

一、欧盟的法律规制规则

或许鉴于欧洲人一贯保守、谨慎的行事风格,直到近些年,欧盟才开始讨论在欧盟自由贸易区(EFTA)规则中增设较为先进的关于电子贸易的内容模版。当然现实原因还是由于其互联网技术的发展水平较为落后。2019 年,美国在其数字经济报告中就指出,中美两国已经占据了全球规模前 70 位的数字平台90%的市值,而欧洲仅占 4%。因为个人数据的隐私在欧盟一直被认为是一项基本人权而进行保护。为了应对国际数据流动的急剧增长,目前欧盟已经实施了世界上最全面的数据保护制度。2000 年,由欧盟颁布的《欧洲联盟基本权利宪章》更是全球第一份将数据保护列为基本人权的法律文件。

(一)《欧盟通用数据保护条例》(GDPR)

1995 年欧盟的《数据保护指令》(Data Protection Directive, DPD)已经在2018 年 5 月 28 日被欧盟《通用数据保护条例》(General Data Protection Regulation, GDPR)取代。GDPR 要求公司体制中的隐私保护措施更加细化,数据保护协议更加细致,公司隐私和数据保护实践相关披露对用户更加友好且详尽。在欧盟内部,GDPR 作为一项欧盟法规,对所有欧盟成员国具有直接法律效力,即无需转换成欧盟成员国国家法律便具有约束力。在欧盟外部,根据 GDPR的规定,如果公司符合下述条件,则属于规则的适用范围:① 公司成立地点在欧盟范围内;② 公司成立地点不在欧盟范围内,但是数据处理活动与欧盟个人相关与向其提供商品和服务相关或者与对其行为监控相关。①

1995 年的 DPD 作为"指令",执行工作被分别留给各欧盟成员国。实际上,成员国在执行数据指令方面差异很大。GDPR 作为条例直接适用于成员国,不需要单独的执行立法。根据 GDPR,成员国数据保护机构将负责执法,整个欧盟的执法一致性将由新成立的欧洲数据保护委员会负责。假如公司违反 GDPR 的相关规定,则可能导致高达全球年营业额 4% 的罚款。

DPD 和 GPDR 保护隐私的方法是基于将数据和数据处理(包括在线和离线的数据处理)分解为数据主体(data subjects)、数据控制者(controllers)和监管机构(regulators)这一框架。在欧盟数据保护法律框架中,有两种类型的实体可以处理个人数据——数据控制者和数据处理者。GDPR 将数据控制者定义为"自然人或法人、公共当局、机构或其他单独或与他人联合的机构决定处理个人数据的目的和手段"。数据处理者定义为"代表控制人处理个人数据的自然或法人、公共当局、机构或任何其他机构"。② 控制者能够控制数据的收集和处理,而处理者则根据来自控制者的指令来处理数据。

GDPR 列出了管理个人数据处理的五项原则,这些原则要求将个人数据按照以下原则处理:① 公平合法地处理;② 数据收集遵循具体、明确和合法的目的,而不是以不符合这些目的的方式进一步处理;③ 数据收集基于足够的,相关的,而不是过度的目的;④ 数据收集准确,必要时保持数据最新;⑤ 保留在允许识别数据主体的数据存储器中,其时间不超过收集数据的目的所需的时间。③

由于欧盟内部认为在将个人数据发送到隐私保护水平较低的其他司法管辖区时将破坏欧盟实现其隐私保护目标的意图。因此,欧盟规定,除非数据目的地国的隐私和数据主体的权利得到充分保护,即充分性决定(Adequacy Decision),否则将个人数据转移到欧盟境外是非法的。在没有这种保护的情况下,欧盟允许使用格式合同在国际上进行传输数据,这些格式合同有效地约束了个人数据的接收者,以便在数据留在欧盟时提供相当于欧盟水平的隐私保护,同时欧盟也规定个人数据可以在已接受具有约束力的公司隐私规则的单个公司内跨境传输。④

---

① 欧洲隐私和数据保护指南有所变更[EB/OL].[2021 - 05 - 01]. https://stripe.com/zh-cn-de/guides/general-data-protection-regulation.

② GDPR Article 4.8.

③ GDPR Article 5.

④ GDPRArticle44 Art45.1 Art101 Art104.

（二）欧盟—美国《隐私盾协议》

在《安全港协议》被欧盟法院裁判无效后，[①]2016年2月，欧盟和美国谈判代表重新就欧洲公民个人信息跨境传输问题达成了统一意见，并制定了欧盟—美国《隐私盾协议》（EU-US Privacy Shield）。这是欧盟委员会根据当时的DPD认为"足够"合规的一项制度安排，从而能够将个人信息从欧盟转移到参与隐私保护的美国企业。根据该协议，美国公司可以通过行业机构或单独向美国商务部自我认证，公司将根据《隐私盾协议》的保护原则保护个人数据。这七个原则和补充原则在很大程度上反映了欧盟数据DPD的关键要素：① 让欧洲数据主体注意到是美国实体正在处理其数据；② 为数据主体提供选择，包括是否选择不提供个人信息；③ 向第三方转移个人信息的责任；④ 采取合理和适当的步骤保护个人数据免于丢失或误用；⑤ 要仅出于计划的使用目的处理个人数据；⑥ 使欧洲数据主体能够访问其个人信息，并能够纠正、修改或删除不准确的信息；⑦ 执行这些原则，使欧洲数据主体能够获得负担得起的执法机制。

为了促成《隐私盾协议》的达成，美国做出了一定的让步，例如：美国企业必须发布其隐私权政策，此外，还要为个人数据遭到泄露的人们提供各种补救措施，包括直接允许向企业投诉或向商务部投诉；同时，在"隐私保护盾"下，美国已同意设立一个独立于情报部门的监察员，以解决有关政府机构出于国家安全理由而从欧盟获取个人信息的投诉。尽管与"安全港"相比，"隐私盾"下的隐私保护有所提升，但这种制度安排的稳定性还是令人怀疑。欧盟委员会和商务部对隐私保护的首次年度审查就表明，欧盟方面对隐私保护的运作不够积极，例如欧盟未对欧洲人无法充分获得救济机制的问题予以改善，也未能任命协议规定的监察员。而实施上，2020年7月16日，欧盟法院的判决，让欧美间就跨境数据流动达成的《隐私盾协议》也不再有效。围绕欧盟《协议盾决定》第1条第1款，欧盟法院就以下事项进行了审查：① 美国针对欧盟个人数据进行的情报活动是否符合比例原则；② 美国是否为权利可能受侵犯的欧盟数据主体提供了有效的行政与司法救济。最后欧盟法院得出结论，美国对欧盟个人数据提供的保护水平无法与欧盟内部的保护水平相当，所以欧盟委员会作出的《隐私盾决定》无效，继而《隐私盾协议》的规制时代也宣告落幕。[②]

[①] 《安全港协议》（Safe Harbor Framework）是2000年12月签订的欧美间第一份个人数据传输协议。《安全港协议》在一起奥地利公民诉脸书爱尔兰公司的案件中被欧盟法院判决为无效。

[②] 黄志雄，韦欣好. 美欧跨境数据流动规则博弈及中国因应——以《隐私盾协议》无效判决为视角[J]. 同济大学学报（社会科学版），2021，32（2）：31-43.

在贸易协议中的数据流承诺进行谈判时,隐私问题一直是欧盟关注的焦点。例如,在 WTO《服务贸易协定》(Trade in Service Agreement,TISA)和美欧跨大西洋贸易和投资伙伴关系(TTIP)谈判期间,欧盟试图将数据流动的重要性与其隐私保护方法相协调,在其与第三国签订的协定中提出了一种处理数据流动的方法,即协定将允许数据流动的承诺与特别宽松的例外条款结合起来。欧盟在文本中提供了与 CPTPP 中类似的强大的跨境数据流承诺,即"不应该限制各缔约方之间的数据流",但前提是:① 需要使用本地计算设施;② 要求对数据进行本地化以进行存储或处理;③ 禁止在另一方进行存储或处理;④ 根据使用本地计算设备或其他本地化要求来进行数据的跨境传输。但是,该文本包括的宽泛的例外规定,允许每一方"采用并维护它认为适当的保障措施,以确保保护个人数据和隐私"。该文本旨在就确保隐私保护所需的内容创建一个自我判断的例外,类似于 TPPT 协议中包含的广泛的国家安全例外。这与 GATS 中处理隐私的例外要求形成了鲜明对比,因为 GATS 要求证明例外是"必要的",即该措施应是非歧视性的且贸易限制最少的。

欧盟的价值取向虽然有助于个人权利的保护,但同时也会降低互联网经济发展的效率。[1]

二、美国的法律规制规则

总体来说,美国对跨境电子数据流动的规制政策较为宽松,在国内立法层面,通过分散立法与行业自律来规范数据跨境流动,宪法中言论自由的原则被贯彻了许多与互联网相关的法律,对互联网企业进行了诸多豁免。在监管方面,美国往往采用事后问责的方式,即默认数据运营者会自觉履行隐私保护标准,这能够减少监管和执法成本并促进数据的流动。

此外,美国 2018 年的《澄清境外数据合法使用法案》(the Clarifying Lawful Overseas Use of Data)扩大了美国国内法在域外的适用范围,这也是美国"长臂管辖"原则在数据跨境流动领域的体现。美国政府有权在特定的情形下随时调取,无论是否存储在美国境内的数据信息,且数据控制者均有提供司法协助的义务。[2] 满足"资格认定"的外国政府,也可调取美国控制的电子数据。该法案为美国政府获取境外电子数据提供了法律依据,也为其他国家提供了一条可能的

① 胡炜. 跨境数据流动立法的价值取向与我国选择[J]. 社会科学,2018(4): 95 - 102.
② David Callaway,Lothar Determann. The New US. Act-History, Rules, and Effects[J]. Computer & Internet Lawyer,2018(8): 11 - 14.

法律路径以获得美国所控制的电子数据。

在国际层面,美国是世界上最早考虑在国际经贸协定中涉及跨境数据流动的国家,早在里根政府时期美国就意识到跨境数据流动在投资中的重要性,鼓励所有国家与美国一起采取更加开放和宽松的跨境数据流动政策。[①] 1997 年,克林顿政府制定了《全球电子商务框架》,确立了一套有关跨境数据流动治理的全球准则。此后在任的几位总统都在积极推动跨境数字贸易和数据自由流动,例如美国一直积极尝试在 WTO 框架下推动电子商务规则的谈判,与欧盟就数据自由跨境流动展开了长期斡旋,在北美以《美—墨—加自由贸易协定》为代表的区域性经济条约都体现出美国对自由数据流动以及这背后潜在经济效益的重视。一直以来美国对数据保护主义都较为敏感,2013 年,美国联邦贸易委员会在一份文件中将数据保护主义界定为对数字贸易设置障碍或阻碍数字贸易,包括数据审查、信息过滤、本地化措施以及保护隐私权的法规等。

第六节 跨境电子数据流动法律
规制的国际法经验

虽然 WTO 早在 1998 年就通过了于电子商务相关的宣言,相关规则也散见于诸多贸易相关文件当中,但截至目前,WTO 尚未有一个较为成熟的电子商务规则框架,更毋论对电子数据跨境流动的规制达成共识或提出有效的制度设计指导。与电子数据相关的国际法规则是随着电子商务的发展在近些年才集中出现的,它们大部分存在于特惠贸易协定(Preferential Trade Agreement,PTA)中电子商务相关的章节里。需要注意的是,这些条款涉及跨境电子商务过程中电子数据的流动和数据本地化要求这两个方面。虽然从计算机技术的角度而言,数据存储和数据流动这两项活动在依托以电子数据的形式进行跨境电子贸易的过程中往往同时进行,但从法律规制的角度来看,它们是需要被清晰区分和定义的两个概念,即需要分别予以明确的规制。这种区别在贸易协议中的具体表现则是,有的贸易协定同时包含了对这两个层面问题的规定,有的则只涉及其中一项。在进行具体规制措施分析的时候,有必要予以筛选归类,不然容易出现研究主体的混淆。

---

① 张生. 美国跨境数据流动的国际法规制路径与中国的因应[J]. 经贸法律评论,2019(4): 79-93.

本章对 WTO、PTA、亚太经合组织(APEC)这三个主体在制度设计中涉及电子数据流动的相关规制内容进行简要评析。

一、WTO 框架下跨境电子数据流动的规制规则

(一) 概况

作为一种新兴的商业运作方式,电子商务通过数据流动可在无形中轻易跨越地理边界进行交易,并覆盖货物、服务、知识产权等多个领域,从而给国家领土概念和管辖权带来极大挑战,使国际各方的政策协调变得困难。因此,尽管 WTO 的制度建立早在 20 世纪 80 年代便开始,甚至那时很多互联网商业形式都还没有出现,只有一些 WTO 协议与数字贸易相关,包括在《关税与贸易总协定》(GATT)、《服务贸易总协定》(GATS)、《信息技术产品协议》I&II (Information Technology Agreement,ITA)、《世界贸易组织技术性贸易壁垒协定》(Agreement on Technical Barriers to Trade of The World Trade Organization,TBT Agreement)等文件内。1998 年,WTO 通过《电子商务全球宣言》,成立了电子商务工作小组,下设服务贸易、货物贸易、TRIPs 和贸易与发展四个专题小组。[①] 时至今日,虽然我国 WTO 电子商务谈判已经取得了积极进展,但却一直未能产生专门规范电子商务的多边协定,目前仍然主要依靠 WTO 《服务贸易总协定》《信息技术协议》《与贸易有关的知识产权协定》来加以协调,留下了大量监管真空。其中,影响数据跨境流动的世贸组织规则主要载于 GATS,并集中在四个方面:对数字流动的覆盖、关于开放性的实质性规定、与隐私有关的例外规定和有关承认协议的规定。

(二) GATS 相关规则

1. GTAS Mode 1

GATS 的第一章对一些基础概念给出了阐释,其中第 1 条第 3 款给出了 GATS 项下"服务"的四种形式定义,其中第一种形式便是跨境贸易(Mode 1——Cross border trade)——自一成员领土向任何其他成员领土提供服务。在 WTO 给出的服务贸易总协定培训模式(GATS Training Model)中,还给出了跨境贸易服务模式的一个范例:甲国的用户通过其电信或邮政基础设施从国外获得服务。此类用品可能包括咨询或市场研究报告,远程医疗建议,远程培训

或建筑图纸。① 虽然没有明确提到电子数据的形式，此处可以用扩大解释的方法，将通过电子数据获得境外服务纳入跨境贸易的服务形式当中。

可以说，GATS是提供支持跨境电子数据流动法律框架方面最重要的协议，特别是它承诺在交付方面保持中立。这意味着，在WTO成员接受了Mode1服务承诺的同时，也承诺了允许通过数据流动以提供该服务。因此，允许跨境提供服务的承诺可以假定意味着允许通过一切手段（包括数字流量）提供服务。然而，这一承诺并不包括要求不受限制的个人数据跨境流动。例如，承诺允许跨境提供人寿保险服务并不一定要求一个国家要允许位于国外的保险公司将本国公民的个人健康数据传输到国外。数据流动对限制和对数据本地化的要求也可能因为违反WTO成员在GATS项下的国民待遇和市场准入义务，使数字服务的国际供应商处于竞争劣势。② 不过WTO还有一项具体承诺，即允许金融信息跨境转移"当在提供金融服务日常业务时，这种转移是必要的"。③

2. GATS《电信附件》

在WTO乌拉圭回合谈判形成的最后文件中，GATS协定包含了8个附件，其中《电信附件》的第5条对WTO成员就公共电信网络的使用进行了规定，即使WTO成员未开放本国的电信市场，但是对于其他已经开放市场的服务领域，如果其他国家的服务提供商需要使用必要的公共电信网络，WTO成员需要确保其可以使用本国的公用电信网络，并且受到合理非歧视的待遇。虽然本规定只是补充确保了其他已经得到WTO成员市场准入承诺的服务措施可以使用必要的公共电信传输网络，但是可以将其视为相当于为已经获得市场准入承诺的其他领域的服务提供者提供了进行电子数据跨境流动的一项条约依据。

3. GATS规则的不足

目前GATS中相关的承诺不足以提供可解决国际上对数据流动限制长期增长这一问题的有效治理框架。如上文所提到的电子数据跨境流动的隐患，各国之间在隐私和网络安全等领域的监管需求和监管措施差异驱动着各国不断限

---

① GATS Training Model: Chapter1 Basic Purpose and Concepts[EB/OL]. [2021 - 04 - 30]. https://www.wto.org/english/tratop_e/serv_e/cbt_course_e/c1s3p1_e.htm.

② H.P. Hestermeyr and L. Nielsen. The Legality of Local Content Measures under WTO Law[J]. Journal of World Trade, 2014, 48(3): 588.

③ WTO Understanding on commitments in financial services.

制跨境电子数据的流动,在一国监管机构确信允许电子数据离开其管辖区不会破坏国内监管目标之前,仍将有强烈的冲动来限制数据流动和数字贸易。①

此外,在许多服务领域,GATS 的有限承诺使得一些新型的电子服务形式,例如云计算不知应如何进行服务领域的划归。同时 GATS 承诺还应遵守 GATS 第 XIV 条所规定的例外,即可以允许 WTO 成员在必要的情况下限制跨境数据流动,以实现合法的公共政策目标,诸如保护隐私和公共道德。② 这些 WTO 规则和例外为 WTO 成员平衡数据流承诺与 WTO 成员的其他监管目标提供了一个思路框架。即使只是为了发展有效的数字贸易治理,WTO 规则体系仍需要补充全面而清晰的数据流承诺,对此承诺进行适当调整的例外情况以及对国际监管合作机制的支持。

但是,即使有了跨境电子数据流动的承诺,没有驱动监管层面加强数据限制的诱因,各国政府仍可以严重依赖例外条款来继续证明限制数据流动的合理性,甚至将这种"例外"发展为一种"普遍"规则。尽管 GATS 第 XIV 条要求对跨境数据流动的此类限制是"必要的",但目前不存在通过其他限制性较小的措施以实现 WTO 成员监管目标的替代方案。因此,对 WTO 而言,制定出具有通用性的、贸易限制性较小的方案,以替代盲目的限制电子数据流动十分必要。

（三）WTO 未来谈判方向

WTO 对于国际贸易的谈判一直致力于达成统一的标准以最小化贸易壁垒,目前,在大数据时代里,对电子数据流动和电子商务贸易壁垒的降低尤为紧迫。在世贸组织电子商务讨论的背景下,世贸组织成员之间就数字贸易的哪些方面值得关注并没有达成共识,那些参与电子商务讨论的成员国在 2019 年的联合声明中只是提到需要就"与贸易有关的电子商务方面"进行谈判,③但进展缓慢。

WTO 作为一个各国间展开国际对话、谈判,对国际政策进行审议、评估的平台,有义务引导各国间对跨境电子数据流动的监管合作,以解决国内对限制数据跨境流动的监管动机。要在电子商务谈判方面取得这种进展就需要超越典型的重商主义的贸易谈判机制。原先各国就贸易开展谈判的重点是如何平衡减少国内壁垒与其他国家出口市场的准入,但往往各国国内监管机构对海外市场准入的关注比对确保国内监管有效性的关注要多,所以,WTO 应引导各国国内监

① Mattoo, Aaditya and Joshua P. Meltzer. Data Flows and Privacy: the Conflict and its Resolution [J]. Journal of International Economic Law, 2014(4).

② WTO Annex on Financial Services, Article 2(a).

③ WTO Joint Statement on Electronic Commerce, WT/L/1056, January 25, 2019.

管机构评估国内监管机制的改革及成效,借鉴其他国家行之有效的方法及其成本与收益,通过调整监管目标,找出其他行为替代方案以力争减少本国对电子数据跨境流动的限制,以促进和保障国家间电子数据流动安全有效进行,进一步推动国际监管合作和国际经济、国际电子商务贸易蓬勃发展。只是目前结合欧盟、美国已牵头主导多个包含"数字贸易"规则的区域贸易协定签署这一情况估计,未来如果意图在 WTO 层面推进相关制度规则的谈判,恐会经历更大的利益冲突。

二、PTA 中跨境电子数据流动的规制规则

在 WTO 尚未以及在未来较长的一段时期内都无法在电子数据跨境流动的规制领域达成有效成果的情况下,许多国家已经通过彼此间的贸易条约在电子商务领域和数据跨境流动层面达成了一致意向,本章下文将就几项有代表性的国家间、区域间贸易协定展开相对具体的分析。

(一) 概况

特惠贸易协定(Preferential Trade Agreement,PTA)是指国家或单独关税领土之间为扩大贸易自由化,通过签订特惠贸易协定制定的有关贸易优惠的规则,从性质上来说属于国际条约。[①]

可以说,关于电子贸易的整体法律规则体系已经通过 PTA 的内容得以初步成型,在 2000—2020 年签订的 348 份 PTA 中有 185 份包含了与电子贸易相关的规定;有 110 份有关于电子商务(e-commerce)领域的具体规定;有 80 份特设了"电子商务"这一章节。[②] 在这些 PTA 中,与数字贸易治理的相关内容分布在:① 专门的"电子商务"[现在一般是"电子贸易"(digital trade)]章节;② 关于提供跨境服务(特别是电信、计算机以及视听和金融服务领域)的章节;③ 有关知识产权保护的章节。[③] 当然不能否认这些相关规则在所针对的具体问题、承诺水平、约束性程度等方面存在着较大的差异,但总的来说,随着数字贸易在国际贸易整体份额中所占比例越来越大,近年针对这一商业领域而制定详细规则的趋势愈发强势。表 12-1 总结了 2000—2020 年与电子商务贸易相关的 PTA 数量。

---

① 杨丽艳. 东盟的法律和政策与现代国际法[M]. 桂林:广西师范大学出版社,2000:34.

② This analysis is based on a dataset of all data-relevant norms in trade agreements (TAPED). See Mira Burri and Rodrigo Polanco. Digital Trade Provisions in Preferential Trade Agreements:Introducing a New Dataset'[J]. Journal of International Economic Law,2020(23):187.

③ For analysis of all relevant chapters,see Mira Burri. The Regulation of Data Flows in Trade Agreements[J]. Georgetown Journal of International Law,2017(48):408-448.

表 12 - 1　2000—2020 年包含电子商务(贸易)条款的 PTA 数量统计

年份	该年签订所有的 PTA(件)	含有电子贸易相关条款的 PTA 数量(件)	含有电子商务专章的 PTA 数量(件)
2000	20	2	0
2001	23	2	0
2002	26	4	0
2003	30	6	3
2004	29	6	6
2005	17	5	4
2006	26	7	6
2007	20	4	4
2008	24	9	6
2009	23	6	3
2010	14	5	3
2011	19	2	2
2012	8	3	3
2013	14	9	6
2014	14	10	7
2015	10	6	5
2016	11	7	5
2017	6	3	2
2018	9	9	10
2019	4	4	4
2020	1	1	1
总数	348	110	80

这些 PTA 中的相关内容在数字时代的贸易规则中起到了重要作用。一方面,它们对 WTO 电子商务规则谈判进展不尽人意的局面有所弥补,这些章节特别解决了 1998 年 WTO 电子商务计划中的许多问题,[①]尽管当时 WTO 的电子商务计划已经体现出针对性,但同时 WTO 成员国也承认,面对互联网技术的革新,这些计划的内容可能仍需要调整且短期内难以付诸实践。[②] 因此,在 PTA 的电子商务章节中还包含了 WTO 电子商务谈判中未处理的规则,它们可以被分为两大类:一是旨在总体上解决电子商务的促进和便利问题,以及解决诸如无纸化交易和电子身份验证之类的独特问题来实现数字交易的规则。二是解决跨境数据、新的数字贸易壁垒和其他新问题(例如网络安全、政府数据公开)的规则。而值得注意的是,已经有相当多的 PTA 中包含了针对解决上述问题一的规则,截至目前,只有很少的 PTA 包含有关电子数据规则的条款,具体可参见表 12 - 2。

表 12 - 2　2000—2020 年 FTA 中包含数据相关条款的情况[③]

	电子商务章节中关于数据流动的条款数量(件)	关于数据本地化的条款数量(件)
软性承诺(Soft commitments)	17	1
硬性承诺(Hard commitments)	12	13
总数	29	14

由此可见,电子数据问题是随着电子贸易更进一步发展而逐渐显露并为人们所重视的,在早期大力促进电子商务本身发展,进行概括性法律规制设计的阶段过去后,对电子贸易起到内容承载作用的电子数据及其跨境流动进行法律规制成为近年来国际法层面的热议话题,也是本章着重探讨的内容。

PTA 中关于跨境电子数据流动的条款内容在近年可谓经历了翻天覆地的发展,从广义上来讲,关于数据流的非约束性条款实际上在早期的时候就出现了。早在 2000 年约旦—美国自由贸易协定(Jordan - US FTA)中,《关于电子商

---

① WTO General Council. Work Programme on Electronic Commerce,WT/L/274 (1998).

② Sacha Wunsch-Vincent. The Internet and Digital Products:EC and US Perspectives (Hart 2006).

③ 自由贸易协定(Free Trade Agreement,FTA),根据 GATT(《联合国关税与贸易总协定》)的规定,是 PTA 基础上取消所有关税和进口数量限制后的进一步安排。过去十年来,数量稳步增长。参见吴星光,梁旋. 论 FTA 对 WTO 多边贸易体制的影响[J]. 国际商务,2009(1).

务的联合声明》的文本里就强调了要"继续自由流通信息",只是后续没有在这方面制定明确规定。

类似的表述还出现在 2008 年加拿大—秘鲁自由贸易协定、[①]2011 年韩国—秘鲁自由贸易协定、[②]2011 年中美洲—墨西哥自由贸易协定、[③]2013 年哥伦比亚—哥斯达黎加自由贸易协定、[④]2013 年加拿大—洪都拉斯自由贸易协定、[⑤]2014 年加拿大—韩国自由贸易协定、[⑥]2015 年日本—蒙古自由贸易协定中。[⑦]

介于"硬"承诺和"软"承诺之间的规定出现在 2007 年韩国—美国自由贸易协定中,双方在"认识到信息自由流通对促进贸易的重要性并承认保护个人信息的重要性之后",声明双方将"尽力避免对电子信息跨境流通施加或保持不必要的障碍"。[⑧] 而第一个包含关于跨境信息流动具有约束力条款的协议是 2014 年墨西哥—巴拿马自由贸易协定,根据该协议,"当事一方应另一方的要求,应根据有关保护个人数据和获取信息的适用法律和国际惯例,允许其一方和另一方的人员从其领土上来回传输电子信息"。[⑨] 2015 年韩国—越南自由贸易协定虽然没有关于数据流动的一般规定,但认为当跨境转移(data transferred across its borders)的个人数据泄漏时,各方应在尽可能的范围内与主管当局进行合作。[⑩]

在认识到每个缔约方对于通过电子数据方式进行信息传输可能都有自己的监管要求之后,太平洋联盟框架协议补充议定书(Additional Protocol to the Framework Agreement of the Pacific Alliance,PAAP)和跨太平洋伙伴关系协定(Trans-Pacific Partnership Agreement,TPP)规定,当事各方为了进行承保人业务,"应允许通过电子手段,对包括个人信息在内动信息进行跨境转移",但这不会阻止缔约方"采取或维持措施以实现合法的公共政策目标,但前提是该措施的实施方式不会武断地、不正当歧视地,或变相地限制贸易,并且不会对信息传递施加超过实现目标所必需的限制"。TPP 的这项规定和整个电子商务章节都得以被保留,在后来 2018 年的 CPTPP 中没有任何变化。[⑪] 类似的规定还出

---

① Canada-Peru FTA,Art. 1508(c).

② Korea-Peru FTA,Art. 14.9(c).

③ Central America-Mexico FTA,Art. 15.5(d).

④ Canada-Honduras FTA,Art. 16.5(c).

⑤ Canada-Honduras FTA,Art. 16.5(c).

⑥ Canada-Korea FTA,Art. 13.7(c).

⑦ Japan-Mongolia FTA,Art. 9.12.5.

⑧ Korea-US FTA,Art. 15.8.

⑨ Mexico-Panama FTA,Art. 14.10.

⑩ Korea-Vietnam FTA,Art. 10.8.2.3.

⑪ TPP/CPTPP,Art. 14.11.

现在美—墨—加协定（United States – Mexico – Canada Agreement，USMCA）中，该协定规定，如果数据跨境传递仅仅是为了改变竞争条件，从而损害了被保险人或另一方服务提供者的利益，那么，对数据跨境流动的限制不应当认为是为了合法的"公共利益"。

而在 TPP 和 CPTPP 之后，类似的硬性规定也被其他贸易协定所借鉴，它们在很大程度上沿用了这些措辞，例如，2016 年智利—乌拉圭自由贸易协定、①2018 年更新的南亚自由贸易协定（South Asian Free Trade Agreement，SAFTA）、②2018 年美国—墨西哥—加拿大自由贸易协定（United States – Mexico – Canada Agreement，USMCA）、③2019 年澳大利亚—印度尼西亚自由贸易协定④以及 2019 年美国—日本数字贸易协定（U.S. – Japan Digital Trade Agreement，UJDTA）。⑤ 近期，不同国家也考虑在未来的谈判中增加与跨境信息流动有关的承诺。例如在英日经济伙伴关系协定（EU – Japan Economic Partnership Agreement，EPA）⑥和英国—墨西哥贸易协议（EU – Mexico Global Agreement）中都能找到此类条款。⑦ 双方承诺在该协定生效之日起三年内"重新评估"是否有必要将有关数据自由流通的规定纳入条约。这种新的局面很好地说明了欧盟在数据流动问题上的重新定位，暗示欧盟或许希望在适当的时候将这一更深层次的承诺与《通用数据保护条例》（GDPR）的高标准相结合。

（二）全面与进步跨太平洋伙伴关系协定（CPTPP）

CPTPP 是于 2017 年由 11 个泛太平洋区域的国家⑧签订，并于 2018 年 12 月 30 日正式生效。除了 CPTPP 的整体经济影响外，⑨关于"电子商务"的章节还成为 PTA 领域中最全面的一个模板，它较以往的规定出现了几个新的特征。尽管美国在特朗普政府成立之初就退出了 TPP，但 CPTPP 里仍然反映了美国为确保数字贸易义务而做出的努力。TPP 被认为是一个"21 世纪"的协议，它比

---

① Chile-Uruguay FTA，Art. 8.10.
② SAFTA，Ch. 14，Art. 13.
③ USMCA，Art. 19.11.
④ Australia-Indonesia CEPA，Art. 13.11.
⑤ Japan-US DTA，Art. 11.
⑥ EU – Japan EPA Art. 8.81.
⑦ EU – Mexico Modernised Global Agreement，Digital Trade Chapter，Art. XX.
⑧ 包括日本、加拿大、澳大利亚、智利、新西兰、新加坡、文莱、马来西亚、越南、墨西哥和秘鲁。
⑨ CPTPP 占全球国内生产总值（13.5 万亿美元）的 13.4%，是全球第三大贸易协定。

WTO 协议更适合全球贸易的发展。① TPP 的最终文本以及 CPTPP 创建了一个新的模型，尽管它并不完美，但已将数字贸易的监管提升到了一个新的水平。

CPTPP 第 14.5 条旨在通过包括对各方具有约束力的义务，以遵循联合国国际贸易法委员会(UNCITRAL)《1996 年电子商务示范法》或《联合国国际合同中使用电子通信公约》的原则来塑造国内电子交易框架。各 CPTPP 缔约国必须在以下方面努力：① 避免电子交易的任何不必要的监管负担；② 促进利益相关者在其电子交易法律框架发展中的投入。②

CPTPP"电子商务"一章中的其余规定可以说是规则制定更具创新性的类别，它解决了在 WTO 框架下以前未解决的数据经济的新兴问题。仅在不构成"任意或不合理的歧视或变相的贸易限制"并且不"对信息传递施加大于实现公共政策目标所必需的限制"的情况下，才可以使用限制数字流动或实施数字本地化要求的措施。③ 这些非歧视性条件类似于 GATT 第 XIV 条和 GATS 第 XX 条所制定的严格标准，该标准旨在通过"原谅"某些违法行为来平衡贸易和非贸易利益，当然在 WTO 框架下的软性规定想要各国按标执行是很难的。④ CPTPP 则在一个重要方面与 WTO 准则有所不同，尽管在 GATT 和 GATS 中列出了一系列公共政策目标，但 CPTPP 没有进行此类公共目标的列举，只是说"合法的公共政策目标"。⑤ 虽然允许 CPTPP 的缔约国有更多的监管自主权，但是这也为制度的不确定埋下了隐患，当然这种妥协性的留白可以提升整体协定的现实执行力。此外，还需指出的是，在金融服务和机构方面，CPTPP 对数据本地化措施的禁令有所放宽。⑥ "金融服务"一章的附件有单独的数据传输要求，其中对数据流动的某些限制可能基于保护个人记录的隐私或出于审慎原因，将政府的采购信息也排除在外。⑦ 最重要的是，CPTPP 明确寻求限制数据本地化

---

① See Claude Barfield. The Trans-Pacific Partnership: A Model for Twenty-First-Century Trade Agreements? [J]. International Economic Outlook, 2011(2); Tania Voon. Trade Liberalisation and International Cooperation: A Legal Analysis of the Trans-Pacific Partnership Agreement[M]. Edward Elgar, 2013: 1–10.

② CPTPPArt 14.5(2).

③ CPTPPArt 14.11(3).

④ See Henrik Andersen. Protection of Non-Trade Values in WTO Appellate Body Jurisprudence: Exceptions, Economic Arguments, and Eluding Questions[J]. Journal of International Economic Law, 2015(18): 383–405.

⑤ CPTPPArt 14.11(3).

⑥ See the definition of "a covered person" (art 14.1 CPTPP), which excludes a "financial institution" and "cross-border financial service supplier".

⑦ CPTPPArt 14.8(3).

措施的使用。第 14.13(2) 条禁止当事方要求"交易人员在该当事国领土内使用或放置计算机设施,以作为在该当事国开展业务的条件"。这条在美—韩 FTA 中关于自由数据流的"软"性要求现在被"硬性"规定为:"当该活动是为了进行所涵盖人员的业务时,每个缔约方都应允许通过电子方式进行跨境信息传递,包括个人信息"。① 该规则显然适用范围很广,尽管"为"(for)一词可能暗示在数据流动与所涵盖人员的业务之间需要某种因果关系,但通过互联网传输的大多数数据都可能被包含在内。

总体而言,这些规定体现了数据规则的一个发展方向,不仅明确阐释了现有的限制禁令,而且也不像 WTO 对贸易协定所预期的那样设定更高的限制标准。相反,CPTPP 通过概括性的规定在国内塑造了监管空间。第 14.8(2) 条要求 CPTPP 的所有缔约方"采用或维持一个法律框架,以保护电子商务用户的个人信息"。但是,该条规则仅一般性地要求缔约国的这一法律框架"要考虑到相关国际机构的原则或指南",没有指定具体的参考的标准或依据。② 本条的脚注提供了一些说明:"……缔约方可以通过采取或维持诸如全面的隐私、个人信息或个人数据保护法律,或涉及隐私的特定行业法律或规定企业执行与隐私有关的自愿承诺",并请各缔约方通过实质上将较低标准视为同等标准来促进其数据保护制度之间的兼容性。③ 这些规范的目标可以解释为促使贸易优先于隐私保护,这也是美国当初在主导 TPP 谈判时就提出的,因为美国一直赞成相对薄弱且零星的隐私保护规则。

(三) 美—墨—加自由贸易协定(USMCA)

自 2001 年以来,美国就一直致力于完善区域性电子贸易的规则制定。在与澳大利亚、智利、摩洛哥、阿曼、秘鲁、新加坡、中美洲国家、巴拿马、哥伦比亚、韩国达成的贸易协定以及更新的北美自由贸易协定[美国墨西哥加拿大协定(USMCA)]中,关于电子贸易的规定都包含在 WTO 更宽泛的条款规定之下。在美国推出 TPP 之后,各国对于美国后期在总体贸易交易规则,尤其是在数字贸易方面的规则发展方向抱有不确定性。不过 USMCA 的签订打破了这种顾虑,USMCA 中包含了更为全面的"数字交易"(digital trade)章节,遵循了 CPTPP 的所有关键要求,并超越了它。在复制 CPTPP 模式方面,USMCA 遵循

---

① CPTPPArt. 14. 11 (2). Each Party shall allow the cross-border transfer of information by electronic means, including personal information, when this activity is for the conduct of the business of a covered person.

② CPTPPArt 14.8(2).

③ CPTPPArt 14.8(5).

相同的广泛的适用范围,禁止对电子数据传输征收关税,并约束各方以非歧视性方式对待数字产品。此外,USMCA 提供了一个国内监管框架,该框架通过启用电子合同、电子身份验证和签名以及无纸交易来促进在线交易。① USMCA 第19.11 条也规定了,如果为了实现合法的公共政策目标,当事方可以采取或维持与数据自由流通相抵触的措施,前提是不存在任意或不合理的歧视,也不存在对贸易和贸易自由的变相限制。信息传输的限制不得超过实现该目标所必需的。除了这些相似之处,USMCA 对 CPTPP 的发展还体现在以下方面。

第一,USMCA 偏离了美国通常的标准方法,提出了遵守相关国际机构的某些数据保护原则和准则。在承认"保护数字交易用户的个人信息所带来的经济和社会利益,以及增强了消费者个人对数字交易的信心"之后,USMCA 第 19.8 条要求当事方采用或维持一个法律框架,规定保护数字交易用户的个人信息。每个缔约方在制定保护个人信息的法律框架时,应考虑相关国际机构的原则和准则,例如 APEC 隐私框架和 2013 年 OECD 理事提出的对关于保护隐私和个人数据跨境准则的建议。

第二,USMCA 还认可了数据保护的关键原则,其中包括对跨境数据的收集范围限制、数据选择、数据质量、使用目的规范、使用限制、安全保障措施、数据透明度和问责制,旨在为任何违规进行跨境数据流动的行为提供补救。这些规定本身已经超出了美国有关数据保护的国内法传统范围,而且还反映了欧盟在隐私保护领域中倡导的某些原则,这让人不得不怀疑这是否所谓的"布鲁塞尔效应"(Brussels Effect)②所导致的制度发展,③即欧盟"出口"了自己的国内标准,并使它们成为全球性的产品。

第三,关于 USMCA 对 CPTPP 的发展要特别提到缔约各方关于公开政府数据的宽松承诺。这是一项真正的创新,同时在国内数据治理体系中也非常重要。缔约各方在 USMCA 第 19.18 条中达成了共同认识,便利公众获取和使用政府信息以促进经济和社会发展。"在某一缔约方选择向公众提供政府信息(包括数据)的范围内,它应努力确保该信息采用机器可读和开放的格式,并且可以被搜索、检索、使用、重复使用和重新分配"。④ 此外,缔约各方还进行了彼此间的合作,以"扩大对公开的政府信息(包括数据)的访问和使用,以增加并创造商

---

① USMCAArt 19.2.

② 布鲁塞尔效应是指欧盟凭借市场力量单方面监管全球市场的能力。

③ Anu Bradford. The Brussels Effect[J]. Northwestern University Law Review, 2012(107): 1 - 68.

④ USMCAArt 19.18(2).

机,特别是对中小企业的商机"。①

2019 年 10 月 7 日签署的美日数字贸易协定(US - Japan Digital Trade Agreement,DTA)也证实了美国对数字贸易问题的态度。可以说,美日 DTA 复制了 USMCA 和 CPTPP 中几乎所有规定开放的政府数据、源代码和交互式计算机服务的内容,而且作为协议范围的一部分,还特别涵盖了金融和保险服务,从而使其影响更为广泛。

三、亚太经合组织跨境隐私规则(CBPR)

亚太经合组织(Asia-Pacific Economic Cooperation,APEC)是亚太地区层级最高、领域最广、最具影响力的经济合作机制。2004 年的《亚太经合组织隐私框架》(APEC Privacy Framework)是亚太地区第一个关于电子数据跨境流动的区域性指导文件,其中"信息数据保护原则"和"执行"两部分中分散规定了数据控制者的义务和责任,以协调平衡数据信息保护与合理利用之间的关系,从而实现了各成员国间数据信息的自由流动。由于该框架因内容多为原则性规定,缺乏可操作性,故并未得到有效执行。

2011 年 APEC 进一步构建了跨境隐私规则体系(Cross-Border Privacy Rules,CBPR),以促进消费者、企业和监管机构三者间对于个人数据跨境流动的信任。CBPR 的规制对象是经过严格审查后获批的成员国境内企业。CBPR 要求企业所属成员国设立:① 隐私执法机构,负责在对本国企业进行监管与处罚的同时,分享相关执法信息和提供跨境执法合作。② 问责代理机构,负责认证企业方制定的对个人数据隐私进行保护的政策是否符合 CBPR 标准,并进行合规审查和接受消费者投诉等,该机构必须得到 APEC 认可的独立第三方和 APEC 所有成员经济体的一致同意,并每年重新审核。企业一旦经过 CBPR 的审查获得资格认证,那么它们之间将可以自由地进行数据传输,这将大大提高经济效率,提升企业和所属国的商业形象。

目前美国、墨西哥、日本、韩国、澳大利亚、加拿大、新加坡和中国台北地区已经加入 CBPR 机制。中国作为 APEC 成员也应当有所行动,尽快加入相关体系,以助力亚太地区的电子数据跨境自由流动。

四、跨境电子数据流动法律规制的国际经验总结

根据上文的讨论,我们可以发现不同的国家、地区间针对跨境电子数据流

---

① USMCAArt 19.8(3).

动所采取的法律规制的制度层级、侧重点、采取的手段和条约（法规）的约束力都不尽相同。而这些区别往往源于它们在文化传统、意识形态、法律沿革和国家关系方面的差异。例如欧盟的历史和文化发展轨迹让其将隐私视作一项绝对的基本人权，但其他同样重视隐私的国家则会将隐私权与其他权利（言论自由）相平衡。① 美国宪法比较重视言论自由权，因此，隐私权会受到一些限制。

多年来的国际法规则发展经验表明，在跨境电子数据流动规制层面，通过推行传统的贸易规则方法来限制数据来源国监管或防止数据外流的自由，并不能解决隐私监管中的根本性问题，隐私问题首先就会引发需要数据本地化的限制要求。事实上，这种对跨境数据流动的承诺只会导致数据来源国依赖贸易协定隐私措施的例外来证明持续的数据限制是正当的。欧盟委员会在关于平衡对数据流动的承诺及其隐私权制度的提案中就隐含了对这种对贸易协议的例外条款的诉求。在这种情况下，富有成效的方法是设计全新的贸易规则，例如 CPTPP 和 CBRPR。

数据目的地国应当承诺保护外国公民的隐私，以换取来源国不限制数据流动的承诺。虽然这一目标对于大多数国家来说可能无法立即实现，但某些中间步骤对于不同国家来说可能是可行的。

如前所述，CPTPP 将美国国内隐私法的范围扩大到从境外收集的个人数据。在这方面，CPTPP 类似于隐私盾计划，它扩大了美国的隐私保护法范围。综合多种国际规则的经验，在执行隐私保护原则方面，有两种常见的方法：一是收集数据并将数据传输到海外的实体仍然负有责任，因此数据来源国应进行隐私保护。二是个人数据的跨境传输须遵守充分调查结果或国际协定，这为数据目的地国提供了执行选项。

制定隐私原则、范围和执行的不同搭配方案意味着可以存在一系列路径选择，以便不同国家根据国情从跨境数据流中获取经济机会，并获得强有力的隐私保护。这些方案可以涵盖从数据来源国的单方面行动到数据来源国与目的地国之间相互约束的协议，最终选用哪种模式则取决于国家隐私标准之间的融合程度以及国家监管机构之间的信任程度。

方案 1：数据来源国采取单方面行动，例如数据源国家单方面设置标准，并

---

① 尽管欧盟的《数据保护指令》第 7(f) 条也将隐私权与其他"控制者追求的合法权益"相平衡。正如欧洲法院所解释的那样，"这必须是平衡与之对立的权益"。

确定目标国家(地区)是否符合该标准。此外,数据来源国在设定其标准时,在每个关键点都保留完全的酌处权。

方案 2:在 GATS 第 XVIII 条中,各个数据源国家的承诺。作为合作的第一步,数据源国家仍可以单方面指定条件并单方面确定符合性,但是在列出这些条件的过程中可以提供更多的透明度和可预测性,例如作为 GATS XVII 下的其他承诺,这项规定旨在履行监管性质的承诺,不构成对市场准入或国民待遇的限制。《电信附件》中涉及监管机构的独立性、许可、互连和普遍接入等问题——GATS 采取了额外承诺的法律形式。即使 WTO 为成员谈判了范本,单个成员也可以选择他们所承诺的具体内容。

方案 3:数据来源国对在数据目标国中进行合格性评估标准的认可。在这种情况下,数据来源国单方面规定了隐私保护条件,但认可目标国评估这些标准的合格性的程序。当国家之间存在规范差异但信任执法时,就可以适用这种方案。欧美间的"安全港"和"隐私盾"协议即是代表,因为即使美国国家隐私法规在欧盟标准下并不充分,但欧盟仍接受美国确保遵守欧盟标准的能力。根据 GATS 第 VII 条,此类针对特定国家(地区)的认可协议是被允许的,但该数据源国不得将它们用于歧视条件相似的其他司法管辖区,并要给予其他国家机会。

方案 4:基于监管要求趋同的集体额外承诺。如果一组国家之间的隐私标准足够相似,它们可以制定一套共同要求,而每个国家都保留单方面确定与数据目的地国标准一致性的权利。OECD 的隐私原则是要求趋同的一个例子,《电信附件》采取集体法律承诺的形式,也是由世贸组织成员中的很大一部分人作出。

实际上,APEC、OECD 和欧盟在共同的隐私原则方面取得的进展可以构成 WTO 关于隐私参考文件的基础。只是,WTO 力求确保数据进口国的监管框架,不会损害其市场准入承诺。通过提交隐私参考文件,数据来源国将具体说明数据目的地国需要满足的监管条件,以便有资格进行数据传输。

方案 5:要求的趋同和符合性评估的承认。这种情况结合了前两种方案。例如 APEC 的方案不仅针对隐私,而且还涉及劳动力流动的其他领域,各国可以在这些相关方面集体商定好原则。

方案 6:数据来源国和目的地国相互约束的义务。CPTPP 就体现了如何成功进行监管合作的核心理念,即数据流动的目的地国将承担保护外国公民隐私的法律义务,以换取数据来源国不限制数据流动的义务。有趣的是,CPTPP 对非歧视性隐私保护的承诺扩展到了所有电子商务用户(不仅限于 TPP 缔约方的用户),从而为将该方法扩展到非成员国提供了关键要素。但是,要使 CPTPP 更加有效(包括尽量减少依赖例外条款),数据来源国的隐私要求与数据目的地国愿意制定的标准之间也必须趋同。实际上,CPTPP 借助了其他国际组织,例如 APEC 和 OECD 的努力取得的成果,以就共同的隐私保护标准或原则达成协议。

第七节　中国的立场与应对

2020 年 8 月 30 日,中国互联网络信息中心在北京发布第 44 次《中国互联网络发展状况统计报告》,截至 2019 年 6 月,我国网民规模达 8.54 亿,居全球首位。① 实施对跨境电子数据流动的规制已成为我国一项无法回避的任务。面对全球层面尚未就跨境电子数据交易的规制规则体系达成共识,且欧盟、美国之间将就相关规则制定长期存在博弈的局面下,我国有必要结合当前处境,考虑制定能够切实平衡我国在实现国家安全、保护数据隐私和促进经济发展等三方面的需求。

一、中国跨境电子数据流动规制现状

进入 21 世纪以来,中国互联网技术和整体产业的迅猛发展令全球惊叹,客观上,我国已成为全球数据资源大国和数据中心之一,但外国政府在电子数据跨境转移方面对中方无端打压的新闻中屡见不鲜,例如 TikTok(抖音海外版)和 WeChat(微信海外版)就因被怀疑违规传输外国用户个人信息到中国而一度在美国和印度遭到禁用,印度政府也借国家安全之名禁止小米将其在印度的电子数据移出国境。

2017 年 6 月生效的《中华人民共和国网络安全法》,作为我国第一部在国家立法层面规制电子数据跨境流动的法律,其第 37 条由于过于笼统的带有原则性的规定使该法并未解决我国跨境数据流动的现实困境。一直以来,我国涉及电子数据跨境流动的法律规则分散在不同的立法当中,例如 2019 年的《电子商务法》第 69 条便与跨境数据流动相关。这些分散性立法可能会产生法律冲突,带

---

① 中国互联网络发展状况统计报告[EB/OL].[2021-04-01].http://www.cac.gov.cn/2019zt/44/index.htm.

来额外的法律选择和法律解释成本。为配合《网络安全法》的具体实施,2017 年 4 月和 2019 年 6 月,国家先后出台了《个人信息和重要数据出境安全评估办法(征求意见稿)》《个人信息出境安全评估办法(征求意见稿)》。在 2019 年 6 月的征求意见稿中,与欧盟此前所采纳的机制类似,对信息数据出境行为进行评估的部门、评估材料和评估内容进行了详细规定,除了评估个人信息的出境是否损害国家安全和公共利益,也评估对数据主体的合法权益是否进行了充分保障。在得到否定评估结果时,网信部门可以要求网络运营者暂停或终止向境外提供个人信息。由于尚未落实,使得我国一直无法建立一个成体系的电子数据跨境流动的法律机制。

　　2020 年 3 月,中共中央、国务院发布《关于构建更加完善的要素市场化配置体制机制的意见》,其中,数据与传统的土地、劳动力、资本、技术并列,被认定为我国的五大生产要素。国家强调要"制订数据隐私保护制度和安全审查制度,推动完善适用于大数据环境下的数据分类分级安全保护制度,以加强对政务数据、企业商业秘密和个人数据的保护。"同年 10 月在党的第十九届五中全会上审议通过的《中共中央关于制订国民经济和社会发展第十四个五年规划和 2035 年远景目标的建议》中,明确指出我国要"积极参与数字领域国际规则和标准的制订",建立"数据资源产权、交易流通、跨境运输和安全保护等基础制度和标准规范"。

　　除了国家层面的政策,2020 年 11 月 13 日上海市政府也发布了《上海市全面深化服务贸易创新发展试点实施方案》,其中第 8 条提到要在临港新区探索数据流动分类监管模式,开展安全管理试点,具体措施包括:一是在临港新片区开展汽车产业、工业互联网、医疗研究(涉及人类遗传资源的除外)等领域数据跨境流动安全评估试点,推动建立数据保护能力认证、数据流通备份审查、跨境数据流动和交易风险评估等数据安全管理机制。二是探索参与数字规则国际合作,加大对数据的保护力度。试行允许符合条件的外资金融机构因集团化管理而涉及其在境内控股金融机构向境外报送有关数据,特别是涉及内部管理和风险控制类数据。[①]

　　2020 年 9 月,我国提出《全球数据安全倡议》,呼吁各国共同反对利用信息技术从事危害他国国家安全和社会公共利益的行为。2021 年 3 月 19 日,中国外交部同阿拉伯国家联盟秘书处召开中阿数据安全视频会议,共同发表了《中阿

---

① 详见《上海市全面深化服务贸易创新发展试点实施方案》第 8 条。

数据安全合作倡议》,阿拉伯国家成为全球范围内首个与中国共同发表数据安全倡议的地区。[①] 面对数据安全这一各国共同面临的挑战,《中阿数据安全合作倡议》体现了开放、包容的合作精神,必将带动国际社会更多成员加入这一合作进程中,形成全球数字治理合力,开启全球数字治理新篇章,为共同构建网络空间命运共同体做出更大贡献。

二、中国未来应对措施

(一) 国内层面

通过前述的研究可以发现,以亚太经合组织 CBPR 体系为代表,对数据进行分类监管以及设立专门的数据隐私保护机构是追求高标准数据保护时许多国家和地区所采取的方式。从上海临港新区的试点方案中可以看出,对跨境数据进行分类监管已经提上议程,但是否设立单独的管理机构尚未有定论。目前对数据进行保护和管理的机构分散在各单位之中,这既在无形中增添了监管成本,也为实现数据自由流动设下了障碍。欧盟和美国都是在自身数据保护实践经验的基础上不断进行制度调整和优化,才发展出如今较为成熟的对跨境电子数据流动监管的法律体系,我国有必要借鉴欧盟与美国的经验,分步推进国内法律规制实践,摸索适合我国的规制模式。

1. 实施分类别、分国家的监管制度

对电子数据实施分类管理的制度在临港新区的数据管理规则中已初见端倪,而分国家管理制度的思路可以参考目前欧盟 GDPR 中"充分性认定"原则和"白名单"制度,例如对我国数据流动目的地国家或地区的数据保护水平进行调查和评估。对于数据安全保护水平较高的地区和国家可适当放松审批,以事中、事后监管为主。相反,则要加强事前监管,对于允许流出的电子数据类型和电子数据内容进行严格把关。

2. 引入第三方审查认证机构

第三方审查认证机构的职责也是在于对本国企业电子数据保护水平进行审核,从而加强事前监管。在倡导行业自律的基础上,授权独立的第三方机构对参与数据跨境流动的企业进行数据保护水平的审查,同时也可受邀对企业进行认证。得到第三方认可的企业无疑在电子贸易过程中将拥有更加良好的企业形

[①] 《中阿数据安全合作倡议》[EB/OL].〔2020 - 03 - 30〕. https://www. fmprc. gov. cn/web/ziliao_674904/1179_674909/t1865097. shtml.

象,这也将激励企业不断提升自身电子数据保护能力,从而降低我国电子数据流动过程中遭遇风险的概率。

3. 设置独立数据保护监管机构

在国家行政层面设立单独的组织机构专职负责落实对数据跨境流动的监管工作,引导行业自律,并进行法律宣传和政策介绍;定期或不定期对企业进行合规检查,对违法违规行为处于行政处罚;汇总辖区工作经验,推动形成统一的监管体系。

抓住目前在临港新区进行数据跨境流动管理试验的契机,我国应致力于将其打造成为中国的"世界数字经济枢纽",以提升我国在国际电子贸易中的战略地位,进一步探索具有普适性的管理规则体系。

(二) 国际层面

注重推动区域和双边合作,争取我国在跨境电子数据流动领域的国际话语权。整体来说,我国对国家间数据跨境流动的合作参与较少,将来我国可积极参与自由贸易协定、WTO 数据跨境议题磋商、APEC 的 CBPR 体系的建设与发展。同时,作为"一带一路"倡议的发起国,推进数据跨境自由流动也是中国同沿线国家开展网络与计算机领域合作时应当吸纳到合作文件当中的一项重要的制度内容。

在主导或参与其他国际合作时,中方应就制定电子数据跨境流动的政策坚持以下立场:① 默认数据自由流动,反对数据本地化要求;② 各国应达到一定数据保护水平,在本国内搭建相对完善的法律框架;③ 保证网络安全优先,制定透明的网络安全立法;④ 采取硬性问责机制,各国需对本国数据主体分享的数据的安全和保密性负责;⑤ 允许适当的政策模糊性存在,为各参与国灵活调整本国措施提供一定空间,将有助于各项电子数据跨境流动规制机制的落实。以新近签订的《区域全面经济伙伴关系协定》(RCEP)为例,通过与 TPP 和 CPTPP 的文本相比较,可以发现在电子数据跨境流动方面,RCEP 吸纳了前两者大部分的内容,同时更加尊重各缔约方的规制自由。

基于当前复杂的世界环境和部分西方国家对中国抱有的怀疑态度,保护我国个人信息数据安全,维护国家安全和国家利益是当前针对跨境电子数据流动进行法律规制时需要坚持的首要原则。根据签订条约国家和地区间数据隐私保护标准和监管的目的,可灵活选取上文所提到的不同方案和模式,以实现国家或区域间电子数据最大限度地自由流动。

第八节　结　　语

随着数据驱动型经济的重要性不断增长，各国已经意识到对跨境电子数据流动进行法律规制的意义所在，这既体现在 WTO 框架下为达成电子商务协议而进行的努力谈判，更表现在过去的 20 年里，越来越多的国家在 PTA 中加入数字贸易条款和与跨境数据相关的规则内容。加入亚太地区针对跨境电子数据流动设计的 CBPR 规则体系对我国而言，是参与国际数据跨境流动规制体系设计的重要一步。

目前国际法上关于跨境电子数据流动的规制有诸多方案，最理想的规制状态是：数据目的地国承诺保护外国公民的隐私以换取来源国承诺不限制数据流动。但这不是每个国家都能够轻易接受的，法律移植的过程需要本土化，所以，最明智的选择是根据各国制定的隐私标准以及彼此间的信任程度来自行做出制度安排，并在此基础上进行深化。

数据源国家可以继续单方面指定条件并确定条件的符合性，但可以通过列出具体条件来增加其要求的透明度和可预测性，例如作为 GATS 第 18 条项下的附加承诺。即使存在分歧，也可以采取进一步措施，使数据源国家认可特定的数据目的地国家的合格性评估。同时，一些国家集团在遵守法规要求时也可以做出集体承诺，为数据来源国和目的地国达成理想的相互约束的规制状态铺平道路。

参考文献

一、中文文献

（一）中文著作

1. 曹龙骐. 金融学(第五版)[M]. 北京：高等教育出版社,2016.

2. 曹荣湘. 经济安全——发展中国家的开放与风险[M]. 北京：社会科学文献出版社,2006.

3. 陈安. 国际经济法学专论[M]. 北京：高等教育出版社,2006.

4. 陈安. 国际经济法学(第七版)[M]. 北京：北京大学出版社,2017.

5. 郭寿康,赵秀文. 国际经济法(第五版)[M]. 北京：中国人民大学出版社,2015.

6. 韩龙,彭秀坤,包勇恩. 金融风险防范的法律制度研究[M]. 北京：中国政法大学出版社,2012.

7. 韩龙. 金融法与国际金融法前沿问题[M]. 北京：清华大学出版社,2018.

8. 金成华. 国际投资立法发展现状与展望[M]. 北京：中国法制出版社,2009.

9. 孔令杰. 个人资料隐私的法律保护[M]. 武汉：武汉大学出版社,2009.

10. 唐应茂. 国际金融法：跨境融资和法律规制(第二版)[M]. 北京：北京大学出版社,2020.

11. 王名扬. 美国行政法[M]. 北京：中国法制出版社,1995.

12. 王锡锌. 公众参与和中国新公共运动的兴起[M]. 北京：中国法制出版社,2008.

13. 王小琼. 西方国家外资并购国家安全审查制度的最新发展及其启示[M]. 武汉：湖北人民出版社,2010.

14. 吴岚. 国际投资法视域下的东道国公共利益规则[M]. 北京：中国法制出版社,2014.

15. 杨丽艳. 东盟的法律和政策与现代国际法[M]. 桂林：广西师范大学出版社,2000.

16. 叶必丰. 行政法的人文精神[M]. 武汉：湖北人民出版社,1999.

17. 余劲松. 国际投资法(第四版)[M]. 北京：法律出版社,2018.

18. 余劲松. 国际投资法(第五版)[M]. 北京：法律出版社,2018.

19. 周佑勇. 行政法基本原则研究[M]. 武汉：武汉大学出版社,2005.

20. 周佑勇. 行政法原论(第三版)[M]. 北京：北京大学出版社,2018.

21. 杨丽艳. 东盟的法律和政策与现代国际法[M]. 桂林：广西师范大学出版社,2000.

22. 银红武. 中国双边投资条约的演进——以国际投资法趋同化为背景[M]. 北京：中国政法大学出版社,2017.

（二）中文译著

1. 康德. 历史理性批判文集[M]. 何兆武译,北京：商务印书馆,1997.

2. 马克斯·韦伯. 社会科学方法论[M]. 韩水法,莫茜译,北京:商务印书馆,2013.

3. 乌尔里希·贝克. 风险社会[M]. 何博闻译,南京:译林出版社,2004.

4. 亚里士多德. 政治学[M]. 吴寿彭译,北京:商务印书馆,1983.

5. 戴维·帕尔米特,佩特罗斯·C. 马弗鲁第斯. WTO 中的争端解决:实践与程序(第二版)[M]. 罗培新,李春林译,北京:北京大学出版社,2005.

6. 哈罗德·布朗. 美国未来二十年的对外战略[M]. 现代国际关系研究所北美研究室译,北京:时事出版社,1986.

7. 海尔·史科特. 二〇〇八年全球金融危机[M]. 刘俊译,北京:法律出版社,2012.

8. 罗伯特·吉尔平. 全球政治经济学:解读国际经济秩序[M]. 杨宇光,杨炯译,上海:上海人民出版社,2006.

9. 米高·恩莱特. 助力中国发展:外商直接投资对中国的影响[M]. 闫雪莲,张朝辉译,北京:中国财政经济出版社,2017.

10. 芦部信喜. 宪法(第六版)[M]. 高桥和之补订,林来梵,凌维慈,龙绚丽译,北京:清华大学出版社,2018.

11. 安托尼·奥斯特. 现代条约法与实践[M]. 江国清译,北京:中国人民大学出版社,2005.

12. 以赛亚·伯林. 自由论[M]. 胡传胜译,南京:译林出版社,2003.

(三)中文论文

1. 巴曙松,王璟怡,杜婧. 从微观审慎到宏观审慎:危机下的银行监管启示[J]. 国际金融研究,2010(5).

2. 蔡从燕. 公私关系的认识论重建与国际法发展[J]. 中国法学,2015(1).

3. 蔡高强,刘明萍. 基于中非合作发展的投资争端预防机制论[J]. 湘潭大学学报(哲学社会科学版),2020(3).

4. 曹杰,王晶. 跨境数据流动规则分析——以欧美隐私盾协议为视角[J]. 国际经贸探索,2017(4).

5. 曾建知. 国际投资条约中的规制权规则探析[J]. 国际经济法学刊,2020(1).

6. 陈丹艳. 附期限当地救济条款的解释新路径阐析[J]. 武大国际法评论,2017(2).

7. 陈珺,杨帆. 投资法庭机制探究及我国的应对——以欧盟《TTIP 协定》投资章节建议案为例[J]. 学习与实践,2018(11).

8. 陈瑞华. 走向综合性程序价值理论——贝勒斯程序正义理论述评[J]. 中国社会科学,1999(6).

9. 陈文敬. 我国自由贸易区战略及未来发展探析[J]. 理论前沿,2008(17).

10. 陈欣. 论国际投资条约中的金融审慎例外安排[J]. 现代法学,2013(4).

11. 陈咏梅,张姣. 跨境数据流动国际规制新发展:困境与前路[J]. 上海对外经贸大学报,2017(24).

12. 陈雨露,马勇. 宏观审慎监管:目标、工具与相关制度安排[J]. 经济理论与经济管理,2012(3).

13. 程卫东. 跨境数据流动的法律监管[J]. 政治与法律,1998(3).

14. 池漫郊,任清. 中国国际投资仲裁年度观察(2020)[J]. 北京仲裁,2020(2).

15. 池漫郊.《美墨加协定》投资争端解决之"三国四制":表象、成因及启示[J]. 经贸法律评论,2019(4).

16. 迟德强. 浅析跨国公司对国家政治主权的影响[J]. 江汉论坛,2007(7).

17. 崔凡,吴嵩博.《中华人民共和国外商投资法》与外商投资管理新体制的建设[J]. 国际贸易问题,2019(4).

18. 戴瑞君. 中国缔结的双边条约在特别行政区的适用问题——兼评"世能诉老挝案"上诉判决[J]. 环球法律评论,2017(5).

19. 单文华,王鹏. 均衡自由主义与国际投资仲裁改革的中国立场分析[J]. 西安交通大学学报(社会科学版),2019(5).

20. 单文华. 从"南北矛盾"到"公私冲突":卡尔沃主义的复苏与国际投资法的新视野[J]. 西安交通大学学报(社会科学版),2008(4).

21. 丁大同. 中国伦理学史上的公私之辨[J]. 理论与现代化,2016(6).

22. 丁海俊. 民事责任的预防功能[J]. 现代法学,2001(2).

23. 丁婧文. "TikTok"事件的法律分析——兼谈数据利用国际经贸规则的完善[J]. 法治社会,2020(5).

24. 董静然,顾泽平. 美欧外资安全审查法律制度新发展与中国之应对[J]. 国际商务研究,2020(5).

25. 董静然. 国际投资规则中的国家规制权研究[J]. 河北法学,2018(12).

26. 范璐晶. 新冠疫情下国际投资中公共卫生例外条款分析[J]. 国际经贸探索,2021(3).

27. 房裕,田泽. 美国外资安全审查新动向、影响及应对策略研究[J]. 理论探讨,2020(6).

28. 冯钺. 西方民粹主义反思及其对中国的启示[J]. 人民论坛,2020(3).

29. 符隆钟. 全球化与国际投资法律制度的统一[J]. 河北法学,2002(4).

30. 付丽. WTO电子商务谈判的前景和我国的对策建议[J]. 电子商务评论,2021(1).

31. 甘培忠,王丹. "国家安全"的审查标准研究——基于外国直接投资市场准入视角[J]. 法学杂志,2015(5).

32. 葛辉,彭岳. 审慎例外条款实证分析——以中国自贸协定为例[J]. 国际商务研究,2019(3).

33. 龚赛红,王青龙. 论侵权法的预防功能——法经济学的分析视角[J]. 求是学刊,2013(1).

34. 韩立余. 自由贸易协定基本关系论[J]. 吉林大学社会科学学报,2015(5).

35. 韩立余. 自由贸易协定基本关系论[J]. 吉林大学社会科学学报,2015(5).

36. 韩秀丽. 论国际投资协定中的"根本安全利益"与"公共目的"[J]. 国际法与比较法论坛,2010(2).

37. 韩秀丽. 再论卡尔沃主义的复活——投资者—国家争端解决视角[J]. 现代法学,2014(1).

38. 郝宇彪,鲍丙朋. 世界贸易组织框架下国际投资规则演变展望[J]. 复旦国际关系评论,2020(1).

39. 何芳. 国际投资协定利益平衡化改革及中国的应对[J]. 甘肃社会科学,2018(4).

40. 何树全. 国际投资协定中的主要争议和未来的选择分析[J]. 社会科学,2004(5).

41. 何悦涵. 投资争端解决的"联合控制"机制研究[J]. 法商研究,2020(4).

42. 贺立龙. 美国对华投资并购安全审查的最新进展、未来趋势与应对策略[J]. 对外经贸实务,2021(4).

43. 洪延青."一带一路"数据跨境流动的中国方案——以美欧范式为背景的展开[J]. 中国法律评论,2021(2).

44. 胡加祥. 国际投资准入前国民待遇法律问题探析——兼论上海自贸区负面清单[J]. 上海交通大学学报(哲学社会科学版),2014(1).

45. 胡炜. 跨境数据流动立法的价值取向与我国选择[J]. 社会科学,2018(4).

46. 胡子南,秦一. 美国收紧 FDI 国家安全审查新动向、影响以及对策[J]. 国际贸易,2020(4).

47. 黄洁琼. 论比例原则在外资国家安全审查中适用[J]. 河北法学,2020(10).

48. 黄世席. 可持续发展视角下国际投资争端解决机制的革新[J]. 当代法学,2016(2).

49. 黄翔. 关于我国国家安全审查制度完善之思考[J]. 国际贸易,2016(6).

50. 黄一玲. 求解跨国公司应对东道国壁垒之博弈策略——以中国跨国公司对美国直接投资中政治壁垒为考察点[J]. 东南学术,2014(4).

51. 黄志雄,韦欣好. 美欧跨境数据流动规则博弈及中国因应——以《隐私盾协议》无效判决为视角[J]. 同济大学学报(社会科学版),2021(2).

52. 季卫东. 程序比较论[J]. 比较法研究,1993(1).

53. 季卫东. 程序是实现法治的基石[J]. 法制资讯,2010(9).

54. 季卫东. 法律程序的意义:对中国法制建设的另一种思考[J]. 中国社会科学,1993(1).

55. 贾开. 跨境数据流动的全球治理:权力冲突与政策合作——以欧美数据跨境流动监管制度的演进为例[J]. 汕头大学学报(人文社会科学版),2017(5).

56. 蒋德翠. 中国—东盟自贸区投资争端解决机制的困境与出路[J]. 河北法学,2020(5).

57. 蒋秋明. 程序正义与法治[J]. 学海,1998(6).

58. 蒋小红. 试论国际投资法的新发展——以国际投资条约如何促进可持续发展为视角[J]. 河北法学,2019(3).

59. 荆鸣.《中欧全面投资协定》的公平竞争规则:关切、安排与应对[J]. 中国流通经济,2021(3).

60. 孔庆江,丁向群. 关于《中华人民共和国外商投资法》立法过程及其若干重大问题的初步解读[J]. 国际贸易问题,2019(3).

61. 孔庆江,郑大好. 我国《外商投资法》下的外商投资保护制度[J]. 国际贸易,2019(5).

62. 孔庆江.《中华人民共和国外商投资法》与相关法律的衔接与协调[J]. 上海对外经贸大学学报,2019(3).

63. 雷少华. 全球产业结构变迁与政治裂隙[J]. 北京大学学报(哲学社会科学版)2019(6).

64. 冷帅. 欧盟外资监管和安全审查立法的评估与应对——基于《建立外国直接投资监管框架条例》的分析[J]. 现代法学,2019(6).

65. 李军. 外国投资安全审查中国家安全风险的判断[J]. 法律科学(西北政法大学学报),2016(4).

66. 李首阳. 安全审查决定的救济措施探究[J]. 安徽警官职业学院学报,2019(5).

67. 李思翔. 数据跨境流动规制的演进与对策[J]. 信息安全与通信保密,2016(1).

68. 李向平,杨洋. 公私反转:当代中国社会的道德实践机制[J]. 文史哲,2021(2).

69. 梁孝玲. 韩国 1998 年《外国人投资促进法》[J]. 环球法律评论,2002(2).

70. 梁雪. 国际投资争端解决中东道国法院主体地位的缺失与回归[J]. 中南民族大学学报

（人文社会科学版），2020(6).

71. 林惠玲. 再平衡视角下条约控制机制对国际投资争端解决的矫正——《投资者国家间争端解决重回母国主义：外交保护回来了吗？》述论[J]. 政法论坛，2021(1).

72. 林燕萍，朱玥. 论国际投资协定中的公平公正待遇——以国际投资仲裁实践为视角[J]. 上海对外经贸大学学报，2020(3).

73. 刘典. 全球数字贸易的格局演进、发展趋势与中国应对——基于跨境数据流动规制的视角[J]. 学术论坛，2021(1).

74. 刘桂锋等. 加强数据安全防护 提升数据治理能力——《中华人民共和国数据安全法（草案）》解读[J]. 农业图书情报学报，2021(4).

75. 刘惠明，徐文婕. 中美外商投资国家安全审查制度比较——兼论《中华人民共和国外商投资法》的完善[J]. 长江论坛，2020(3).

76. 刘京莲. 国际投资条约根本安全例外条款研究[J]. 国际经济法学刊，2010(1).

77. 刘俊敏，郭杨. 我国数据跨境流动规制的相关问题研究——以中国（上海）自由贸易试验区临港新片区为例[J]. 河北法学，2021(7).

78. 刘磊. 中国外国投资国家安全审查制度研究[J]. 江南社会学院学报，2016(4).

79. 刘万啸. 国际投资争端的预防机制与中国选择[J]. 当代法学，2019(6).

80. 刘馨蔚.《投诉办法》完善外商投诉工作机制：强化投诉人权益保护[J]. 中国对外贸易，2020(10).

81. 刘跃进. 论国家安全的基本含义及其产生和发展[J]. 华北电力大学学报（社会科学版）2001(4).

82. 刘芝祥. 法益概念辨识[J]. 政法论坛，2008(4).

83. 马春晖. 2018年江苏省台商投诉协调及服务工作[J]. 台湾工作通讯，2019(4).

84. 马海群等. 中国特色总体国家安全观逻辑建构解读[J]. 情报探索，2020(11).

85. 马见光，姜巍. 大数据的概念、特征及其应用[J]. 国防科技，2013(2).

86. 马勇. 系统性金融风险：一个经典注释[J]. 金融评论，2011(4).

87. 买木提明·热西提，沈伟. 间接征收语境下公共利益的多重维度及比例原则的解释路径[J]. 中南大学学报（社会科学版），2020(4).

88. 苗永旺，王亮亮. 金融系统性风险与宏观审慎监管研究[J]. 国际金融研究，2010(8).

89. 苗中泉. 论近年来各国对外资明显收紧的国家安全审查制度[J]. 世界政治研究，2020(2).

90. 欧达婧. 外商投资企业投诉工作机制探究——《外商投资法》26条的适用、局限与完善[J]. 现代管理科学，2019(10).

91. 彭姝祎. 当今人类社会面临的非传统安全[J]. 人民论坛，2020(17).

92. 彭岳. 数据本地化措施的贸易规制问题研究[J]. 环球法律评论，2018(40).

93. 彭岳. 例外与原则之间：金融服务中的审慎措施争议[J]. 法商研究，2011(3).

94. 彭岳. 外资并购国家安全审查中的权限配置问题：中美之间的差异及启示[J]. 国际商务研究，2012(4).

95. 漆彤，鲍怡婕. "一带一路"投资争端处理体系的构建[J]. 人民法治，2018(3).

96. 漆彤. 论外商投资国家安全审查决定的司法审查[J]. 武汉大学学报（哲学社会科学版），2020(3).

97. 漆彤. 论"一带一路"国际投资争议的预防机制[J]. 法学评论,2018(3).

98. 漆彤. 投资争端处理体系的三大构成[J]. 社会科学辑刊,2018(4).

99. 漆彤. 新冠疫情下的国际投资仲裁危机及其应对[J]. 武大国际法评论,2020(3).

100. 邱立成,王凤丽. 外资银行进入对东道国银行体系稳定性影响的实证研究[J]. 南开经济研究,2010(4).

101. 任强. 国际投资法中的"国家安全"问题探究——以"Ralls 诉美国外国投资委员会案"为视角[J]. 北方法学,2016(3).

102. 邵沙平,王小承. 美国外资并购国家安全审查制度探析——兼论中国外资并购国家安全审查制度的构建[J]. 法学家,2008(3).

103. 沈伟. 民粹国际法和中美疫情法律之困[J]. 中国法律评论,2020(4).

104. 沈伟. 投资者—东道国争端解决条款的自由化嬗变和中国的路径——以中国双边投资协定为研究对象[J]. 经贸法律评论,2020(3).

105. 石静霞,杨幸幸. TPP 金融服务规则评析[J]. 社会科学家,2017(11).

106. 石静霞. 数字经济背景下的 WTO 电子商务诸边谈判:最新发展及焦点问题[J]. 东方法学,2020(2).

107. 史建平,高宇. 宏观审慎监管理论研究综述[J]. 国际金融研究,2011(8).

108. 宋瑞琛. 美国外资安全审查制度的新动向与国际投资保护主义[J]. 当代经济管理,2020(11).

109. 宋天应. 股东国籍国对公司的外交保护的资格探析[J]. 研究生法学,2010(4).

110. 宋晓燕. 中国外商投资制度改革:从外资"三法"到《外商投资法》[J]. 上海对外经贸大学学报,2019(4).

111. 孙南申,彭岳. 外资并购国家安全审查制度的立法改进与完善措施[J]. 学海,2014(3).

112. 汤德宗. 论宪法上的正当程序保障[J]. 宪政时代,2000(4).

113. 陶立峰. 投资者与国家争端解决机制的变革发展及中国的选择[J]. 当代法学》,2019(6).

114. 陶立峰. 印度投资条约之投资者与国家争端解决机制的最新发展与中国的应对[J]. 社会科学,2017(12).

115. 童星. 政府协调治理:一种新型的公共危机治理模式——《风险社会的治理之道》评介[J]. 中国行政管理,2019(1).

116. 汪进元. 论宪法的正当程序原则[J]. 法学研究,2001(2).

117. 王东光. 国家安全审查:政治法律化与法律政治化[J]. 中外法学,2016(5).

118. 王光. 双边投资协定的异质性测度与量化评估——以中国为例[J]. 国际商务研究,2020(6).

119. 王国刚,余维彬. "国际热钱大量流入中国"论评析[J]. 国际金融研究,2010(3).

120. 王林彬. 论国际法院管辖争议中的可受理性问题[J]. 新疆大学学报(哲学·人文社会科学版),2007(3).

121. 王淼. 数字经济发展的法律规制——研讨会专家观点综述[J]. 中国流通经济,2020(34).

122. 王彦志. RCEP 投资章节:亚洲特色与全球意蕴[J]. 当代法学,2021(2).

123. 王彦志. 从程序到实体:国际投资协定最惠国待遇适用范围的新争议[J]. 清华法学,2020(5).

124. 王彦志. 国际投资协定最惠国待遇适用范围的新争议[J]. 清华法学, 2020(5).

125. 王彦志. 国际投资仲裁中公共健康保护的条约解释进路——以 Philip Morris v. Uruguay 案中 VCLT 第 31 条第 3 款 c 项的适用为视角[J]. 当代法学, 2017(6).

126. 王燕. 自由贸易协定下的话语权与法律输出研究[J]. 政治与法律, 2017(1).

127. 王义桅. 中美贸易战的美方逻辑、本质及中方应对[J]. 新疆师范大学学报(哲学社会科学版), 2019(1).

128. 王玥. 试论网络数据本地化立法的正当性[J]. 西安交通大学学报, 2016(1).

129. 王少棠. 投资者与东道国投资争端解决方式发展脉络及展望[J]. 文化学刊, 2019(11).

130. 王中美. 跨境数据流动的全球治理框架: 分歧与妥协[J]. 国际经贸探索, 2021(4).

131. 魏丹, 唐妍彦. 投资便利化与投资环境优化: 以中国和巴西为视角[J]. 社会科学家, 2020(10).

132. 魏庆. "一带一路"建设工程争端预防机制的应用[J]. 国际贸易, 2020(2).

133. 吴星光, 梁旋. 论 FTA 对 WTO 多边贸易体制的影响[J]. 国际商务, 2009(1).

134. 肖威. ISDS 机制变革的根源、趋势及中国方案[J]. 法治现代化研究, 2020(5).

135. 谢梓平. "热钱"流入渠道解析[J]. 浙江金融, 2007(7).

136. 徐芳. 论我国新型外国投资申诉协调处理机制的构建——兼评《外国投资法(草案征求意见稿)》相关规定[J]. 河北法学, 2016(2).

137. 徐昕. 区域贸易协定中的金融审慎例外条款研究[J]. 上海对外经贸大学学报, 2015(2).

138. 徐忆斌. WTO 规则改革视角下金融审慎例外条款法律问题研究[J]. 上海金融, 2019(9).

139. 许亚云, 韩剑. 新一代国际投资规则影响因素及未来路径——基于 BITs 和 TIPs 的量化研究[J]. 国际金融研究, 2021(2).

140. 杨炳超. 论美国宪法的正当程序原则——兼论我国对该原则的借鉴[J]. 法学论坛, 2004(6).

141. 杨海珍, 史芳芳. 金融危机以来中国跨境热钱流动原因研究[J]. 管理评论, 2016(3).

142. 杨希. 国际投资法中的国家"回归"趋势——兼评我国《外商投资法》中的规制权[J]. 海南大学学报(人文社会科学版), 2021(1).

143. 杨幸幸. 《美墨加协定》金融服务规则的新发展——以 GATS 与 CPTPP 为比较视角[J]. 经贸法律评论, 2019(4).

144. 杨雪冬. 风险社会理论述评[J]. 国家行政学院学报, 2005(1).

145. 银红武. 论国际投资仲裁中非排除措施"必要性"的审查[J]. 现代法学, 2016(4).

146. 尹志强. 侵权行为法的社会功能[J]. 政法论坛, 2007(5).

147. 余劲松, 詹晓宁. 国际投资协定的近期发展及对中国的影响[J]. 法学家, 2006(3).

148. 余劲松, 詹晓宁. 论投资者与东道国间争端解决机制及其影响[J]. 中国法学, 2005(5).

149. 余劲松. 国际投资条约仲裁中投资者与东道国权益保护平衡问题研究[J]. 中国法学, 2011(2).

150. 余劲松. 论国际投资法的晚近发展[J]. 法学评论, 1997(6).

151. 余民才. 自卫权适用的法律问题[J]. 法学家, 2003(3).

152. 余莹. 国际投资新规则对我国国企海外投资的限制及对策研究[J]. 当代经济, 2020(2).

153. 张二震, 孙利娟. 价值链视角下的中国对外直接投资: 环境变化与应对[J]. 江苏行政学院学报,2020(3).

154. 张光. 国家安全审查的国际投资仲裁救济探析[J]. 国际商务研究,2019(5).

155. 张海波. 风险社会视野中的公共管理变革[J]. 南京大学学报(哲学·人文科学·社会科学),2017(4).

156. 张江山. 试论国家安全的基本要素[J]. 铁道警官高等专科学校学报,2001(3).

157. 张军旗. 个人的国际法主体地位辨析[J]. 东方法学,2017(6).

158. 张磊. 以中国实践为基础推动 WTO 改革和投资便利化谈判——基于自贸试验区视角[J]. 国际商务研究,2020(4).

159. 张磊. 论股东国籍国对公司的外交保护资格[J]. 华东政法大学学报,2012(2).

160. 张丽娟等. 国际贸易规则中的"国家安全例外"条款探析[J]. 国际论坛,2020(3).

161. 张乃根. 国际经贸条约的安全例外条款及其解释问题[J]. 法治研究,2021(1).

162. 张乃根. 试析《国家责任条款》的"国际不法行为"[J]. 法学家,2007(3).

163. 张庆麟. 论晚近南北国家在国际投资法重大议题上的不同进路[J]. 现代法学,2020(3).

164. 张庆麟. 欧盟投资者—国家争端解决机制改革实践评析[J]. 法商研究,2016(3).

165. 张生. 美国跨境数据流动的国际法规制路径与中国的因应[J]. 经贸法律评论,2019(4).

166. 张生. 国际投资法制框架下的跨境数据流动:保护、例外和挑战[J]. 当代法学,2019(5).

167. 张晓君,李文婧. 全球治理视野下国际投资法治的困境与变革[J]. 法学杂志,2020(1).

168. 张熠星. 投资者—东道国争端解决机制发展的新趋势——TTIP 形成中的欧盟模式及中国应对[J]. 现代管理科学,2016(3).

169. 张宇燕. 新冠肺炎疫情与世界经济形势[J]. 当代世界,2021(1).

170. 张蕴岭,马天月. 国际投资新规则及中国应对策略[J]. 国际展望,2019(4).

171. 赵蓓文. 全球外资安全审查新趋势及其对中国的影响[J]. 世界经济研究,2020(6).

172. 赵迪. 国家安全例外条款的审查问题研究——以 GATT 1994 第 21 条为例[J]. 对外经贸,2020(8).

173. 赵海乐. 一般国际法在"安全例外"条款适用中的作用探析[J]. 国际经济法学刊,2021(2).

174. 赵玉敏. 国际投资体系中的准入前国民待遇——从日韩投资国民待遇看国际投资规则的发展趋势[J]. 国际贸易,2012(3).

175. 郑晓剑. 比例原则在民法上的适用及展开[J]. 中国法学,2016(2).

176. 周小川. 金融政策对金融危机的响应——宏观审慎政策框架的形成背景、内在逻辑和主要内容[J]. 金融研究,2011(1).

177. 朱淑娣,蒋梦娴. 国际经济行政法的理论界定[J]. 东方法学,2008(2).

178. 朱淑娣,周诚. 国际经济行政法基本原则:平等保护与正当程序[J]. 北方法学,2011(5).

179. 左海聪. 国际经济法基本问题论纲[J]. 法学评论,2009(1).

180. 左海聪. 国际商法是独立的法律部门——兼谈国际商法学是独立的法学部门[J]. 法商研究,2005(2).

二、英文文献

(一) 英文专著

1. Ahmed, S. A Discussion of Practical Steps to Harmonize Data Protection Rules Globally

［M］. Social Science Electronic Publishing，2011.

2. Brundtland，Gro Harlem. Our Common Future：The Report of the World Commission on Environment and Development［M］. London：Oxford University Press，1987.

3. Buckley，Ross P. International Financial System：Policy and Regulation［M］. Kluwer Law International，2008.

4. Cheng，Bian. National Security Review of Foreign Investment：A Comparative Legal Analysis of China，the United States and the European Union［M］. Routledge，2020.

5. De Mestral，Armand & Alireza Falsafi. Investment Provisions in Regional Trade Agreements：A More Efficient Solution? in Improving International Investment Agreements 131［M］. Armand De Mestral & Céline Lévesque，2012.

6. Dolzer，Rudolf & Christoph H. Schreuer. Principles of International Investment Law ［M］. 2012.

7. Franck，Susan D. Challenges Facing Investment Disputes：Reconsidering Dispute Resolution in International Investment Agreements［M］. Oxford University Press，2008.

8. Gardiner，Richard. Treaty Interpretation［M］. Oxford University Press，2008.

9. Hart，H. L A. The Concept of Law［M］. Oxford：Oxford University Press，1997.

10. Helpman，E. Understanding Global Trade［M］. Cambridge Mass：Harvard University Press，2011.

11. Ikenberry，G. John and Anne-Marie Slaughter，Forging A World Of Liberty Under Law：U. S. National Security in the 21st Century［M］. Princeton University，2006.

12. Legum，Barton & Ioana Petculescu. GATT Article XX and international investment law，in Prospects in International Investment Law and Policy 340，361 - 362 ［M］. Roberto Echandi& Pierre Sauve，2013.

13. Levesque，Celine. The Inclusion of GATT Article XX exceptions in IIAs：A Potentially Risky Policy in Prospects in International Investment Law and Policy［M］. Roberto Echandi& Pierre Sauve，2013.

14. Mavroidis，Petros C. Guide to GATT Law and Practice：Analytical Index ［M］. Maryland：Bernan Assco，1995.

15. Stein，Eric & Terrance Sandalow. On the Two Systems：An Overview，in Courts and Free Markets：Perspectives from the United States and Europe［M］. Terrance Sandalow and Eric Stein，1982.

16. Tania Voon. Trade Liberalisation and International Cooperation：A Legal Analysis of the Trans-Pacific Partnership Agreement［M］. Edward Elgar，2013.

17. Wunsch-Vincent，Sacha. The WTO，the Internet and Digital Products：EC and US Perspectives［M］. Hart，2006.

（二）英文论文

1. Aaken，Anne van and Jurgen Kurtz. Prudence or Discrimination? Emergency Measures，the Global Financial Crisis and International Economic Law［J］. Int'l Econ. L.，2009(12).

2. Appleton，Arthur E. GATT Article XX's Chapeau：A Disguised Necessary Test：The

WTO Appellate Body's Ruling in United States – Standards for Reformulated and Conventional Gasoline[J]. REV. EUR. COMP. &. INT'l ENVTL. L., 1997(6).

3. Baltag, Crina. Reforming the ISDS System: In Search of a Balanced Approach[J]. Contemp. Asia Arb. J., 2019(12).

4. Barbee, Inu and Simon Lester. Financial Services in the TTIP: Making the Prudential Exception Work[J]. Geo. J. Int'l L., 2014(45).

5. Bartels, Lorand. The Chapeau of the General Exceptions in the WTO GATT and GATS Agreements: A Reconstruction[J]. Am. J. Int'l L. &. footnote, 2018(109).

6. Baxter, Lawrence G. Adaptive Financial Regulation and RegTech: A Concept Article on Realistic Protection for Victims of Bank Failure[J]. Duke L. J., 2016(66).

7. Bhagwati, J. The Capital Myth: The Difference between Trade in Widgets and Trade in Dollars[J]. Foreign Affairs, 1998(77).

8. Bodansky, Daniel. What's in a Concept? Global Public Goods, International Law, and Legitimacy[J]. Eur. J. Int'l L., 2012(23).

9. Brabandere, Eric de. (Re)calibration, Standard-setting and the Shaping of Investment Law and Arbitration[J]. Bos. C. L. Rev., 2018, 59(8).

10. Brew, Robert. Exception Clauses in International Investment Agreements as a Tool for Appropriately Balancing the Right to Regulate with Investment Protection[J]. Canterbury L. Rev, 2019(25).

11. Briese, Robyn and Stephan Schill. Djibouti v France: Self-Judging Clauses before the International Court of Justice[J]. Melbourne Journal of International Law, 2009, 10(1).

12. Burke-White, William W. and Andreas von Staden. Investment Protection in Extraordinary Times: The Interpretation and Application of Non-Precluded Measures Provisions in Bilateral Investment Treaties[J]. Virginia Journal of International Law, 2008, 48(2).

13. Burke-White, William and Andreas Von Staden. Investment Protection in Extraordinary Times: The Interpretation and Application of Non-Precluded Measures Provisions in Bilateral Investment Treaties[J]. Virginia Journal of International Law, 2008(48).

14. Burri, Mira and Rodrigo Polanco. Digital Trade Provisions in Preferential Trade Agreements: Introducing a New Dataset[J]. Journal of International Economic Law, 2020(23).

15. Burri, Mira. The Regulation of Data Flows in Trade Agreements[J]. Georgetown Journal of International Law, 2017(48).

16. Callaway, David and Lothar Determann. The New US. Act-History, Rules and Effects [J]. Computer &. Internet Lawyer, 2018, 35(8).

17. Cantore, Carlo Maria. "Shelter from the Strom": Exploring the Scope of Application and Legal Function of the GATS Prudential Carve-Out[J]. J. World Trade, 2014(48).

18. Cerminara, Kathy L. Contextualizing ADR in Managed Care: A Proposal Aimed at Easing Tensions and Resolving Conflict[J]. Loyola University (Chicago) Law Journal,

2002(33).

19. Chang, Seung Wha. Taming Unilateralism under the Multilateral Trading System: Unfinished Job in the WTO Panel Ruling on U. S. Sections 301 – 310 of the Trade Act of 1974[J]. Law and Policy of International Business, 2000, 31(4).

20. Chen, Tsai-fang. To Judge the Self-Judging Security Exception under the GATT 1994 – A Systematic Approach [J]. Asian Journal of WTO and International Health Law and Policy, 2017, 12(2).

21. Condon, Bradly. Treaty Structure and Public Interest Regulation in International Economic Law[J]. J. Int'l Econ. L., 2014, 17(2).

22. Delimasis, Panagiotis and Pierre Sauve. Financial Services Trade after the Crisis: Policy and Legal Conjectures[J]. J. Int'l Econ. L., 2010(13).

23. Dietz, Thomas, Marius Dotzauer and Edward S. Cohen. The legitimacy crisis of investor-state arbitration and the new EU investment court system[J]. Review of International Political Economy, 2019, 26(4).

24. Dolzer, Rudolf. Fair and Equitable Treatment: Today's Contours[J]. Santa CLARA J. INT'l L., 2013(12).

25. Emmerson, Andrew. Conceptualizing Security Exceptions: Legal Doctrine or Political Excuse? [J]. Journal of International Economic Law, 2008, 11(1).

26. Franck, Susan D. Integrating Investment Treaty Conflict and Dispute Systems Design[J]. Minnesota Law Review, 2007(92).

27. Franck, Susan D. Rationalizing Costs in Investment Treaty Arbitration[J]. Washington University Law Review, 2011, 88(4).

28. Franck, Susan D. The Legitimacy Crisis in Investment Treaty Arbitration: Privatizing Public International Law Through Inconsistent Decisions[J]. Fordham Law Review, 2005 (73).

29. Gerhart, Peter M. The Two Constitutional Visons of the World Trade Organization[J]. University of Pennsylvania Journal of International Economic Law, 2003, 24(1).

30. Giest, Alison. Interpreting Public Interest Provisions in International Investment Treaties [J]. Chi. J. Int'l L., 2017(18).

31. Giovanni, B. The EU GDPR as a Clarion Call for a New Global Digital Gold Standard[J]. International Data Privacy Law, 2016(2).

32. Habermas, Jurgen. Morality and Ethical Life: Does Hegel's Critique of Kant Apply to Discourse Ethics? [J]. Northwestern University Law Review, 1988 – 1989(83).

33. Hartge, Cathleen Hamel. China's National Security Review: Motivations and the Implications for Investors[J]. Stanford Journal of International Law, 2013(49).

34. Henckels, Caroline. Should Investment Treaties Contain Public Policy Exceptions? [J]. B. C. L. Rev., 2018(59).

35. Hepburn, Jarrod and RidhiKabra. India's New Model Investment Treaty: Fit for Purpose? [J]. Indian Law Review, 2017, 1(2).

36. Hestermeyr, H. P. and L. Nielsen. The Legality of Local Content Measures under WTO Law[J]. Journal of World Trade, 2014, 48(3).

37. Hill, Larry B. Institutionalization, the Ombudsman, and Bureaucracy[J]. American Political Science Review, 1974, 68(3).

38. Ivica, Kelam. Investor to State Dispute Settlement. A Challenge for Democracy, Ethics, the Environment, and the Rule of Law[J]. Synthesis Philosophica, 2019, 34(1).

39. Keene, Amelia. The Incorporation and Interpretation of WTO-Style Environmental Exceptions in International Investment Agreements[J]. J. World Investment & Trade, 2017(18).

40. Khan, Jahangir Ahmad. Managing Investment Disputes: A Critical Analysis of Investor State Dispute Settlement Mechanism in Bilateral Investment Treaties[J]. Journal of Management and Public Policy, 2017, 8(2).

41. Kim, Julie. Balancing Regulatory Interests through an Exceptions Framework under the Right to Regulate Provision in International Investment Agreements [J]. George Washington International Law Review, 2018, 50(2).

42. Kurtz, Jurgen. Adjudging the Exceptional at International Investment Law: Security, Public Order and Financial Crisis[J]. INT'l & COMP. L. Q., 2010(325).

43. Leroux, Eric H. Trade in Financial Services under the World Trade Organization[J]. J. World Trade, 2002(36).

44. Lewis, Craig Anderson. Waiting for the Big One: Principle, Policy and the Restriction of Imports under Section[J]. Law and Policy of International Business, 1991, 22(2).

45. Li, Xingxing. National Security Review in Foreign Investments: A Comparative and Critical Assessment on China and U. S. Laws and Practices[J]. Yale Law Journal, 2016 (13).

46. Lowe, Vaughan. Precluding Wrongfulness or Responsibility: A Plea for Excuses[J]. Eur. J. Int'l L., 1999(10).

47. Lydgate, Emily. Is It Rational and Consistent? the WTO's Surprising Role in Shaping Domestic Public Policy[J]. J. Int'l Econ. L., 2017(20).

48. Ma, Ji. International Investment and National Security Review[J]. Vand J. Transnat'l L, 2019(52).

49. McAfee A, Brynjolfsson E. and Davenport T. H. Big Data: the Management Revolution [J]. Harvard Business Review, 2012(10).

50. Meester, Bart de. The Global Financial Crisis and the Government Support for Banks[J]. J. Int'l Econ. L., 2008(13).

51. Meltzer, Paul J. The Internet, Cross-Border Data Flows and International Trade[J]. Asia & the Pacific Policy Studies, 2015(2).

52. Mickelson, Karin. Rhetoric and Rage: Third World Voices in International Legal Discourse[J]. Wis. Int'l L. J., 1998(16).

53. Mitchell, Andrew D., Jennifer K. Hawkins and Neha MIshra. Dear Prudence:

Allowances under International Trade and Investment Law for Prudential Regulation in the Financial Services Sector[J]. J. Int'l Econ. L., 2016(19).

54. Mitchell, Andrew, D, et al. Don't Fence Me In: Reforming Trade and Investment Law to Better Facilitate Cross-border Data Transfer[J]. Yale Journal of Law and Technology, 2018(19).

55. Pathirana, Dilini. Balancing Protection of Foreign Investments with the State's Right to Regulate in the Public Interest: A Sri Lankan Perspective[J]. Sri Lanka Journal of International Law, 2018(26).

56. Pistor, Katharina. A Legal Theory of Finance[J]. J. Comp. Econ., 2013(41).

57. Potestà, Michele. Legitimate Expectations in Investment Treaty Law: Understanding the Roots and the Limits of a Controversial Concept[J]. ICSID Review—Foreign Investment Law Journal, 2013(28).

58. Purba, Elbinsar. Necessary Measure under the SPS Agreement[J]. Asian J. WTO & Int'l Health L & Policy, 2018(13).

59. Ranjan, Prabhash. Necessary in Non-Precluded Measures Provisions in Bilateral Investment Treaties: The Indian Contribution[J]. Neth. Int. Law Rev., 2020(488).

60. Ranjan, Prabhash. Non-Precluded Measures in Indian International Investment Agreements and India's Regulatory Power as a Host Nation[J]. Asian JIL, 2012(2).

61. Regan, Donald H. The Meaning of "Necessary" in GATT Article XX and GATS Article XIV: The Myth of Cost-Benefit Balancing[J]. World Trade Rev., 2007(347).

62. Roberts, Anthea. Power and Persuasion in Investment Treaty Interpretation: The Dual Role of States[J]. AM. J. INT'l L., 2010(104).

63. Sabanogullari. Levent The Merits and Limitations of General Exception Clauses in Contemporary Investment Treaty Practice[J]. Investment Treaty News, 2015(6).

64. Sappideen, Razeen& Ling He Ling. Dispute Resolution in Investment Treaties: Balancing the Rights of Investors and Host States[J]. J. World Trade, 2015(49).

65. Schloemann, Hannes L., Stefan Ohlhoff. Constitutionalization and Dispute Settlement in the WTO: National Security as an Issue of Competence[J]. American Journal of International Law, 1999, 93(2).

66. Schwartz, P. M. European Data Protection Law and Restrictions on International Data Flows[J]. Iowa Law Review, 1994(80).

67. Singla, Tania. A Multilateral Framework for Investment Protection: The Missing Piece in the Puzzle of ISDS Reform? [J]. NLUD J. LEGAL Stud, 2020(2).

68. Souvik, Saha. CFIUS Now Made in China: Dueling National Security Review Frameworks as a Countermeasure to Economic Espionage in the Age of Globalization[J]. Northwestern Journal of International Law & Business, 2012(33).

69. Spears, Suzanne. The Quest for policy space in the new generation of international investment agreements[J]. J. Int'l Econ L, 2010(13).

70. Sweet, Alec Stone. Constitutional Courts and Parliamentary Democracy[J]. West Eur.

Polit. 2002(25).

71. Taylor, C. O'Neal. Impossible Cases: Lesson from the First Decade of WTO Dispute Settlement[J]. University of Pennsylvania Journal of International Economic Law, 2007, 28(2).

72. Thang, Vu Nhu. Applicability of GATS Prudential Exception to Insurance Services: Some Interpretative Issues[J]. J. Int'l Econ. L., 2007(88).

73. TiTi, Catharine. Non-Adjudicatory State-State Mechanisms in Investment Dispute Prevention and Dispute Settlement: Joint Interpretations, Filters and Focal Points, Brazilian Journal of International Law[J]. Special Issue, 2017(14).

74. Tourkochoriti, I. The Transatlantic Flow of Data and the National Security Exception in the European Data Privacy Regulation: In Search for Legal Protection Against Surveillance[J]. Social Science Electronic Publishing, 2014(36).

75. Unterhalter, David. Allocating the Burden of Proof in WTO Dispute Settlement Proceedings[J]. Cornell Int'l L. J., 2009(42).

76. Vandevelde, Kenneth J. A Unified Theory of Fair and Equitable Treatment[J]. JILP, 2010(43).

77. Vandevelde, Kenneth J. Rebalancing through Exceptions [J]. Lewis & Clark Law Review, 2013(17).

78. Wiegand, Shirley A. A Just and Lasting Peace: Supplanting Mediation with the Ombuds Model[J]. Ohio State Journal on Dispute Resolution, 1996, 12(1).

79. Wiessner, Siegfried & Andrew R. Willard. Policy-Oriented Jurisprudence[J]. Germany B. Int'l L., 2011(44).

80. Yackee, Jason Webb. Political Risk and International Investment Law[J]. Duke Journal of Comparative and International Law, 2014, 24(3).

81. Yokoi-Arai, Mamiko. GATS Prudential Carve Out in Financial Services and its relation with Prudential Regulation[J]. Int'l & Comp. L. Q., 2008(57).

82. Yvette, Anthony. The Evolution of Indirect Expropriation Clauses: Lessons from Singapore's BITs/FTAs[J]. AsianJIL, 2017(7).

83. Zhang, Mo. Change of Regulatory Scheme: China's New Foreign Investment Law and Reshaped Legal Landscape[J]. UCLA Pacific Basin Law Journal, 2020(37).

84. Zhu, Ying. Fair and Equitable Treatment of Foreign Investors in an Era of Sustainable Development[J]. Nat. Resources J., 2018(58).

索　引

后　记

本书聚焦于一个比较小众的议题,写作分工如下:

第 一 章　彭　岳

第 二 章　葛　辉、彭　岳

第 三 章　丁　旭

第 四 章　魏雪颖

第 五 章　朱梦婷

第 六 章　赵尔雅

第 七 章　马朋强

第 八 章　许宝健

第 九 章　康博鑫

第 十 章　陈睿毅

第十一章　徐昭炜

第十二章　王　泽

沈伟重点修改、更新和调整了第三章到第十二章的有关内容。

本书的出版得到了上海市法学会国家安全研究会的资助,并且得到了董卫民会长、刘晓红校长、巫社广秘书长、宦晓琴执行院长等诸多师友的批评和指正,汪娜编辑的精心编辑,特此致谢。沈亦喜贡献了她的画作《黎明》,美编朱琳珺创意地将画作设计成本书的封面。封面最下图是画作的全貌。"黎明"似是隐喻,我们身处百年未有之大变局中。感谢画者和设计者的匠心。

本书也是国家社会科学基金重大项目(编号 21&ZD208)的阶段性成果,特此说明。

沈　伟

2021 年 12 月 3 日晨初稿

2022 年 8 月 9 日午再稿